中原千人计划基础研究领军人才项目（ZYQR201810122）资助
华贸金融研究院课题“河南省城乡空间优化与金融响应策略研究”（HYK-2019007）资助
2021年度河南省高等学校哲学社会科学智库研究项目“河南省科技型企业发展中的金融对接创新路径研究”（2021-ZKYJ-13）资助
河南省哲学社会科学规划项目“中原城市群经济与金融系统耦合协调发展动态研究”（2017CJJ085）资助

城市群经济与金融系统耦合协调发展机理

基于耦合协调四维研究框架

谢巧燕◎著

中国经济出版社
CHINA ECONOMIC PUBLISHING HOUSE
·北京·

图书在版编目（CIP）数据

城市群经济与金融系统耦合协调发展机理：基于耦合协调四维研究框架/谢巧燕著．--北京：中国经济出版社，2020.7

ISBN 978-7-5136-6224-6

Ⅰ.①城… Ⅱ.①谢… Ⅲ.①城市群-区域经济发展-研究-河南 ②城市群-区域金融-研究-河南 Ⅳ.①F127.61 ②F832.761

中国版本图书馆 CIP 数据核字（2020）第 119710 号

责任编辑　姜　静
责任印制　马小宾
封面设计　任燕飞工作室

出版发行　中国经济出版社
印 刷 者　北京建宏印刷有限公司
经 销 者　各地新华书店
开　　本　710mm×1000mm　1/16
印　　张　18
字　　数　309 千字
版　　次　2020 年 7 月第 1 版
印　　次　2020 年 7 月第 1 次
定　　价　68.00 元
广告经营许可证　京西工商广字第 8179 号

中国经济出版社　网址 www.economyph.com　社址 北京市东城区安定门外大街 58 号　邮编 100011
本版图书如存在印装质量问题，请与本社销售中心联系调换（联系电话：010-57512564）

前言

现代区域经济是建立在高度货币化与信用化范畴基础上的金融经济，区域经济的健康发展离不开金融作用的发挥。研究表明，区域经济与金融系统协调发展，能够降低区域间要素流动障碍、节约交易成本，还能够带来正的外部效应。因此，实现城市群经济与金融系统协调发展可以在保持自身优势的基础上，促进经济结构合理化，实现城市群内部联动发展，助力经济增长。

城市群作为区域经济发展的一个新的增长极，是区域经济发展参与全球竞争与国际分工中的基本地域单元。在中国新型城镇化战略中，城市群已经成为实施的主要空间依托，也成为带动国家和区域现代化发展的主要阵地。城市群是由众多联系紧密的城市集聚而成，其经济发展与金融发展因各城市间紧密的相互作用而具有一定的空间属性。由于这一特点使城市群经济发展与金融发展具有不同于其他区域的独有特征，所以在研究城市群经济与金融协调发展关系时，不能直接套用其他区域的研究成果。城市群经济与金融协调发展问题正在引起国内外学者的关注，研究的侧重点不同使研究成果存在一定的差异。关于城市群经济与金融协调发展的研究，主要在经济发展与金融发展间是否具有能动作用、经济与金融能动作用产生的条件、经济发展空间特征与金融发展的关系、经济系统与金融系统耦合机理等方面。这些研究既有交叉又有不同。作者正是在这些研究成果基础上，构建了本书研究的基本框架。

城市群经济与金融协调发展状态的产生、发展及演化，均遵循一定的理论基础，本书在借鉴前人以及其他领域研究成果的基础上进行整合分析。本书认为，系统论与系统运动论，是城市群经济系统与金融系统发展的基础；耗散结构论与协同学原理，是城市群经济系统与金融系统协调发展的前提；新经济地理理论与城市群空间结构演化，是城市群经济系统与金融系统空间协调发展的基石；共生理论是城市群经济系统与金融系统实现全面协调发展的根本目的。基于以上七大理论，本书系统地构建了城市群经济与金融协调发展的理论体系。

城市群经济系统与金融系统发展演化的一般逻辑，也是研究和分析城市群经济系统与金融系统协调发展的重要依据。对城市群经济系统与金融系统发展演化一般逻辑梳理的方法和角度有很多，本书主要从城市群经济系统的内涵、城市群经济集聚化发展、城市群经济分工、城市群经济系统发展的空间格局四个方面，抽象和概括城市群经济系统发展演化的一般逻辑；从城市群金融系统的内涵、城市群金融系统发展的实现机制、城市群金融发展的空间效应三个方面，抽象和概括城市群金融系统发展演化的一般逻辑。

城市群经济系统与金融系统协调发展理论框架的构建，一直是城市群经济与金融关系研究中的重点，其设立不仅关系着城市群经济与金融协调发展理论研究的深入推进，还决定着城市群经济与金融协调发展实践规划的设定。学术界相关研究主要有耦合协调、融合协调、共生协调等。本书根据国内各城市群经济与金融发展的实际情况，结合之前学者的研究成果，提出了包括城市群经济系统协调发展、金融系统协调发展、经济与金融系统协调发展、环境支撑体系协调发展的四维研究框架，并描绘了耦合协调发展四维研究框架的基本架构图。本书中还提出了耦合协调四维框架下城市群经济与金融系统耦合协调发展的驱动因素，以及城市群经济与金融系统耦合协调发展的互动机制。驱动因素与互动机制的提出，为重构城市群经济系统与金融系统耦合协调发展关系提供了着力点和努力方向。本书对构建的城市群经济系统与金融系统耦合协调发展四维框架进行了实证研究，选取了地处中部地区的中原城市群为实证研究的靶心区。中原城市群作为典型的中部城市密集区，其具有联接群内“五省”、沟通全国乃至全球，带动和支撑中部发展崛起的战略高地的功能。因此，将中原城市群经济系统与金融系统协调发展问题置于耦合协调四维框架，进行实证和应用研究，具有重要的理论意义和实践意义。

城市群经济系统与金融系统协调发展，既有耦合共生机制的共性问题，也存在不同时期、不同城市、不同区域背景下的个性问题。本书在探讨共生机制的基础上，针对不同发展阶段的城市群经济与金融协调发展实际，以中原城市群为例，从城市群经济系统发展状况与空间分异、金融系统发展状况与空间分异、经济系统与金融系统协调发展状况与空间分异、经济与金融耦合协调发展驱动机制四个方面，深入且详细分析了城市群经济系统与金融系统耦合协调发展演化机制，并提出了城市群经济系统与金融系统耦合协调发展的实现机制。

本书在以下几个方面进行了尝试和创新：第一，在系统分析相关理论基础与城市群经济系统与金融系统发展演化实践背景的基础上，创新性地提出了城市群经济系统与金融系统耦合协调发展四维研究框架。第二，把城市群经济发展整合到经济与金融高质量耦合协调发展和良性共生共荣的研究框架中。第三，引入地理经济范畴的自然间断点、全局空间自相关、地理探测器等方法，研究中原城市群经济与金融耦合协调发展的空间分异、空间集聚，以及内外在驱动力，以此来破解城市群区域经济与金融发展相互促进效率较低的困境。第四，以中原城市群为例，将解决经济与金融双向促进效率较低的困境，纳入经济系统与金融系统两个独立的体系之间耦合协调发展的层面上进行思考，有利于缓解中原城市群经济与金融双向反馈效应较低的现状；

提出的相应破解策略有助于提升中原城市群经济发展的质量，并为中部崛起国家战略的实现注入新的活力。

城市群经济与金融系统耦合协调发展的顺利实现，涉及社会、经济、政治、文化、自然、生态等诸多领域，两者协调发展是多方面相互交织、异常复杂的开放性巨系统。若要对其进行系统、全面的研究，并厘清其内在规律，尚需多学科共同参与和努力。由于作者水平有限，在研究过程中产生的一些观点尚待继续推敲并通过实践去验证，在此希望同行、专家、学者提出宝贵意见，以便作者进一步研究和完善。本书在行文过程中借鉴了大量的研究和文献，并选择性地吸纳了他人的研究成果，在此对有关学者和专家表示诚挚的谢意！

谢巧燕

2020 年 7 月

目录

第一章　引言

一、研究的背景与意义

（一）研究背景

城市群是城市地域系统中次高级的地域组织形式，是国家参与全球竞争与国际分工的全新的基本地域单元，城市群发展模式能够更大限度地推动国家与区域经济增长已经成为共识。在中国新型城市化战略中，城市群已经成为中国城市化的重要空间依托，以及带动国家和区域现代化的主要阵地。因此，以“组团式”发展模式代替单一城市扩张，必然是当前国家和区域城市化发展的重要途径。现代市场经济是建立在高度金融化基础上的金融经济，金融发展的好坏已经成为关系现代经济体系发展是否顺畅的关键所在。

城市群在城市地域空间范围内根据各城市的比较优势，进行跨区域经济布局和经济分工，是实现城市群经济快速发展的重要途径。经济发展过程中离不开金融服务的支持，因此，要实现城市群经济快速发展，实现经济与金融融合协调发展是必由之路。城市群经济与金融融合协调发展是一个复杂的问题，既包括各城市内经济与金融融合发展，也包括城市间经济与金融空间网络的融合协调发展。因此，城市群经济与金融的融合协调发展，既要解决各个城市自身经济与金融的发展问题，也要解决各类经济与金融要素之间匹配的问题。与此同时，城市群经济与金融融合协调发展问题还包含时间与空间演变两种属性。从某一个方面或某一个视角对两者的融合发展进行研究，均无法做到全面性和系统性，可能会出现遗漏。鉴于此，本书从系统理论的角度，研究城市群经济与金融耦合协调发展问题，将城市群经济与金融分别视为城市群这个复杂巨系统的子系统，利用系统论完备的理论体系构建城市群经济系统与金融系统融合发展问题。

城市群经济系统与金融系统融合发展问题，属于系统发展的匹配和耦合问题。因此，本书的理论基础部分引入物理学中的耦合度与耦合协调度的研究方法，研究两系统的耦合协调发展问题，以期利用耦合度与耦合协调度模型，获得更全面和科学的研究结论。

根据系统理论可知，开放系统的演化发展由以下几个方面决定：各子系统的发展、各子系统的相互作用、外界环境的影响。借鉴开放系统发展演进规律，本书构建了一个城市群经济与金融系统耦合协调发展的四维分析框架，从城市群经济系统协调发展、金融系统协调发展、经济与金融系统耦合系统协调发展、环境支撑体系协调发展四个维度，对城市群经济系统与金融系统耦合协调发展形成、演化机理与实现机制进行研究，具有重要的理论意义和现实意义。

国务院于 2012 年批准中原经济区成立，2016 年批复了《中原城市群发展规划》。作为本书研究的具体对象，中原城市群成为国家级城市群等一系列战略决策，进一步凸显了中原城市群的区位优势和发展潜力，使之成为联接群内“五省”，沟通全国乃至全球，带动和支撑中部发展崛起的战略高地。但缺乏一个具有强大辐射能力和带动作用的中心城市，以及次级经济中心，是该区域经济发展的最大制约因素之一。因此，研究中原城市群经济系统与金融系统耦合协调发展的机理与实现机制，对该地区经济发展尤为迫切和重要。

（二）研究意义

1. 理论意义与学术价值

城市群经济系统实质上是工业化和城市化发展到较高阶段，在城市密集发展的相邻地域空间内，不同等级规模的城市经济主体在社会化大生产的长期博弈中，自发形成的具有紧密社会经济联系和分工协作关系的有机整体。其功能不仅表现为经济系统所固有的资源配置功能，而且其群体特性也决定了它具有更大范围的资源整合、高能量集聚和辐射等功能，这些功能的强弱与城市群经济系统的结构、环境、发展阶段、体制、机制等密切相关。城市群系统内各子系统的结构以及不同子系统之间的耦合状态决定着城市群整体运行效率的高低。当前，经济金融化程度日益加深，经济发展对金融发展的基础决定性作用以及金融发展对经济发展的推动作用规律表明，城市群地域系统内实体经济子系统与金融子系统能否实现良性耦合，对城市群整体资源优化配置与城市群整体竞争力的提升至关重要。中原城市群作为地跨河南周边数省的跨区城市群，同属中国的中部地区，其经济发展水平大体相近，发展任务大致相当，相互间竞争性强，互补性不强；同时，作为一个初建的推进贸易便利化的经济发展区，由于区域合作发展的规模有限，难以获得贸易创造效应，能够依靠的就是增强金融对经济推动作用，强化静态的资金配置效应，推进经济合作，取得更大城市群分工效果。研究城市群在构建与发展过程中遇到的诸如经济与金融系统协调发展等困难及其解决这些困难所进行的理论探索，对于推动中国其他城市群经济发展具有重要的示范作用和借鉴意义。因此，对中原城市群经济与金融耦合协调发展的问题进行研究，不仅具有重要的理论意义，而且具有明显的学术价值。

2. 现实意义与应用价值

在“十三五”谋篇布局之时，用“组团式”发展模式代替单一城市扩张依然是当前国家和区域城市化发展战略。本书研究的具体对象中原城市群，既是人口大区、农业大区和全国粮食生产核心区，又是中国的腹地，该城市群的发展状况直接关系到“中部崛起”国家战略的顺利实现。经济建设是城市群健康良性发展的基础，而现代经济在一定意义上是金融经济，因此，城市群经济发展是否有一个科学、有效、合理的金融体系与之相适应，直接影响着中国城市群各项社会经济发展战略的顺利实施。在这样的背景下，中原城市群经济系统与金融系统协调发展的历史状况如何？其协调发展中存在哪些问题？这些问题该如何解决？

本书引入了系统耦合理论进行研究。研究以城市群经济与金融系统耦合协调发展机理为切入点，根据序参量法确定耦合模型的指标评价体系，依据系统耦合理论的研究成果，以中原城市群为例，构建耦合发展理论与耦合测度模型，运用耦合度模型测度中原城市群经济与金融系统的耦合度，衡量耦合性优劣，以此确定中原城市群耦合发展梯度；进一步引入耦合协调度模型，评价中原城市群经济与金融系统的交互耦合程度，并探寻中原城市群经济与金融耦合协调水平的高低。在此基础上，运用理论分析与实证分析相结合的分析方法，对中原城市群经济与金融系统协调发展状况进行客观评价，为实现区域间经济与金融协调发展提供现实依据。因此，将系统耦合效应理论纳入城市群经济与金融系统协调发展的研究框架，对促进区域间经济金融的协调发展，具有十分重要的现实意义与应用价值。

二、国内外研究动态

当前，城市群发展模式能够更大限度地推进国家或区域经济增长已经成为共识，国内外关于城市群经济的研究十分丰富，涉及的领域也十分广泛。

（一）关于城市群空间经济联系问题的研究综述

国外学者研究城市群空间经济联系问题的时间较早，成果颇丰。早在20世纪三四十年代，Christaller（1933）、Losch和Heberle（1940）就创立了中心地理论，揭示了城市与城市、城市与腹地市场等级（功能）联系规律；Jefferson（1939）和Zipf（1942）则从理论层面对城市群体的等级规模分布展开了进一步的探讨。这些早期成果为城市群空间经济联系研究奠定了理论基础。20世纪五六十年代，城市体系研究思想应运而生，如城市体系理论（Duncan，1950）、增长极理论（Perroux，1950）、大都市带理论（Gottmann，1957）、极化理论（Hirschman，1958）、核心—边缘理论（Friedmann，1966）、空间扩散理论（Hagerstrand，1968）等，普遍强调城市群体化现象是城市体系经济关联作用与地域空间扩展的结果。到了20世纪后期，Friedmann（1986）对城市体系的等级网络进行了深入研究，其研究更加具体地展现了城市群经济联系的复杂性和动态性；藤田昌久、克鲁格曼和维纳布尔斯（1999）等围绕城市群空间经济联系进行了全面研究，主要包括城市群的空间结构演变与城市群空间网络的关系、空间流的变动与城市群地域系统演化规律、城市群协调发展机制等。国内关于城市群现象的研究相对较晚，且早期的研究主要集中于中国城市和区域的规划问题。改革开放后，关于城市群空间经济联系的研究则越来越多，如于洪俊和宁越敏（1983）、顾朝林（1992）、姚士谋和陈振光（1992），周一星（1995）等。自20世纪90年代中后期以来，围绕中国城市群的总体分布与发展态势的研究显著增多，如代合治（1998）、朱英明（2001）、方创琳等（2005）等学者探究了中国城市群的总体发展方针、结构特征和发展态势；仇保兴（2007）、方创琳（2009）、张鸿雁（2010）等在分析中国城市化的战略转型时，均指出城市群应成为中国未来城市化的主体形态；邓春玉（2009）等通过采用空间相互作用的引力模型，对特定区域内城市间的经济联系强度进行了测度和分析。在上述研究中，多数学者指出资金流对优化城市群经济联系的重要性，但专注于城市群经济与金融关系的研究甚少，这无疑是一大遗憾。

（二）关于经济增长与金融发展关系的研究综述

关于城市群经济与金融的研究成果也有许多。国外学者如 Goldsmith（1969）的金融结构理论，McKinnon（1973）的“金融抑制”与“金融深化”理论，Greenwood 和 Jovanovic（1990）、Pagano（1993）、King 和 Levine（1993）等的金融发展与经济增长的“内生增长理论”，都是对区域内经济发展与金融发展之间的互动关系进行研究。同时，Guiso 等（2002）、Dehejia 和 Lleras-Muney（2003）以及 Fernandez de Guevara（2007）等还对一国国内区域层面的经济与金融关系进行了探讨。国内关于经济增长与金融发展关系的研究大致可分为三个层面：第一层面，谢平（1992）、易纲（1996）、张杰（1997）、谈儒勇（1999）、王维安（2000）、王广谦（2002）、李健（2004）、林毅夫等（2009），主要从国家宏观视角对中国金融发展的重要性、金融发展与经济增长、经济结构变迁之间的关系进行了大量理论与实证研究；第二层面，曾康霖（1995）、巴曙松（1998）、周立和王子明（2002）、刘仁伍（2003）、陈先勇（2005）、艾洪德等（2006）、郑长德（2007）、高连和（2008）、陈雁云（2009）等，从区域对比视角对中国区域经济总体发展不平衡的金融成因进行了实证剖析，丰富了区域金融发展理论；第三层面，潘志纯（2002）、李方（2006）、洪银兴（2007）、苏宁（2008）等，针对国内特定城市群经济一体化发展的战略要求，从增强经济一体化的金融服务功能视角，定性研究了特定城市群的金融协调发展问题。从对国内研究的梳理可知，前两个层面的研究为城市群经济与金融关系的研究奠定了较好的理论基础和分析架构，第三个层面的研究则为城市群经济与金融关系的研究提供了直接素材。从以上研究可得出“区域经济金融协调发展有助于推动城市群经济健康发展”的结论，特别是在个别城市群金融发展相对落后、金融深化不足和经济不确定性因素并存的情况下，研究如何实现城市群间经济与金融协调发展势在必行。

（三）关于经济与金融系统相关作用的研究综述

1. 经济与金融系统相互促进

在国外关于经济与金融相互作用关系的研究中，多数学者认为经济与金融系统是相互促进的，金融发展与经济增长间互为因果关系（Goldsmith，1969），且发展完善的金融部门可提升创新成功的概率，从而促进经济发展（King 和 Levine，1993）。Goldsmith（1969）通过对 35 个国家 1860 年至 1963 年的数据分析，得出经济增长与金融发展同步进行，高速经济增长带来高速金融发展的结论。Shaw（1973）提出金融深化论，认为发展中国家金融抑制阻碍了经济增长，提出经济改革过程中，应当借助市场机制促进经济与金融的协调发展，进而消除金融抑制。Park（1982）研究规模经济对金融发展的影响，结果表明实体经济产生的规模效应可以带动整体金融发展水平。Gurley和Shaw（1988）通过建立金融发展模型证明金融的作用效果与经济发展阶段呈正向变动的关系，即一国的经济发展阶段越高，金融对经济的促进作用越强。Pautwoe（2017）运用自回归分布滞后（autoregressive distributed lag，ARDL）技术得出从长期来看，金融发展的各项指标对经济增长都显示出积极而显著的影响。同时，伴随着经济发展，人均收入不断提高，金融也得以不断发展。Olayungbo（2019）通过2000—2015年二十多个撒哈拉以南非洲国家的数据建立协整模型，发现无论是从短期还是长期来看，金融发展对经济的增长都有显著正向影响。Wang（2019）通过建立VAR模型（vector autoregression model，向量自回归模型）、脉冲响应函数与方差分解分析、相关检验、向量误差修正模型，得出经济增长促进金融深化水平的提高，金融深化水平的提高能够极大促进经济增长的结论。

在国内关于研究经济与金融相互作用关系的研究中，也有多数学者认为经济与金融系统具有相互促进作用。谈儒勇（1999）指出，中国金融中介和经济增长之间有显著的、很强的正相关关系，金融中介和经济增长相互促进。韩廷春（2001）认为，发育良好的金融体系有利于储蓄的增加、储蓄向投资的有效转化以及生产效率的提高，从而推动经济增长。周立和王子明（2002）从金融市场化的角度通过对1978—2000年的金融发展和经济增长进行了回归分析，结果显示中国各地经济增长与金融发展有密切关系，金融发展有利于长期经济增长，地区金融发展程度低下对经济发展不利，金融发展差距是导致经济增长差距的原因之一。战明华（2004）建立动态最优化模型，运用邹氏断点检验的方法，从以商业银行为代表的金融中介与经济增长关系的角度，研究中国经济增长与金融发展之间的关系，发现金融发展间存在多重均衡现象，1986年之前经济增长和金融处于低水平相互作用阶段，1987—1993年中国经济与金融间相互作用较强但不稳定，1993年之后经济增长与金融发展之间有了更强的相互作用。周好文和钟永红（2004）通过建立多变量VAR系统研究金融中介发展与经济增长之间的关系，认为中国各地区金融发展与经济增长有密切关系，且这种联系是全方位的，东部地区经济与金融呈良性互动，中西部金融效率不高等。刘红（2008）通过对LS模型金融集聚前后经济增长率的比较发现，金融资源集聚对集聚的核心区经济增长产生增长效应，集聚的核心区经济增长产生增长效应。林毅夫等（2009）指出，在经济发展的不同阶段，需要不同的最优金融结构去适应经济发展对金融服务的需求，这样才能实现金融对实体经济的促进作用。张晓燕（2012）利用混合、随机效应模型和固定效应模型检验金融产业集聚和区域经济增长的关系，发现金融产业集聚对经济增长有促进作用，通过格兰杰因果检验和脉冲响应函数验证金融产业集聚影响区域经济增长的渠道，并指出金融集聚产生辐射效应，能够促进当地和周边地区经济的发展。潘辉等（2013）指出，金融集聚对实体经济增长具有明显的促进作用，不同地区因金融集聚程度不同导致区域实体经济增长不同，且金融集聚度越高的地区，实体经济发展越好。丁艺等（2010）用 2002—2007 年的数据检验得出金融集聚对经济增长有明显的促进作用，其中银行业的集聚对经济增长作用最明显。杨正栋（2011）使用面板数据建立 VAR 模型，从中国各地区金融发展对经济增长影响的角度研究金融和经济的关系，结果显示中国各个地区的金融发展和经济增长之间存在着长期稳定的均衡关系，各地经济增长和金融发展的关系既有相似性又有差异性。孙晶和蒋伏心（2012）利用 2003—2007 年省际面板数据检验金融集聚对产业结构升级的贡献度，得出金融集聚对中国东部、中部、西部的产业结构升级都具有明显的促进作用，并且呈逐年上升趋势。李青原等（2013）从地区实体经济运行的角度通过对 1999—2006 年中国 30 个地区 27 个工业数据的分析建模，来探讨金融系统是否改善经济资源配置效率，结果表明金融发展能够改善中国地区实体经济资本配置效率。苏建军和徐璋勇（2014）通过对 1993—2010 年中国省际面板数据的研究，发现金融发展与经济增长之间相互影响，但作用方向不同。金融发展规模是推动经济增长的有利因素，但金融效率的下降约束着金融发展对经济增长的正面影响，发展金融产业通过推动产业结构升级促进经济增长。李苗苗等（2015）认为，发展银行主导的金融体系在短期内有利于地区经济增长，但不利于长期经济增长。虽然金融发展的规模短期内不利于区域经济增长，但可以通过促进技术创新间接促进经济增长。于斌斌（2017）建立动态空间面板模型，从金融集聚的溢出效应对经济影响的角度研究经济增长与金融集聚的关系，指出金融集聚对经济增长的影响是通过促进产业结构升级实现的。金融产业集聚对于产业结构升级的影响效应和空间溢出效应受产业发展阶段和城市规模的限制。肖玲（2019）指出，低的金融发展与投资水平会阻碍经济的增长，但这种阻碍作用在日益减弱。赵辉（2019）指出，金融集聚对优化资源配置和提升经济运行效率有推动作用，区域经济的快速增长为金融集聚提供支持力和动力。

2. 经济与金融系统促进与抑制并存

国外研究中，McKinnon（1973）提出金融抑制论，认为发展中国家因金融抑制而不能有效促进经济增长。Emunds（1997）指出，若投资者投资兴趣转向金融资产，将会使有限的金融资源全部被金融部门吸取，最终会阻碍经济的成长。Jacobson 等（2005）指出，经济与金融发展具有联动效应，在金融业深化的不同时期，金融会对经济造成不同的冲击效应。

国内研究中，艾洪德等（2004）通过建立回归模型，显示中国东部和全国的金融发展与经济增长之间存在正相关关系，但中部、西部之间则几乎是负相关关系，且存在明显的滞后效应；过度开放金融竞争和推动金融的市场化改革，对欠发达地区的经济增长可能反而不利。李广众（2002）指出，经济增长与金融中介规模之间不存在因果关系，经济增长与金融中介效率之间则存在双向的因果关系，金融中介规模的扩大对经济的作用主要表现在促进投资规模的增长。龙海明和柳沙玲（2008）认为，农村金融发展对经济增长的促进作用存在一个临界水平，高于这一水平，金融和经济间是良性循环关系，低于这一水平时，金融会抑制农村经济的发展。王艺璇（2009）通过对2007—2018 年月度数据建立具有时变性质的向量自回归模型（TVP-VAR），分别从金融稳定和金融杠杆的角度来研究金融发展对经济增长的影响，认为合理范围内的金融杠杆对经济增长有显著的正效应，但超过临界值则会阻碍经济的增长，且金融稳定对经济增长存在正负交替的作用，金融危机时金融稳定对经济增长有促进作用，随着经济的增长金融稳定对经济促进作用下降甚至会产生抑制作用，经济发展到顶峰时金融稳定对经济增长有促进作用。张晓朴和朱大辉（2014）指出，金融体系发展对经济增长存在倒“U”形的阈值效应或者其他非线性效应，一定范围内的金融发展会促进经济增长，超过一定范围的金融发展反而会阻碍经济增长；相对于实体经济，金融体系发展相对不足，导致资金脱实向虚，金融发展应以实体经济为锚。杨友才（2014）通过对中国 1987—2009 年数据分析和检验，发现在不同的金融发展水平下，金融发展对经济增长影响不一样，表现为门槛效应和边际效率递减的非线性特征。

3. 关于经济与金融系统的文献述评

通过对以上研究的梳理，笔者发现学者们对金融发展与经济增长之间的关系存在不同的看法。其中一种观点是金融会限制经济增长，即金融会与经济争夺资源，而且金融发展会分流社会金融资源，阻碍经济的发展，但更多地体现在金融在不同的发展时期，会对经济产生不同的冲击效应，经济发展不同程度的地区金融和经济之间并不一定是相互促进关系。但更多的观点是，金融会促进经济的增长、提高经济发展效率，并且金融发展与经济增长间互为因果关系，经济对金融集聚提供支持和动力，经济增长促进金融深化水平的提高，而且金融深化水平的提高能够极大地促进经济增长。综上可以得出，金融发展与一般经济增长有相互促进的关系，但主要金融发展泡沫不能过大，金融发展要适应实体经济的发展，只有金融以服务实体经济为目的，经济与金融的相互配合才能促进经济与金融协同发展。

（四）关于中原城市群经济与金融系统相关作用的研究综述

中原经济区和中原城市群的地理位置接近，经济和金融发展关系密切，对中原经济区的研究也将对中原城市群的研究与探索起到重要的支撑作用。因此，以下文献梳理的过程中，包含了部分关于中原经济区的研究。

1. 中原经济区、中原城市群经济与金融系统相互关系论证

国内学者多认为中原经济区和中原城市群经济增长与金融发展之间有相互促进的作用，石亭峰（2012）指出，金融支持中原经济区建设是金融与区域经济共荣共生的必然要求。“三化”战略对金融支持提出更高的要求，提出“经济发展，金融先行”，要突出金融支持经济增长的目标，实现资金筹措立体化、金融机构多元化、市场专业化、管理规范化、渠道网络化、服务高效化，不断完善金融支持中原经济区经济建设的保障机制，持续提升金融生态环境，加快银行业改革，优化信贷资源配置，突出人才优势，使金融更好地促进经济发展。喻新安和王芳（2012）指出，多元化融资是中原经济区跨越发展的引擎，加快中原经济区建设，需要大量的建设资金作保障，面对中原经济区建设庞大的资金需求，要大力创新融资方式，加大融资力度，拓宽融资渠道，为中原经济区的跨越发展创造条件。孙长青（2012）通过协整检验发现，河南省城镇化、工业化和金融市场发展之间存在着长期均衡关系；提出推动金融市场发展和金融产品多元化发展，推动金融对外开放，吸引更多金融机构入驻，不断加大融资力度，拓宽融资渠道，为中原经济区建设提供更多的金融支持。缑长艳和刘晓睿（2013）指出，金融集聚使中原城市群周

围的金融资源汇集到郑州，推动郑州区域金融中心的形成；而郑州区域金融中心又通过辐射效应，推动中原城市群金融发展进而促进经济发展。杜庆霞（2016）指出，中原经济区的金融集聚对区域经济的发展有促进作用，金融对中原经济区的经济发展有促进区域资本形成和总量的增加、提升整体区域的经济结构和资源的配置、有效地促进城镇化健康发展、促进区域产业的积极发展等作用；提出为了更好地建设中原经济区，需要发展现代金融经济，使金融经济服务于实体经济，加强金融创新来推进经济结构的调整，同时要增强金融服务的普惠性来提升金融业的竞争力，使金融经济发挥最大的作用促进经济的发展。刘瑞波等（2016）运用区位熵和格兰杰因果检验等研究方法，实证分析了中原城市群金融产业集聚与区域经济增长的关系。结果表明，金融产业集聚对中原城市群整体经济增长具有积极的影响。刘博宇（2017）通过对当期中国金融集聚状况的分析，认为在空间上中原城市群金融集聚与经济发展有着正相关关系。齐昕和林木西（2018）指出，中原城市群中的金融集中趋势潜能，对中原城市群的经济协同发展具有显著的正向作用，金融要素和金融中心和集群的崛起，以及金融集群效应的发挥，是中原城市群中城市经济协同运行的重要关联基础。

2. 中原城市群经济与金融系统的低耦合

李绍玲（2008）对中原城市群的金融支持情况进行研究，指出中原城市群区域金融政策制度缺失，区域金融机构组织空缺，区域金融市场不完善，区域生态环境不佳，经济金融发展水平低，信用环境不理想；金融对经济的支持力不够，经济与金融耦合程度低。史占勇和翟书斌（2009）指出，中原城市群的金融发展从金融总量、金融结构和金融效率来看，发展程度都相对落后，对经济的贡献度低，阻碍中原城市群经济的发展，因此中原城市群的经济与金融耦合程度低。计承江（2012）指出，中原地区金融对经济的支持能力不强，社会融资结构不合理，应从国家层面出台金融政策以完善金融体系，支持开展融资创新试点。喻新安和王芳（2012）指出，目前中原地区金融发展不足：资本市场发展缓慢，融资结构不合理；农村金融体系不完善，“三农”资金需求难满足；政府融资平台自身的局限性制约了融资规模的扩大；信用担保体系有待规范，中小企业融资矛盾依然突出；金融生态环境欠佳，银行业务扩展受到影响，并提出整合政府资源、优化财税政策、推进金融创新、重视信用担保体系建设等措施促进中原地区的金融发展，实现中原经济区经济跨越发展。石永拴（2013）指出，金融发展存在结构性问题，金融并没有有效地促进经济的发展，金融业对民间开放不足、金融机构制度建设落后、政策支持力度不够、信用体系不完善等原因导致中原经济区金融发展并没有对“三化”有明显的促进作用。郑萌萌（2013）指出，中原经济区不够发达，不能够充分利用金融资源，导致中原经济区经济与金融的耦合度低。姚媛媛（2013）指出，中原经济区经济发展不平衡导致金融发展不平衡，使得中原经济区金融效率低于东部发达的城市群，经济与金融的耦合度较低。杨济时（2015）在实证分析中得出中原经济区金融发展水平相对落后于其他省份的结论，中原经济区的银行业发展状况相对较好，金融机构积蓄资金的能力有待进一步加强，金融支持实体经济的有效性显著增强，但资金的使用效率尚有提升空间。中原经济区储蓄投资转化率稳步提高，表明金融服务实体经济作用加强；中原经济区银行业存贷比较低，表明银行资金运作效率有待提高。中原经济区对资金流向的引导有待进一步改善：资本形成总额快速增加，但金融资源的配置没有达到最优，导致投资对经济的推动减弱。吕弦（2015）在东部、中部地区城市群金融集聚辐射范围对比中指出，中部城市群的经济发展水平较低，规模较小，金融集聚程度不高，金融集聚辐射的范围不广；中原城市群虽具有良好的地缘优势，城市数量也较多，但经济发展水平不高，城市规模有限，大城市数量更是稀少，辐射范围有限。李娅丽（2016）利用中原城市群 2014 年前相关的经济数据，通过对中原城市群金融产业集聚区位熵的分析，指出中原城市群金融产业集聚程度在逐年增强，但仍处于相对较低水平，实证分析显示银行业集聚和保险业集聚对促进区域经济增长有显著的效果，中原城市群金融产业集聚会显著提高中原城市群区域经济的发展。刘博宇（2017）指出，中原城市群目前金融集聚程度低，地理区位不占优势，经济发展缓慢，但随着近年来国家政策的扶持，中原城市群经济有了快速的发展。王昱崴和张路明（2018）指出，中原城市群经济基础参差不齐、金融资源配置不合理、融资渠道单一、信用环境发展差异较大，政府公共服务和社会保障方面存在问题。

3. 关于中原城市群经济与金融系统的研究述评

通过研究相关文献发现，国内关于中原城市群经济与金融系统相关作用的主流观点皆认为中原城市群经济与金融之间是相互促进的关系。中原城市群金融集聚促进经济增长，经济增长又可以吸引更多的金融集聚到中原城市群，进而形成经济与金融的良性循环关系。

就目前来说，虽然中原城市群金融对经济促进效果不断增强，但中原城市群经济与金融耦合效果较低，中原城市群经济与金融相互作用效果都亟待改善。在中原城市群经济发展的过程中，经济不断增长，金融资产不断扩张，但是金融相关比率却逐年下降，金融机构结构失衡，直接金融和间接金融矛盾突出，导致总体竞争力下降，金融市场效率难以提升，市场组织管理能力低、投机性强且抗风险能力弱，定价机制不稳定、不合理，使得企业融资成本高，金融服务实体经济发展的能力需要进一步提升（史占勇、翟书斌，2009）。

三、研究内容、研究方法、创新与不足之处

（一）研究内容

本书相关研究以分析梳理相关理论为起点，结合城市群经济系统与金融系统的发展演变特征，提出了城市群经济系统与金融系统耦合协调发展的理论内涵、基本特征与类型，构建了一个包含城市群经济系统协调发展、金融系统协调发展、经济与金融系统协调发展、环境支撑体系协调发展的耦合协调四维研究框架，并进一步分析城市群经济系统与金融系统耦合互动的动力因素及互动机制。在理论研究的基础上，以中原城市群及其包含的 30 个地级市为研究对象，根据耦合协调四维研究框架，从四个维度出发，详细考察中原城市群经济系统发展概况与空间分异特征、中原城市群金融系统发展概况与空间分异特征、中原城市群经济系统与金融系统耦合协调发展概况与空间分异特征、中原城市群经济系统与金融系统耦合协调发展内外在驱动机制的驱动特征。通过实证研究与实际验证，揭示中原城市群经济系统与金融系统耦合协调发展的演化机理，挖掘制约两系统耦合协调发展的问题，从可操作层面入手，系统分析对中原城市群经济系统与金融系统进行重构的基本条件、协调机制、总体策略和具体路径。具体来说，本书的研究内容分为以下五个方面。

1. 基础理论和城市群经济与金融系统耦合协调发展背景分析

本书研究对系统论、系统运动论、耗散结构理论、协同学原理、新经济地理理论与城市群空间结构演化、共生理论与城市群全面协调发展理论、城市群经济分工与布局理论、集聚经济理论、区域金融发展理论、区位理论、系统耦合协调理论等相关理论进行综合分析，并阐述本书的研究与这些经典理论的结合点，理清这些理论在研究应用中的具体要求和应用方法。对城市群经济系统与金融系统耦合协调发展的背景进行分析，重点

考察当前城市群经济与金融系统协调发展的现状、趋势与存在的问题，在这些分析基础上，找到当前城市群经济与金融系统耦合协调发展所需要的理论与实践支持，为研究提供科学的指导和方向，确保研究体系的完整性和科学性。

2. 城市群经济与金融系统相互作用的一般逻辑

本书研究从城市群经济与金融系统的内涵开始，分别梳理城市群经济与金融系统发展演化的一般逻辑，期望从剖析城市群经济与金融系统发展演化机理的基础上，寻找城市群经济与金融系统相互作用的一般逻辑。据此，可以为构建城市群经济与金融系统耦合协调分析框架提供实践背景依据，并找到现实需求的依据。

3. 基于耦合协调四维框架的城市群经济与金融系统耦合协调演化机理

本书构建了一个包含城市群经济系统协调发展、金融系统协调发展、经济与金融系统协调发展、环境支撑体系协调发展的耦合协调四维研究框架，分析阐明其基本内涵和基本类型。强调从经济、金融、经济金融耦合系统、环境影响四方面对城市群经济系统耦合协调发展进行全面分析；从时间演变与空间演变两个角度对耦合协调思维框架进行详尽分析，并从耦合系统的耦合驱动动力因素与互动机制两个方面分析城市群经济系统与金融系统的耦合协调发展机理。

4. 基于耦合协调四维框架下中原城市群经济与金融系统耦合协调发展的现状和空间分异特性

本书研究从经济总量、经济活力、经济效益、经济系统综合发展水平四个方面，详细论证了中原城市群经济体系的发展状况及空间分异。从金融发展、储蓄力、资本形成力、资本利用率、金融综合发展水平五个方面详细论证了中原城市群金融系统的发展状况及空间分异特点。利用耦合度模型与耦合协调度模型，测算了中原城市群经济与金融系统的耦合度与耦合协调度，以此来评判两系统的协调发展状况。同时，从两系统的耦合度与耦合协调度的时变特征、区域差异、区域空间分布特征和空间集聚特征四方面详细研究了两系统的耦合协调发展状况。此外，从内在驱动因素与外在驱动因素两方面共七个角度，分析研究了外在环境因素对城市群经济与金融系统耦合协调发展的影响。

5. 基于耦合协调四维框架的中原城市群经济与金融系统耦合协调发展的实现机制

本书从城市群经济系统与金融系统耦合协调发展的总体策略与具体策略两个方面，论证了城市群经济系统与金融系统耦合协调发展的实现机制。具体来说，两系统耦合协调发展应遵循分梯度、分层次、动态合作策略，统一性、差异性、协调性相结合策略，内部协调与外部协调相结合策略。对于中原城市群，应从增强城市群两系统耦合协调发展的内在驱动力和外在驱动力两方面入手，实现两系统的耦合协调发展。

（二）研究方法

本书研究采用了系统分析法、调查法、文献法、定性与定量相结合、绝对差异与相对差异法、熵权法等研究方法，引入了耦合评价模型、全局空间自相关模型、自然间断点、地理探测器等分析模型，以中原城市群为例研究经济与金融的耦合协调发展状况。具体来说，本书将经济与金融发展分别看作两个独立运行的系统，首先对城市群经济系统、金融系统的运行状况及空间集聚特征逐一进行分析，然后对两系统耦合协调状况、地区差异、空间分布特征、空间集聚状态等进行了详细研究，从而详尽揭示了两系统耦合协调发展的特征与规律。

具体来说，调查法的运用主要体现在对当前中原城市群经济系统与金融系统的运行现状与问题进行了深入调查研究。文献法的运用主要体现在搜集、分析近年来有关研究文献，选取有价值的作为研究参考。实证研究法主要包括：引入熵权法对城市群经济与金融系统的综合发展情况进行综合评价；引入绝对差异法与相对差异法，研究中原城市群 30 个地级市间经济、金融两系统耦合协调发展的区域离散程度及两极分化状况；引入自然间断点方法研究中原城市群经济、金融两系统耦合协调发展的空间分布状况；引入空间自相关测算法研究中原城市群经济、金融两系统耦合协调发展的空间积聚状况；引入地理探测器法研究中原城市群经济、金融两系统耦合协调发展内外在驱动因素的驱动力大小，从驱动力的判断上看驱动因素的发展演变过程，以此寻找突破两系统耦合协调发展的约束条件，实现两系统在高度耦合、高度协调的情况下，实现高质量共荣共生。

（三）特色与创新

本书相关研究是关于城市群经济系统与金融系统耦合协调发展的系统性研究，在深入研究城市群经济系统与金融系统相互作用、相互促进、协调发展的理论基础上，以中原城市群经济系统与金融系统耦合协调发展为研究对象进行实证研究。研究以系统深入的理论研究为出发点，以理论为指导，对代表性区域进行实证研究和应用为落脚点，具有很强的理论创新性，且研究对象的选择具有很强的代表性，地域位置突出，具有很强的指导意义。本书的主要创新之处包括以下五个方面。

第一，在系统分析相关理论与城市群经济系统与金融系统发展演化实践背景的基础上，首次提出了包含城市群经济系统协调发展、金融系统协调发展、经济与金融系统协调发展、环境支撑体系协调发展的耦合协调发展四维研究框架。结合系统论、系统运动论耗散结构理论、协同学原理、新经济地理理论与城市群空间结构演化、共生理论与城市群全面协调发展理论、城市群经济分工与布局理论、集聚经济理论、区域金融发展理论、区位理论、系统耦合协调理论等理论，并同新经济地理学、区域经济与金融空间网络等理论，全面系统地分析了城市群经济系统与金融系统耦合协调发展演化机理。

第二，区域经济发展的核心在于资源配置，资源配置的核心在于区域金融发展和金融能动作用效率的提升，把城市群经济发展整合到金融与经济高质量耦合协调发展和良性共生共荣的框架中来，既是对经济发展理论的创新，也是对经济与金融关系理论的新拓展。

第三，本书相关研究引入地理经济范畴的自然间断点、全局空间自相关、地理探测器等方法，研究中原城市群经济与金融耦合协调发展的空间分异、空间集聚，以及内外在驱动力，以此来破解城市群区域经济与金融发展相互促进效率较低的困境。这是研究中原城市群经济与金融发展研究方法的创新。

第四，本书相关研究以中原城市群为例，将解决经济与金融双向促进效率较低的困境，纳入经济系统与金融系统两个独立的体系之间耦合协调发展的层面上来，有效地缓解了中原城市群经济与金融双向反馈效应较低的现状，为中原城市群经济与金融协调发展开辟了新的思路，大大提升了中原城市群经济发展的质量，为“中部崛起”国家战略的实施注入新的活力，这属于研究视角的创新。研究中原城市群经济与金融协调发展的研究模式、破解之道，为其他面临相似困境的城市群提供了一个可资借鉴的范例。

（四）不足之处

以中原城市群为例，在研究经济系统与金融系统的耦合协调发展过程中，需要的数据具体到分属5个省的30个地级市，由于各省统计口径、指标体系的差异，以及数据时效性等问题，导致某些问题的分析难以非常全面和深入地进行。此外，研究分析的是城市群经济与金融整体，在当前供给侧结构性改革的背景下，没有从产业角度研究与金融产业的耦合协调问题，使得区域经济与金融系统的耦合协调发展的深入分析受到一定的局限，当然这一缺憾也是笔者另一部专著对城市群产业与金融耦合协调发展研究的出发点。

第二章　城市群经济与金融系统耦合协调发展的理论基础

一、系统论与系统运动论

（一）系统论为研究城市群经济与金融发展提供了一个新视角

1. 系统论的基本含义

一般系统论的创始人美籍奥地利生物学家路德维希·冯·贝塔朗菲给系统下了定义：系统是由若干个相互作用的元素构成的复合体。他指出，若某一元素 A 分别存在于两个系统 Z、Z'中，若元素 A 在两个系统 Z、Z'中所起的作用没有差别，则认为系统 Z 与系统 Z'不存在相互作用；若元素 A 在两个系统 Z、Z'中的作用存在差别，则认为系统 Z 与系统 Z'存在相互作用。杨凤华（2013）指出，系统之间存在相互联系、相互作用、相互制约的关系，是由于各系统之间共用各种相同元素，各元素依赖其存在的系统特性发挥作用，在不同的系统中元素所起作用大小并不完全相同。

这些相互作用的元素构成了一个丰满、生动的有机整体——系统。也正因为系统中所有元素的不同作用形式，使各系统具有不同的结构、特性及功能。并且系统与系统之间是可以嵌套存在的，一个大系统可以包含多个，甚至是无数个小系统，这些小系统的特性、相互组合与作用关系，构成了大系统的特性、结构与功能。大系统中的各个小系统还可以构成中系统、中大系统等，这些特性也使系统具备了可以分层的特点，这一特性为人们进行科学研究时分层指标体系的构建和捕捉每一层次的特性提供了科学依据。

同时，各个小系统之间的相互作用的程度与亲密度并不相同，这也形成了不同的大系统分类：简单系统和巨系统（许国志，2000）。简单系统分为大系统与小系统，且各小系统之间相互作用、相互制约的程度并不强，甚至可以认为是独立的，由这些小系统构成的大系统保留了各小系统的特性。这类系统相对简单。巨系统可以分为简单巨系统与复杂巨系统。简单巨系统的特点与大系统相同，只是范围与内涵较广；复杂巨系统包含了无数个相互作用、相互制约且密切关联、不断演化的小系统，这种系统的特性与演化规律并不稳定，在不同时期具有不同的表现。一般认为最复杂的巨系统即为社会系统。

复杂巨系统的性质、作用、功能具有不稳定性，会伴随系统内各小系统的性质、功能和相互作用而改变。即使这样，复杂巨系统性质的演变规律并非不能被捕捉，即使是最为复杂的巨系统——社会系统，但是其具有的特性、演变规律通过一定的技术方法仍然能够被详尽刻画、挖掘。最常用的方法是通过研究复杂巨系统中各小系统的特性演变规律和各小系统之间的相互作用关系，通过对这些能够影响复杂巨系统发展演变因素的刻画，来理清复杂巨系统的发展演变规律、不同阶段的特性、功能、作用方式等。

2. 系统论在城市群经济与金融耦合协调发展中的应用

区域经济发展包含了区域内经济领域各因素的相互作用的过程，各经济因素的发展变化情况决定了区域经济发展独有的、有别于其他领域的变化特征及演变规律。由此可见，区域经济发展具有构成系统需要的所有特征，区域经济问题可以从系统论角度寻找突破口。区域金融发展虽根植于区域经济，但各类金融机构、金融市场等因素相互作用形成的独特关系、作用与功能，使区域金融独成体系，成为有别于区域经济的单独领域。区域金融与区域经济一样，均是由区域内各因素相互作用、相互影响构成的一个巨系统。并且这类巨系统均属于复杂巨系统，其具有的特征、作用方式并不稳定，而且是随着各因素作用的改变可以发生变化的巨系统。那么，对区域经济与区域金融问题的解决，就需要一些复杂的、实用的分析手段和方法进行细致的分析。

城市群的经济发展与金融发展，也可以将其看作是两个复杂的巨系统，对其相关问题的研究，同样可以纳入系统论范畴寻找突破路径。同时，城市群的经济与金融两系统处于相同的区域，两个系统是由处于同一区域中的具有相同特征的各种因素，通过不同的组织方式和作用方式构成的，且在两个系统中各因素所起的作用并不相同。城市群经济与金融两系统正因为这些因素而存在着某种相互关联、相互作用、相互制约的关系。这一特点也与众多关于经济与金融关系的研究文献的研究结果一致。

同时，由系统论的观点来看，城市群内部各种因素的不同作用方式，构成了具有不同特点与功能的经济系统与金融系统两个复杂的巨系统，这两个复杂的巨系统又通过各种相互作用形成了更高一层次的城市群经济金融复杂巨系统。由上面分析可知，城市群经济金融这一更为复杂的巨系统，性质、特点、作用及状态是由以下三个方面决定的：经济系统发展状态、金融系统发展状态、经济系统与金融系统相互作用的方式。所以，解决区域经济与金融的协调发展问题，可以分别从提升经济系统发展水平、金融系统发展水平，更重要的是从改变经济系统与金融系统相互作用的方式等入手，实现城市群经济与金融的良性协调发展。

从系统论的基本含义，以及系统论在本研究中的应用可以看出，系统论的引入为研究城市群经济与金融两系统协调发展提供了一个新的方法和视角——可以从系统论的性质等方面去谋求问题的突破路径。综上所述，系统论中的城市群经济与金融两系统的关系可以总结如图 2-1 所示。

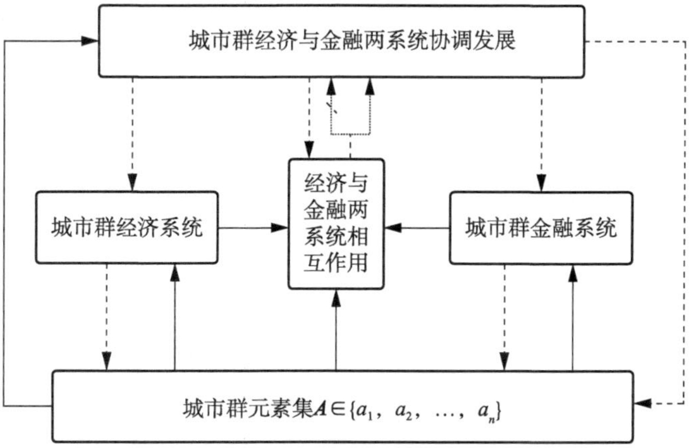

图 2-1 系统论中的城市群经济与金融系统相互作用

注：——►代表作用与递进；---►代表反馈效应；┈┈►代表积极效应。

（二）系统论的性质为改变城市群经济与金融系统协调发展状态提供理论支撑

魏宏森等（1995）、杨凤华（2013）均阐述过系统论的内涵中具有的整体性、层次性、开放性、目的性、稳定性、自组织性、突变性、相似性八种性质。这八种性质也为研究城市群经济与金融系统实现良性协调发展提供了理论支撑。

系统论的整体性特性是指各个因素通过不同的相互作用形式，产生了不同的新系统，这些新系统将会赋予各因素新的性质，这些性质绝不是各因素单独存在时所具有性质的简单加总。这一特性在系统论中被称为“整体涌现性”，即各因素在新系统中具有的性质的种类、强度均大于单独存在时所具有的。鉴于此，城市群经济与金融系统虽然构成要素相同，但由于两系统自身属性的不同，也会使同一因素具有不同的性质。也就是说，在研究城市群经济与金融系统协调发展时，只研究经济或只研究金融均有失偏颇，两系统应该同时进行研究，考察各因素在不同系统中的相互作用模式，进而找到两系统发展演变过程中的相似性和异质性，为实现两系统的协调发展提供新的思路。

系统论的层次性特性是指各个因素在不同系统中的作用形式不同，使得系统的结构、功能、地位均不相同，同时，由于构成各系统的因素不尽相同，使不同的系统呈现等次上的差别（杨凤华，2013）。各因素可以构成一个系统，同时该系统也是其所从属的更高系统的组成部分。系统所具有的这一特性，为本书在分析城市群经济与金融系统协调发展时，引入层次分析法提供了理论支持。

系统论的开放性特性是指系统可以与系统外的环境进行“能量”交换，从而对外释放“影响”，接受外界的“能量”和“冲击”，并在与外界的交互影响中发展演变。这一特性也说明在研究城市群经济与金融系统协调发展时，只关注系统内部是不全面的，应将影响经济与金融系统的外部环境也纳入分析框架。这也为本书对影响城市群经济与金融系统耦合协调发展的外部驱动因素分析提供了理论基础。

系统论的目的性与稳定性特性是相互作用、并列存在的。系统的稳定性是指在受到自身发展“冲击”，或外部环境“冲击”后，能够实现自我调节，恢复到“原来”的稳定状态，或者达到一个“新”的稳定状态。系统论的目的性是指在一定的阶段中，系统发展的一般规律或呈现的阶段性特征。从上面的两个特性的含义可以看出，稳定性是系统长期需要保持的特征，强调系统的自我调节能力；目的性是系统受到各类“冲击”偏离其稳定特性后，达到新稳态实现阶段性转折前后所表现出的不同规律和特征。也就是说，目的性特性是可以随着系统稳态变化而变化的。稳定性是系统发展变化中的常态，但每次发生稳态变化，达到的新稳态并不一定最有效，也并不一定最优。系统论的目的性和稳定性特性，为本书捕捉城市群经济与金融系统协调发展演变中的阶段性特征，重构两系统耦合协调发展状态，以实现高质量耦合协调发展的可行性提供了理论保证。

系统论的自组织性与突变性也是存在相互依存关系的两个特征：系统的自组织性是引起系统突变性的原因，系统突变性是系统自组织性的结果。系统的自组织性是指系统在不受外界环境干扰的情况下，自发达到的在时空上具有某种功能或结构的状态（许志国，2000）。若系统受到了外界环境冲击，其自组织性可能受到破坏，但并不会消失，其一直处于自发运动、自发组织的过程中（杨凤华，2013）。系统的突变性是指系统受到外界环境的冲击后，系统的自组织性可能受到破坏，无法达到稳定状态，此时系统将会发生转折性变化，从前一个稳态进入新稳态。但这个新稳态可能是上升的、前进的稳定状态，也可能进入一个系统自我瓦解、自我退化的稳定状态。系统论的这两个特性为我们研究城市群经济系统、金融系统，以及两系统协调发展的自组织过程、每个阶段出现稳态的特征、对不良稳态进行“重构”等提供了必要的理论支撑。

系统论的相似性特性也可以称为相关性特征。相似性特征是指在相同区域内的各系统，由于其构成要素基本相同，且独立的系统具有相同的特征，即使不同的系统会赋予元素新的功能和作用，这些系统也由于共用这些相同的基础元素而具有某种相似性。这一相似性使不同系统在发展、演变的过程中，具备某些相似的特征，这些相似性特征也就构成了不同系统的共性。杨凤华（2013）强调这些相似性是一种系统表现出来的差异性中的共性，也就是说，不同的系统之间既存在差异性，又存在共性。系统的这一特点用于研究城市群经济与金融系统协调发展中时，要求我们应当注重两者的共性，以便制订对两者均有效的措施；也要注重两者的差异性，基于异质性的视角来实现促进两系统发展的差异性目标。

从以上对系统论八个基本特性的阐述可知，这八个特性分别从不同的角度为本研究提供了理论基础。总体而言，系统论所提出的新思想的分析路径应当是从局部分析到整体分析，再回归到局部分析。同时着重强调：首先，理清各系统构成元素的关系、结构，以及其与外界环境相互作用的方式、模式；其次，研究判断系统整体上的具体特征、发展演变规律；最后，从局部出发寻求解决系统困境和问题的方法。

二、耗散结构理论与协同学原理

比利时物理学家伊利亚·普利高津提出了耗散结构理论（Prigogine，1969），德国物理学家赫尔曼·哈肯创建了协同学理论（Haken，1973、1977），这两个原本属于物理学范畴的重要理论，在研究城市群相关问题时同样具有很大的帮助，特别是对城市群经济与金融系统协调发展相关问题研究提供了重要的理论依据。

（一）耗散结构理论与城市群经济金融协调发展水平改进

1. 耗散结构理论的基本含义

1977 年诺贝尔化学奖获得者、俄裔比利时物理学家普利高津，在经历了近 25 年的研究后于 1969 年正式提出了关于非平衡系统向平衡系统转变的自组织理论——耗散结构理论。该理论产生于研究化学热力领域的最小熵、昂萨格倒易关系理论[①]，并拥有重大突破。耗散结构理论认为，开放系统在受到外界环境的冲击后，会破坏系统原来的平衡状态，进入非平衡状态下的自组织过程，若外界环境的冲击够大，那么开放系统的自组织能力及时修复系统的非均衡状态，最终会使系统进入一个离平衡状态越来越远的非均衡状态，普利高津称该状态为“远离平衡态”。

耗散结构理论认为，当开放系统达到了远离平衡态时，开放系统可以不断地与外界环境进行物质、能量的交换，这种交换会使系统内某些元素的观测值增加，当其观测值增加到一定的阈值时，开放系统的状态可能会发生“突变”，即开放系统的状态会由原来的远离平衡态转变为一种在时空上的有序状态。这一有序状态是开放系统内部与外部环境的作用达到均衡时的状态，即为非自组织状态下的“平衡态”，这一平衡态同时包含了系统的外部环境冲击与内部的自组织状态改变两种情况。之所以会达到这种开放系统内部非平衡下的稳定状态，是因为构成系统的内部元素与外部环境的各元素之间的相互作用关系是非线性关系。这种非线性关系会使开放系统的某些元素从下向上达到阈值的过程中，成倍放大其影响程度，使系统的自组织状态偏离其平衡态的速度加快、程度上升；当开放系统的某些元素从上向下收敛到阈值时，非线性机制同样会成为放大其收敛的速度和程度的作用力，使开放系统更快

① 昂萨格倒易关系是由昂萨格建立的，用来描述不可逆热力学过程的线性唯象定律中各系数间的倒易关系，是粒子微观运动方程的时间反演不变性在宏观尺度上的反映。

地到达新稳态。由此可见，开放系统远离和重回平衡态，非线性机制发挥着重要作用，普利高津指出只要系统内各子系统之间的相互作用是随机的，就可认为各子系统间存在非线性作用关系。

阈值在耗散结构理论中具有十分重要的意义，当开放系统某种元素的观测值达到阈值时，其微小变化，会引起开放系统的状态呈现巨大的改变，普利高津将这种现象称为“突变”。突变是耗散结构出现结构性转变的重要转折点，在没有到达阈值之前，元素观测值的改变并不会引起系统发生突变，这种改变会伴随着系统的自组织过程自行恢复到均衡状态；但元素观测值达到阈值后，由观测值变化引起的系统状态的改变，并不会自行恢复，一旦达到一定程度，就会发生突变，进而使耗散结构由非平衡状态达到新的平衡状态。实际上，阈值的存在可能并不止一个，很多研究证明，阈值不仅存在于系统从无序走向有序的过程中，还存在于从有序走向无序的过程中，即在一个系统的自组织过程中发生突变的次数可能会有无数个。

称为耗散结构是因为系统的每次改变均需要消耗外部环境的能量。也就是说，封闭系统是不具备耗散结构的性质的。封闭系统由于无法与外部环境产生能量交换，那么系统各元素的熵值会随着封闭系统的自组织过程增加，直至达到极值，此时封闭系统就处于一种最无序的平衡状态（普利高津，1976）。由此可见，耗散结构只存在于开放系统中，也就是说系统的发展变化，特别是向新的更高层次的有序平衡态方向转换时，必须要从外部环境汲取“能量”，并向外传递能量。这样的交互往返的过程，一方面消耗封闭系统自组织过程中产生的过高的熵（即能量），使自组织不会由于熵的过快增长进入无序状态；另一方面，系统可以从外部环境补充系统自组织过程中缺少的能量，最终实现系统不断地更新，使之充满生机和活力。

2. 耗散结构理论的基本思想在本书中的应用和体现

本书研究的城市群经济系统与金融系统均具备耗散结构所要求的开放性特征。进入 21 世纪至今，经济全球化与金融全球化发展程度不断加深，中国处于全球化潮流中同样具备这些特征，城市群的发展也不例外。这一特征使得城市群经济系统与金融系统，均具备耗散结构理论所要求的开放性特征。这主要体现在三个方面：对国外其他国家的开放性、对本国其他区域的开放性、对本区域内其他系统的开放性。城市群开放性程度越大，区域内经济系统与金融系统同外界的相互作用越紧密，当外部环境发生改变时，这一变化

“冲击”就会作用于城市群经济系统与金融系统，使两系统在某些活跃要素的作用下，逐渐偏离其原来的均衡状态，呈现非均衡发展态势，这一非均衡态势即为耗散结构理论提出的远离平衡态。城市群经济系统与金融系统出现远离平衡态的发展态势，将不利于区域经济发展和金融能动作用的发挥，甚至蕴含着危机的可能性。这也是本书研究的出发点。

耗散结构理论指出，开放系统在受到外界冲击后，其发展演变存在阈值，且某些关键元素的观测值超出阈值，将会是系统出现突变。城市群经济系统与金融系统均为开放系统，根据耗散结构理论，两系统的发展过程也会存在阈值，并且同样会出现突变。世界上诸如 20 世纪 90 年代的亚洲金融危机、2008 年以后的全球性金融危机和欧洲主权债务危机，以及这些金融危机引起的局部经济危机等的爆发及其后期治理，说明区域经济系统与金融系统发展演变过程中确实存在阈值，且当两系统关键元素的观测值达到阈值时，系统突变将会发生。在实践中，这种突变会朝着具有摧毁性的逆反式非均衡状态演变，并最终爆发系统性危机。耗散结构理论与实践，对本书研究城市群经济系统与金融系统的发展问题具有重要的启示：梳理经济系统与金融系统的发展演变规律，理清两系统在发展演变过程中发生突变时的特点、作用及性质，这也是本书及后续研究致力的任务之一。

耗散结构理论强调系统在从平衡状态发展为非平衡状态时发生的快速偏离，以及由非平衡状态发展为新的平衡状态时出现的快速收敛，是由于各系统之间、各元素之间存在着随机发生的非线性关系。由耗散结构理论的这一特点可知，城市群经济系统与金融系统的发展演变和相互作用也存在非线性的相互作用关系。由此可知，在研究城市群经济系统与金融系统协调发展问题时，仅采用线性方法进行研究将无法全面捕捉两系统发展演变过程的主要特征。因此，本书的研究拟采用多种方法去描述和刻画城市群经济系统与金融系统协调发展的问题。

耗散结构理论指出，系统若要从远离平衡态转变为新的平衡状态，需要消耗外部环境的能量，这种系统消耗其他系统的能量，即被视为耗散结构。也就是说，只要有外部能量补充，就可以将系统从远离平衡态转变为平衡态。耗散结构理论的这一主张，为本书所研究的对城市群经济系统与金融系统的协调发展状况进行重构，提供了理论支撑，即通过外部干预，将能够达到改变或重新塑造城市群两系统耦合协调发展状态的目标。

（二）协同学原理与实现城市群经济与金融协调发展的必要性

1. 协同学原理的基本含义

德国物理学家哈肯从1970年至1977年经过8年的研究，正式提出了协同学原理，该原理最初应用于研究物理现象中从有序状态到无序状态的演化规律。由于协同学原理的广泛应用性，不断被引申到其他领域，经济金融领域的学者们常将协同学原理同系统论联系起来，用于分析系统演变过程及演变规律，即分析经济金融系统的自组织过程从有序到无序再到有序状态的演变逻辑。

协同学原理中最广泛、最基本、最重要的概念为协同或协同作用，协同作用存在于由众多小系统构成的巨系统中。协同学原理认为在巨系统不受到外部环境影响时，系统之所以能够达到稳定状态，是因为各子系统间存在协同作用。各子系统之间通过协同作用可以相互配合，最后达成在整体上具有一定结构和作用的稳态，此时所达到的稳定状态即为自组织状态。

随着社会分工和市场化细分程度的深入，经济和金融全球化的发展，完全封闭的系统并不存在，开放性特征成为现代经济社会中系统所具有的典型特征。开放系统的自组织状态便很难实现，因外界环境的冲击会扩大，甚至成倍扩大系统自组织状态偏离稳态的程度。在这样的基础上，为了研究开放系统自组织状态从失衡状态到有序状态的演变规律和作用路径，哈肯（1976）提出了序参量法的概念。他指出，在系统处于无序或混沌状态时，构成系统的众多元素中，某些变量的观测值为0，且这些观测值会随着系统从无序向有序转变逐渐增加，从而可以用这些元素的观测值来衡量系统无序的程度。那么系统中的那些具有序参量特征的元素，就成为描述和刻画系统自组织功能演变过程的关键元素，也就是说，确定和寻找系统的序参量元素成为对系统无序状态进行重构的关键过程。

另外，系统的序参量元素的变化，可以通过系统中各元素的协同作用，影响到系统中的其他元素，促使这些元素也发生变化，且其变化跟随序参量元素的变化而变化。系统序参量元素的变化驱使系统其他元素同样发生变化的现象，被哈肯称为“役使原理”（slaving principle）[①]。那么，理清系统“役使原理”发生的机理，描绘“役使原理”的发生发展过程，成为刻画系统从

---

① 哈肯指出，系统演化过程中，在接近状态变化的临界点时，“快变量”由于变化太快，以致在未对系统施加影响以前就消失或变化了，而极少数“慢变量”变化相对缓慢，成为支配和主宰系统演化的序参量。

无序状态走向有序状态的关键。

系统在役使原理的主导下发生役使现象，能够使系统重新达到新的稳定状态。但这种稳定状态并非均是人们所期望的那样，所以“新稳态”可能存在以下两种情况：第一，系统向着更差、更无序的状态变化，这一现象在经济金融领域意味着危机发生的可能性；第二，系统向着高质量的“新稳态”变化，这一变化会促进系统的升级，使其具有的正向能量和作用得到加强。我们研究各类系统的目的是使系统状态的变化能够达到第二种情况所描述的稳定状态。

根据役使原理的基本思想，我们对系统从无序走向有序的努力方向可以从以下两方面着手：第一，若系统自组织过程的最终结果达到了第一种情况所描述的无序状态持续恶化的“新稳态”，那么应对这一“新稳态”进行重构，使其再次发生对系统升级具有良好作用的役使现象，从而实现第二种情况下的“新稳态”。第二，若系统的“新稳态”是系统升级后第二种情况所描述的无序状态被改善，达到了新的有序状态，此时也并非无法作为，我们仍可以继续采取一定措施，改变序参量元素的状态，使其进一步发挥正向的役使现象，不断促进系统再次实现功能和作用升级。

2. 协同学原理的基本思想在本书中的应用和体现

（1）协同学原理与耗散结构理论的比较

协同学原理与耗散结构理论的共同点，均是研究系统从有序向无序再到有序过程的经典理论；不同点是侧重点不同，耗散结构理论强调若开放系统受到外界冲击时，会从平衡状态逐渐转变为非平衡状态，并且这种转变会否发生，由系统某关键变量的阈值大小决定。一旦系统状态发生改变也是以突变的形态表现出来，而突变形成的原因在于系统内部各子系统、各元素的非线性作用机制。

与耗散结构理论主要关注引起系统变化的原因不同，协同学原理更强调对系统各种状态转化的描述和刻画。协同学原理指出，系统状态的改变是由于系统内各因素（包括子系统、各要素）之间产生了协同作用，并且强调这种协同作用的程度、变化特征，可以用包含序参量特征元素观测值的变化趋势、特征、机制来追踪。此外，协同学原理强调协同作用下序参量元素的改变会驱动构成系统的其他元素也发生改变，即发生役使现象，最终结果是系统会达到一个新稳态。这个新稳态与耗散结构提出的突变发生后产生的新平衡状态是一个含义，但协同学原理对这种新稳态的研究较耗散结构理论更进一步，其指出变化后达到的新稳态并不全是功能升级、作用加强的有序稳态，有可能是无序程度进一步恶化、暗含破坏力的无序稳态。

（2）协同学原理在城市群研究中的应用和体现

协同学原理认为系统状态的变化是可以进行追踪和刻画的，依靠的主要手段是寻找各系统含有序参量特征的元素。基于此，本书在研究城市群经济系统与金融系统协调发展时，尝试构建能够全面和系统体现经济系统与金融系统发展特征的指标体系。由于系统的发展从不同角度解读将会有不同的结论，城市群经济系统与金融系统本身又属于开放的复杂巨系统，其复杂程度较一般系统更甚，因此，仅用一个指标并不能概括两系统的发展全貌，会显得较为单薄和单一。所以，本书在构建两系统含有序参量特征的指标体系时，将尽可能科学选取更多合理的指标，构建完善的指标体系来研究城市群经济与金融的发展状况。

协同学原理认为外界因素的冲击会使系统的运行状态发生改变，而转化为平衡状态，或转化为非平衡状态。这一平衡状态有有序稳态和无序稳态两种情况，若是达到了有序稳态，则是对系统功能的强化；若是无序稳态，则是对系统功能的弱化，甚至可能导致系统崩溃。所以，如果城市群经济系统与金融系统运行状态良好，但是并没有进入无序稳态的表征，那么研究的重点就需要关注城市群经济系统与金融系统发展及协调发展状况、特征、演变路径，然后对当前两系统发展及协调发展的有序稳态进行重构，尽可能地激发经济系统与金融系统，以及两系统协调发展的潜力，使系统发展从当前的“有序稳态”向更高级的“有序稳态”发展。

协同学原理指出，开放系统会因为受到外界冲击而打破其当前的发展平衡状态。在研究城市群经济系统与金融系统协调发展时，若理清各种内外部影响因素对两系统协调发展影响方向、程度等问题，那么在对两系统耦合协调发展状态进行重构时，将能够做到有的放矢，针对性更强。因此，这一理论主张为本书第八章“中原城市群经济与金融耦合度与耦合协调发展的驱动机制分析”提供了强有力的理论支撑。

协同学原理提出的协同作用是在封闭系统中，但其运用并非只局限于封闭系统中，也就是说，无论是封闭系统还是开放系统，在其内部协同作用普遍存在，区别只在于封闭系统中的协同作用只在系统内部产生，开放系统中的协同作用在系统内部与外部均存在。并且系统通过各要素间的协同作用，达到要素与各子系统合理匹配，进而形成新的稳态。基于协同学原理的这个主张，本书在研究城市群经济系统与金融系统协调发展时，着重从分析两系统内部各要素的匹配程度、匹配状态、匹配结果出发，研究两系统之间的匹配程度和协调程度，以期通过这些研究明确两系统协调发展的困境及桎梏，为提高两系统协调发展能力找到“痛点”，最后进行精准施策，以提高城市群金融系统的能动作用，提高城市群经济系统的发展程度潜力。

三、新经济地理理论与城市群空间结构演化

（一）新经济地理系统基本理论

保罗·R. 克鲁格曼（Paul R. Krugman）在对新古典经济学批判性继承基础上提出了新经济地理理论，其认为新古典经济学假定的区域经济发展不存在空间差异、无运输成本等前提不符合现实情况，那么新古典经济学结论的应用和推广将因此受限。克鲁格曼认为新古典经济学之所以忽略空间差异与运输成本，是因为缺乏相应的分析工具。地理学分析工具的发展为新古典经济学中此类问题的解决提供了契机，在此基础上，克鲁格曼将地理学的相关分析工具引入经济学领域，从而开创了新经济地理理论。该理论的提出对经济学领域相关问题的研究产生了深远的影响，克鲁格曼指出在进行区域相关问题的研究时，空间差异和空间格局是不能够忽视的问题。

克鲁格曼提出的新地理经济学认为，经济行为主体为节约运输成本，经济发展会产生空间集聚现象。同时，在城市环境中由于各行各业交流方便，经济发展会出现“规模递增”效应，这一效应又会在一定程度上促进空间集聚。空间集聚效应的产生与发展使区域发展不可避免地出现空间差异，进而形成不同的城市功能区。若城市群各城市的功能匹配度良好，形成差异互补的空间分布态势，那么，将会对区域发展形成极大的推动力。

新地理经济学又称为空间经济学，弥补了传统经济学研究非空间的局限性，为城市经济学与区域经济学的发展提供了强有力的理论佐证，以及具体的分析工具。关于经济发展中空间作用的研究，并非开始于克鲁格曼，在他之前很多经济学家已经开始涉及相关领域，如藤田昌久在克鲁格曼正式系统地提出新地理经济学之前，已对空间在经济发展中的意义进行了一系列研究，阐述了在垄断竞争模型中空间的意义。

新地理经济学是在阿维纳什·迪克西特（Avinash Dixit）和约瑟夫·E.

斯蒂格利茨（Joseph E. Stiglitz）在1977年提出的不完全竞争市场的基础上进行论证的，该理论认为经济社会经常处于不完全竞争的市场，也只有在不完全竞争市场上，经济活动中各要素的作用轨迹才是非线性的，而经济发展过程中所呈现的空间集聚效应正是非线性作用机制作用的结果。新地理经济学认为经济发展所产生的空间集聚不是人为干预的结果，而是一种历史偶然现象，并且这种空间集聚一旦建立，在没有外部干预的情况下，此特征将会一直持续和循环下去，即经济发展中的空间集聚现象存在“历史依赖”（history-dependent）（Arthur等，1987）。由此看出，区域经济发展过程中的空间格局在没有外界干预时具有一定的发展惯性，若经济发展过程中形成的空间格局的空间协同效应较低，或者产生的空间格局与区域内其他系统的空间格局存在不匹配的现象，由于空间格局存在的发展惯性，这种协调低效及空间格局不匹配现象会延续下去，甚至会加重，从而阻碍区域经济的长期可持续发展。因此，若区域经济发展存在这种空间格局，应该采取措施对其进行干预，加以优化。

区域发展空间效应不仅存在经济系统中，区域金融系统也存在这种空间效应和空间集聚。瑞斯托·劳拉詹南（Risto Laulajainen）在新经济地理理论的基础上，把研究金融发展空间效应的学科命名为金融地理学。劳拉詹南认为尽管金融资源和服务具有很强的区域流动性，但区域内各个小区域由于其金融基础设施和经济基础不同，金融发展比经济发展更具有地区异质性；同时，金融服务业具有非常强地域活动特征的经济活动，其空间效应与空间格局不应被忽略（Laulajainen，2001）。此后，还有许多学者从不同的角度研究，如Clarkt等（2000；2003；2004）从金融发展的三大地理空间特征（货币地理性、边界分割、信息的时空异质性）来研究金融地理学，对金融地理学的研究范畴进行了基本界定；Layshon（2004）指出，应该从地缘政治、地缘经济、金融排除三方面来探讨金融制度的形成机制。研究金融地理理论的学者还有很多，他们分别从不同的方面肯定了区域金融发展过程中存在地理空间效应的特征，并且对区域金融进行研究是不能避开金融的空间联系与空间格局。

区域经济、金融发展过程中不仅会出现集聚现象，还会出现空间扩散现象。瑞典地理学家哈格斯特朗首次系统地提出了“空间扩散论”。他指出，区域内空间之间存在相互作用关系，处于核心地位的区域在从周边区域吸取其发展所需要的元素和能量的同时，也会将其发展成果不断地向外输送，最终达到区域间共同发展的目的；区域发展的空间扩散形式包括接触式扩散、等级扩散和非等级扩散三种（Hagerstrand，1953）。Berryt 和 Garrison（1958）指出，区域间的空间扩散作用存在于中心城市对周边的辐射作用，这种辐射作用主要包括根据城市等级向下传播的“创新渗透作用”和城市核心区或大城市向外围城市或区域传递的“增长利益作用”两个方面。新地理经济学的奠基人克鲁格曼提出了“核心—边缘”模型，来描述区域间存在的空间扩散作用，他认为核心区的体制能够决定边缘地区的发展，随着空间交互作用的产生和加强，边缘地区也可以发展成为次级核心区（Krugman，1991）。以上研究说明，随着各地区经济系统、金融系统空间扩散作用的产生、发展和加强，形成了复杂的区域经济系统、金融系统空间网络。邬丽萍（2012）指出，系统形成的空间网络并非一成不变，随着知识、科技、创新、资源、资本等生产要素周而复始地在区域间流动，整个区域的发展紧密地联系起来；同时，这种紧密联系会改变克鲁格曼提出的“核心—边缘”二元扩散模式，最终形成多层次区域功能结构的城市空间功能体，还会促进系统空间格局和结构的重构与发展。

刘荣增（2017）对“区域—城市”空间结构研究进行了系统性阐述，他指出空间过程塑造空间格局，空间格局影响空间行为，空间行为创造了空间过程，“区域—城市”系统空间结构的演化正是这一链式循环过程作用的结果。他还指出，“区域—城市”的空间结构是能够被改变的，可以从以上链式循环过程中寻找恰当的切入点，通过自然调控、经济调控和政策调控达到目标。

综上所述，新地理经济学理论为本书研究的区域经济与金融发展问题提供了新的研究视角，或者给我们提出一个“警醒”：在研究区域经济与金融发展问题时不能忽视空间格局和空间问题。

（二）新经济地理系统理论与城市群经济金融协调发展

在研究城市群经济与金融问题时，能否引入新经济地理系统理论体系中强调的空间效应，取决于对城市群区域属性的认识。一般认为，城市群属于相对较小的区域类型，其形成本身就是在一定的空间网络上形成的城市功能密集区。主要研究区域经济一体化的经济学家 Pyrgiots（1991）、Kunzmann 和 Wegener（1991）指出，城市群是一种新的地域组织形式，它是产业空间整合的产物，在区域经济发展中，城市群将作为一种最小的区域成为参与国际分工、构建跨国网络的主体。我国学者苗长虹和武前波（2005）指出，城市群是依托一定的地域范围，由一个或几个特大的城市为中心，众多中小城市为依托，组成的具有一定城市密集度的城市功能区。姚士谋等（2006）指出，城市群是在特定的地域范围内，由众多不同性质、类型、等级的城市，通过高度发达的交通网络、便利的信息网络组成的城市“集合体”。牛文元（2009）从新型城镇化的角度阐述了城市群的特点，指出城市群由众多大、中、小规模的城市与乡村进行组团发展，进而形成的“结构有序、功能互补、整体优化、共建共享”的空间镶嵌体，是新型城镇化发展的高级演化形态。

由以上众多学者对城市群的研究可知，城市群发展过程中也会出现与区域发展相同的问题，其中，关键在于不能忽视空间因素在城市群发展的作用和地位。第一，对于城市群经济系统与金融系统而言，同样具有克鲁格曼提出的不完全竞争的特征，这样在城市群经济系统与金融系统的发展过程中，各地市之间、各元素之间的作用，绝不是简单地线性研究就能捕捉的，同样存在非线性作用机制。第二，城市群经济系统与金融系统发展过程中也存在空间扩散效应，这种空间扩散符合邬丽萍（2012）强调的多层次空间交互作用。第三，既然城市群发展问题属于区域发展问题，那么各专家学者论述的区域经济系统与金融系统发展中存在的规律，应也适用于城市群经济系统与金融系统。所以，城市群经济系统与金融系统发展过程中应同样存在“历史依赖”现象，这样在分析城市群经济系统与金融系统的发展演变规律时，就可以从其空间格局和空间联系的历史演变过程中，发现和总结“历史依赖”路径，并据此判断其空间格局和空间联系的未来发展的趋势。第四，城市群经济系统与金融系统的空间结构，也可以通过考察两系统的空间过程、空间格局、空间行为等空间特征，找准切入点制定相应的调控政策，对当前的空间结构进行重构，以期达到系统内部、系统之间的持续、有序发展。

由以上分析可知，在研究城市群经济系统与金融系统发展的问题时，同样不能回避两系统发展过程中出现的空间格局和空间分布问题；否则，会使研究出现严重的偏差。

综上，本书在分析城市群经济系统与金融系统发展规律和演变路径时，引入了地理经济学的相关空间研究法——自然间断点和全局空间自相关的分析方法，来考察经济系统与金融系统发展过程中各地市表现出的空间格局演变规律，以及各地市间经济系统与金融系统发展的空间联系的类型是空间集聚还是空间发散，从这些考察中详细分析城市群经济系统与金融系统内部的空间发展问题。另外，根据研究目的，本书用相同的分析手段详细分析了城市群经济系统与金融系统耦合协调发展的空间分布格局演变，以及空间作用关系。

本书对经济系统、金融系统、经济系统与金融系统协调发展三方面空间格局与空间联系发展演变的分析，有利于我们全面掌握制约经济系统与金融系统实现高度耦合协调发展的因素，为后续对城市群经济系统与金融系统耦合协调发展状态进行重构，提供了具体可行的措施和努力方向。

四、共生理论与城市群全面协调发展趋势

（一）共生理论的基本内涵

1879 年真菌学家德贝里（Anton de Bary）从生物学范畴首次提出了“共生”概念，“共生”是指不同种属生活在一起的状态。Symbiosis（1986）对这种状态进行了描述，指出“共生”是植物之间相互利用双方的特性，共同生活、相依为命的状态。共生理论由于具有普遍适用性，其概念和理念被广泛应用于生态学、社会学、管理学、经济学等领域。

Kurokawa（1997）将共生理论引入经济领域，主要探讨了工业生产与信息、技术的共生问题，并系统提出了经济学范畴的共生理念。他指出，共生关系的实质是一种竞合关系，并且是任何单方均无法达成的高级别竞合关系，这种竞合关系是各方积极努力达到的结果，不存在被动竞合；在这种竞合关系中，各方达成最大谅解，尽量扩大自己的共享领域，通过这种竞合关系，共生各方很容易找到自己在竞合关系中的定位，从而最大限度地发展自己和发挥自身的力量。

刘荣增（2017）系统研究了“区域—城市”增长的共生理论，创造性地提出了包括共生单元、共生模式、共生环境的共生三要素，以及“区域—城市”共生关系形成的四大条件、四大共生组织模式和四大共生行为模式，这些研究构建了“区域—城市”增长共生理论的范畴体系。其提出的“区域—城市”增长之共生理论中的共生三要素，以及共生关系形成的四大条件，为本书研究提供了强有力的理论支撑。刘荣增指出，在区域共生系统中，共生单元之间的相互作用关系和作用强度，决定了共生模式，又称共生关系的种

类；共生关系均是由共生行为和共生程度构成的；在共生系统中，共生单位间的共生关系是在共生环境中产生和发展的，共生系统外的所有因素共同构成了共生环境。进一步地，共生环境也是分层次的，不同层次的共生环境对共生系统影响并不相同。刘荣增还把共生环境分为直接的和间接的，以及主要的、次要的，并且主次环境是随着时间的改变发生变化的。

对于共生体和共生环境之间的关系，袁纯清（1998）给出了界定，他将共生体分为正向共生体、中性共生体、反向共生体三种类型，即共生环境分为正向环境、中性环境、反向环境三种情况，并根据分类构建了九种共生体与共生环境的影响类型。正向共生体在三种共生环境中的相互作用模式分别为双向激励、共生激励、环境反抗正向激励；中性共生体在三种环境中的相互作用模式分别为环境激励、激励中性、环境反抗；反向共生体在三种环境中的相互作用模式为共生反抗正向激励、共生反抗、双向反抗。

根据袁纯清对共生体与共生环境关系的研究成果可知，在三种共生体与三种环境组成的九种组合中，正向共生体与正向环境的组合是最优的良性组合，同时实现了共生系统激励和外在环境激励，对共生系统的持续发展、向高级方向进化是最有利的。另外，正向共生体与中性环境、中性共生体与正向环境这两种组合为次优组合，在这两个组合中，均存在共生系统或外界环境的正向激励。中性环境与中性共生体的组合，虽然没有出现对抗的情况，但共生体与共生环境之间也并没出现很强的共生激励。剩余的五种组合均存在对抗的情况，其中在正向共生体与反向环境中，外界环境成为制约共生体发展、进化的条件；在负向共生体与正向环境中，环境对共生体的发展是有利的，但共生体本身的发展模式成为其最大的发展障碍。中性共生体与方向环境、负向共生体与中性环境两种组合中，没有出现明显的激励，但却存在共生系统或共生环境的反抗；负向共生体与反向环境的组合是共生系统共生发展中最差的一种形态，遭遇来自共生体自身与外界环境的双重制约。

共生系统（共生体）的共生状态是可以通过各种手段进行调控的（刘荣增，2017），同时，共生环境也是可以通过调控进行调整的。因此，在城市群的共生系统中，在袁纯清（1998）提出的共生体与共生环境之间存在的九种共生关系的基础上，本书给出城市群共生系统共生状态进行重构的调整方向和调整目标，如图 2-2 所示。

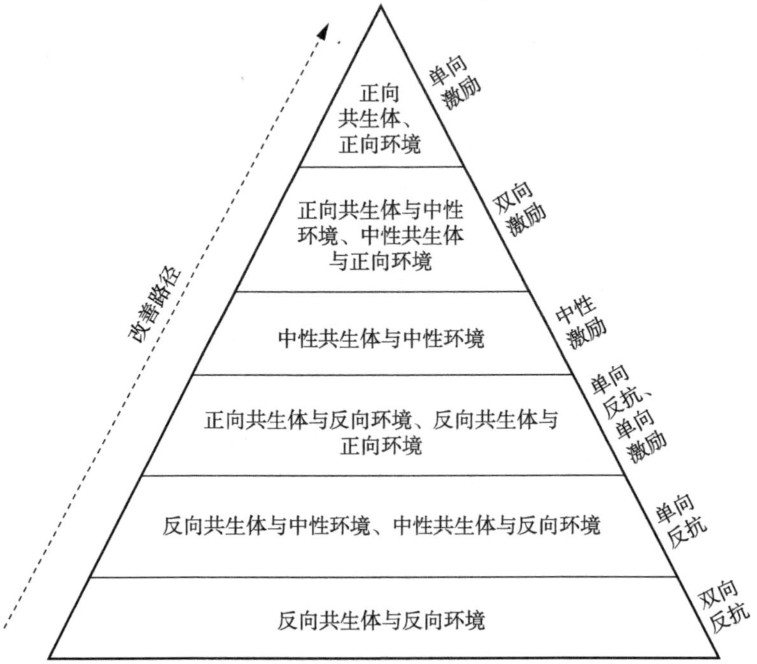

图 2-2　共生系统与共生环境作用方式的改善路径

由以上学者对区域共生理论的研究可以看出，共生系统中的共生单位之间存在竞争中寻求合作的特征，共生系统中各共生单位在保持自身特点的基础上，与其他共生单元达成了相互补充、相互促进的关系。另外，共生单元在共生系统中通过时间和空间的交互作用，达到共同进化的共生过程。共生系统通过与外界环境之间的相互制约、相互作用，达到与环境共生的结果。共生系统的共生状态有最优状态存在：共生系统内部各共生单位之间，以及共生系统与外界环境之间，最优的共生状态为对称互惠共生（刘荣增，2017），在这样的共生状态中，各共生单位不存在偏倚补偿问题，可以使共生系统持续、稳定地发展下去。

（二）共生理论与城市群经济金融协调发展

城市群经济系统与金融系统，既属于城市群共生大系统中的两个共生单元，又是由众多基础元素和小系统构成的共生系统。这样共生关系同时存在于两系统内部和两系统之间。其中，两系统内部的共生关系决定和影响两系统之间的共生状态，两系统之间的共生关系作为外界环境也会反作用于两系统内部的共生状态。同时，两系统内部存在的共生问题，也会由于相互作用延续到两系统之间成为新的问题；两系统之间存在的共生问题，会因导致两系统内部所依存的共生环境变化，传递到两个共生系统内部。

城市群经济系统与金融系统既属于共生系统，又属于共生单元，那么共生理论所提出的共生系统与共生单元所具有的特点和规律，两系统将同时具备。由黑川纪章提出的经济范畴共生系统所具备的特征可知，城市群经济系统与金融系统内部与之间均存在竞合关系（Kurokawa，1991）。在两系统内部各小系统，如各地市间，会因为争夺其发展所需的资源而存在竞争关系，但也会为了达到某些自己无法完成的目标而进行合作。这种竞合关系普遍存在于两系统内部和两系统之间，通过这种竞合关系，最终形成了城市群经济系统与金融系统共生发展的基本特征，这种特征是系统自动演化和调控的最终结果和外在表现。城市群经济系统与金融系统作为城市群大系统的主要构成部分，共同成为城市群共生系统的共生单元，两个共生单元之间相互制约、相互作用的形式与路径决定着城市群共生系统的共生状态、共生模式和演化路径。所以，本书在研究城市群经济系统与金融系统间的耦合协调发展问题时，是从经济系统的共生发展状态、金融系统的共生发展状态及两系统之间的共生发展状态三方面进行。

根据共生理论的基本内涵可知，城市群共生大系统，以及经济共生系统、金融共生系统的共生发展是由共生单元、共生模式、共生环境共同作用的结果。在共生系统中，每个共生单元都是独立的，城市群经济与金融发展共生系统中，经济系统、金融系统及各城市均是独立存在的共生单元，这些共生单元在一定的时空条件下，在特定的共生界面（刘荣增，2017），通过一定的相互制约、相互作用过程，形成一定的共生模式。在研究城市群经济系统与金融系统协调发展问题时，可以通过描述和追踪这一共生模式的特征、形成机制，来捕捉共生关系的演变规律。刘荣增指出共生单元之间存在三种共生机制，且这些机制的形成是有规律可循的。他认为共生单位与环境之间存在环境诱导机制，共生单位之间由于竞合作用具有动力机制，还由于具有时空差异具有阻遏机制。这三大机制的存在为我们研究城市群经济系统与金融系统的发展演变指明了方向和路径，在研究时需要理清经济系统与金融系统内部，各共生单位之间的竞合模式，其动力机制与阻遏机制的作用方式与模式；还需理清经济共生系统与金融共生系统发展所依存的外部环境状况，探明两共生系统的环境诱导机制的作用方式及作用规律。

本书研究在袁纯清（1998）研究的基础上，提出的共生体与共生环境作用方式的改善路径来看，城市群经济系统、金融系统与共生环境之间的作用方式，取决于共生系统本身、共生环境两方面。若要达到经济系统、金融系统与共生环境双向激励的目标，需要两方面同时进行：一方面，重构共生系统使其达到互惠共生的正向共生体；另一方面，努力适应外界环境、改善外界环境，使其成为能够对共生系统输送增长动力，吸收共生系统输送的负面效应的正向环境。在此基础上，研究城市群经济系统与金融系统协调发展问题时，首要问题是理清经济系统与金融系统自身的共生状态，属于三种共生体的哪种形式。其次，确定两系统之间的共生状态，即两系统协调发展的作用方式及共生状态。最后，确定两系统自身共生发展的共生环境、协调共生发展的共生环境的激励，是属于正向激励还是反向拮抗。在明确这些的前提下确定最终的调整和重构方案。

第三章　城市群经济与金融系统发展演化的一般逻辑

从系统论的内涵来看，城市群经济系统与金融系统均属于复杂巨系统，系统内各元素的相互作用非常复杂，处理这两类巨系统自身的问题及其之间的协调发展问题，决不能像简单巨系统一样，将为数不多的、差异化不大的元素根据其性能进行简单加总。需要根据复杂巨系统的层次进行拆分，根据各级子层次进行详尽分析，本书尝试搭建思维分析框架，来研究城市群经济与金融系统耦合协调发展问题。

一、城市群经济系统发展演化的一般逻辑

城市群经济系统作为众多系统中的一种，其发展演化的一般规律应遵循系统的发展规律，具有不可逆性、开放性、非线性相互作用等特征。另外，城市群经济系统作为城市群的重要组成部分，其发展演变的一般逻辑应与城市群的发展演变规律相同。所以，对城市群经济系统发展演变规律的分析，应同时从城市群发展与系统发展两个角度去刻画和分析。

（一）城市群经济系统的内涵

1. 系统论视角下城市群经济系统的内涵

城市群经济系统目前还没有明确的定义，但很多学者早已开始尝试从系统论角度对经济系统进行剖析和研究，形成了众多具有重要意义的研究成果，具体如下。

孙宗福（1994）从一般系统论的观点入手分析经济系统，他指出经济系统是各子系统相互作用形成的有机整体，具有整体性、目的性、调节机制、再现性四个特点，且经济系统结构的正确设计是一般系统论原理和方法在经济实践中应用的关键。经济系统是一种耗散结构，遵循协同发展的思想，是开放的循环经济，还具有生态经济的特征。他还指出，经济系统正因为需要人参与的特点，使其具有区别于物理系统的主观因素。

顾海兵（1998）指出，经济系统是一个巨大且复杂的系统。他从过程、空间、运行、法律四个方面对经济系统进行了界定：经济系统从过程上看包括生产子系统、分配子系统、流通子系统、消费子系统四个组成部分；从空间上看是由各行政区或经济地区子系统，或陆地和海洋两个子系统，或个人、家庭、集体、国家、洲、世界六个子系统组成的；从运行上看可以分为“有人系统与无人系统”“投入子系统、转化子系统、产出子系统”“执行子系统、调控子系统”三种类型；从法律上看可以分为白色经济、灰色经济、黑色经济三个子系统。他还从学术描述、经济信息、经济账户、经济（景气）监测、经济预测、经济预警六个环节详细阐述了经济分析的科学办法；从经济流程、经济关联、经济模拟、消费分析、投资分析五个模块阐述了经济分析的切入角度。

昝延全（2003）指出，经济系统是由经济元及其之间的相互关系共同构成的整体。经济元是指那些参与资源竞争和利用的经济实体，称为系统的“硬部”，它们之间的关系称为“软部”。这样根据经济元的范畴，就可以对经济系统的范畴进行新的递归和复合，本书以城市群内各地市的经济发展为经济元，研究各城市经济发展及各城市间经济发展相互关系的问题。

高洪深（2003）指出，经济系统中存在的决策环节，是区别于物理系统的本质特征。经济系统中总是经过信息收集，并根据不同的需求分析加工成各种各样的信息载体，决策部门根据这些信息载体进行决策。正因为如此，经济系统相对于物理系统具有更强的主观意志和决策者偏好。

谷国锋和张秀英（2005）从区域角度对经济系统进行了界定，指出区域经济系统是一个开放的、非线性的复杂系统，依靠与外界环境的相互作用，保持有序发展的非平衡系统。

从以上研究成果来看，众多学者均是从一般系统论的角度出发，对经济系统的内涵进行界定。由于一般系统具有丰富的内涵，众多学者均是从不同的角度得出了看似不同却具有互补性的研究结论。

由以上学者从一般系统论视角对经济系统的研究结论，可以做以下总结：第一，由于人的智慧和能动性在经济系统中的作用，使经济系统的发展演变中存在决策环节。正因为这一环节的存在，经济系统的发展演变不像物理系统，具有很强的目的性和规律性，也使经济系统具有了自组织能力，也拥有了他组织（外部干预使经济系统朝着人们期望的方向发展，一般认为他组织是低效率的）的特点。正因为经济系统中存在的决策环节、目的性、他组织能力，才使其成为复杂的、动态发展的巨系统。第二，经济系统是由生产子系统、分配子系统、流通子系统、消费子系统共同构成的社会大生产系统，各子系统的各类主体相互作用、相互制约，在复杂的非线性作用机制的主导下构成复杂的有机主体。第三，经济系统可以根据经济元范畴的界定，分解和组合出各个小的子系统，这些子系统具有递归和复合的作用，但每一次在另一个系统性质的主导下进行的递归和复合，都会使经济元具有新的性质或功能，其性质会实现“1+1>2”的效果。第四，系统与系统之间，或者系统与周围环境之间，存在着各种形式的能量交换，系统从外界汲取“影响”的同时，也向外界输送“冲击”；反之，外界在吸收系统输出的“影响”后，也会向系统输送“冲击”，系统就是在这样的“能量”或“冲击”的交替作用下不断地演化发展。

2. 城市群发展演化视角下城市群经济系统的内涵

关于城市群经济形成与演化的研究由来已久，产生了很多具有指导意义的理论成果。国内外的研究大都是从城市群的形成过程来界定城市群经济的，研究成果大都集中在都市经济区、大都市经济带、城市经济体系和城市—区域经济四个方面。

琼·戈特曼提出了大都市带的概念，他指出在各种交易活动高度集聚、中心城市向外扩散、技术进步等众多因素循环往复的作用下，会形成大都市经济带的现象（Gottmann，1957）。杜克西亚迪斯开始注意大都市带中城市间的交互作用，他指出各种“流”在城市间的强烈交互作用流动，成为推动大都市经济带形成的动力（C. A. Doxiadis，1970）。麦基发现发展中国家也出现了这种大都市带的发现状况，经过研究他认为这是城乡一体化的发展结果，是在外力作用下形成的大都市经济带（Mcgee，1991）。佩尔斯等首次提出了城市主导区域的概念，指出它是经济全球化的产物，是城市化发展的最高级阶段，其产生的原因是跨国企业在资金、信息、人才等资源的全球配置与归集功能的发挥（Peirce et al，1993）。城市主导区域是大都市经济带在全球范围内的推广，形成了高密度经济区和全球经济腹地两种城市群发展类型。

亨德森从城市体系形成机理角度研究城市群经济，他指出城市群的形成是由城市集聚力与城市扩散力两种力量共同作用的结果，城市集聚力来源于城市的外部规模经济，分散力是由于城市中心较高的“地租”带来了集聚不经济（Henderson，1974）。由亨德森的观点可知，城市集聚力的发挥形成了城市群位于中心地位的城市，分散力的发挥使城市群中各城市间的相互作用进一步加强，最终会形成围绕中心城市的大都市经济带的发展模式。Addel-Rahman 等（2006）指出，由于产业生产部分的外部性，使非贸易性最终产品在城市间进行配置生产，最终城市群各城市之间共存是通过多样化和专业化并存状态下所达成范围经济的结果。

出现都市区的原因可能是由于市中心环境的恶化、经济成本的上升、互联网技术和信息技术的进步等多种因素共同作用的结果（顾朝林，2000）。余丹林等（2003）从城市—区域的形成与发展机制来阐述城市群经济体系，他指出城市群经济体系形成可以带来两种效应：一是城市经济体系在空间上扩张，形成不同的空间布局；二是城市产业扩散、经济发展质量提高、经济联系日益密切。张祥建等（2003）指出，城市群经济结构变迁过程中的自主增长与自我发展能力取决于各城市的关联效应、转移效应和集聚效应的产生、增强与改善。石崧（2005）指出，城市群经济的形成发展，是城市间分工深化导致“集聚效应”与“分散效应”的叠加，在城市间形成正的空间“溢出效应”作用的结果。冯健（2005）指出，部分经济类型外迁所表现出的郊区化过程，是大都市区出现的关键。总的来说，都市区是大城市发展过程中扩散力大于集聚力的必然产物（邬丽萍，2012）。

新制度经济学认为，城市群经济是介于市场组织与经济一体化之间的一种空间网络经济组织，这一网络组织相对于市场组织具有更强的稳定性，相对于一体化经济组织而言具有更强的灵活性，因此，它可以更好地解决市场失灵和组织失灵，进而使城市群内部经济系统相对于城市群外具有更多的竞争优势（邬丽萍，2012）。

杨凤华（2013）从城市群发展过程和系统论两个方面给城市群经济系统进行定义，指出城市群经济系统是工业化和城市化发展到一定阶段，在城市密集发展的相邻区域内，通过长期博弈，自发形成的相互作用的有机整体；城市群经济系统是一个开放的、远离平衡态的、有涨落特点的、存在非线性作用机制的、具备耗散结构的复杂巨系统。

由以上各学者从城市群发展演进的视角对城市群经济系统的研究，可以得出以下结论：第一，经济发展的“集聚效应”与“分散效应”在城市空间中出现的正向叠加效应，推动了城市群经济系统的产生。“集聚效应”形成了城市群各城市在区域分工中的位置，产生了各种集聚经济区，促进了城市专业化的发展。“分散效应”在城市群中形成了“经济带”发展效应，产生了各种城市功能区，也加剧了城市集聚效应的产生和程度。第二，资金流、人才流、信息流、技术流等物质流和非物质流在邻近城市空间流动，加强了城市间的交互作用，区域的经济联系由于城市间的交互作用日益密切，这种交互作用经过演变、发展，最终形成了城市群经济系统。第三，经济发展的“集聚效应”与“分散效应”的产生，是因为各城市资源禀赋的集聚和分散，也正是因为资源在城市间分布的不均匀性，使经济发展在城市间表现出区域差异和空间差异的特点，即形成了不同的空间分布格局和空间演化规律。第四，城市群发展过程中会形成以中心城市为核心向周围扩散的大都市经济带，经济带的产生会使产业链在城市间延伸，产生了各城市间经济发展的多样化特征。

从以上研究成果来看，众多学者尝试从城市群的发展演化机理和系统论角度出发，对城市群经济系统的内涵进行界定，形成了丰富的研究成果，得出了众多具有现实指导意义的结论。但从城市群发展演化机理与系统论两个角度共同出发，研究城市群经济系统的成果较少。杨凤华（2013）从城市群发展机理与系统论两个角度对城市群经济系统进行了界定，提出了城市群经济与金融系统耦合理论模型、耦合发展的实现机制。但缺乏对城市群各城市经济与金融系统的耦合发展机理进行深度剖析，使得在对城市群经济与金融系统耦合协调发展状况进行重构时，缺乏有力的抓手。因此，本书在之前学者研究的基础上，在理论上进行拓展，并以中原城市群经济与金融系统的耦合协调发展状况为例，进行深入的研究和剖析，并尝试对两系统的耦合协调发展状况进行重构，使其往更高的级别演化。

（二）经济集聚化发展推动城市群经济系统初步融合

从城市群经济系统内涵的相关研究中可以看出，城市群经济系统是经济在一定空间范围内发展中的“集聚效应”与“分散效应”共同作用下产生的。众多学者指出，经济发展的“集聚效应”是城市群经济形成的最重要动力。

1. 城市群经济系统“集聚效应”产生的原因

集聚经济之所以产生，胡安俊等（2012）从生产者、消费者、政府三个角度进行梳理：从生产者角度来看，其在一定地理空间范围内集聚是共享效应、匹配效应、学习效应、市场效应、组织效应五方面共同作用的结果。所谓共享效应，是指经济活动为了获得共享公共物品、共享专业化收益、共享城市经济多样化发展中物质流与非物质流在经济间流动的溢出效应（Vernon，1966），而产生的在城市群内集聚的空间分布格局。所谓匹配效应，是指经济集聚现象可以降低经济活动主体的搜索成本，增加各要素的匹配机会，提高要素资源的匹配质量，使各经济主体获益。所谓学习效应，是基于知识本身具有的非编码、局部溢出的特点，使得经济集聚效应增加了经济活动主体的接触机会，降低了交流成本，有利于知识的产生、扩散和积累，从而产生学习效应使经济主体获益。所谓市场效应，是指布局在市场规模较大的企业，由于区域市场潜力较大，会获得较大的经济利润和要素价格（Head 和 Mayer，2004）。这种效应被地理经济学称为“本地市场效应”，其他企业为了获得这种效应，会加速向该地区的迁移，这样将进一步扩大“本地市场效应”，进一步增强市场潜力。这一进程将会循环往复地进行，最终形成产业集聚。所谓组织效应，是指为了促进产业融合、降低交易成本，减少道德风险和逆向选择，企业往往会选择聚集。Rosenthal 和 Strange（2003）指出，大企业与小企业集聚效应是不同的，小企业的集聚经济收益要大于大企业，这一观点对城市群经济系统决策者制定经济集聚政策具有参考意义。

从消费者角度看，城市群经济系统集聚发展能够降低人们的搜索成本，间接提高人们的消费能力，也还能够提供多样化的产品和服务，满足人们多样化需求，增加了潜在的消费机会。经济集聚发展还能够产生消费者效应，提高区域市场规模与市场潜力。城市群集聚经济给消费者带来的三大好处相互作用，会进一步开拓市场，激发经济活力，促进集聚经济的进一步发展。

从政府角度看，经济活动集聚效应的产生是由于寻租现象的存在，大量企业积聚在政府周围是为了获得或者维持其垄断地位，从而获得非生产性寻利活动。胡安俊等（2012）指出，这种现象只存在于市场经济不完善、法律制度不完备的国家或地区。

由以上分析可知，集聚经济的成因有内在驱动力和外在驱动力两种，无论是内在驱动力，还是外在驱动力，都是通过不同的途径促进城市群经济系统集聚水平的提升。事实上这些驱动力的推动作用并非独立、单独地起作用，各种驱动力会通过相互作用，共同促进城市群经济集聚水平和程度的提升。

2. 城市群经济系统集聚效应的产生与发展

新古典经济学认为，城市群经济发展集聚效应的产生，会在三个层次形成城市群间经济发展的融合（Hoover，1937）。首先，在企业内部实现规模经济。企业在发展过程中，为了降低生产成本，必然向城市密集区集中，这一现象引起了经济在城市群内的初级集聚。由于城市中心地租不经济，企业发展又会呈现向城市郊区分散化发展的趋势，企业为了提升在专业化分工中的地位，必然要向横向一体化和纵向一体化发展，并尽可能地提升自身的管理能力和管理效率。这种发展态势最终必然会引起经济发展在企业内部进行集聚。其次，在各城市内进行集聚发展，形成地方化经济。由于产业在城市内专业化发展，引起中间产品的互补性贸易增长，以及各种物质流和非物质流在城市内产业间流动出现的“溢出效应”，而产生交流经济的发展。地方经济的产生过程符合马歇尔提出的“共享、匹配、溢出”的思想（Marshall，1920）。最后，地方性经济发展到一定阶段后，必然会产生更高层次的“共享、匹配、溢出”效应，引起了经济集聚，打破了城市的界限，在一定区域内的城市间进行集聚，产生城市化经济，又称都市经济。虽然新古典经济学提出的地方经济与城市化经济理论受到了很多学者的质疑，但在说明集聚化发展对城市群经济的融合发展上，依然具有非常强的说服力。

Rosenthal 等（2004）、胡安俊等（2012）从产业维度、时间维度和地理维度来考察积聚经济。他们指出，积聚经济的发展不仅体现在产业间的积聚，而且在时间与空间上也存在聚集形态。就产业维度而言，积聚经济的成因不仅体现在经济活动规模的扩大，还表现在经济活动质量（如范围）的改善。他们指出，从产业技术水平上看，低技术含量产业的工艺、流程等已经标准化，其在发展过程中更注重生产成本，更愿向小城市集聚，进而形成专业化集聚特征；高技术含量的产业，更注重物质流与非物质流的空间溢出效应与交流成本，更倾向于向大城市多样化的集聚环境中布局（Henderson，1997）。从产业部门的不同门类上看，轻工业的生产和消费更依赖于当地的市场容量，其往往向多样化的城市化经济集聚（Nakamura，1985）；重工业更受制于交通和地租，更愿意向交通发达且专业化程度较高的地方化经济区集聚（Beaudry 和 Schiffauerova，2009）。就时间维度而言，相关学者是从企业生命周期不同阶段的集聚特征出发展开研究的。在企业生命周期的起始阶段，企业需要更具弹性的投入和更积极地与周围环境进行反馈交流，此时会引起更多企业为了共同目的而集聚在一起，形成多样化的城市化经济。随着企业进入发展、成熟期，生产越来越标准化，其专业化生产能力的提升，会促使经济向专业化的地方化经济转换（Gilles 和 Diego，2001）。当企业进入衰退期，不再具有技术优势，产品竞争力不复存在，地方化经济中产业之间的过度内在依赖，会导致“区域锁定”，地方化经济的发展模式成为阻碍经济发展的重要因素，此时，需要对原有的集聚经济模式进行转化。就空间维度而言，有关学者指出引起空间集聚形态不同的原因是各产业在运输成本上的异质性。另外，他们还指出制造业运输的是“物”，其运输本较低；服务业运输的是“人”，其运输成本较高，正因为这些差异造成了制造业可以在更大的范围内（省）集聚，服务业只能在相对较小的空间内集聚（Jed 和 Newmark，2010）。随着互联网技术的普及，那些可以实现标准化的服务产业也可以在更大范围内集聚，但需要面对面进行的服务业仍然是在较小的空间范围内集聚。基于以上特征，有学者指出，对于城市群内的特大城市而言，其经济规模和范围均比较大，可以满足多种产业集聚化发展的需要，因此，其集聚发展特点呈现更多的多样化发展特征，而小城市由于受发展规模的限制，往往表现出较高的专业化发展特征。

3. 经济集聚化发展推动城市群经济系统初步融合

由以上城市群经济集聚产生的原因及演变趋势的分析来看，由于消费者、生产者和政府三方共同推动，产生了城市群经济系统集聚效应。经济集聚现象是区域经济发展到一定阶段必经的过程，它可以自发产生，也可以由经济系统的决策部门进行布局。城市群经济系统随着经济在一定空间范围内集聚和分散，形成了一个个不同功能的经济集聚区，这些集聚区或具有多样化发展特征，或具有专业化发展特征，无论是哪种特征的产业集聚区，均使城市群内各城市间的联系更加紧密，使城市群经济系统各子系统之间的关联度增加，实现初步融合。

在经济集聚之初，出现了产业化集聚特征，此时的经济集聚只是简单的产业汇集，没有出现产业链条的融合与专业化分工。但城市群经济系统因产业存在空间紧邻关系，出现空间溢出效应而实现初步融合。若产业集聚出现了产业链条的整合或专业化分工，那么城市群经济系统的整合程度将会显著提升。当地方化经济集聚模式成为城市群经济发展桎梏时，可以打破地方化经济发展模式，在更大的城市群层面解决这一问题，即实现由专业化集聚状态向多样化集聚状态的转换，多样化可以通过产业多样化、空间组织多样化实现。

另外，城市群经济系统集聚效应不仅存在于产业间，而且在时间和空间上也存在。由此可以看出，城市群是在产业、时间、空间多个维度上进行了经济系统整合，并在空间上表现出不同的空间特征，即城市群经济系统是一定空间内城市化发展过程中，出现的空间上高度密集、经济社会紧密联系的复杂空间组织（邬丽萍，2012）。

（三）经济分工深化催生城市群经济系统网络形成

1. 经济分工与区域经济系统发展演化的关系

通过梳理经济分工与城市群经济系统发展的相关研究可知，很少有直接涉及经济分工与城市群经济系统发展的文献，但研究经济分工与区域经济发展，以及与城市经济发展的文献甚众，也产生了众多具有理论价值与实践意义的研究结果。通过梳理文献，观点大致有以下几类。

第一，现代经济学认为，区域分工与专业化的推进与深化，是区域经济系统发展演化的直接原因。新古典经济学认为，城市群经济系统的形成是城市向心力和离心力双重作用的结果，城市向心力源于城市群地方化经济与城市化经济的产生，两种经济集聚类型的产生又是经济系统的产业分工深化的结果。

第二，以 Yang（1991）、杨小凯（1998）为代表的新兴古典经济学，继承了新古典经济学关于向心力与离心力的论断，通过进一步研究发现，区域经济系统的产生与发展，源于城市发展的向心力作用，使分工经济深入发展，与产业在生产、交易过程中产生的各种费用之间产生了矛盾冲突。

第三，新增长经济理论进一步提出，城市群经济系统可持续发展的动力，来源于城市经济专业化发展与多样化发展过程中出现的技术创新。

第四，以 Rammel 等（2003）为代表的演化经济学派认为，经济发展的多样性集聚状态中，新的、具有创新性的产业是主要代表。在多样性集聚状态下，产业通过自身的创新行为和选择，推动着城市群经济系统的发展演化。多样化是决定经济系统长期稳定发展乃至健康生存的关键。

第五，与演化经济学派有相同观点的是投资组合理论，持该理论的学者指出，城市群经济系统多样化集聚模式的存在，有助于减少区域经济发展的波动性，且有助于帮助化解经济发展出现衰退风险的趋势。

综上所述，经济分工与区域经济系统的发展具有十分密切的关系，经济分工带来的产业深层次集聚发展，以及带来的技术进步和创新意识与理念，不仅可以推动区域经济系统的发展，而且有助于在经济发展出现颓势时，发挥创新优势，推动经济结构的转型和升级，进而推动区域经济系统的发展和进化。

2. 经济分工的深化催生城市群经济系统网络

经济分工是指各类经济主体在一定的经济活动中所承担的任务或所扮演的角色。传统的经济分工形式可以分为垂直分工与水平分工。所谓的垂直分工，发生在具有梯度性和层次性的经济系统中，它是指各层次或各梯度的经济活动主体，根据自身的比较优势，参与到某种产品的某一阶段的生产工序中，实现专业化生产的分工模式。所谓的水平分工，其存在前提是各经济主体具有技术水平的差异，是在同一行业内对功能相同的产品进行差异化生产，实现多样化生产的分工模式。

20 世纪 90 年代以来，随着以互联网技术为核心的信息技术的普及，经济的组织模式发生了重大改变，各经济体主体经济活动的空间分离、产业价值链在空间层面的镶嵌与重构，以及由于互联网技术与通信技术的高度发达带来的区域经济活动空间范围的延伸（邬丽萍，2012），出现了区域经济一体化与全球化的发展态势。

由于城市群内各经济主体经济活动的区域特征，使城市群经济系统的经济分工也具有了一些新的特征。城市群经济分工由产业间分工与产业内分工转化为产品内分工，即对某一产品生产的各个环节，在城市群内进行分解和重构，并实现专业化生产，与产品内分工形式相伴随的是要素市场的分工和产业价值链的重构。这种分工形式一方面深化了经济分工的内涵；另一方面经过深层次分工，城市群经济系统各子系统间的联系空前密切，向深度融合发展。此外，这些分工产生的经济联系，也会形成经济网络在城市群空间进行布局和整合，最终凝聚为城市群经济系统发展的空间分布特征与空间格局。

城市群经济系统产品分工方式的存在，并不排斥产业垂直分工与水平分工，这些分工方式之间并不具有排他性，而具有可以共存的特点。以城市为经济元来看城市群经济系统的垂直分工与水平分工，分别指城市群内各城市依据自身的比较优势，将同一产品的各个生产环节进行细分，分别进行专业化生产，即为城市群经济系统的垂直分工模式。由于生产工艺和技术的不同，各城市对同一产品进行差异化生产，实现产品的多样化供应，即为城市群经济系统的水平分工模式。由此可见，城市群经济系统的垂直分工，使各城市由于生产同一种产品的部分中间产品，各城市间建立起一套垂直的产品或产业分工网络，各城市在这个分工网中的功能、地位、作用均不同，由此凝聚成了该城市群经济系统垂直分布的空间分布特征与空间格局。另外，城市群经济系统的水平分工，也因各个城市资源禀赋、技术含量不同，在城市间形成一张水平分布的生产网络，这些生产网络，由于各城市所扮演的角色不同，形成了城市群经济系统的水平分布的空间网络。

由以上分析可知，城市群经济系统网络是伴随着经济分工的过程产生的，经济分工的横向、纵向布局特点，决定了城市在生产布局中的功能和地位，也决定了城市在城市群内活动的性质和目的。城市的各种行为特征，经过相互作用，交叉重叠，在非线性机制的作用下，形成了城市群经济系统经济网络的发展演变特征。

（四）城市群经济系统空间格局决定城市群经济的发展层次

关于城市区域经济系统空间格局的研究由来已久。在 19 世纪 30 年代，研究区域资源禀赋均匀分布的静态空间分析开始兴起，产生了农业区位论、工业区位论、城市区位论及市场区位论等研究成果，开创了从地理空间角度研究城市区域经济系统发展的先河。

城市区域理论经过 100 多年的发展，在 20 世纪 50 年代发生了重大转折，对城市区域经济系统的研究开始由静态转向动态，研究范围由研究某一小区域，转向更大的范围——城市区域，并产生了一列著名的研究成果，如经济增长级理论（Perroux，1950、1955）、积累因果循环理论（Myrdal，1957），以及“中心—边缘理论”（Friedmann，1966；马国霞和甘国辉，2005）。陈修颖（2003）、李辉（2007）、郭腾云等（2009）均承认（Friedmann）“中心—边缘理论”的正确性，认为在城市区域经济系统发展过程中，在一定的地理空间范围内，各子系统通过相互作用，必然突破自身的行政边界，从单一城市独立发展重组为功能相依、作用互补的城市经济体系。

城市经济体系发展演化的最终目标是实现城市区域经济系统一体化发展，而城市区域经济系统一体化发展的实现路径，是通过各种产业分工与产业集聚，形成的城市经济系统空间网络。由此看出，区域经济系统一体化演变的最终目标是空间网络的发展与演变。区域经济系统一体化发展加强了城市区域内各城市之间的联系，重塑了城市区域的空间格局和空间分布特征，使独立、单一的城市经济发展，演变为在某一地理范围内密集分布的多个城市功能联系紧密的城市集群，城市群经济系统由此诞生。

关于城市群与城市区域的区别与联系，许多学者进行了论证。姚士谋和陈振光（1992）、顾朝林（2009）、陈美玲（2011）提出城市群与城市区域相同，均强调了城市间通过产业集聚与产业分工形成的有机联系。但也有许多学者强调了城市群与城市区域之间存在的不同之处，如许学强等（2009）、陈美玲（2011）、李贤德等（2012）、宁越敏等（2012）他们指出城市群的概念较城市区域更广泛，城市群在尺度空间上包括很多大小不等、具有梯度和层次性的城市群体；城市群强调的是地理位置相连、依靠发达的交通网络联系在一起的实体形态。因此，从一定程度上讲，城市群是城市区域概念的深化和发展，是在高度经济集聚与深度产业分工发展过程中，城市区域出现的更为复杂的网络联系和空间形态。

城市群经济系统的形成是依靠产业集聚发展过程中对大量人力、物力的吸纳和汇聚，并在此基础上形成的城市群核心区。另外，随着分工的深化发展，在不同产业集群、产业集群内部形成了众多垂直分工与水平分工机制，以此构建了城市群的空间功能网络。20 世纪 80 年代以来，信息技术的应用与普及，各种物质资产与非物质资产的跨区域流动，带来了城市区域空间研究的新变革。Castells（1989）根据各种物质资产与非物质资产空间流动的特征，提出了“流空间”的概念，自此衍生出了区域网络空间结构理论。随着各类要素在区域间流通速度的加快，形成各类空间“流”冲击，引发了大量的跨地区经济活动，并逐步演化为城市间承载空间“流”的基础设施，通过互联互通，实现更一体化趋势。城市群各子空间为了强化彼此间的连接能力，获得更多经济系统发展所需的生产要素，会积极谋求联合，寻求跨地区合作（Healey，2009），这样又会加速各类要素在城市群空间内的流动，新一轮的互联互通又会发生，城市群区域经济系统实现更高一级的一体化发展。这一过程不断地循环往复，最终使城市群经济系统的空间联系日益密切，城市群各子空间系统的匹配和磨合随着这一过程，变得越发合理、和谐，最终实现城市群经济系统的发展和升级。

由以上分析可知，城市群经济系统各要素的跨区域流动、子空间的相互作用形成的城市经济空间网络，经过发展演变凝聚为该城市群经济系统发展的空间格局。城市群经济系统合理的空间格局，意味着各要素跨区域配置集约高效，也意味着经济系统各子空间系统达成了“竞合促进”的相互作用模式。城市群经济系统不合理的空间格局，意味着要素跨区域配置低效粗放，更意味着经济系统各子空间系统存在无序的相互作用模式。这种不合理空间格局往往会引起城市群区域内各要素利用效率低下，产生资源耗费，也会由于各子空间无序的相互作用模式，使城市间产生空间排斥力，这样不仅不能获得资源集聚产生的益处，还会出现空间负溢出效应，加大城市群的离心力。

一般而言，城市群经济系统合理的空间格局是理想状态，无序的空间格局是常态。在城市群经济系统发展过程中，不断接受外界“冲击”，使经济系统无序的空间格局不断地向有序空间格局调整，是城市群经济系统发展演绎的一般路径。经济系统空间格局越接近合理状态，其发展程度越深和发展质量越高，此为城市群经济系统演变的一般规律，由此看出，城市群经济系统发展的空间格局，决定着经济系统发展的深度和广度。

二、城市群金融系统发展演化的一般逻辑

金融作为现代经济的核心，其对经济发展的推动作用，不仅在经济发展因素分析的研究中得到理论支持，而且在经济发展历程中也得到了实践验证。城市群金融系统作为金融发展中的一个中观维度，其发展对城市群经济系统有重大影响。因此，研究城市群金融系统的一般发展逻辑，对实现城市群经济系统与金融系统高质量耦合协调发展，同样具有十分重要的意义。

（一）城市群金融系统的内涵

理清城市群金融系统的内涵，是准确研究城市群金融系统发展演变一般逻辑的前提条件。当前，专门研究城市群金融系统的文献较少，大部分学者以区域金融为着力点展开研究。城市群金融系统首先属于区域金融范畴，离不开区域金融的发展框架，对城市群金融系统内涵与特点的研究，需要建立在区域金融发展的一般理论分析的基础上，进行借鉴和延伸。但由于城市群金融系统是在各类城市密集区的基础上发展演变，带有城市群发展演变的色彩，因此，其又具备区域金融所没有的新特点。鉴于此，本书从区域金融一般理论与城市群发展演化两个角度，来分析城市群金融系统的基本内涵与特点。

1. 区域金融发展理论视角下城市群金融系统的内涵

（1）对区域金融作用的认知

西方学者对区域金融的研究可以追溯到很久以前，总体上可以分为西方传统区域经济学主张的金融外生论与西方宏观货币经济学主张的金融内生论两大类别。

在西方传统区域经济学的研究中，学者们均是从货币角度对金融进行界定的，这与早期金融发展特征有关，也正因为这样，使他们对区域金融的认识受到了局限：他们均认为在宏观层面的区域金融是外生的，部分内生性也体现在国家层面的货币发行上。Richardson（1973）认为西方传统区域经济学发展研究中，忽视区域金融发展能动作用的原因有三个：第一，传统区域经济学家的研究假定为劳动 L 和资本 K 可以在区域间无摩擦地自由流动，且不存在有成本、有时滞的信息获得，也就是说信息完全对称，这一假定排除了货币或资本在区域中的作用。第二，传统区域经济学家承认货币在决定区域收入和就业中的作用，但他们认为由于区域经济的开放性和货币金融工具的缺乏，使区域经济发展又不存在任何货币性。也就是说，他们认为区域间金融资源的流动差异，是区域经济差异化发展的结果，区域金融资源流动的差异只是区域经济发展的真实反映。西方传统区域经济学的研究中，在构建区域经济发展模型时纳入了金融因素，如利率和货币供应量，但解释时均将金融变量当作外生变量。

西方宏观货币经济学对区域金融的研究内容比较丰富，相关学者对金融的认知得到了很大的拓展，也承认金融发展中观层面的能动作用，即认为区域金融发展对区域经济的发展存在能动作用。Fishkind（1977）研究了1958—1973 年美国货币政策的不同状态下对印第安纳州经济的影响，发现在美国实行紧缩性货币政策时，印第安纳州经济增长快于美国经济增长；在扩张货币政策下，印第安纳州经济增长速度低于美国经济增长速度。该研究说明了不同货币政策状态下，区域金融状态变化是能够影响区域经济增速的，也为区域金融对区域经济在国家间的能动作用提供了理论支撑。Miller（1978）建立了两个区域的短期宏观经济静态模型，尝试用货币主义的方法研究货币政策的区域效应。他指出，一旦引入区域维度，货币政策就出现了区域差异，引起货币政策区域差异的原因是区域元素价格差异、货币乘数差异等。一个国家金融发展水平能够影响其他国家的经济发展水平（King 和 Levine，1993），一个国家内不同区域的金融发展对区域经济发展有重要影响，区域金融深化发展对区域经济增长具有重要的促进作用（Guiso 等，2002）。

中国学者对区域金融的研究开始得相对较晚，他们的早期研究认为区域金融是内生的，即区域金融发展具有很强的能动作用。周立和王子明（2002）认同西方传统区域经济学认为的区域金融发展差异是区域经济发展差异的真实反映。他们还指出，区域金融发展对区域经济发展具有重要作用，并且研究发现若地区金融发展的基础设施较低，对该地区经济长期的发展是不利的。艾洪德等（2004）指出，中国区域经济发展与区域经济增长总体上呈正相关，且存在因果关系，但其研究成果也显示了各区域金融对区域经济发展的关系存在异质性，这一研究结果也被其他经济学家所证实，认为这种关系存在不稳定性（高连和，2008）。陆文喜和李国平（2004）以中国区域经济协调为背景，研究了中国各省区间，以及东部、中部、西部三大经济区的金融增长与收敛问题。研究发现中国各地区金融发展存在阶段性、区域性的收敛问题，且通过改善地区金融发展环境有利于缩小金融发展差异，也有利于落后地区的经济发展问题。周好文和钟永红（2004）指出，中国东部地区金融发展与经济发展之间已形成良性互动关系，走质量发展道路，但中部、西部还停留在以区域金融机构及其他金融资源数量型规模扩张刺激经济增长阶段。因此，对中国中部、西部金融发展而言，转变金融发展的经济增长驱动机制是重中之重，即依靠提高金融机构和金融资源配置效率推动区域经济增长的模式，替代利用金融机构与金融资源规模扩张推动区域经济增长的模式，是关系区域金融发展与区域经济发展能否形成良性互动关系的关键。陈正凯和马丹（2007）从金融发展的作用路径（先作用于资金流量，再作用于资金存量）的角度，分析区域金融对区域经济增长的作用，研究发现中国股票市场对区域经济增长的作用是有限的，这一现象归因于当时中国金融系统发展正处于新旧交替期，资金配置制度处于计划型向市场型转化的一种混合型金融配给制度转化阶段。

由以上分析可知，相关学者对区域金融能动作用的认知经过了外生到内生的过程。无论从何种角度进行研究，学者们均发现区域金融发展对区域经济增长具有很强的能动作用，而且区域金融发展程度较低的地区，会影响该区域经济的长期发展水平。部分经济学家的研究发现，区域金融发展的状态是可以调整的，即可以通过改善区域金融发展环境，提高区域金融发展水平，进而提高其对区域经济发展的推动作用，最终在区域金融发展与区域经济发展中形成良性互动关系。

（2）区域金融的含义与特征

我国许多学者对区域金融的含义进行了界定。张军洲（1995）较早界定了区域金融的含义，他指出区域金融是一个国家金融结构与运行在空间上的分布状态，在外延上表现为具有不同形态、不同层次和金融活动相对集中的若干金融区域。他还详细界定了研究区域金融发展差异的四个关键要素：空间差异因素、金融结构与发展水平、吸纳和辐射功能差异、环境差异因素。该区域金融概念的提出，为区域金融的基本内涵、外延以及研究内容定下了基本框架和范围，也得到了许多学者的认同。如支大林（2002）沿用了张军洲对区域金融的定义，指出将金融发展置于区域经济环境中去研究是十分必要性的，只有这样才能从总量经济中撇除金融现象。他还指出区域经济发展程度越高，区域金融的作用才越强。

随着现代经济的发展，金融由于其在配置资源和保值增值方面的能力，对经济发展的作用进一步增强，金融资源配置方向和模式对实体经济运行的重要的引导作用越发凸显。因而，区域经济发展和区域金融发展之间的关系将更加复杂，也更加重要。

区域金融相对于金融发展而言，更强调“区域”的概念，根据“区域”划分标准的不同，区域金融的范围边界就会有区别。张军洲（1995）把区域金融的划分尺度定为五种：一是与经济区相关的区域金融；二是根据金融活动联系程度划分的区域金融；三是根据金融机构集聚密集程度划分的区域金融；四是根据金融现代化程度划分的区域金融；五是根据金融功能划分的综合金融区和专业金融区。杨德勇（2006）指出上述区域金融的五种划分，与经济区相关的区域金融更具有可操性和现实意义，并认为区域金融理论的研究内容应该包括区域金融发展机制、区域间资金流动问题、区域金融成长差异、区域金融与区域经济关系问题、区域金融收敛性问题五个方面。

高连和（2008）沿用了张军洲（1995）对区域金融内涵的界定，进一步将区域金融的特征总结为时空性、中观性、层次性、吸引与辐射性、环境差异性、系统复杂性。所谓区域金融的时空性，是指在一个相对完整的地理单元上，金融发展的空间变化形式，且形式会随着时间的推移发生变化，进而形成了区域金融发展的空间分布特征与时间演变规律。中观性是对于区域金融在整个金融发展所处的层次而言的，高连和指出区域金融是介于宏观金融与微观金融之间的中观金融，起到承上启下作用，并具有自己独有特点的、中间性的特殊金融。层次性是针对区域金融发展水平的差异而言的，高连和指出区域金融的发展由于其经济基础不同而具有不同的层次性，这种差异主要表现在区域金融结构和发展水平上。吸引与辐射性是针对区域金融中心的功能而讲的，高连和指出区域金融中心的吸引与辐射作用决定着区域金融的整体发展水平和所处的层次。环境差异性是指区域金融发展所依附的社会经济环境，分为硬环境和软环境两种。系统复杂性是从系统理论的视角进行的阐述，区域金融是区域经济大系统的一个子系统，具有多变性。

2. 城市群发展演变视角下城市群金融系统的内涵

以上对于区域金融的研究，弥补了麦金农与肖创立金融发展理论在区域金融发展差异性与其对经济发展不同作用方面的遗憾，但依然没有关注到区域金融发展的空间格局问题。20 世纪 90 年代以来，国内经济学家开始尝试在区域金融学与地理经济学的理论框架下，分析区域金融发展问题，建立了金融地理学（田霖，2006），目的是分析金融发展的空间差异与空间分布形态，来揭示金融发展的空间演变规律。张凤超（2006）指出，金融地理学捕捉到了金融与区域或地理视角的研究价值，综合运用区域金融发展理论与地理经济学方法，研究区域金融在地理空间层面的运动规律，进而破解区域金融发展难题。

张凤超（2006）指出，城市群金融系统是金融要素与城市群这一特殊经济地域空间的耦合，在分析城市群金融系统发展的问题时，应该综合金融发展学、地理经济学、区域金融理论、金融地域理论等理论，在城市群系统发展演变的基础上进行。金融地域系统论认为城市群金融系统为金融系统活动与城市群地理空间条件紧密结合起来形成的完整的地理空间，金融地域的形成是金融系统各类资源跟随城市群地理空间运动的结果。

城市群金融系统是一个全新的概念，它既具有金融属性，又具有地理空间属性，体现的是“金融”与“地理空间”的双重耦合。对城市群金融系统的研究，跳出了传统金融发展理论的研究框架，是对区域金融理论的创新。而且，城市群金融系统是在金融理论与地理经济学框架下，从“地理空间”视角探求区域金融发展问题，完善区域金融发展框架（杨凤华，2013）。城市群金融系统虽内生于经济系统，但并不依附于城市群经济系统，城市群金融系统的发展规律和运行机制与经济系统存在着显著的区别。

杨凤华（2013）将城市群金融系统定义为金融地域运动与城市群地域条件紧密结合而成的，相互制约的各种金融要素所联结成的有机整体。他指出，城市群金融系统的内涵应包含三个方面：第一，城市群金融系统是各类金融资源参与城市群地域运动而形成的空间实现形式；第二，城市群金融系统是以金融产业为核心内容，凝集金融资源与城市群地域条件的复合地域系统；第三，城市群金融系统是一定等级城市群体与金融网络的空间整合。

3. 城市群金融系统的内涵与特征

在之前学者对区域金融与城市群金融系统相关研究的基础上，本书对城市群金融系统的内涵与特征梳理如下。

（1）城市群金融系统的内涵

城市群金融系统对城市群经济系统的作用，本书认同西方宏观货币经济学与中国经济学家及学者对区域金融能动作用的认知，认为城市群金融系统的发展对城市群经济系统的发展具有能动作用，而能动作用的大小取决于城市群金融系统的发展水平。城市群金融系统发展问题，属于五种区域金融类型中的与经济区联系的区域金融范畴（张军洲，1995）。也就是说，城市群金融系统的发展根植于城市群经济发展中，城市群经济系统发展的速度、结构和效益，直接影响着区域金融的发展水平。并且在研究城市群金融系统发展问题时，应将其置于其所处的经济环境，才能更加深刻地理解城市群金融发展演变的规律（杨德勇，2006）。

结合区域金融发展理论与城市群系统演变相关理论的阐述，我们将城市群金融系统界定为，按照金融系统的性质要求，城市群内各类元素相互作用和相互影响并进行跨区域配置，形成的与城市群地域条件密切相关的空间关系网，而构成的开放的、具有层次性的、符合耗散结构特征的复杂巨系统。其基本内涵的阐述如下。

① 城市群金融系统是指各类金融资源在城市群地理空间的实现形式（杨凤华，2013）。城市群金融系统发展具有明确的地理空间特征，这些空间特征是由金融系统各元素的地域运动形成的。城市群系统内各子空间存在的资源禀赋差异，成为金融系统各要素进行跨区域流动和配置的条件。金融资源的跨区域配置，在帕累托改进原则的驱动下，金融系统各要素跨地理空间的运动，引导着城市群经济系统、金融系统发展与结构优化过程，从而成为诸多促进城市群经济发展，以及经济系统与金融系统协调发展状态进行重构时最活跃的因素之一。

② 城市群金融系统是各子空间金融系统与金融网络体系的空间整合。城市群金融系统是各金融资源与城市群地理空间条件相互作用，凝聚而成的具有独特价值创造体系和系统运行规律的复合地理空间系统（杨凤华，2013）。该系统随着各地市金融发展，以及子空间内金融资源的相互作用不断地发展进化，而各地市金融发展水平不同，是城市群金融系统开放关联的客观依据，

并且随着这一过程形成了单级金融中心或多元金融腹地，通过金融中心与各金融腹地的吸引和辐射作用，形成复杂、多变的空间网络体系。

③ 城市群金融系统是各金融元素与各子空间在非线性机制的作用下，形成的具有开放性、层次性特征，符合耗散结构的复杂巨系统。城市群金融系统属于系统理论定义的巨系统范畴，在这个巨系统中金融各要素与各子系统通过相互作用、相互影响构成了金融系统的基本特性。城市群金融系统是开放的系统，系统各要素可以实现跨区域流动和跨区域配置，各子系统也可以进行各种物质或非物质“流”的输出与输入。通过资源的跨区域配置和子系统间的能量“流”的输出与输入，在复杂的非线性作用机制的驱动下，构成了基于城市群地理空间特征的非线性金融空间网络。城市群金融系统的开放性不仅体现在内部各要素和各子系统间，其整体对外也具有开放性，城市群金融系统的发展是受外部环境系统影响和冲击的。城市群金融系统具有耗散结构特征，即可以通过对外部环境系统条件的改善，达到促进城市群金融系统进行升级或重构的目标，以下详述。

（2）城市群金融系统的特征

城市群金融系统属于区域金融范畴，城市区金融系统也具备区域金融所具有的特征。本书在杨晓光和马超群（2003）、向新民（2005）、高连和（2008）提出的区域金融系统特征的基础上，进行内涵式拓展。

第一，非线性作用机制下的时空性。城市群金融系统的发展演变也具有时空性特点，具体是指金融系统根据各城市的资源禀赋差异，进行金融资源跨区域配置，而形成的空间网络链接。这一空间网络链接并非固定不变，其随着时间的推移发生改变，且这一变化并不是线性改变，也存在着非线性作用机制。综上所述，城市群金融系统的时空性特点的具体表达是，既存在非线性空间作用机制，又存在非线性时间趋势。

第二，中观性。城市群金融系统的运行，首先要服务于城市群内经济系统的发展和社会进步。同时，作为一个开放的复杂巨系统，城市群金融系统的运行状况也会对群外环境系统产生冲击。换句话说，金融系统作为一个完整的开放巨系统，其对系统内各子系统存在约束，同时它有作为同级系统的环境和一个更大系统的子系统而发挥自己的影响，并接受来自外界的约束和冲击。因此，在考虑城市群金融系统发展时，应做到统筹城市群利益的同时，兼顾其他系统和整体系统的利益。

第三，梯度性和层次性。高连和（2008）将层次性阐述为区域金融结构和发展的差异性。本书将城市群金融系统各子系统之间金融结构和金融发展的差异定义为金融系统的梯度性。关于城市群金融系统的层次性，本书从系统理论角度给出界定，认为城市群金融系统由不同的子系统构成，各个子系统又由更小的子系统构成，最终可以追溯到构成金融系统的各元素层次。各元素与各层次子系统之间在非线性作用机制下，进行组合与嵌套，最终形成城市群金融系统。城市群金融系统在横向上呈现金融发展差异的梯度性，在垂直构成上呈现组合与嵌套的层次性、梯度性和层次性的发展演变特征，共同决定了城市群金融系统发展演变的路径。

第四，吸引与辐射性。高连和（2008）在阐述区域金融吸引和辐射性时，强调的是区域内金融中心的吸引与辐射性。现实中，城市群金融系统发展过程中，各子系统均具有吸引与辐射性。也就是说，吸引与辐射性并不仅仅存在金融中心，其他非金融中心，甚至是经济发展很差的子系统，其金融系统仍然具有吸引与辐射性，区别在于吸引与辐射作用的强弱。城市群金融中心或金融腹地的吸引与辐射作用最强，影响面可以覆盖到整个城市群；其他子系统的吸引与辐射性作用较弱，覆盖面较小。

第五，环境系统差异性。本书主要从系统理论层面提出城市群金融系统的环境差异性，其内涵与高连和（2008）的阐述相差无几。如果将城市群金融系统看成一个完整的系统，那么只要是金融系统之外的因素都将构成其发展的外在环境，包括城市群经济系统、经济系统与金融系统协调发展状况、创新环境、法律环境、科技进步等系统构成的金融系统基础设施系统，当然，还包括群外系统。这些环境的差异也会影响城市群金融系统的发展好坏，一般情况下，金融系统基础设施较为完善和高级，城市群金融系统发展速度越快，发展质量越高。

第六，系统复杂性。城市群金融系统是一个开放的复杂巨系统。开放性是指在金融系统的发展过程中，存在着与外界系统相互作用的现象。复杂性是由城市群金融系统的开放性和非线性作用特征两方面共同作用的结果。开放性使城市群金融系统发展过程中，经常遭受外界环境的冲击，非线性作用机制的存在，使城市群金融系统在受到冲击时可能出现突变现象，使金融系统出现偏离“平衡态”的情况。

第七，耗散结构性。城市群金融系统是一个具有耗散结构特征的系统。金融系统要实现从一个“平衡态”向另一个“平衡态”转变，或者从“非平衡态”向“平衡态”转变，金融系统通过自组织是无法实现的。此时，需要外界环境提供“冲击”，在非线性机制的作用下才能实现。也就是说，城市群金融系统发展状态的改变，既有依照自身发展规律发展的自组织状态实现，也依靠消耗外界环境“能量”的补充和“刺激”来实现，这种消耗外界“能量”来发展演化的特征称为耗散结构性。

第八，他组织性。根据系统理论的内涵，城市群金融系统发展存在自组织和他组织两种方式，在两种组织方式中，“他组织”由于存在外界干预，会扭曲资源的市场配置，常被认为是低效的组织方式。但若放任金融系统自由发展，其发展存在向上进化式发展和向下退化式发展两个方向，向上进化式发展有利于金融系统和城市群的发展，但向下退化式发展是金融决策部门不能接受的，此时，外界干预式“他组织”就成为必然。由于金融系统自身具有的脆弱性和风险传递性特点，使在城市群金融系统发展过程中，以金融监管为主要内容的“他组织”便成为城市金融系统发展的常态。

第九，体现有人的主观意志。城市群金融系统的发展过程中，离不开人为因素，家庭居民、企业与政府，因不同的目的参与金融发展，每个主体均是具有主观意志的决策者。他们根据自身的风险偏好以及所掌握的信息，独立地做出一次次决策，每一次决策都使城市群金融系统的运行变得复杂而多变。

（二）城市群金融系统发展的实现机制

城市群金融系统的发展是内外两种机制共同作用的结果，两种机制起作用的条件、机理各不相同，但都是城市群金融系统发展进化的推动力。

1. 城市群金融系统发展的内在实现机制

城市群经济系统发展的内在实现机制也称为城市群金融系统发展的内生机制，它是通过系统“自组织”能力的发挥，推动城市群金融系统发展实现帕累托优化的过程。

自组织理论是20世纪60年代产生的关于系统动态发展问题的一门新兴理论，由于其普遍适用性，该理论被广泛应用于自然科学与社会科学领域。城市群金融系统的“自组织”是相对于“他组织”而言的，是金融系统自主组织进化，是系统自动、自发的行为，是一种由下而上、由内而外的发展方式。自组织理论认为，外部环境的改变并不能直接作用于系统内部，而是作为系统发生改变的诱因，引起系统内含有序参量特征的元素发生改变，进而由序参量元素的改变引发系统的“自组织”过程，最终使城市群金融系统达到的宏观有序状态。

城市群金融系统是一个复杂的开放性巨系统，其内部由众多基础元素和各种层次的子系统组成，系统的“自组织”过程是由各元素和各层次子系统的“自组织”过程共同构成的，这些“自组织”过程每时每刻都在发生，使城市群金融系统出现不断发展变化的特性，若多种变化形成了系统的正反馈机制，那么，城市群金融系统的发展状态就会实现由无序状态向有序状态的转变。由以上分析可知，城市群金融系统的“自组织”过程，具有非线性、非平衡性、突变性和反馈效应等特点。

系统的“自组织”过程是城市群金融系统发展的原动力，“自组织”过程作用的发挥，依靠的是系统内具有序参量特征的元素与“役使效用”的发生。赫尔曼·哈肯指出，系统发展演化的动力是系统内部出现的竞争与协同，而不是外部冲击，系统通过竞争与协同使系统内部出现优化趋势，并引导着系统从无序走向有序（Haken，1988）。根据哈肯的观点，城市群金融系统发展的内在机制，也是系统内部各子系统之间出现的经济与协同现象，或称为竞争与合作，各系统在相互竞争的基础上达成合作，实现任何一个单独的子系统均无法实现的高层次发展状态，这种竞合状态引导着金融系统的发展演变。金融系统内部各子系统的竞合状态决定着城市群金融系统的发展状态，良性的竞合状态会促进城市群金融系统实现升级式发展，无序的竞合状态会使城市群金融系统向下退化式发展。

根据哈肯提出的序参量元素和“役使效用”的基本观点，在研究城市群金融系统发展演变规律时，只需找到能够表征金融系统发展某些特征的“序参量”指标体系，无需研究系统内所有微观元素，也无需知道每个子系统的具体运行规律和作用方式。高连和（2008）指出，这些序参量必须具有既能表征金融系统内的发展和组织状况，又能表征金融系统外界环境对金融系统作用的双重特征。序参量可以当作城市群金融系统“自组织”进化的一种特征参量，城市群金融系统发展的状态有很多种，如银行业发展情况、证券业发展情况、保险业发展情况、互联网金融发展情况、金融发展潜力等。凡是能够表征这些状态的变量，均可以成为城市群金融系统的序参量。

城市群金融系统发展的非均衡性和系统发展“自组织”情况的非线性特征，决定了城市群金融发展的非均衡、非线性发展过程。高连和（2008）指出，城市群经济系统与金融系统发展的非均衡性是相伴而生的，在城市群金融系统发展过程中，金融系统对金融资源首先表现为对外部资金的吸引过程，即极化过程，随着极化程度的加深，城市群金融增长极出现，金融增长极成长到一定程度，又会表现出向外进行资金配置的能力。城市群金融系统发展进入了资源扩散的过程，直至实现区域内金融资源均匀分布。在金融资源自由流动的前提下，金融资源在城市群空间内进行集聚与扩散的过程，即为金融系统“自组织”状态下实现动态帕累托改进，其改进的结果为实现城市群内高效和最优的金融资源配置。

2. 城市群金融系统发展的外在实现机制

城市群经济系统发展的外在实现机制也称为城市群金融系统发展的外生机制，是通过系统“他组织”能力的发挥，推动城市群金融系统发展实现帕累托优化的过程。

城市群金融系统“他组织”能力的发挥，主要体现在金融系统“自组织”能力失灵，或者金融系统发展朝着向下退化式发展时，决策者凭借专业和经验对城市群金融系统的运行进行干预，使城市群金融系统“自组织”能力恢复，或者改变系统退化发展的趋势，实现城市群金融系统帕累托优化的目的。

金融系统本身具有很强的脆弱性，以及强烈的风险传染性。若城市群金融系统在“自组织”能力的作用下，出现退化式发展趋势并逐渐恶化，金融系统发展一旦出现风险，风险就会随着资金配置、金融业务形成的空间网络传递到整个城市群范围，甚至传递到城市群外部。鉴于此，为保证城市群金融系统的健康、稳定、可持续发展，需要有专门的部门或机构，对其运行状态进行监督和管理，避免其运行出现风险。此时，城市群金融系统运行的“他组织”形式的存在就有了现实基础。

城市群金融系统的决策部门或机构，是由各种高层次人才汇集而成的专业团队，具有很强的智慧属性和专业属性，他们通过对城市群金融系统的运行状态进行判断，然后做出各种决策来影响金融系统的发展轨迹。城市群金融系统具有决策机制是其区别于其他物理系统的重要特征。

当城市群金融系统运行出现突变，从原来的“平衡态”转为“非平衡态”，此时，决策部门会严格关注金融系统的运行，直至通过科学的工程化分析和经验判断，认为通过金融系统“自组织”能力无法让金融系统达到更高级的“平衡态”，决策部门才会对系统进行干预，以拯救金融系统“自组织”能力的失灵。

由决策部门干预城市群金融运行的“他组织”能力，是人为因素干预金融系统的发展轨迹，强行扭转系统的发展状态，因此被认为是系统“低效”的组织形式。由此可见，现实当中城市群金融系统的决策部门，并不会随意干预金融系统的正常运行，其会在干预成本与干预收益之间进行权衡，然后选择干预的时机。

（三）城市群金融发展的空间效应：影响、竞合与一体化

城市群金融系统发展的空间实现机制，与区域金融发展的空间实现机制相同。金融地理学家对区域金融空间实现机制的研究，基本遵循“空间差异—空间过程—空间相互作用”的逻辑思维展开。

1. 城市群金融系统发展的空间差异

高连和（2008）指出，区域金融发展产生空间差异的原因，是区域金融资源禀赋的差异。他指出，区域经济发展非均衡性、金融发展环境差异、金融资源的层次性、金融系统发展轨迹等千差万别，导致了区域金融资源在地域层面运动特点千差万别。无论运动特点如何变化，区域金融资源在地域流动的方向是一致的：总是向金融生态良好、风险小、利润高的地区汇集，由此产生了区域金融发展的空间差异。城市群金融系统的发展同样存在各城市金融资源禀赋不同、金融发展环境差异等问题，城市群金融系统发展的空间差异同样存在。

造成城市群金融系统发展差异的原因，可以借鉴高连和（2008）对区域金融空间差异成因的阐述。第一，城市群内各城市经济发展与财富分布不同，造成了各城市资金积累能力不同，这也造成了货币资金在各城市供给能力出现异质性。第二，各城市对各类金融工具的接受程度、创新能力、投融资习惯等均存在地区差别，这就导致了各城市金融工具种类丰富程度出现了差异，这会导致金融工具这种最活跃的金融要素在各地区价格引导中的作用出现空间差异。第三，各地区的设备创新能力、技术创新能力及信息传播能力存在差异，这些差异将影响金融机构与金融市场运作效率，因此，各类金融机构与金融市场在选址、布局时就会出现地理空间差异。第四，各地区具有“正式约束”或“非正式约束”特征的金融制度、金融法规、金融意识、金融文化、职业道德等存在差异，因此，金融发展也会出现空间差异。

综上所述，城市群金融系统发展空间差异是常态，空间平均是“伪概念”，所以，城市群金融系统的发展应该是在空间差异的前提下寻求协调发

展。城市群金融系统发展的空间差异也形成了金融系统发展的空间结构，而空间结构是城市群金融系统空间发展实现机制的基础。在存在空间差异的背景下，金融发展的运动轨迹是金融资源向一个或部分城市集聚，这些城市被弗里德曼称为金融中心或金融腹地（Freedman，1966），这些金融中心或金融腹地不仅具有对金融资源的吸引能力，还具有对金融资源在城市间进行配置的"扩散效应"，"吸引效应"和"扩散效应"的产生与发展，就形成了城市群间差异化、层次化的空间网络。

2. 城市群金融系统发展的空间过程

直接研究城市群金融系统发展空间过程的学者较少，更多是从区域金融角度着手研究金融系统的空间发展过程。大部分学者认为区域金融发展的空间过程，应遵循先极化发展、后扩散发展的状态，这种空间作用过程在几何上呈现倒"U"形发展态势。

但部分学者并不认同区域金融发展的倒"U"形发展态势。如金雪军和田霖（2004）利用1973—2003年的面板数据，研究中国区域金融发展的区域差异，指出在其研究区间内，区域金融差异的空间过程呈现三次曲线的变动趋势，而非倒"U"形曲线。从更长期来看，区域金融发展空间过程是否符合倒"U"形趋势，并没有证据能够证明。从他们的研究结果来看，虽然区域金融差异的空间作用过程机制并没有完全理清，但至少证明了中国区域金融发展的非均衡发展态势长期存在，对其作用规律的研究，尚需引进专门的地理空间的研究方法才能实现。

高连和（2008）指出，区域金融发展的差异性或非均衡性主要存在一个大国经济中，这些国家或地区经济发展的阶段性和地区间的非同步性，使该国金融发展出现了明显的阶段性。他将区域金融空间作用过程根据不同的经济发展时期分为四个阶段。第一，以农业为主的传统经济发展阶段。在该阶段中，自给自足型经济占主要位置，区域间的交流并不多，随着商品经济的发展，区域金融表现为与区域经济相同的独立金融点，跨区域的资源流动与配置并没有出现。第二，区域金融空间发展的酝酿阶段。随着交通的改善，跨区域贸易的产生与发展，出现了迅速发展的"区域金融中心"，以及经济联系并不紧密的"边缘地区金融"的形态，即弗里德曼提出的"中心—边缘"的空间分布格局。第三，工业化起飞阶段。随着技术创新能力和信息传递能力的提升，交通网络高度发达，在区域经济集聚效应与扩散效应的共同加持下，出现了区域金融中心与次级、三级金融中心，区域金融发展的空间层次更加分明，金融资源的融合度更加强烈，区域金融发展的空间过程就是随着这些一级、二级、三级金融中心的辐射与吸引能力发挥作用的。第四，信息产业与高消费阶段。在该阶段，互联网技术与信息技术高速发展，经济活力空前强大，区域金融发展打破行政边界的限制，金融资源在区域间充分自由地流动和配置，各区域各层次的金融中心相互作用，形成了机能性相互依赖的空间作用过程。以上四种分类是区域金融发展的纵向空间作用过程，其演进和变化推动着区域金融的发展进化。在大国经济中，区域经济发展的非均衡性，使以上四种类型的区域金融作用过程可能同时存在，这一情况的产生也造成了区域金融发展空间分布的非均衡性，以及空间作用的复杂性。

从以上学者对区域金融发展空间作用过程的分析可知，只要各城市经济发展呈现非均衡特点，以及存在金融资源禀赋差异，那么城市群金融系统也会呈现一定的空间非均衡性发展特征，且城市群金融系统发展的区域差异会出现“先趋异、后趋同”的空间演变特征。在城市群发展的初级阶段，区域金融发展往往会出现“极化”趋势，即金融资源会向部分城市汇集，区域金融发展差异拉大。随着“极化”发展到一定程度，金融集聚后的“扩散效应”增强，金融中心与金融腹地凭借其金融功能，在城市间进行资源配置，加大了各地市的联系，城市群金融发展空间差异开始减小，各地市金融发展呈现空间趋同的特点。由此可以看出，城市群金融发展的空间作用过程呈现倒“U”形发展趋势。

城市群金融系统存在人为干预特征，即金融系统发展的空间作用过程，存在决策者或决策部门修正作用。决策者对城市群金融系统发展进行干预的目的主要是改善失灵和缩小差异。也就是说，决策者为了所辖地区金融发展差异执行的干预政策，会加快城市群金融系统区域发展“扩散效应”的产生，增大“扩散效应”的作用强度。这些政策的实施虽然确实会改变城市群金融发展的空间作用过程，但空间作用过程的倒“U”形分布特征并不会改变，只会减小倒“U”形曲线的弯曲程度，使曲线变得更加平坦。

3. 城市群金融系统发展的空间作用

城市群金融系统发展的空间作用，是在空间差异的基础上，城市群内各金融子系统与系统外环境系统，相互作用于地理空间上的表现形式。根据城市群金融系统发展空间作用的特点，我们可以从群内各金融子系统与系统外环境系统两个方面来理清其空间作用机理。由于此处考察的是空间作用机理，所以本书将以各城市作为“金融元”，分析和考察金融子系统的相互作用。城市群金融系统外环境系统涉及两个层面的内容：既包含群内非金融系统外的所有因素，如经济系统、生态系统等，也包含群外系统，如群外金融系统、金融系统、生态系统等。

我们将城市群内各金融子系统或各金融要素之间的相互作用称为城市群金融发展的内部性，将系统外环境系统的作用称为城市群金融发展的外部性。城市群金融系统发展的空间作用，体现在内部性自身空间作用、内部性外部化、外部性内部化三个方面。

城市群金融系统内部性自身空间作用，是金融系统所有空间作用产生和反馈的主体，也是金融系统空间作用的重要组成部分。所谓城市群金融系统内部性自身空间作用，即群内各城市间金融发展的差异化现象及作用过程，空间作用的具体形式表现为城市间金融发展过程中的竞争与合作。群内各城市由于地缘比较接近，为了获得经济社会发展所需的资金等金融资源，自然就会产生金融竞争，由于各城市资源禀赋和经济发展水平不同，在竞争中的优势就会不同。通过金融竞争，各地市金融发展水平与资金配置效率均会呈现上升趋势，但金融发展速度会出现差异，那些经济基础好、创新能力强、金融亲和度高的地区，金融系统发展速度最快。在这些因素的综合作用下，金融发展空间差异随之出现。

城市群各城市金融系统发展过程不仅会出现竞争关系，还存在合作关系，城市群金融合作是群内各城市各金融产业与金融部门之间在竞争的基础上建立的沟通与协调机制，并达成了协调和互利的金融关系，通过金融合作形成了城市群金融发展的空间关联。城市群金融合作承认城市群金融发展空间差异，通过合作减少但并不消除金融发展的空间差异。而城市群金融合作是金融一体化发展的过渡阶段，各城市可以根据自己的具体情况进行长期或短期合作、紧密或松散合作、全面或局部合作，它是金融一体化与各城市具体情况相结合的产物。各城市之间的金融竞争与合作，形成了城市群金融系统发展的推动力，各城市金融发展的竞合关系，形成了城市群金融发展的空间网络，竞合模式决定了城市群金融系统发展模式与状态。

城市群金融系统内部性外部化是指群内金融系统对群内其他系统，以及群外系统的影响，使外部性发生变化的过程。内部性的外部化形式主要表现为金融辐射与扩散效应，通常称为金融支持。通过金融系统内部性的外部化，可以使群内非金融系统和群外系统得到升级，城市群金融系统也因其功能覆盖面的延伸得到新的发展。城市群金融系统外部性内部化是指外部环境系统对城市群金融系统的影响和冲击，使金融系统发展改变的过程。外部环境系统的变化，经常通过城市群金融系统序参量元素向金融系统进行渗透，若这种改变能够带来序参量性质的提升，则会进一步引起金融系统发生正向提升，促进城市群金融系统发展和升级。

城市群金融系统内部性外部化与外部性内部化，均涉及系统间能量的转移和流动，那么就要求这些系统均为开放性系统，且系统内的要素可以自由流通，所以城市群金融系统空间作用力度的强弱，也将受制于城市群内部的联系强度和对外开放程度。城市群金融系统内部性外部化与外部性内部化的具体实现形式为金融一体化，金融一体化是城市群金融发展过程中空间作用模式的最高级形式。城市群金融一体化发展是建立在群内经济协同发展基础上，从整体上对群内各城市进行资金筹集和配置，并实现各城市金融市场融合的状态。其具备以下几个特点：城市群金融发展目标趋同、金融发展空间差异消失、金融市场深度融合、金融业务实现良性竞合等。在城市群金融系统一体化发展的基础上，充分发挥金融筹集和配置金融资源的功能，加速金融资源在区域内的流动，实现城市群金融系统金融效率最优化。

三、城市群经济发展与金融发展相互作用的一般逻辑

经济与金融之间的相互作用，主要体现在经济发展对金融发展的决定作用，以及金融发展对经济发展的能动作用，城市群经济系统与金融系统之间也具有基础决定与反向能动作用。

（一）城市群经济系统与金融系统相互作用的理论分析

从本章前两节与系统论的阐述可以看出，城市群经济系统与金融系统的发展，存在多个突变的过程，并且每一次突变发生后，两系统经过“自组织”或“他组织”的作用，达到“新稳态”。“新稳态”延续发展一段时间，又会经历一轮新的突变过程，那么，“突变—非平衡态—平衡态—突变”这一过程不断循环往复地发生，推动了经济系统与金融系统的不断发展。也就是说，两系统发展过程中，均包含着由量性发展到质性发展的循环往复过程。因此，要透彻地把握两系统的相互关系，应该结合这种量变到质变的发展过程去寻找，对其分析也应回归到两者相互作用、相互影响的环境中挖掘。

中国社会科学院经济增长前沿课题组（2003）从发展经济学理论框架来

分析经济与金融相互作用的逻辑，指出金融功能的核心是资金配置，而制约经济发展的关键问题在于资金形成，发展经济学对“大推动”“非均衡增长”“经济结构变革”等问题的阐述，均强调通过金融深化提高资本形成能力，推动经济增长。

王定祥等（2009）指出，随着社会分工的发展，资本被划分为商业资本、产业资本与金融资本。金融资本从原来的产业或商业的运营中分裂出来，一部分以货币形态存在，通过金融系统的资金配置功能，参与产业与商业的生产过程，从而具有职业资本的属性；另一部分脱离实体经济的生产和流通过程，为这些过程提供储蓄、支付结算等金融服务支撑，具有了非职业资本属性的功能。他们指出，金融资本分裂后，经过发展形成了高度专业化的金融部门，但无论如何发展均逃不开资本分工的基本规律：产业资本创造剩余价值，商业资本实现剩余价值，金融资本提供必要信用条件。他们还指出，三类资本之间分工程度及耦合状态决定着社会生产率的高低，因此，金融发展与实体经济发展之间的关系，可以通过三类资本之间的耦合状态进行分析。

杨凤华（2013）从对金融系统功能演进轨迹的历史考察中，阐述了经济系统与金融系统的基础决定作用；从金融因素对经济社会的渗透，阐述了金融系统对经济系统的能动作用。经济系统对金融系统的基础决定作用的阐述逻辑为：货币作为现代金融功能衍生的起点，是为了克服物物交换时期的跨期、跨地区交易而产生的，执行着交易媒介和价值尺度的功能。工业革命后，社会分工的发展，物质需求大幅上升，此时经济社会有了明确的扩大再生产需求，主动的金融资金配置功能产生，并逐渐增强。随着经济的发展，经济中市场失灵和不确定性问题出现，并日益突出，金融系统的经济调节功能与风险分散与规避功能开始出现，并逐渐演变创新。随着经济金融化与货币化发展程度的上升，经济发展的复杂程度逐渐上升，信息不对称、道德风险、逆向选择问题成为制约经济发展的突出问题，基于风险管理的金融衍生品开始出现，并逐渐成为非常重要的金融工具。随着经济的发展，地区间不均衡程度的增加，金融又产生了财富再分配、优化经济结构、促进地区经济协调发展等功能。由此可见，金融的产生与发展是伴随着经济发展过程中的需要，解决经济发展问题而产生的。所以，金融系统对经济系统能动作用的阐述逻辑为，随着经济发展过程的货币化与金融化程度的提升，金融系统的资金配置可以引导经济发展的方向，引导经济结构的调整和升级；金融系统风险分散、提供投融资服务和融资工具等金融服务功能的提升，成为经济增长的第一推动力。

由上面各位学者对经济与金融之间关系的分析来看，经济与金融的融合体现在两者的发展过程中，经济系统对金融系统的发展起着基础决定作用，金融系统能够为经济系统的发展提供保障性的金融支持同时，还凭借质性金融的发展为经济系统实现可持续发展提供能动作用（杨凤华，2013）。由此可见，要实现城市群经济系统与金融系统之间的良性互动，将两者分而置之是不可行的，应从两方面共同促进。

（二）城市群经济、金融系统非均衡发展态势下的经济金融共生发展

若从各城市为“经济元”的视角划分城市群经济系统的空间网络，那么城市群经济系统就是由各城市经济发展与各城市之间的经济发展相互作用关系构成的复杂巨系统。

城市群中各地市是凭借不同的资源禀赋参与城市群经济分工的，同时也由于资源禀赋和地理位置的不同，城市群中各城市经济发展程度并不相同，有经济中心与经济腹地，还有经济较为落后和边远的地区，多样化的经济发展水平，构成了城市群经济发展不均衡特点。城市群经济高质量发展并不是绝对均衡的发展，是包容并蓄的发展模式，并不排斥城市间经济发展存在差异性。在尊重各城市经济发展差异性的前提下，寻求城市群经济系统耦合与互嵌式的协调发展，达到既能在整体上实现经济系统实力提升，又能在局部范围实现缩小经济发展差距的目标。

由于城市群经济系统对金融系统具有基础决定作用，经济系统非均衡发展态势，会造成城市群金融系统的发展呈现不均衡发展状态。金融发展非均衡状态的出现除了受经济系统发展状态的影响外，还是金融系统自身发展规律作用的结果。金融系统的发展具有明显的规模报酬递增的特点，因此，城市群金融系统集聚化发展有利于在更大的空间范围内集聚资金，达到更大的资金规模，增强金融系统资金配置的能力。随着金融资源集聚化程度的提升，就会形成城市群金融中心，该金融中心一定是经济发展较好的城市，具有良好的金融发展基础。随着城市群金融系统集聚化发展态势逐步增强，城市群内的各种金融资源向金融中心汇集，而其他城市金融资源相对匮乏，金融系统发展极化效应逐步显现，即城市群内各城市金融发展与金融中心差距逐渐增大，形成金融中心“一枝独秀”的空间发展格局。

极化效应与金融中心的出现，会促进金融中心所在地经济发展增速加快，

经济中心也会随之产生，城市群中经济中心与金融中心一般是相伴存在的。也就是说，在城市群经济系统与金融系统相互作用发展的初期，由于规模报酬递增规律的存在，在集聚效应的作用下，各类资源会加速向经济中心与金融中心集中，该地区的经济发展与金融发展均呈现快速增长的态势。城市群发展初期，存在其他地区资源向城市群经济中心与金融中心倾斜的态势。

随着城市群经济中心的发展，其对其他城市的反馈效应逐步显现，外在表现为辐射能力的强弱。城市群经济中心城市对其他城市辐射能力和辐射范围的大小，决定了该城市群的发展程度和经济一体化程度。城市群金融中心的存在能够增强经济中心的对外辐射能力，随着金融中心资金配置能力和资金配置效率的提升，可以促进各种金融资源在各城市间的合理配置，并且可以提高各城市的资金利用效率，从而提升城市群经济系统的发展水平。由此可见，金融系统资源配置能力与效率是制约金融系统对经济系统能动作用的关键环节，而各城市经济发展水平也是决定金融系统发展状态的决定性因素。

由以上分析可知，城市群经济系统与金融系统均处于不断发展的状态，在各种状态下两系统均会产生相互作用。但相互作用的程度、效果会受到两个系统的发展状况与协调发展状况的制约，而最主要的是受两个系统协调发展状况的制约。两系统的协调发展状况反映的是两者之间的配合与融合程度，与系统的发展程度无关，即使经济与金融系统发展水平较低，也会出现高度协调发展的状况。两个系统协调发展程度越高，越能促进资源的合理、高效利用，进而促进两个系统的快速发展。

第四章　城市群经济与金融系统耦合协调发展的四维框架

一、城市群经济与金融系统和谐发展的耦合协调四维框架

本部分从系统耦合理论与系统耦合协调理论的基本内涵切入，提出城市群经济系统与金融系统耦合协调发展的定义、类型及不同类型耦合协调发展的作用机制。在此基础上，提出城市群经济系统与金融系统耦合协调发展的四维研究框架。

（一）城市群经济系统与金融系统耦合协调发展的基本理论

1. 系统耦合理论与系统耦合协调理论

耦合原本属于物理学的概念范畴，指的是物理学上两个或多个系统通过彼此间的相互作用，而联系起来的现象。随着系统理论被人们所接受，系统耦合理论也开始被广泛应用于生物学、地理学、经济学、社会学等众多领域。国内较早开始运用系统耦合研究非物理领域的是任继周等（1989），他们将系统耦合理论应用到生态系统领域，发现农田与城市系统发展呈现可喜的耦合效应。而后又进一步提出了系统耦合的概念，任继周等（1994）指出，两个或两个以上具有互相亲和趋势的相似生态系统，可以在一定条件下结合为一个新的更高一级的结构——功能体，这个结构功能体即为耦合系统。他还指出，任何系统所处的状态中，平衡态是相对的、偶然的，非平衡态是绝对的，系统间耦合的动力来自系统非平衡状态下“自组织”过程产生的“自由能”积累，“自由能”积累造成的位势差，在一定条件下成为系统间发生耦合现象，并会聚成新的、较高层次的耦合系统。这个新的耦合系统并不是原系统量的扩大，而是在“自由能”位势差驱动下形成的新的物质“流”与非物质“流”循环（任继周称之为超循环），即实现了系统的进化。由以上研究可知，新的具有更高层次功能的耦合系统的产生需要经过三个阶段：“自由能”的积累、不同生态系统的汇聚和超循环的产生。在系统发展过程中非平衡态

和产生“自由能”积累的系统自组织效应的存在是常态，因此，系统耦合的可能性也是可以普遍发生的。

关于系统协调发展问题的研究国内学者也取得了很多优秀的成果。杨士弘（1994）和廖重斌（1996）对协调、发展、协调发展三个概念进行了辨析式界定，指出协调是两个或两个以上系统内各子系统、各要素之间形成的配合得当、良性循环的相互关联状态；发展是指系统与系统内要素从小到大、从简单到复杂、从低级到高级、从无序到有序的自演化过程；协调发展则是指两个概念的集合，指系统在发展演进过程中，系统或系统内要素之间同样达成良性相互关联的状态，是两个或两个以上系统在“协调”约束下的综合发展，在系统协调发展过程中发展是系统演进的方向，协调是保证准确实现演进目标行为规范或有益约束。在此基础上，结合物理学中的耦合概念，他们设计出了测算和评价系统间耦合度与耦合协调度的理论方法和评价标准。董会忠等（2008）在研究区域经济系统与环境系统时，将耦合度理论与灰色层次分析法相结合，构建了两系统的耦合度模型，并对两系统的耦合协调度进行了测算及分析。

随着可持续发展理念的深入发展，经济与金融之间互动关系日益受到人们的关注，并取得了丰硕的研究成果。从系统耦合视角研究经济与金融的关系，起步较晚，但也取得了丰硕的研究成果。蔡则祥等（2004）以江苏省为例，分析了县域经济和县域金融的耦合问题，他指出县域经济与县域金融的耦合实质上是经济结构与金融结构的耦合，其耦合的内在机制是系统的开放性。邓奇志（2011）认为实体经济系统与金融系统之间的耦合协调关系，是国家或地区金融效率高低的决定性因素，同时借鉴杨士弘（1994）、廖重斌（1996）耦合度与耦合协调度模型构建方法，构建了实体经济系统与金融系统的耦合度与耦合协调度模型，并对两系统的耦合协调发展状况进行了实证分析，进一步研究了如何通过提升实体经济与金融协调发展水平，对该地区金融效率水平与实体经济增长的路径进行了有益的探讨。

由以上研究可以看出，两个或两个以上系统的协调发展，应该包含系统耦合度与耦合协调度两方面内容。耦合度重点考察两系统发展过程中演进态势的趋同性，若两系统演进特征与演进速度趋同，说明耦合度较高，若两系统演进特征与演进速度差异较大，则耦合度较低。耦合协调度重点考察两系统发展过程中，系统之间以及系统资源之间的匹配程度，若达到良性匹配，实现良性循环发展，则耦合协调度较高；反之，若出现无序匹配，系统相互作用耗散程度加大，存在资源浪费和资源利用低效的状态，则耦合协调度较低。

系统耦合理论为我们研究经济系统与金融系统协调发展提供了一种新的思路和方法，开辟出了一条新的研究路径。系统耦合理论虽然产生的时间并不久，但其理论体系相对完善，分析方法也有众多选择，在实际应用中也较为灵活。因此，在研究城市群经济系统与金融系统协调发展问题时，引入系统耦合理论的研究方法是合适的，也是科学的。

2. 城市群经济系统与金融系统耦合协调发展的内涵

综合众多学者对城市群经济系统与金融系统内涵的界定可知，其研究均是由物理学中系统耦合的内涵演化而来，认为城市群经济系统与金融系统的耦合发展，是两系统耦合要素彼此相互作用、彼此影响的现象。任继周（1996）对两个或多个系统耦合发展进行了概念上的拓展和理论化处理，将系统耦合概括为通过系统间“自由能”积累产生位势差后，驱动两个或多个系统汇聚，在一定条件下达成能够产生新的能流、物流、信息流超循环的高级新系统，也就是耦合系统的系统进化过程。

城市群金融系统产生于经济系统，但又区别于经济系统，其发展具有自身演变的特征，同时对经济系统又具有能动作用，因此，可以将城市群经济系统与金融系统分别作为独立系统研究其协调发展问题。城市群经济系统与金融系统耦合协调发展，等同于两系统相互作用、相互影响的过程。所以，城市群经济系统与金融系统耦合协调发展的实质是经济系统与金融系统之间，以及各子系统之间的相互配合、彼此协调的发展过程。按照地区维度来划分“系统元”，城市群经济系统是由各城市经济发展子系统与各城市之间的经济发展相互作用形成的空间网络两方面构成。与此对应，城市群金融系统也是由各城市金融发展子系统与各城市之间的金融发展相互作用形成的空间网络两方面构成，因此，城市群经济系统与金融系统之间的耦合协调发展，不仅体现在群内各城市经济子系统与金融子系统之间的耦合协调发展，还体现在各城市间经济空间网络与金融空间网络之间的耦合协调互动关系。

由此，结合之前的研究结论，本书的研究将城市群经济系统与金融系统耦合协调发展的概念定义为：在技术前沿面下，通过促进群内各城市经济系统与金融系统之间、各城市经济空间网络与金融空间网络之间资源的有效配置形成各种物质“流”与非物质“流”的超循环，实现各类资源在时间和空间层面匹配得当、和谐一致、良性循环的相互作用所形成的高级系统——城市群经济系统与金融系统耦合协调系统的系统进化过程。

3. 城市群经济系统与金融系统耦合协调发展的类型

城市群经济系统与金融系统实现耦合协调发展的意义在于可以充分地挖掘各子系统的优势，提高系统内部的资源利用率，进而推动城市群整体效益提升。由前面对城市群经济系统与金融系统耦合协调发展内涵的阐述可知，两系统耦合协调发展状态可以拆分为耦合度与耦合协调度两部分内容。另外，由其内涵还可知，城市群经济系统与金融系统的耦合协调发展并不是一个静止状态，而是随着两系统资源匹配程度的变化，耦合协调程度不断优化或者降低的过程。

根据城市群经济与金融两系统发展趋势的异同，可以将两系统耦合度分为不同的类型，简单地可以分为高度耦合与低度耦合两种类型。耦合系统相对于单独系统而言，是一个更为高级的系统，因此耦合系统的发展趋势应均呈现向上发展趋势，而不是系统退化发展。另外，系统内部无论因为何种改善引起了系统向上的发展趋势，其改善程度均可外在表现为向上改善的增速大小。那么，对造成城市群经济系统与金融系统两类耦合度类型，可以从增速上进行阐述。一般来说，高度耦合代表城市群经济系统与金融系统发展趋势相同，如均呈现高速发展或者低速发展。低度耦合代表城市群经济与金融两系统发展趋势不相同，表现为经济系统与金融系统增速不同，可以分为两类情况：一是经济系统发展速度大于金融系统发展速度，即金融系统发展相对滞后；二是经济系统发展速度小于金融系统发展速度，即经济系统发展相对滞后。具体分类如表 4-1 所示。

表 4-1　经济系统与金融系统耦合度类型

耦合度类型	增速匹配类型	
高度耦合	双高增速	双低增速
低度耦合	经济系统滞后	金融系统滞后

由以上对城市群经济系统与金融系统耦合度的分类可以看出，即使出现了高度耦合的发展状态，也并不代表两系统发展状态达到了期待的最优结果，也可能是经济系统与金融系统均出现了增长动力不足的、低效的高度耦合状态。因此，对两系统协调发展状况进行分析仅依靠耦合度模型，显然不足以证明耦合系统发展状态，此时引入耦合协调度进行补充分析，显然是适宜的。

城市群经济与金融耦合系统的耦合协调发展程度，表示的是两系统内各子系统及各系统要素间的匹配程度。根据匹配程度的不同，可以将耦合协调度分为高度耦合协调与低度耦合协调两种类型。高度耦合协调反映了耦合协同各子系统与各系统元素之间实现了良性匹配，达到了资源利用的最有效状态，使耦合系统在最低能耗的状态下快速升级发展。相反，低度耦合协调则反映了耦合系统各子系统与各系统元素匹配低效的状态，此时耦合系统对各子系统的推动作用不强，存在资源耗散较为严重的现象。

根据城市群经济系统与金融系统耦合度与耦合协调度的分类情况，可以将耦合系统的耦合协调发展能力划分为低耦合低协调、低耦合高协调、高耦合低协调、高耦合高协调四个类型；又根据耦合度的细分类型，将耦合协调类型进一步细分为八种类型。不同的耦合协调类型作用机制并不相同：一般而言，若耦合系统处于低协调状态，将难以对耦合系统以及耦合子系统的发展形成推动力，更无法改善系统的发展状态。相反，若耦合系统为高协调状态，其将会对耦合系统及耦合系统子系统产生巨大推力，改善或逆转当前各系统的发展状态。具体的分类及作用机制如表 4-2 所示。

表 4-2　经济系统与金融系统耦合协调类型及作用机制

类型	细分类型	作用机制
低耦合低协调	经济系统滞后的低耦合低协调	协调推动乏力，低耦合状态难突破
	金融系统滞后的低耦合低协调	协调推动乏力，低耦合状态难突破
低耦合高协调	经济系统滞后的低耦合高协调	协调推动有力，低耦合状态将改善
	金融系统滞后的低耦合高协调	协调推动有力，低耦合状态将改善
高耦合低协调	双低增速的高耦合低协调	协调推动乏力，低增速状态难突破
	双高增速的高耦合低协调	协调推动乏力，高增速状态难为继
高耦合高协调	双低增速的高耦合高协调	协调推动有力，低增速状态将改善
	双高增速的高耦合高协调	协调推动有力，高增速状态将持续

由以上对城市群经济系统与金融系统耦合协调发展类型的分析与阐述可知，八种类型中的理想状态是双高增速的高耦合高协调，在这种状态下经济与金融耦合系统发展在当前的技术前沿面下，达到了最优的资源配置、最高效率的资源利用率，此时无论是耦合系统，还是经济系统与金融系统，都达到了在当前技术允许的最大发展效益。因此，双高增速的高耦合高协调状态，也是对城市群经济系统与金融系统协调发展状态进行重构的所希望达到的理想状态。

（二）城市群经济与金融系统和谐发展的耦合协调四维框架的基本架构

本书在已有研究的基础上，进一步拓展了城市群经济系统与金融系统协调发展研究的新视角和空间尺度，以耦合协调发展的内涵与外延出发，构建一个包含城市群经济系统协调发展、金融系统协调发展、经济与金融系统协调发展、环境系统与耦合协调系统互动四维研究框架。依据本节构建的城市群经济系统与金融系统耦合协调四维框架，全面、系统地分析了城市群经济系统与金融系统耦合协调发展的互动机理以及空间分布格局。尝试从这些分析中找寻城市群经济系统与金融系统耦合协调发展中存在的问题或发展中遇到的瓶颈，并对两系统耦合协调发展空间格局进行重构，最终达到耦合系统双高增速的高耦合高协调发展状态，以此推动城市群经济可持续发展。城市群经济系统与金融系统耦合协调发展的四维研究框架的基本架构如图4-1所示。

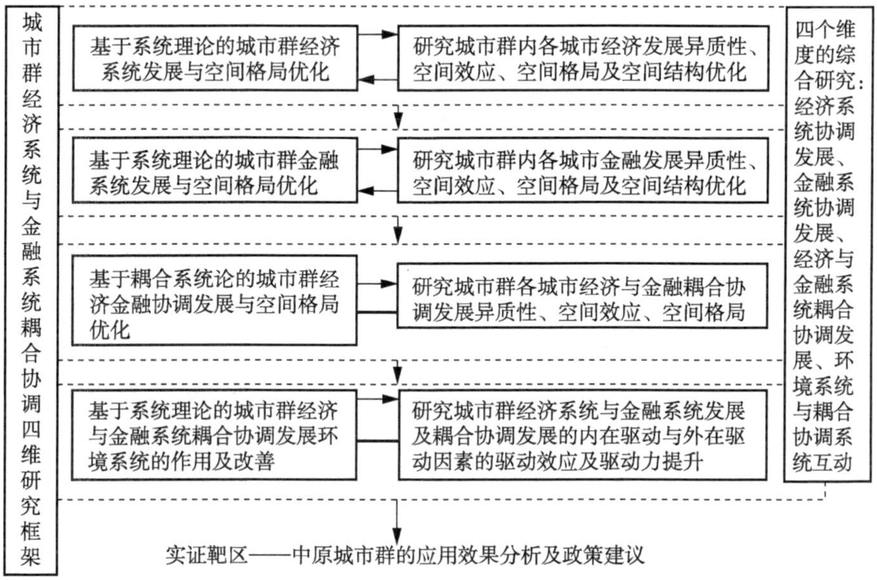

图 4-1　城市群经济系统与金融系统耦合协调发展的四维研究框架

本书的研究将根据本节构建的城市群经济系统与金融系统耦合协调发展四维研究框架，以中原城市群为例，对经济系统与金融系统的耦合协调发展状况进行全面、系统的研究，以便更深入地剖析城市群经济与金融协调发展的作用、演变机制，以及空间格局演变态势，在此基础上寻找提升中原城市群经济系统与金融系统耦合协调发展的创新路径，实现中原城市群整体实力的提升，并为其他城市群的发展提供一定的理论和实践借鉴。

二、耦合协调四维框架下城市群经济与金融系统耦合互动的动力因素

（一）耦合互动的内在动力因素

由本书对经济系统与金融系统耦合协调发展类型的阐述中可以发现，无论是经济系统发展滞后，还是金融系统发展滞后，均会对两系统的耦合协调发展水平产生不利影响。因此，提高经济系统与金融系统自身发展水平是实现两系统高质量耦合协调发展的基础和关键。

1. 城市群经济系统的协调发展

城市群各城市经济系统协调发展，起源于专业化分工的开始，发展于规模经济与范围经济的溢出效应，成熟于城市群各城市经济一体化。

城市群内城市间的专业化分工，是企业或产业专业化分工和市场化细分的结果。城市群企业或产业间专业分工的深化以及合作范围的扩大和细分程度的加深，可以提高经济活动效率，最大限度地降低交易成本，推动城市群经济系统的良好发展。专业化分工存在市场分工与企业分工两种形式，一定区域范围内分工方式的选择，取决于市场分工与专业分工两种方式交易费用的比较。罗纳德·科斯的交易费用理论认为，两种分工模式的比较决定了企业的发展边界：当企业内部化某一交易成本刚好等于市场组织该项交易的成本时，企业发展规模就会被确定下来；当企业组织一项交易产生的成本大于市场组织成本时，企业就会采取同一产业链中上下游企业的集聚化发展，组成新的产业链，以市场交易取代企业纵向一体化发展模式，有利于处于产业链上的企业均取得垂直一体化与水平一体化的利润，使交易成本最小化（Coase，1937）。科斯交易费用理论不仅适用于解释企业间通过专业化分工实现协调发展，也可以用来解释城市群各城市通过专业化分工，实现经济协调发展的现象。在一定区域内各城市通过经济活动交融组成城市发展集群，与企业集聚相同，均可通过专业化分工，取得分工效益，这些分工效益的溢出效应和低成本效应，能够更好地促进城市群经济系统发展。

城市群各城市经济协调发展，是城市群内的城市、企业等社会主体共同寻求规模经济与范围经济的必然结果。在市场经济条件下，为了降低生产与交易成本，获得规模经济收益，企业或产业集聚是必然现象。企业集聚发展

之所以能够降低生产与交易成本，最根本的原因是集聚经济的外部性，即某企业等经济体内部生产效率的提升，并非自身生产效率提高的结果，而是其他外部企业作用的结果。企业为了获得这一外部性，就会在一定范围内集中，进而形成范围经济。范围经济的出现能够产生比较优势与比较利益，进而吸引外部其他企业、资金、人力资源等进一步集聚，并且通过乘数效应不断地增强范围经济的集聚力，如此周而复始的作用下，范围经济的边界不断外延和扩展，最终形成城市产业群。邬丽萍（2012）指出，城市群单一城市构成的集聚经济是低层次的集聚，由多个城市或产业构成的产业集群是高层次的集聚经济。也就是说，城市群内各城市之间、各产业之间由于集聚经济而对接和融合，体现出了单个城市经济发展的外部化，以及群内经济发展内部化交互的效应，这一交互化过程即为城市群内各城市、各产业耦合协调发展。通过协调发展，资源在更大的范围内进行优化配置，推动城市群内经济在更深层次、更大范围聚合发展，甚至是在综合域外资源的基础上，使城市群经济发展最大限度上实现帕累托优化。

范围经济发展的结果就是城市群经济一体化，经济在地理空间上的扩散是城市群内经济一体化的表现之一。随着专业化分工、规模经济和范围经济的发展，城市群内各城市之间经济发展的依赖程度进一步深化，从而呈现资源重新配置、区域化集聚发展的特点。在城市群经济一体化发展的前提下，各城市的发展均在更大的群体层面上进行考量，根据不同城市的资源禀赋等特征，挖掘不同城市的比较优势，发展特色经济，进行专业化经济发展与专门性资源配置，最终达到资源充分和高效利用下，单个城市经济高速发展与整个城市群经济最优化发展的“低耗散结构”发展模式。

在以上城市群经济协调发展机制作用下，城市群经济发展潜力会被充分挖掘，这些也将形成城市群经济系统发展的内在动力。当前城市群经济系统在专业化分工、范围经济、区域经济一体化等发展过程中，均存在许多制约因素，但完全依靠经济系统的“自组织”能力达到，显得不切实际，还需要很多其他因素的支撑。

2. 城市群金融系统的协调发展

城市群金融系统的发展给城市群经济系统提供了持续性的动力，金融系统成为经济系统实现协调发展不可或缺的重要支撑力，也是城市群经济系统与金融系统耦合协调发展的内在驱动力，更是城市群整体实力提升的重要推动力。理清城市群金融系统协调发展模式显得十分必要。

根据本章第一节对城市群金融系统内涵的确定，笔者认为，城市群金融系统协调发展应包含各城市金融协调发展和城市间金融协调发展两部分内容，既应该包含城市群各城市金融系统协调发展，又应该包含各城市金融发展积极的空间效应及合理的空间分布格局。

关于城市群各城市自身金融协调发展的研究相对较少，高连和（2008）从区域金融自和谐发展角度研究区域金融协调发展，指出区域金融自和谐发展包括区域金融组织自和谐发展、区域金融工具自和谐发展、区域金融市场自和谐发展、区域金融制度自和谐发展四个方面；包含区域金融规模适度、区域金融结构合理、区域金融发展速度积极、区域金融运行高效、区域金融发展道路正确、区域金融可持续发展六大内容。由此可见，城市群各城市自身金融协调发展，也应包含金融组织、金融工具、金融市场、金融制度四个方面各自的协调发展，以及四个方面之间的协调发展。四个方面各自的协调发展的内涵如下：金融组织的设立应满足各城市的需求，达到充足、集约式金融服务供给；金融工具的创新应根据各城市的投融资需求与偏好进行供给，做到金融工具供给与城市具体实践、经济发展相结合；应根据城市发展需要建立健全、多层次的资本市场，并通过宣传和培训，培养城市的金融地缘优势，尽可能深化金融市场发展的深度与广度；金融制度是保证城市金融发展需要的内在与外在保障体系，既包括各种经济形势下金融市场正常运作的制度体系，也包括公正的法治环境、良好的信用环境以及完备的中介环境等。所以，以上四个方面之间的协调发展就是在良好的金融生态的保障下，金融机构、金融工具、金融市场互为补充，实现资金配置全方位和投融资服务供给全覆盖。

城市群各城市自然禀赋、经济实力等存在差异性和互补性，这一特点也为各城市间金融系统耦合协调发展提供了必要的前提和动力。城市群各城市间金融协调发展，首先体现在城市金融发展具有的正向溢出效应，即某一城市的金融发展对城市群金融发展有正向的影响作用或拉动效应。一般情况下，地理空间关系存在空间正相关、空间负相关、空间不相关三种类型，其空间效益分别表现为空间正向拉动、空间离散、空间随机分布三种形态。若城市群各城市金融发展存在空间正相关，那么各城市金融发展就会形成空间正向拉动力量，有利于城市间金融关系网的形成和发展。若城市群各城市金融发展中存在城市空间负相关，那么城市金融发展就会呈现激烈的资源竞争态势，也会体现出金融发展差距越来越大。若城市群各城市金融发展呈现空间不相关，意味着各城市金融发展之间不存在关联，城市金融发展空间网络并不存在，也就不存在空间协调发展。由此看出，城市群各城市金融发展呈现正的空间效应时，有利于形成金融发展良性的空间互动关系。

但是，城市群内各城市金融发展呈现正向空间自相关，仅仅是形成金融发展良性空间关联的前提，并不能证明群内各城市间金融系统已实现协调发展，而由城市间金融发展空间关联形成的空间分布格局，才是决定城市群金融系统空间协调发展的关键因素。

（二）耦合互动的外在动力因素

推动城市群经济系统与金融系统耦合协调发展的众多外在影响因素，构成了城市群经济与金融耦合系统耦合协调发展的外在动力。

城市群经济系统与金融系统协调发展的外在动力因素，是由经济和金融两系统构成的耦合系统的外在环境系统中，各个子系统的具有序参量特征的因素构成。在耦合系统协调发展过程中，资源集聚力子系统、社会促进力子系统、科技支撑力子系统、政府调控力子系统、商业信用力子系统均是能对经济与金融耦合系统协调发展产生重要影响的环境系统子系统。那么，能表征这五个环境系统子系统发展变动特征的序参量指标群，构成了城市群经济系统与金融系统耦合协调发展的外在动力。

城市群资源集聚力主要指对人力资源与资本的集聚能力。人口因素是城市群经济系统与金融系统协调发展的前提。城市群人口集聚或扩散的强度、内容、形式分别影响着城市群经济系统与金融系统的发展潜力，还影响着各城市经济系统与金融系统耦合协调发展的关联程度、相互作用的范围等。城市群资本集聚力一方面是城市群内经济系统与金融系统发展的结果，也是两系统深度发展的重要前提。城市群资本积聚与扩散的能力和形式，不仅关系着对城市群内经济系统资金供给的能力，还关系着城市群内金融系统发展的基础。

城市群社会促进力主要指城市智慧化程度，城市智慧化程度越高，城市对经济系统与金融系统的亲近感就越强，人们对各种经济与金融创新发展模式的接受程度和配合程度就越高。城市智慧化程度一般用在校大学生数来表示，在校大学生数越多，代表着城市智慧化程度越高。城市智慧化程度的提升是一项长期的基础性工作，象征着更高层次的社会文明水平，也代表着城市生活方式的新旧、创新观念的强弱。城市智慧化程度的高低，对经济系统与金融系统协调发展具有重要的作用。

城市群科技支撑力是群内经济系统与金融系统协调发展的重要支撑力量。科学技术是第一生产力，城市科技支撑力的发展，能够为城市经济系统与金融系统的耦合协调发展提供持续的动力。科技支撑力的发展，不仅能够为经济系统与金融系统耦合协调发展，带来先进的技术和设备，还能带来生产和服务效率的提高。

城市群政府调控力是城市群经济系统与金融系统耦合协调发展的重要保障力量。政府作为城市群经济系统与金融系统的决策者，是系统发展“他组织”效应的主要发起者和参与者，因此，其对城市群经济系统与金融系统耦合协调发展的影响也是巨大的。当耦合系统在较低层次协调发展时，政府部门会发挥其调控职能，对耦合系统进行干预，使其向更高层次的耦合协调发展；当耦合系统处于高层次的协调发展时，政府部门又充当监督协调者，并适当给予激励，赋予耦合系统更多的活力。因此，政府调控能力的强弱，对城市群经济系统与金融系统的耦合协调发展起着不可忽视的重要作用。

城市群商业信用力指城市营商环境的好坏。城市营商环境包含影响耦合系统协调发展的政治环境、法律环境、企业守信情况、投融资偏好和难易等情况，是经济系统与金融系统耦合协调发展环境软实力的直接体现。商业信用力的强弱直接影响城市群经济系统与金融系统的耦合协调发展环境基础的好坏，良好的城市营商环境能够促进耦合系统协调发展程度的提升，较差的城市营商环境将成为耦合系统协调发展的阻力。因此，城市营商环境的改善是提升耦合系统协调发展的重要力量，其发展状况对耦合系统协调发展有着重要影响。

三、耦合协调四维框架下城市群经济系统与金融系统耦合互动机制

城市群经济系统与金融系统耦合协调机制，是指各城市经济系统发展与金融系统发展，以及由它们相互作用构成的空间网络之间的相互适应与融合，相互支撑与促进，并融合成一个结构更合理、功能更完善的高级系统的作用机理。本书研究指出，它由城市群经济系统与城市空间组织的联动机制、城市群金融系统与城市空间组织的联动机制、城市群经济系统与金融系统的融合机制三部分构成。

（一）城市群经济系统与城市空间组织的联动机制

城市群经济系统与城市空间组织的联动，表现为经济分工与城市职能分工、经济布局与城市要素禀赋布局，在时间与空间上的高度协调一致。具体表现为经济发展过程中企业的纵向分离与横向扩散过程，与城市群各城市职能重构、空间扩散过程基本一致。一般而言，随着经济发展水平的提升，企业生产规模随之扩大，加上生产专业化的加深，推动企业生产流程进行纵向分解，并在城市群内各城市间进行横向扩散，形成对企业发展更有利的产业分工与经济布局。在企业的这一发展过程中，城市群空间结构按照产业功能联系发生了重构，构成了城市群经济系统的空间网络。城市群经济系统空间网络的形成，又进一步改善了城市群经济集聚发展所需要的软硬件环境，进一步拓展了产业链纵向分离和横向扩散的空间效应，加速了经济系统与城市群空间组织的耦合发展。

在城市群经济分工、经济布局与群内空间地域的相互作用、相互协调的过程中，经济系统中不同规模的企业通过专业分工，与不同等级、不同性质的城市相互衔接和融合，形成了分工合理、协调有序的经济梯度与经济发展空间层次，构成了合理的城市经济空间体系、产业分工协作体系、资源集聚与扩散体系，进而形成了类似于“生态圈”的城市群经济体系生态系统。在这个经济体系生态系统中，企业之间、城市之间既有竞争又有合作，各经济主体在竞合中既保持自身的特色与优势，又通过与竞争方的合作，实现共享规模经济与范围经济溢出红利的目的。城市群经济系统发展与城市地理空间组织之间的这种联动机制，以及城市群经济体系生态系统的形成，是群内经济系统发展与城市地理空间组织耦合协调发展过程与结果的呈现。

（二）城市群金融系统与城市空间组织的联动机制

城市群金融系统与城市空间组织的联动机制，表现为金融资源集聚与城市资源集聚、金融组织分布与城市功能分布，在时间与空间上的高度协调一致。由于城市群各城市经济基础、要素禀赋、环境差异，以及金融资源流动的层次性，形成了群内各城市金融资源基础差异和各金融要素在地域空间运动形式的多样性。金融资源的运动不是无序的而是有方向的，它们均向金融生态好、金融风险小、科技先进的地区汇集。金融资源有向运动的不断发展，造成了金融发展空间差异的出现，城市群金融发展空间差异集中表现为群内金融发展空间结构“中心—边缘”特征上。城市群金融系统发展“中心—边缘”空间结构，是包含城市群金融中心、金融腹地与群内各城市金融发展空间网络体系三者的空间排列组合（高连和，2008）。

城市群金融中心是金融发展极化过程的结果，如中原城市群，在与城市群内其他城市的对比中，郑州市是金融资源集聚能力最强、金融组织最健全、金融市场最发达的城市，其金融集聚与扩散功能可以辐射整个城市群。在城市群金融中心各金融行业扩散效应的作用下，金融资源会向整个城市群的各个金融腹地汇集，形成“次级”金融中心。这些“次级”金融中心由围绕在城市群“一级”金融中心的金融增长极或金融支撑点构成，其在“一级”金融中心金融功能辐射作用下运作，是“一级”金融中心金融功能“溢出”效应的产物。城市群“次级”金融中心的形成，解决了“一级”金融中心金融产业集聚不经济的空间拥挤问题，它的发展不仅是“一级”金融中心功能的延伸，反映出了“一级”金融中心的影响力，也决定了“一级”金融中心的发展潜力与发展空间。群内各城市金融发展并非孤立地发挥作用，而是通过金融资源的空间流动或城市间的金融竞争与合作关系，形成了金融发展空间网络体系。城市间金融发展通过竞争与合作建立了彼此联系、协同作用的关系，在城市群地域上表现为城市间金融系统的融合。因此，城市间金融发展空间网络体系的形成，实质上反映了城市群金融中心、金融腹地与空间网络各金融主体间相互联系、有机结合的桥梁，是城市群金融系统运动的物质载体。三者之间的相互作用特征、内容与过程，决定了城市群金融系统发展与城市空间组织耦合发展的模式与路径。

（三）城市群经济系统与金融系统的融合机制

城市群经济系统的发展并不是孤立的，而是与金融系统发展相辅相成的，两系统形成了相互促进、相互推动、共同发展的密不可分的关系。

城市群经济系统与金融系统的关系广泛而复杂，但是从根本上来说，这些关系均是通过资金融通与资金配置为起点建立起来的。为经济系统融通资金是金融系统最基本的职能，是其存在和发展的基础，也是经济系统与金融系统的本质联系。一般而言，城市群金融系统在为经济系统进行资金配置时，应做到资金供给总量与资金供给结构相协调，既要保证城市群经济系统发展对资金的总体需求，也要满足城市群内经济系统与金融系统某一子系统对资金的需求。因此，城市群经济与金融系统的融合机制，首先体现在城市群资金配置的总量协调性和结构协调性两个方面。

城市群经济系统发展是以经济集聚发展与扩散发展为基本特征的，在城市群地域形式上的延伸和拓展，而经济集聚发展与扩散发展的前提，是各种金融资源的引导和支持。城市群金融系统功能的发挥，是在效益最大化、风险最小化的驱使下，在金融资源的最优区位流向性的导向下，配置到不同的经济阶段和经济空间中，即城市群经济发展依据一定的资金配置原则，而形成的链条式经济活动，客观上要求在集聚与分散的基础上，实现金融资源最优配置，以完善的经济系统与高效的金融系统结成良性的相互作用机制，使经济系统与金融系统产业链条和空间网络延伸的需求均得到满足，并实现两系统的融合。伴随着经济系统的发展，其分工方式从传统的产业间横向与纵向分工，转变为城市间横向与纵向，以及产业纵向分工在城市间的横向扩散的分工模式。金融系统的资金配置也随着经济系统分工方式的变化，向产业链、城市链的配置模式转变，也正因这些转变，形成了与城市地域分布密不可分的经济系统与金融系统融合空间链条。随着城市群内跨区域经济活动的增加，金融活动跨区域成为趋势，也反作用于金融系统，使经济跨区域活动的可能性增加，从而两系统融合的空间链条越来越多，越来越复杂，并构成了不同类型、不同层次的经济金融融合链。通过这些经济金融融合链，城市群经济系统与金融系统相互协调、相互依存、相互制约并融为一体。

（四）城市群经济系统与金融系统耦合协调发展的政府推动机制

在城市群经济系统与金融系统耦合协调发展过程中，市场机制发挥着最活跃作用，两系统在市场机制的作用下开始出现融合发展，最终实现耦合协调发展。但这个发展过程并不是线性的，过程中可能出现多次“突变”，使两系统融合发展的平衡状态被打破，在有其他外在干预的情况下又从“非平衡态”转向新的“平衡态”。发展过程中出现的“突变”现象是非线性作用的结果，而耦合发展状态从“平衡态”转向“非平衡态”是耦合系统“自组织”过程崩溃造成的。“自组织”过程的崩溃可以理解为市场失灵，此时单单依靠市场机制已不能够维持耦合系统协调发展状态的持续。在由“非平衡态”转向新的“平衡态”过程中，外界干预力量是弥补市场失灵，拯救市场，调控两系统耦合协调发展状况的“决策部门”干预，而两系统的“决策部门”即为政府部门。

由以上分析看出，城市群经济系统与金融系统耦合协调发展过程中，离不开政府的调控作用。城市群市场机制越健全，所需要的政府调控作用就相对较小；市场机制越不完善，对政府调控的要求就越强。而且政府对耦合系统的作用不仅体现在市场机制失灵时的调控和干预，还体现在耦合系统发展状态良好时的激励。但是，无论耦合系统发展处在何种状态，若政府过度干预耦合系统发展，就会造成资源配置扭曲，造成效率损失，因此，政府干预程度的把控将显得十分重要。政府干预耦合系统协调发展一定要做到不违背市场规律，遵循经济系统与金融系统耦合协调发展的内在机制，做到政府干预与市场机制共同发挥作用，寻找一个合适的平衡点。

现实中，城市群经济系统与金融系统耦合协调发展过程，既是一个自下而上，市场诱发和引导的市场机制作用过程，又是政府行政力量干预调控的过程，两系统耦合协调发展过程既存在市场机制的作用，又存在政府干预的作用，是两者共同作用的结果。在市场机制作用下，资源和要素自发地流动和配置，若没有政府的调控，最终的结果会是城市群各地市之间经济发展与金融发展出现严重的两极分化现象。政府作用机制的存在，一方面，可以提供耦合系统发展需要的司法环境、制度保障等优良的软硬条件；另一方面，政府可以利用政策导向的优势，创造条件把具有比较优势的各方集聚起来，并提供相应的激励和约束机制，形成能够支撑两系统耦合协调发展的政府协调系统。

因此，在城市群经济系统与金融系统耦合协调发展过程中，做到市场机制与政府干预机制实现良好配合，实现既保证城市群各城市经济发展与金融发展差距控制在适度范围内，又要保证城市群各类资源的高效、优质配置。城市群经济系统与金融系统耦合协调发展机制，必须是兼顾各方利益，做到互惠互利，达到“多赢”状态。

第五章　中原城市群经济系统发展状况与空间分异特性

城市群是区域内城市化发展到一定阶段出现的空间上高度密集、经济社会紧密联系的复杂空间网络组织形式（邬丽萍，2012），城市群各地市及各地市之间的经济和金融发展状况，是影响城市群能否走向高阶融合发展的关键。因此，对城市群经济发展状况、地区差异，以及经济发展的空间分布差异，进行详细讨论和挖掘，是深入了解城市群经济发展的空间集聚状态及空间网络组织的重要手段。《中原城市群发展规划》于2016年获批，包括河南省、河北省、山西省、山东省和安徽省的30个地级市，中原城市群地处中原，对于中国中部崛起战略，承接东部西部发展起到重要的作用。本书后续的研究以中原城市群为例，且把研究的时间区间向前延伸到2005年，使研究更加具有连续性，也更能够揭示中原城市群的历史发展规律。本书将基于中原城市群经济系统与金融系统耦合及耦合协调发展的研究，期望对所有城市群的发展提供一定的借鉴。

一、研究方法的确定

（一）研究思路

为了详尽地挖掘中原城市群经济发展的规律，以及各地市间经济发展的关系，本部分从两个角度，利用三种方法去研究，具体如下。

1. 两个角度

第一，一般的经济学研究法，即从中原城市群经济发展、经济活力、经济效益等多个层面来研究其经济发展特征，这一研究角度有利于从不同的方面了解经济发展的特性。第二，将中原城市群经济发展看作一个系统，尽可能地寻求足够多的、能够代表该系统经济发展能力的指标，组成经济发展的评价指标体系，再将这些指标进行统一处理，测算出中原城市群经济系统的综合发展水平。这一水平包含了前面确定的评价指标体系中所有指标的特征，是一个对经济系统进行综合评价的工具。从这两个角度分别进行研究，有助于我们对中原城市群经济发展某些方面的特性与经济系统的综合发展情况，及空间分异有一个详尽全面的了解。

2. 三种方法

第一，时间发展特征演绎法。该方法有助于了解中原城市群经济发展随时间演进的脉络，便于找到其发展规律和发展趋势。第二，地区间的差异化分析法。本章主要采用绝对差异与相对差异两种方法，从不同角度去刻画中原城市群各地市经济发展的差异，以便更好地了解中原城市群经济发展的聚合状态。第三，空间分布研究法。本部分引用自然间断点的研究方法，用于刻画中原城市群经济发展的空间分布及空间集聚特征。具体方法的介绍见后文内容。

（二）中原城市群经济发展水平地区差异的测度方法

定量测算区域经济差异的方法主要有两种，分别为绝对差异和相对差异。区域经济绝对差异是用绝对指标来衡量区域之间经济发展的差别，反映了区域之间经济发展指标的绝对差额；区域经济相对差异是用指标的变动率来衡量区域之间的经济发展差别，反映的是区域之间经济发展的速度差异。绝对差异分析法包括平均值、标准差和极差；相对差异的分析方法包括变异系数、加权变异系数和泰尔指数。

在测算中原城市群经济发展差异时，综合运用绝对差异分析和相对差异分析，能够使中原城市群经济差异更全面地得到反映。下面分别对两种差异分析方法进行说明。

1. 绝对差异的方法

第一，平均差。平均差是指各变量值与平均值的离差绝对值的算术平均数，用 D 来表示，平均差的计算公式为

$$D = \frac{\sum_{i=1}^{M} | a_{ij} - \bar{a}_j |}{M} \tag{5.1}$$

式中，M 表示中原城市群的数量；a_{ij}表示第 i 个城市第 j 个指标值；$\bar{a}_j$ 表示中原城市群第 j 个指标的平均值。

平均差是用于衡量各变量值 a_{ij}与第 j 个指标平均值 $\bar{a}_j$ 的差异程度的。若平均差 D 越大，那么各项指标的值与平均数的差异越大，预示着中原城市群各地市之间的差异程度就越大；反之，平均差 D 越小，则中原城市群各地市

之间的差异度越小。

第二，标准差。标准差又常称均方差，是总体各个单位标准值与其平均数离差平方的算术平均数的平方根，用 σ 来表示。它与平均差的含义相同，是用来衡量某一组数据的离散程度。标准差 σ 越大，预示着中原城市群各地市的差异越大；反之，则差异则越小。标准差的计算公式为：

$$\sigma = \sqrt{\frac{\sum_{i=1}^{M}(a_{ij} - \bar{a}_j)^2}{M}} \tag{5.2}$$

第三，极差。极差又称范围误差或是全距，是最大值与最小值之间的差距，表示一组数据的离散程度，用 R 来表示。极差的计算公式为：

$$R = a_{jmax} - a_{jmin} \tag{5.3}$$

式中，a_{jmax} 和 a_{jmin} 分别表示为第 j 个指标在中原城市群的最大值和最小值。

2. 相对差异的方法

第一，变异系数。变异系数又称离散系数，在数据存在量纲不同的情况下，变异系数没有量纲，可以对数据进行客观比较，就是取数据的标准差与平均数的比值，用 CV 来表示。变异系数的计算公式为：

$$CV = \sqrt{\frac{\sum_{i=1}^{M}(a_{ij} - \bar{a}_j)^2}{M}} \Big/ \bar{a}_j \tag{5.4}$$

式中，a_{ij} 表示第 i 个城市第 j 个指标值；$\bar{a}_j$ 表示中原城市群第 j 个指标的平均值；M 表示城市群中城市的个数。

第二，加权变异系数。加权变异系数是在变异系数的基础上，加入一个地区在该区域中 j 指标所占的权重，为了更好地反映其他因素对区域经济差异的影响，用 CV_W 来表示。加权变异系数的计算公式为：

$$CV_W = \sqrt{\sum_{i=1}^{M}(a_{ij} - \bar{a}_j)^2 w_{ij}} \Big/ \bar{a}_j \tag{5.5}$$

式中，w_{ij} 表示第 i 个城市在第 j 个指标中所占的权重；a_{ij} 表示第 i 个城市第 j 个指标值；$\bar{a}_j$ 表示中原城市群第 j 个指标的平均值。

第三，泰尔指数。泰尔指数又称锡尔系数或锡尔熵，最早由 Theil（1967）在研究国家间的收入差距时提出的，表示的是国家间的收入差距水平为各国家收入份额与人口份额之比的对数的加权总和。本书将其应用到区域经济的差距，将国家换成区域即可，对数之比为区域人均收入平均值与人均收入之比。若用 X 来表示，泰尔指数的计算公式为：

$$X = \frac{\sum_{i=1}^{M} \log \frac{\bar{g}}{g_i}}{m} \tag{5.6}$$

式中，g_i 为第 i 个城市的人均收入；$\bar{g}$ 为中原城市群人均收入的平均值。

同时，泰尔指数具有可加可分解性，可以把总体不平等指标写成组间差异和组内差异之和。因此，在研究中原城市群的经济差异时，将分为两个大组，河南地区与其他地区，就分解为两大地区之间差距和地区内城市之间的差距之和。分解后的泰尔系数叫作锡尔指数，用 T 来表示，以人口作为权重，泰尔指数的分解公式为：

$$T = \sum_{x=1}^{2} P_x \log \frac{P_x}{G_x} + \sum_{x=1}^{2} P_x \sum_{y=1}^{2} P_{xy} \log \frac{P_{xy}}{G_{xy}} = \text{组间差距} + \text{组内差距} \tag{5.7}$$

式中，$x=2$ 为河南地区和其他地区；P_x 为第 x 组人口在整个中原城市群人口的比重；G_x 为第 x 组的收入在整个中原城市群收入的比重；P_{xy} 和 G_{xy} 分别为第 i 个城市在所在组人口比重和收入比重。

（三）中原城市群经济综合发展水平的测度方法

1. 数据无量纲化处理

因为指标数据的类型、属性以及量纲不同，为了方便数据之间的对比，首先需要对数据进行标准化处理，即数据的无量纲化。无量纲化的过程如下：

第一，建立数据矩阵，设 w_{ij} 表示为第 i 个城市的第 j 个指标。根据指标的具体数值建立原始矩阵 $\boldsymbol{A}=(a_{ij})_{mn}$，$i=1, 2, \cdots, m$；$j=1, 2, \cdots, n$。其中，$m$ 为城市的数量 30；n 为指标的个数 17。矩阵形式为：

$$\boldsymbol{A} = \begin{bmatrix} a_{11} & \cdots & a_{1n} \\ \vdots & \cdots & \vdots \\ a_{m1} & \cdots & a_{mn} \end{bmatrix} \tag{5.8}$$

第二，进行标准化处理，由于所选取的 17 个指标都为正向指标，所以将异质化指标进行同质化处理，无量纲化处理的公式为：

$$v_{ij} = \frac{a_{ij} - a_{i\min}}{a_{j\max} - a_{j\min}} \tag{5.9}$$

式中，$a_{j\max}$ 和 $a_{j\min}$ 分别表示为第 j 项指标在 30 个城市中的最小值和最大值；a_{ij} 表示得到了标准化处理后的新矩阵 $\boldsymbol{V}=(v_{ij})_{mn}$，我们称矩阵 $\boldsymbol{V}$ 为功效矩阵。

2. 综合评价值的测算

为了测算中原城市群经济系统的综合发展水平，本书研究引入熵权法来测算经济系统的综合评价值。熵权法的核心思想是通过求得的各指标的熵权值，确定指标权重，再将权重乘以该城市的功效矩阵，从而得到中原城市群的各个城市的综合评价值，其基本步骤如下。

第一，熵值法的计算公式为：

$$e_j = -k\sum_{i=1}^{m} P_{ij}\ln(P_{ij}) \tag{5.10}$$

式中，令 $k=\frac{1}{\ln(m)}$；P_{ij} 表示在第 j 项指标下第 i 个城市占该指标的比重，$P_{ij}=v_{ij}/\sum_{i=1}^{m}v_{ij}$。另外，由于对 P_{ij} 需要进行取对数操作，因此，我们假定当 $P_{ij}=0$ 时，进行极限运算，即 $\lim_{P_{ij}=0}P_{ij}\ln(P_{ij})=0$。

第二，确定权重系数，权重的计算公式为：

$$W_j = \frac{d_j}{\sum_{j=1}^{n} d_j} \tag{5.11}$$

式中，W_j 为第 j 个指标的权重系数；d_j 为第 j 项指标的差异系数，$d_j=1-e_j$。

第三，计算各城市的综合评价值。各个城市综合评价值的计算公式为：

$$U_i = \sum_{j=1}^{n} v_{ij}w_j \tag{5.12}$$

式中，U_i 表示城市 i 的综合评价值；w_j 表示第 i 个指标的权重；v_{ij} 表示第 i 个城市第 j 个指标的功效值。

（四）中原城市群经济发展空间分异的测度方法

在研究中原城市群经济发展空间分异特征时，采用 Jenks 提出的一种地图分级法——自然间断点分级法。他指出数据中固有的自然分组，可以利用数据的这一特点对数据的分类间隔加以识别，同时对相似值进行最恰当的分组，并使各个类之间的差异最大化。这一划分方法，可以利用数据将要素划分为多个类，对于这些类自然间断点会在数据值的差异相对较大的位置处设置其边界。其原理是对数据进行一个小聚类。数据聚类结束的条件是组间方差最大、组内方差最小，即通过这一分类方法最终达到各数据类别之间组内差异最小，组间差异最大。

二、中原城市群经济系统发展状况与空间分异

对中原城市群经济系统发展状况与空间分异特性的分析，本节主要从经

济总量、经济活力、经济效益三个方面入手，分别考察了中原城市群经济发展总量、经济活力、经济效益的现状、地区差异及空间分异特性。

（一）中原城市群经济总量发展状况与空间分异

经济总量可以代表社会财富的多少，既包括能用货币计量的，也包括无法用货币计量的。它可以从社会总需求与社会总供给两个层面进行衡量，地区生产总值指标即是从社会总供给层面对经济总量的一个统计。鉴于此，对中原城市群经济总量指标，选取了各地市的地区生产总值（GDP）来表征。

1. 中原城市群经济发展总量发展现状

图 5-1 给出了中原城市群 2005—2017 年 GDP 及其增速的走势图，由图中 GDP 曲线的走势可以看出，中原城市群经济总量长期以来呈现逐渐增长的趋势。从经济总量增速曲线的走势可以看出，中原城市群经济总量虽呈现增长趋势，但在 2005—2017 年的 13 年中增速却出现了几次大的起伏：在 2005—2008 年这四年间 GDP 的增速呈现快速增长态势，但是国际金融危机对中原城市群的影响非常明显，其中 2009 年 GDP 增速较 2008 年急剧下降。在国际金融危机后，中原城市群经济有所回暖，2010 年和 2011 两年增速有所提升。进入金融危机后期，增速开始出现下滑，从 2012 年开始增速小于 10%，经济总量增速进入中低速区域。2015 年后，经济结构优化升级给经济发展带来了新活力，增速开始缓慢提升，但增速依然在 10%附近振荡。

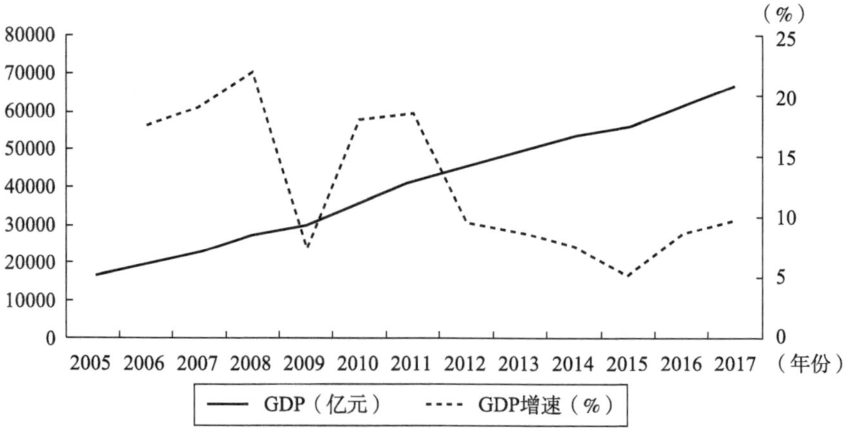

图 5-1　2005—2017 年中原城市群经济总量及其增速趋势

数据来源：2006—2018 年《中国城市统计年鉴》《河南统计年鉴》《山东统计年鉴》《山西统计年鉴》《安徽统计年鉴》《河北统计年鉴》。

2. 中原城市群经济总量发展的地区差异

为了研究中原城市群经济总量发展的地区差异，本部分引入了绝对差异、相对差异，以及集中指数等方法，对其进行详尽的对比分析。差异部分所涉及指标的具体计算方法已做介绍，此处不再赘述，直接引用计算结果。具体分析如下。

图 5-2 给出了 2005—2017 年中原城市群 30 个地级市经济总量 GDP 绝对差异，绝对差异主要用平均差、标准差、极差三种方法来表征。由图 5-2 的三个指标曲线走势可以看出，2005—2017 年中原城市群各地市经济总量的绝对差异呈现逐年增加的趋势，特别是极差更是表现得特别突出。这说明中原城市群 30 个地级市经济总量发展最好的城市与发展最差的城市之间的差异越来越大。从平均差和标准差两条曲线的走势可以看出，中原城市群各地市经济总量与城市群经济总量均值之间的差距也呈现缓慢上升的趋势。但从极差曲线与标准差、平均差两条曲线走势的对比中可知，极差增加的速度远远大于平均差与标准差，说明中原城市群各地市经济总量两极分化的现象越来越严重。

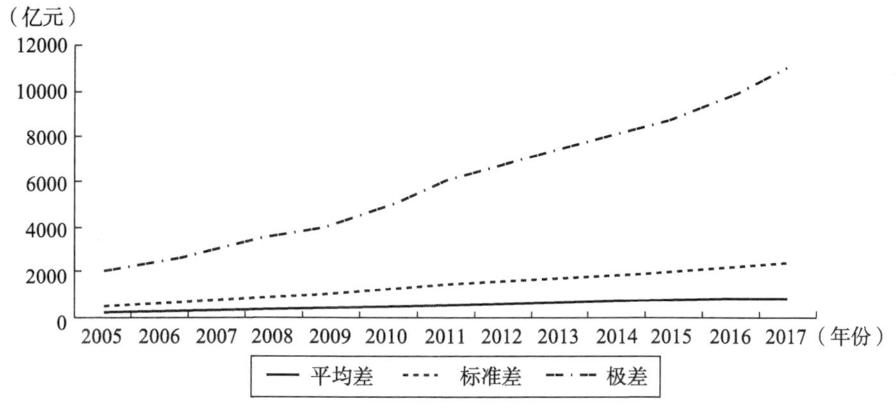

图 5-2 2005—2017 年中原城市群各地市经济总量的绝对差异

图 5-3 给出了 2005—2017 年中原城市群各地市经济总量的相对差异趋势图。由图中变异系数的曲线走势可以看出，中原城市群各地市之间经济总量的离散程度呈现缓慢的上升趋势，且变异系数在 0.6 以上，根据国际上 0.2 的标准，说明中原城市群各地市之间经济总量发展呈现较为明显的区域不均衡现象。从变异系数的计算公式可知，变异系数在计算时赋予中原城市群经济系统内 30 个地市相同的权重值，即在经济系统中赋予每个城市同等的地

位，这与现实情况不符，未对其进行修正，我们将中原城市群中的30个地级市在经济总量中的占比作为权重，计算加权变异系数，具体计算公式见式（5.5）。由加权变异系数曲线的走势可以看出，该曲线的增长趋势要比变异系数大，意味着变异系数可能会低估了中原城市群各地市之间经济总量发展的区域不均衡现象，也意味着中原城市群30个地市之间经济总量发展差异可能更大。

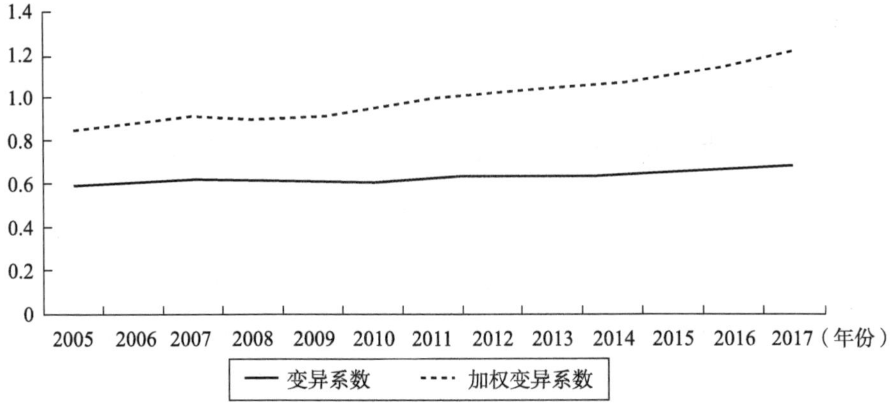

图5-3　2005—2017年中原城市群各地市经济总量的相对差异

图5-4给出了2005—2017年中原城市群30个地市经济总量的集中指数趋势。由图中集中指数曲线的走势可以看出，在研究区间的13年间，集中指数基本稳定在60左右，且近几年略有缓慢下降趋势。从集中指数的数据大小来看，也显示出中原城市群各地市之间经济总量发展的非均衡性，但这种非均衡性并非处于极度不均衡状态。

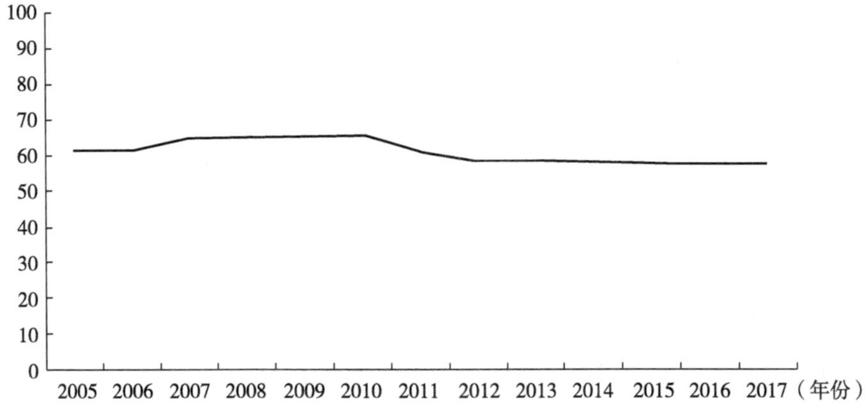

图5-4　2005—2017年中原城市群各地市经济总量的集中指数

3. 中原城市群经济总量发展的空间分布特性

由以上分析可以知道，中原城市群各地市之间的经济总量发展存在区域不均衡状态，城市之间的经济总量差距较大，且呈现越来越大的两极分化现象。为了继续揭示中原城市群各地市之间经济总量发展的关系，本部分引入自然间断点分级法，使用 ArcGIS10.0 软件，对中原城市群 2005—2017 年各地市经济总量进行区域分类，通过各城市各年度经济总量分布特性的对比分析，来研究其经济总量发展的空间依存关系和空间分布状态。

表 5-1 给出了中原城市群 30 个地市经济总量的五个梯度的分布状况。从整体上看，中原城市群各地市之间经济总量发展呈现明显的差异性；从各地市地理位置的分布特征看，中原城市群各地市经济总量的空间分布呈现以郑州为中心，东部低西部高，南部低北部高的特征。就 2005—2017 年空间分布演化来说，中原城市群各地市经济总量的空间分布呈现较为严重的两极分化现象。具体来看，2005—2017 年以 2011 年为界分为以下两个阶段。

表 5-1 中原城市群各地市经济总量发展的空间分布状况

年份	自然间断点分级区间	地市分布
2005	693.139101~1660.60060	郑州、洛阳、南阳、邯郸
	544.163301~693.139100	许昌、平顶山、商丘、周口、焦作、安阳、邢台、聊城
	408.008801~544.163300	新乡、驻马店、信阳、运城、菏泽
	265.000001~408.008800	开封、濮阳、漯河、三门峡、长治、晋城、阜阳、蚌埠、宿州
	144.330000~265.000000	鹤壁、济源、淮北、亳州
2011	2789.027801~4979.845500	郑州
	1919.420001~2789.027800	洛阳、南阳、邯郸
	1072.419701~1919.420000	安阳、新乡、焦作、商丘、许昌、周口、平顶山、驻马店、信阳、邢台、长治、聊城、菏泽、
	626.653101~1072.419700	开封、漯河、三门峡、濮阳、晋城、运城、阜阳、蚌埠、宿州、
	373.362600~626.653100	鹤壁、济源、淮北、亳州
2012	3204.285401~5549.786900	郑州
	1787.355701~3204.285400	洛阳、南阳、邯郸、聊城
	1207.054201~1787.355700	安阳、新乡、焦作、商丘、周口、许昌、平顶山、驻马店、信阳、长治、邢台、菏泽
	797.123801~1207.054200	开封、濮阳、三门峡、晋城、运城、阜阳、蚌埠、宿州
	430.864300~797.123800	漯河、鹤壁、济源、亳州、淮北

续表

年份	自然间断点分级区间	地市分布
2017	4290.190001～9193.770000	郑州
	2820.180001～4290.190000	洛阳、南阳、邯郸、聊城
	1887.550001～2820.180000	安阳、新乡、焦作、商丘、周口、许昌、平顶山、驻马店、信阳、邢台、菏泽
	1165.040001～1887.550000	开封、濮阳、三门峡、长治、运城、阜阳、蚌埠、宿州
	600.120000～1165.040000	鹤壁、济源、漯河、晋城、亳州、淮北

注：限于篇幅和空间，该表中只列示了比较有代表性的2005年、2011年、2012年、2017年的相关数据资料，其他年份的数据，以及各地市的具体数据可以向作者索取。

第一阶段（2005—2011年）：中原城市群呈现以郑州为中心，洛阳、邯郸为两翼的分布格局。在分类中的第五梯度里，即GDP在中原城市群中相对较低的城市，主要集中在亳州、淮北、济源、鹤壁四个地市。另外，根据2005年的空间分布图可知，自然间断点将郑州与洛阳、邯郸、南阳都分在了第一梯度中，这一现象一直持续到2010年，这一现象说明在这一阶段经济总量发展较好的城市变化不大。

第二个阶段（2011—2017年）：中原城市群各地市经济总量发展的空间格局一直很稳定，体现的特征为郑州“一枝独秀”的地位不断加强、第三梯度的城市分布基本上呈现以开封为空心环形特征，且极差不断扩大，但是经济总量发展潜力不断上升。

（二）中原城市群经济活力的发展状况与空间分异

经济活力代表了某地区经济系统中，供给或需求的增长速度或潜力。城市群经济活力是指城市发展过程中的总供给与供需求的推动力，从总需求角度看，消费能力能够成为衡量城市经济活力的指标，因此，研究选取了能够代表某地区消费能力结果的社会消费品零售总额来体现经济活力。

1. 中原城市群经济活力发展现状

图5-5给出了中原城市群2005—2017年经济活力及其增速的走势图，由图中曲线的走势可以看出，中原城市群经济活力呈现逐渐增长的趋势。从经济活力增速曲线的走势可以看出，2005—2017年中原城市群经济活力的增速在2008年出现了一次大的转折：2008年之前经济活力增速呈现增长趋势，2008年后直至2017年一直呈现经济活力增速下降的趋势。处于经济全球化的浪潮中，中原城市群经济的发展必将受到美国次贷危机在全球蔓延的不利影响，使人们的消费欲望与消费能力出现下降，进而导致需求下降，最后引致经济活力增速下降的结果。

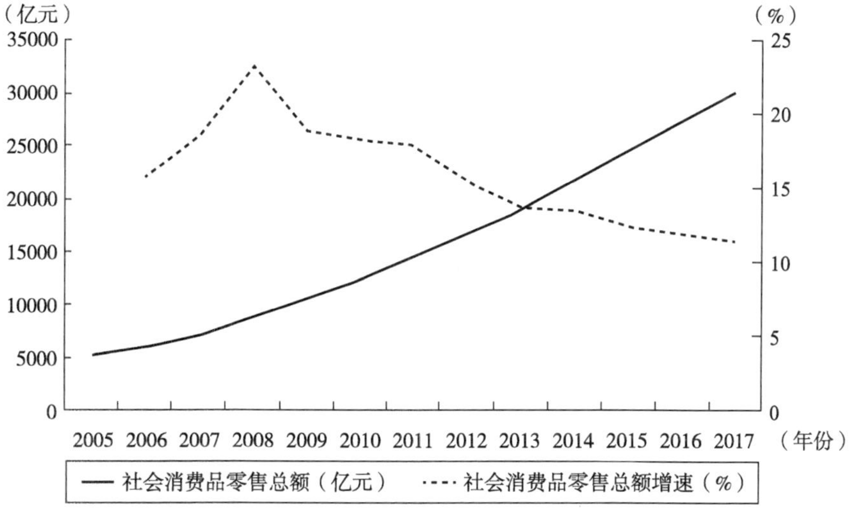

图 5-5　2005—2017 年中原城市群经济活力及其增速趋势

数据来源：2006—2018 年《中国城市统计年鉴》《河南统计年鉴》《山东统计年鉴》《山西统计年鉴》《安徽统计年鉴》《河北统计年鉴》。

2. 中原城市群经济活力发展的地区差异

在对中原城市群经济活力的地区差异问题进行研究时，同样适用上节对经济总量地区差异分析的方法，从地区间的绝对差异与相对差异两个方面进行分析，指标选择上绝对差异选择平均差、方差与极差三种测算方法，相对差异选择变异系数、加权变异系数两种测算方法。将 2005—2017 年中原城市群各地区社会消费品零售总额代入式（5.1）~式（5.5），得到以下各类差异系数如图 5-6 和图 5-7 所示，具体分析如下。

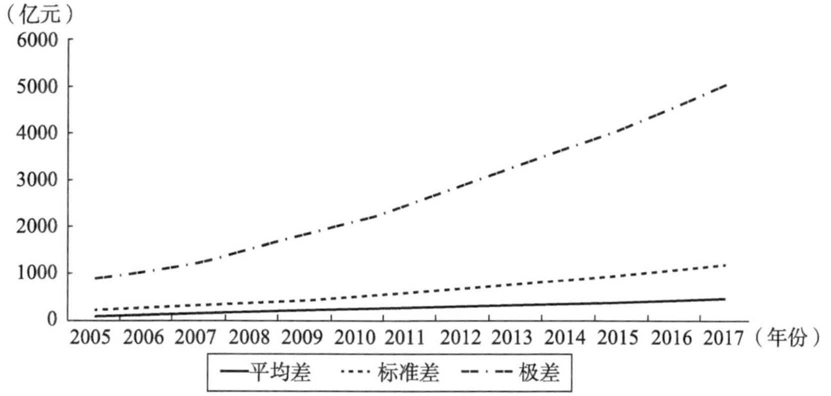

图 5-6　2005—2017 年中原城市群各地市经济活力的绝对差异指数

图 5-6 给出了 2005—2017 年中原城市群各地市经济活力的绝对差异指数，绝对差异也是用平均差、标准差、极差三种方法来表征。由图 5-6 的三条曲线走势可以看出，2005—2017 年中原城市群各地市经济活力的绝对差异均呈现逐年上升的趋势。城市间经济活力的极差更是呈现了极大的增长，这一现象表明中原城市群各地市经济活力的两极分化情况越来越明显。从平均差和标准差两条曲线的走势可以看出，中原城市群各地市经济活力与城市群经济活力均值之间的差距也呈现缓慢上升的趋势。但从极差曲线与标准差、平均差两条曲线走势的对比中可知，极差增加的速度远远大于平均差与标准差，说明中原城市群各地市经济总量两极分化的现象，相对于各城市间经济活力的离散程度更严重。

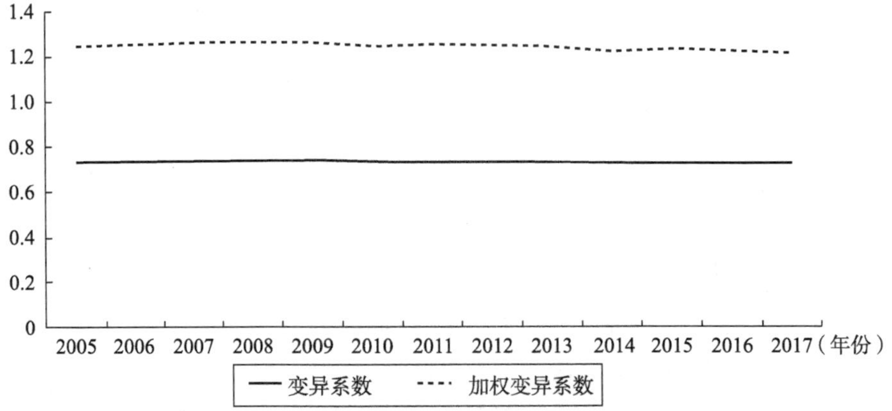

图 5-7　2005—2017 年中原城市群各地市经济活力的相对差异

图 5-7 给出了中原城市群经济活力的相对差异趋势。由图中变异系数与加权变异系数的曲线走势看，2005—2017 年中原城市群各地市间经济活力的差异呈现缓慢下降趋势，但并不明显。从变异系数的大小来看，中原城市群 30 个地市经济活力存在较为明显的区域发展不均衡的特点。特别是经过修正后的加权变异系数，反映了 30 个地市之间的不均衡特点，由曲线位置和走势来看，加权变异系数反映出中原城市群经济活力存在较变异系数反映出的更为严重的不均衡性特征。

3. 中原城市群各地市经济活力的空间分布特征

在测算中原城市群经济活力的空间分布特征时，此处依然利用自然间断点分级法，对 2005—2017 年中原城市群经济活力进行区域划分，以期挖掘中原城市群经济活力的空间演变规律及发展特征。由于涉及年份较多，本部分选取了具有代表性的和转折意义的 2005 年、2008 年、2011 年、2017 年中原城市群经济活力的分布情况，具体如表 5-2 所示。

表 5-2　中原城市群各地市经济活力的空间分布状况

年份	自然间断点分级区间	地市分布
2005	340. 6870～706. 6837	郑州
	236. 6487～340. 6869	洛阳、南阳、邯郸
	129. 5711～236. 6496	安阳、新乡、开封、商丘、许昌、平顶山、周口、驻马店、信阳、邢台、运城、阜阳、聊城、菏泽
	58. 6063～129. 5710	濮阳、焦作、漯河、三门峡、长治、亳州、蚌埠、宿州
	20. 7799～58. 6062	鹤壁、济源、晋城、淮北
2008	577. 0831～1206. 2520	郑州
	344. 0914～577. 0830	洛阳、南阳、邯郸、聊城、菏泽
	201. 0808～344. 0913	安阳、新乡、焦作、开封、商丘、许昌、平顶山、周口、驻马店、信阳、邢台
	89. 2225～201. 0807	濮阳、漯河、三门峡、长治、晋城、亳州、蚌埠、宿州
	35. 8800～89. 2224	鹤壁、济源、淮北
2011	963. 5441～1987. 1147	郑州
	629. 9552～963. 5440	洛阳、南阳、邯郸、菏泽
	321. 0240～629. 9551	安阳、新乡、焦作、开封、商丘、许昌、平顶山、周口、驻马店、信阳、邢台、运城、阜阳、聊城
	128. 2830～321. 0239	濮阳、漯河、三门峡、长治、晋城、亳州、蚌埠、宿州
	82. 7738～148. 2829	鹤壁、济源、淮北
2017	2025. 4533～4057. 2205	郑州
	1278. 8279～2025. 4532	洛阳、南阳、邯郸、菏泽
	784. 3430～1278. 8278	安阳、新乡、开封、商丘、许昌、平顶山、周口、驻马店、信阳、邢台、聊城
	414. 9837～784. 3429	濮阳、漯河、长治、运城、三门峡、亳州、蚌埠、宿州
	171. 2300～414. 9836	鹤壁、济源、晋城、淮北

注：限于篇幅和空间，该表中只列示了比较有代表性的 2005 年、2011 年、2012 年、2017 年的相关数据资料，其他年份的数据，以及各地市的具体数据可以向作者索取。

表 5-2 显示了中原城市群各地市经济活力的分布及演变趋势。从整体特征上来看，2005—2017 年中原城市群经济活力的各年度空间分布变化不大，分布格局较为稳定，在地理位置上，初步形成了城市群中心地带高且以郑州为中心、东西两边较低的空间分布格局。从空间分布的时间演变角度大致可以分为两个阶段。

第一阶段（2005—2010 年）：形成了以郑州为中心，洛阳、南阳、邯郸、聊城、菏泽为副中心的空间格局。这些经济活力较强的城市大都分布在中原城市群的中部地带，而且其周边地区也都处于第三梯度。而东西两边地区在第四和第五梯度，淮北和济源一直处于第五梯度。而且这种格局较稳定，即使在金融危机中后期也没有发生太大变动。

第二阶段（2011—2017 年）：空间分布格局愈加稳定，郑州中心地位始终不变，聊城从 2011 年开始就退出副中心地位，第三梯度城市依然以中原城市群中间地带为主，而此时第五梯度中的鹤壁市，即使位于中心地带，邻近地区对鹤壁也没有带动作用，始终处于凹陷区域。

（三）中原城市群经济效益的发展状况与空间分布特征

经济效益是指经济与资源的分配以及资源利用相关的绩效评价，其中关键问题在于公平，社会资源被全面动员需要财富收入的公平分配。故在分析中原城市群经济效益的差异时，选取的指标是各地区的公共财政收入。

1. 中原城市群经济效益状况的综合分析

图 5-8 给出了 2005—2017 年中原城市群经济效益及其增速的趋势。由图中公共财政收入曲线的走势可以看出，中原城市群公共财政收入呈现逐年增长的态势，即中原城市群整体而言经济效益在逐年改善，意味着中原城市群企业、家庭的收入在增加，社会福利在增加。但从公共财政收入的增速来看，其增速自 2011 年开始下滑，直到 2017 年才有小幅回升，说明中原城市群公共财政收入虽逐年增加，但前景并不乐观，增速的快速下滑说明企业、家庭的收入的实际增速也呈现相对下滑趋势。这一现象对社会福利的增加和改善，以及政府对经济的干预能力的提升均是不利的。

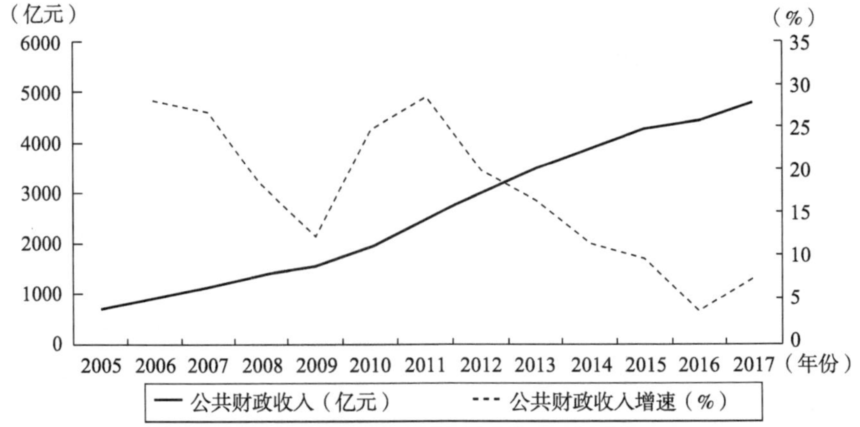

图 5-8　2005—2017 年中原城市群经济效益及增速

2. 中原城市群经济效益地区差异分析

分析中原城市群经济活力的绝对差异采用平均差、标准差和极差三种方法；相对差异的计算采用变异系数、加权变异系数两种方法。五种方法的处理过程已在研究方法中介绍，在此不再赘述。将2005—2017年中原城市群各地区的财政收入的基础数据代入式(5.1)~式(5.5)，得到以下差异研究结果，如图5-9和图5-10所示。

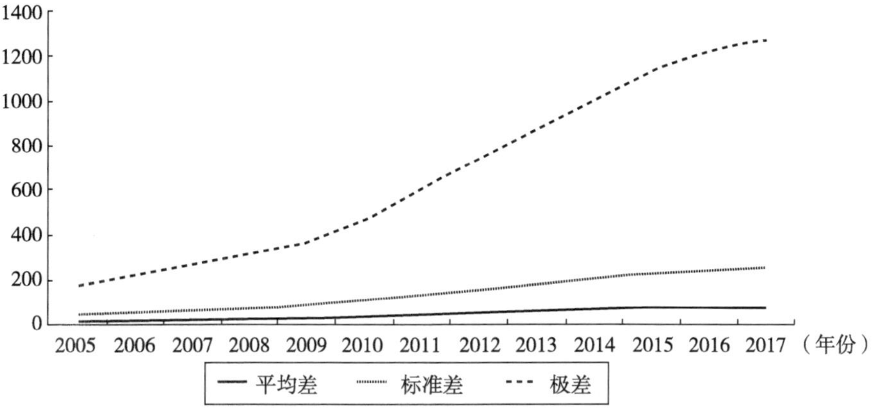

图5-9 2005—2017年中原城市群经济效益的绝对差异

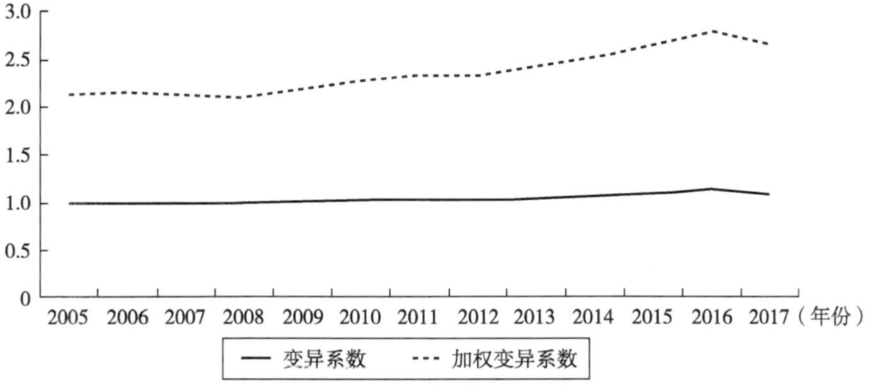

图5-10 2005—2017年中原城市群经济效益的相对差异

图5-9给出了2005—2017年中原城市群各地市间经济效益的绝对差异趋势图。由图中平均差、标准差以及极差曲线的走势可以看出，中原城市群各地市间经济效益的差异在逐年扩大，但三个指标扩大的程度不同。极差上升的幅度最大，也最快，其次是标准差。这表示中原城市群各地市间经济效益

的两极分化程度上升速度较地市间的分散程度增速大。另外，由图 5-9 也看可以出，中原城市群各地市的极差大于平均差、标准差两个指标，且随着时间的推移，这种差距越来越大。这说明中原城市群各地市间经济效益呈现的两极分化问题，比地市间的分散程度深；换言之，中原城市群经济效益呈现发展效益较大的地区越来越大，其他地区相对集聚的状态。

图 5-10 给出了 2005—2017 年中原城市群经济效益的相对差异趋势。由图中变异系数曲线的走势可以看出，2005—2017 年中原城市群各地经济效益的差异变化不大，除在 2014—2016 年呈现些微的上升趋势外，几乎保持不变，维持在 1 左右。但从变异系数的数值上来看，中原城市群各地市经济效益呈现较为明显的区域不均衡性。经过权重调整过的加权变异系数，更体现了这种不均衡性，加权变异系数的值直接上升到 2 以上，体现出了较为严重的区域不均衡性，且不均衡的上升速度较变异系数更为明显。

3. 中原城市群经济效益的空间分布特征

为了研究中原城市群经济效益的空间分布特征，本部分同样引入自然间断点分级法，利用 ArcGIS10.0 软件对 2005—2017 年中原城市群公共财政收入数据分布进行分类，从而通过得到 13 年间中原城市群经济效益的空间分布状况，由此来总结其空间演变的规律和特征。由于所涉及的年份较多，本部分选取了具有代表性，且具有转折意义的 2005 年、2009 年、2013 年、2017 年的经济效益空间分布状况来说明，具体如表 5-3 所示。

表 5-3　中原城市群各地市经济效益的空间分布状况

年份	自然间断点分级区间	地市分布
2005	60.9567~136.1261	郑州
	30.2487~60.9566	洛阳、邯郸
	18.4077~30.2488	安阳、新乡、焦作、许昌、平顶山、南阳、邢台、聊城、长治、晋城、菏泽
	8.2901~18.4067	开封、濮阳、商丘、周口、漯河、驻马店、信阳、三门峡、运城、阜阳、蚌埠、淮北
	5.7317~8.2900	鹤壁、济源、亳州、宿州
2009	120.2908~301.9248	郑州
	70.2998~120.2907	洛阳、邯郸
	43.0324~70.2997	安阳、新乡、焦作、许昌、平顶山、南阳、长治、晋城、聊城、菏泽
	26.2743~43.0323	开封、商丘、周口、驻马店、信阳、三门峡、邢台、阜阳、蚌埠
	17.3185~26.2742	鹤壁、漯河、济源、运城、亳州、宿州、淮北

续表

年份	自然间断点分级区间	地市分布
2013	234.0481~723.6091	郑州
	172.6515~234.0480	洛阳
	108.5020~172.6514	新乡、平顶山、南阳、邯郸、长治、聊城、菏泽
	67.9333~108.5019	安阳、焦作、开封、商丘、许昌、周口、驻马店、三门峡、邢台、晋城、阜阳、蚌埠
	34.0481~67.9332	鹤壁、濮阳、漯河、济源、信阳、运城、亳州、淮北、宿州
2017	325.9325~1056.6713	郑州
	220.1151~325.9324	洛阳
	145.2802~220.1150	新乡、南阳、阜阳、邯郸、聊城、菏泽
	82.7001~145.2801	安阳、焦作、开封、商丘、许昌、平顶山、周口、驻马店、信阳、三门峡、邢台、长治、晋城、亳州、蚌埠、宿州
	40.4100~82.7000	鹤壁、濮阳、漯河、济源、运城、淮北

注：限于篇幅和空间，该表中只列示了比较有代表性的2005年、2009年、2013年、2017年的相关数据资料，其他年份的数据，以及各地市的具体数据可以向作者索取。

表5-3分别给出了2005年、2009年、2013年、2017年中原城市群30个地市经济效益的五级空间分布状况。从各地市的地理位置分布情况来看，中原城市群经济效益的分布格局，整体上基本形成了以郑州为中心，洛阳为副中心，东西两边低，中间集聚的空间分布特征。具体来看，中原城市群各地市大部分都处于第四梯度，各地市的经济效益呈现愈加严重的两极化状况。关于空间分布格局转化则发生在2013年，2013年以前中原城市群各地市经济效益的空间分布基本形成了以郑州为中心、洛阳和邯郸为两翼分布的特征，但从2013年开始，邯郸下滑到第三梯度，此时各地市间的空间分布格局开始转变为以郑州为主中心、洛阳为副中心格局的发展。关于各地市的空间集聚程度，第三梯度城市分布较为分散，在地理特征上基本形成了以郑州、洛阳为轴心的“东北—西南”分布状态。第四梯度城市较为分散，集聚性不强。第五梯度城市存在凹陷性特征，其周边城市经济效益相对较高，但周边城市对第五梯度城市经济效益的拉动作用并不强。

三、中原城市群经济系统综合发展状况与空间分异

本章第二部分在分析中原城市群经济系统发展现状与空间分异时，采用的是一个指标代表整体特征，这种处理方法显得不够全面。如在经济总量的分析中，选用了总供给方面的GDP，区域的总需求特征并没有考虑，即使在

增加一个指标来专门分析总需求，也并没有将两个方面很好地结合起来。为了克服上节的问题，本部分将地区经济发展当作一个独立运转的系统，将系统中能够出现的情况尽可能全面地考虑进来，对系统总体进行综合分析，并综合考察其发展趋势或特征。

（一）指标体系的构建与数据来源

1. 指标体系的构建

在经济发展指标体系建立的原则指导下，依据中原城市群经济特点，把经济系统分为经济规模、经济结构、经济效益三个二级指标。同时在各个城市统计年鉴系统数据的基础上，甄选了二级指标各自对应的三级指标群。最后，由3个指标层、17个三级指标共同构成了中原城市群经济系统评价指标体系。具体的指标及指标含义如表5-4所示。

表5-4　中原城市群经济系统评价指标体系

一级	二级	三级
E经济发展	E_1经济规模	E_{11}地区生产总值（亿元）：经济总体发展水平
		E_{12}人均地区生产总值（亿元）：经济人均发展水平
		E_{13}公共财政收入（亿元）：政府干预经济的能力
		E_{14}规模以上工业企业数（家）：工业发展规模
		E_{15}社会消费品零售总额（亿元）：居民购买能力
		E_{16}固定资产投资（不含农户）（亿元）：社会固定资产再生产能力
	E_2经济结构	E_{21}第一产业占GRP的比重（%）：农业经济结构状况
		E_{22}第二产业占GRP的比重（%）：工业经济结构状况
		E_{23}第三产业占GRP的比重（%）：服务业经济结构状况
		E_{24}城镇单位第一产业从业人员占比（%）：第一产业从业人员分布
		E_{25}城镇单位第二产业从业人员占比（%）：第二产业从业人员分布
		E_{26}城镇单位第三产业从业人员占比（%）：第三产业从业人员分布
		E_{27}外贸依存度（%）：经济开放度
		E_{28}收入分配结构（%）：劳动报酬在初次分配中地位
		E_{29}城镇化率（%）：城乡二元结构
	E_3经济效益	E_{31}GDP增长率（%）：经济增长状况
		E_{32}规模以上工业企业利润总额（亿元）：企业效益

注：其中外贸依存度为进出口总额（亿美元）×当年平均汇率/GDP；收入分配结构为在岗职工工资总额/GDP。

2. 数据来源

根据数据的可得性，在确保评价体系数据口径一致的前提下，将数据的研究区间定为2005—2017年的年度数据，数据长度为13年。该研究区间涵盖了美国次贷危机过程与中国经济新常态进程，中原城市群经济发展正在经历着转型与升级，也是我们的研究具有特殊的重要性。另外，中原城市群经济系统数据包含了中原城市群内河南省、山西省、河北省、山东省和安徽省的30个地级市。

支撑中原城市群经济系统发展研究的基础数据，主要是来自各类统计年鉴。为了保证数据的准确性、客观性以及统计口径的一致性，所查询的统计年鉴都是以全国的统一准则为标准。使用的年鉴主要为2006—2018年《中国城市统计年鉴》《河南统计年鉴》《山东统计年鉴》《山西统计年鉴》《安徽统计年鉴》《河北统计年鉴》等。

（二）中原城市群经济综合发展水平的测算与评价

1. 综合评价值测算与评价的思路

（1）综合评价值的测算

为了对中原城市群经济综合发展水平有全面的了解，本节对中原城市群经济综合发展水平的测算分为两部分内容进行研究：第一，将中原城市群看作一个整体，对城市群整体经济综合发展水平进行测算；第二，对中原城市群30个地市各年份的综合发展水平分别进行测算。具体如下。

第一，测算中原城市群整体经济综合发展水平。在处理时将中原城市群看作一个整体，即将30个地市经济系统的17个指标分别加总，得到代表中原城市群整体经济发展能力的17个指标，然后对这17个指标分别进行无量纲化处理和综合评价值的测算，这样可以得到中原城市群整体在各年份上的综合评价值，以便从时间考察中原城市群经济综合发展水平及其演变过程。

第二，测算中原城市群30个地市经济综合发展水平。将30个地市分别看作一个个独立的个体，通过对各地市经济系统的17个指标进行处理，分别得到30个地市各个年份上的综合评价值，以便从地区差异及其演进的视角，剖析研究中原城市群经济综合发展的现状以及存在的问题。

（2）综合评价值的评价标准

测算综合评价值的目的是对某地区经济综合发展水平进行评价，在评价前应制定相应的评价标准。本部分将根据当前理论界对综合评价值评价标准的相关研究，以及中原城市群经济发展状况，确定中原城市群经济发展综合评价值的评价等级标准，具体如表 5-5 所示。本书将中原城市群经济系统综合评价值分为优、良、中、差四个等级，并给出了每个等级对应的综合评价值的范围和评价说明。

表 5-5 中原城市群经济系统综合评价值评价标准

等级标准	综合评价值	评价说明
差	0~0.30	经济规模小，经济结构单一，仅依靠某种行业，经济效益低，经济发展缓慢
中	0.30~0.60	经济规模有所扩大，社会财富的增加，但产业结构不完善，经济增速快，经济发展不太稳定
良	0.60~0.80	经济规模适中，经济结构优化升级，经济效益提升，经济发展较为稳定
优	0.80~1.00	经济规模大，经济结构现代化，科技水平提升，经济高质量发展

注：每个区间均为右闭区间。

2. 中原城市群经济系统各年份整体综合评价值的测算

本书研究方法部分已经给出了综合评价值的计算方法，根据以上计算方法和过程，分成两步来测算中原城市群整体经济综合发展水平。第一，先把 2005—2017 年中原城市群 17 个评价指标的具体数据进行处理，得到功效矩阵；第二，再利用熵权法求出中原城市群经济系统各指标对应的权重；第三，根据功效矩阵与权重的值，最终测算综合评价值。根据以上步骤，计算的 2005—2017 年中原城市群经济系统的功效矩阵与各指标的权重如表 5-6 所示。将各指标的权重与某年指标的功效值相乘，即可得到在该年份该指标的综合评价值，将 17 个指标的综合评价值相加，即为该年份的综合评价值，具体计算方法如式（5.12）所示。综合评价值可以从表 5-6 显示的数据计算得出，为了节省空间，此处只列出 2005—2017 年中原城市群经济指标功效值及熵权值，不再另外给出综合评价值的结果。

表 5-6 2005—2017 年中原城市群经济指标功效值及熵权值

年份	2005	2006	2007	2008	2009	2010	2011	2012	2013	2014	2015	2016	2017	*W*
E_{11}	0.000	0.056	0.129	0.227	0.267	0.373	0.502	0.581	0.661	0.734	0.788	0.884	1.000	0.050
E_{12}	0.000	0.044	0.132	0.221	0.255	0.354	0.485	0.559	0.587	0.691	0.745	0.825	1.000	0.051
E_{13}	0.000	0.050	0.110	0.163	0.205	0.299	0.435	0.559	0.681	0.782	0.877	0.916	1.000	0.060
E_{14}	0.000	0.083	0.235	0.394	0.554	0.667	0.530	0.625	0.722	0.852	0.957	1.000	0.932	0.037
E_{15}	0.000	0.033	0.077	0.143	0.209	0.284	0.373	0.462	0.553	0.655	0.762	0.877	1.000	0.063
E_{16}	0.000	0.031	0.079	0.132	0.217	0.295	0.321	0.411	0.532	0.653	0.766	0.879	1.000	0.065

续表

年份	2005	2006	2007	2008	2009	2010	2011	2012	2013	2014	2015	2016	2017	W
E_{21}	1. 000	0. 851	0. 677	0. 612	0. 586	0. 549	0. 462	0. 432	0. 412	0. 324	0. 304	0. 224	0. 000	0. 030
E_{22}	0. 427	0. 575	0. 681	0. 846	0. 801	0. 923	1. 000	0. 894	0. 809	0. 360	0. 175	0. 047	0. 000	0. 042
E_{23}	0. 039	0. 037	0. 081	0. 011	0. 059	0. 000	0. 005	0. 098	0. 169	0. 536	0. 677	0. 818	1. 000	0. 140
E_{24}	1. 000	0. 908	0. 873	0. 776	0. 613	0. 597	0. 529	0. 439	0. 225	0. 200	0. 060	0. 021	0. 000	0. 060
E_{25}	0. 000	0. 061	0. 083	0. 070	0. 093	0. 127	0. 381	0. 551	0. 787	1. 000	0. 849	0. 763	0. 716	0. 077
E_{26}	1. 000	0. 944	0. 924	0. 950	0. 944	0. 909	0. 639	0. 463	0. 230	0. 000	0. 182	0. 281	0. 334	0. 040
E_{27}	0. 172	0. 206	0. 308	0. 385	0. 000	0. 140	0. 520	0. 878	0. 989	0. 929	1. 000	0. 918	0. 940	0. 048
E_{28}	0. 023	0. 000	0. 075	0. 020	0. 161	0. 134	0. 194	0. 365	0. 783	0. 842	0. 949	1. 000	0. 968	0. 093
E_{29}	0. 000	0. 177	0. 331	0. 410	0. 437	0. 413	0. 501	0. 596	0. 670	0. 744	0. 830	0. 917	1. 000	0. 032
E_{31}	0. 922	0. 948	1. 000	0. 658	0. 503	0. 708	0. 699	0. 438	0. 211	0. 097	0. 000	0. 009	0. 000	0. 073
E_{32}	0. 000	0. 092	0. 238	0. 313	0. 398	0. 599	0. 766	0. 735	0. 815	0. 867	0. 858	0. 978	1. 000	0. 039

3. 中原城市群各地市各年份经济系统综合评价值的测算

对于中原城市群 30 个地市经济系统综合评价值的测算方法，依然采用式（5. 12)的方法。计算步骤与中原城市群整体综合评价值的步骤同样分为三步：第一，测算功效矩阵；第二，计算各个指标对应的权重值；第三，计算综合评价值。根据以上计算方法和过程，分成两步来测算中原城市群经济综合发展水平。首先将把 2005—2017 年中原城市群 17 个评价指标的具体数据进行处理，得到功效矩阵；然后利用熵权法求出中原城市群经济系统各指标对应的权重；最后计算综合评价值。唯一的区别在于此时的权重矩阵每年均有一个，共得到 2005—2017 年 13 个权重矩阵。由于 30 个地市的功效矩阵或综合评价值矩阵内容过于庞大，为了节省空间，本部分只给出中原城市群 30 个地市 2005—2017 年的 13 个权重矩阵，具体如表 5-7 所示。

表 5-7　中原城市群 30 个地市 2005—2017 年各指标熵权值

年份	2005	2006	2007	2008	2009	2010	2011	2012	2013	2014	2015	2016	2017
E_{11}	0. 062	0. 067	0. 066	0. 075	0. 067	0. 064	0. 059	0. 062	0. 060	0. 060	0. 062	0. 063	0. 064
E_{12}	0. 049	0. 048	0. 047	0. 053	0. 053	0. 051	0. 046	0. 047	0. 038	0. 046	0. 045	0. 046	0. 050
E_{13}	0. 111	0. 118	0. 107	0. 123	0. 141	0. 136	0. 121	0. 114	0. 112	0. 117	0. 115	0. 112	0. 106
E_{14}	0. 070	0. 077	0. 065	0. 058	0. 057	0. 052	0. 056	0. 054	0. 050	0. 052	0. 052	0. 052	0. 053
E_{15}	0. 060	0. 059	0. 055	0. 061	0. 061	0. 063	0. 061	0. 063	0. 061	0. 063	0. 063	0. 062	0. 061
E_{16}	0. 076	0. 071	0. 069	0. 075	0. 069	0. 060	0. 055	0. 063	0. 057	0. 059	0. 059	0. 059	0. 054

续表

年份	2005	2006	2007	2008	2009	2010	2011	2012	2013	2014	2015	2016	2017
E_{21}	0.055	0.054	0.046	0.052	0.050	0.048	0.044	0.044	0.040	0.034	0.037	0.035	0.045
E_{22}	0.027	0.031	0.030	0.033	0.039	0.044	0.047	0.049	0.052	0.053	0.051	0.046	0.043
E_{23}	0.043	0.040	0.034	0.033	0.036	0.035	0.032	0.034	0.029	0.030	0.028	0.026	0.025
E_{24}	0.063	0.061	0.058	0.068	0.073	0.066	0.065	0.072	0.077	0.076	0.094	0.081	0.070
E_{25}	0.065	0.053	0.053	0.041	0.049	0.054	0.052	0.049	0.020	0.028	0.032	0.035	0.037
E_{26}	0.054	0.040	0.041	0.037	0.024	0.023	0.029	0.026	0.040	0.039	0.041	0.044	0.050
E_{27}	0.091	0.110	0.116	0.115	0.064	0.063	0.078	0.109	0.127	0.116	0.133	0.134	0.118
E_{28}	0.048	0.053	0.061	0.048	0.053	0.052	0.058	0.044	0.045	0.047	0.041	0.046	0.042
E_{29}	0.039	0.031	0.041	0.047	0.056	0.060	0.064	0.062	0.060	0.060	0.055	0.051	0.048
E_{31}	0.023	0.025	0.046	0.014	0.014	0.043	0.054	0.018	0.025	0.026	0.012	0.021	0.023
E_{32}	0.064	0.062	0.066	0.068	0.093	0.085	0.081	0.093	0.107	0.092	0.080	0.088	0.110

注：中原城市群30个地市的功效矩阵，以及综合评价值矩阵可向作者索取。

（三）中原城市群经济综合发展水平的时间变化特征及驱动因素

1. 中原城市群经济综合发展水平的时间变化特征

由图5-11可知，中原城市群2005—2017年经济系统综合发展水平呈现逐渐增长的趋势。其增速的变化趋势与中原城市群经济总量、经济效益的走势基本相同，只是综合评价值增速触底更快，在2008年就已经到达最小增速，其他两个指标均在2009年触底。次贷危机后第二波增长也是较前期增速更快，之后在2011年达到最大增速，然后出现下行趋势，只是综合评价值的增速下降较经济总量、经济效益缓慢。

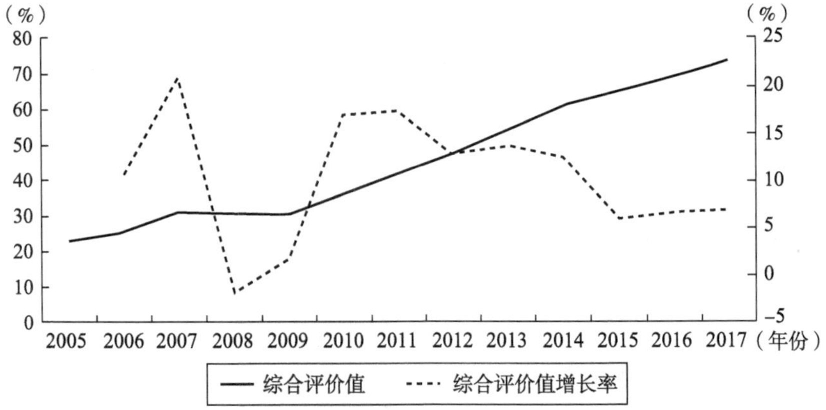

图5-11 2005—2017年中原城市群经济系统综合评价值及其增速趋势

另外，从2005—2017年中原城市群经济系统综合发展水平的质量来看，2005—2017年中原城市群经济综合发展水平实现了从“差”等级向“良”等级的转变。在时间上发展等级转变主要体现在：2005—2006年城市群经济综合发展水平等级为“差”，意味着此时中原城市群的经济规模较小，发展速度较慢。2008—2009年经济系统的综合评价值虽然进入了“中等”区间，但受美国次贷危机的影响，这两年经济综合发展水平并没有实现较大的突破性进展，两年的综合评价值分别为0.301、0.31。2010—2013年，中原城市群经济综合发展水平达到了“中等”，综合评价值也从0.36增长到了0.54。2014—2017年，城市群经济综合发展水平等级达到了“良”。到2017年为止，中原城市群经济综合发展水平仍然没有达到“优”，说明中原城市群经济系统仍然有很大的进步空间，当然也存在诸多需要克服的困难。

2. 中原城市群经济综合发展水平变动的驱动因素

（1）驱动因素贡献度的测算方法

为进一步研究带动中原城市群经济综合发展水平增长的动力因素，并分析推动因素中的短板，此处将对构成综合评价值的各项因素进行拆解，考查经济规模、经济结构、经济效益方面的贡献度，由于三个因素内包含的指标个数并不相同，不是对等的系统，因此，在计算三个因素贡献度时，需要依据指标个数占比作为权重进行调整。调整后的三个因素贡献度指标的测算公式为

$$C_f = \frac{U_f}{U_z} \times 100\% \quad f = (1,\ 2,\ 3) \tag{5.13}$$

式中，C_1 表示经济规模的贡献度；C_2 表示经济结果的贡献度；C_3 表示经济效应的贡献度；U_1 表示经济规模的综合评价值；U_2 表示经济结构的综合评价值；U_3 表示经济效益的综合评价值；U_z 表示整个经济系统的综合评价值。

（2）经济综合发展水平驱动因素贡献度分析

把2005—2017年中的经济规模、经济结构和经济效益的综合评价值以及每年中原城市群经济发展的综合评价值代入式（5.13），计算结果图5-12所示。从图中各图形的对比可以看出，整体来看经济结构贡献度要大于其他两个因素，但经济结构的贡献度呈现下降趋势。经济规模的驱动力呈现逐年递增，意味着中原城市群30个地市之间的经济发展水平增速较快，使其对经济系统的贡献度上升。经济效益的贡献度逐年下降，这仍然与美国次贷危机的影响有很大的关系，也受到中国经济进入新常态的变化趋势有关。

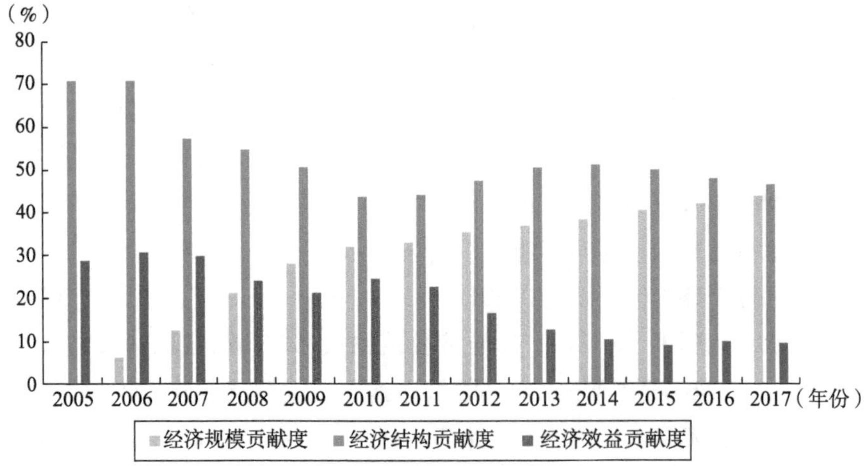

图 5-12　2005—2017 年中原城市群经济发展二级指标比重

注：2005 年经济规模的贡献度为 0，故图中 2005 年缺少该指标的图示。

（四）中原城市群经济综合发展水平地区差异分析

中原城市群经济发展的综合评价值变化体现了城市之间的经济发展差异，不仅要关注整个中原城市群整体的综合评价值，还要关注各个城市综合值的变化以及城市之间的差异。中原城市群经济发展的综合评价值地区差异体现为各个城市在二级指标的综合评价值的差异，即经济规模、经济结构和经济效益。

1. 中原城市群经济综合发展水平的地区差异

图 5-13 给出了 2005—2017 年中原城市群各地市经济综合发展水平的绝对差异的动态特征。平均差、标准差两个指标可以用来分析中原城市群 30 个地市间经济综合发展水平的离散程度。由图中平均差与标准差两条曲线的走势来看，在研究区间内各城市间经济综合发展水平的离散程度变化并不大，既没有出现明显的改善，也没有出现明显的降低。也就是说，13 年间虽然各地市的发展水平不同，但整体上呈现的离散特征并没有变化。从极差的计算公式可以看出，极差代表了区域内经济综合发展水平最高地区与发展水平最低地区的差异，即可以代表这城市群的两极分化程度。由图中极差曲线的走势可以看出，2005—2017 年中原城市群经济综合发展水平两极分化情况呈现上升态势，且极差曲线的位置远远高于平均差与标准差，即中原城市群各地市间经济综合发展水平两极分化问题要较区域离散特征更为明显。所以，目前区域经济综合发展水平区域内的聚合状态要优于两极分化，也在一定程度上反映出中原城市群经济综合发展水平最高的城市正发挥着“领头羊”的角色。

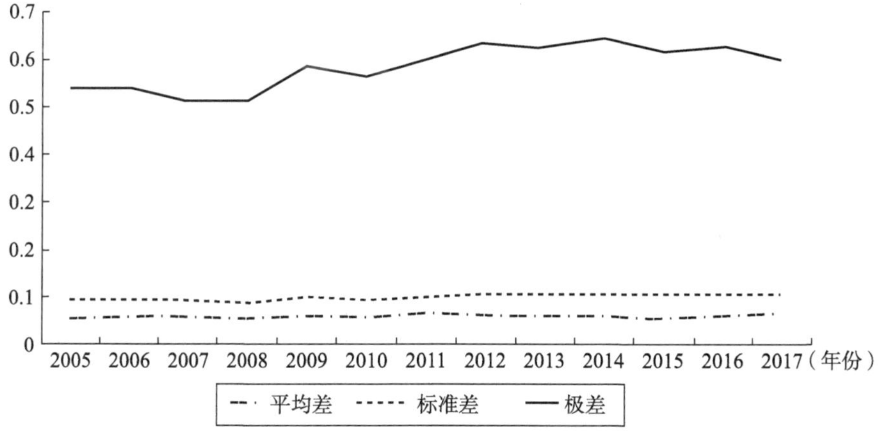

图 5-13 2005—2017 年中原城市群各地市经济综合发展水平的绝对差异

图 5-14 给出了 2005—2017 年中原城市群各地市经济综合发展水平相对差异的趋势图。由图中变异系数的曲线走势可以看出，中原城市群各地市间经济综合发展水平的差异呈现逐年上升的态势，即城市群经济综合发展水平表现出明显的区域不平衡特征。将各地市经济综合发展水平的占比作为权重对变异系数进行调整，得到了调整后的加权变异系数。由加权变异系数曲线的走势来看，调整后的加权变异系数显示出了比变异系数更加明显的区域不均衡性，且区域不均衡性在 2010—2013 年呈现比变异系数更为明显的增加特征，2014—2017 年呈现比变异系数更快的下降特征。

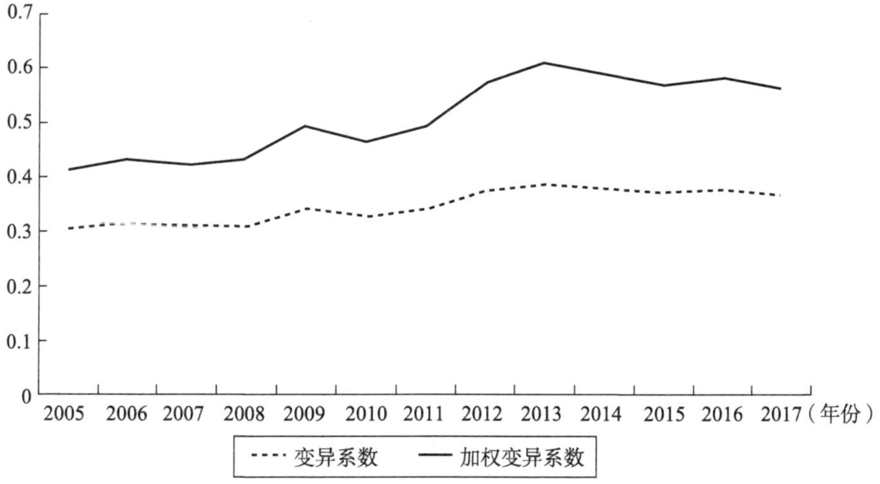

图 5-14 2005—2017 年中原城市群各地市经济综合发展水平的相对差异

2. 中原城市群经济综合发展水平三个驱动因素的地区差异

在分析中原城市群经济综合发展水平三个驱动因素的地区差异时，依然从绝对差异、相对差异、泰尔指数三个层面进行分析。具体分析如下。

（1）城市群经济规模地区差异分析

在中原城市群经济发展评价指标体系的构建中，经济规模作为二级指标包含GDP、人均GDP、公共财政收入、规模以上工业企业数、社会消费品零售总额、固定资产投资（不含农户）六个三级指标。通过对2005—2017年各地市各个指标的综合评价值的计算，对经济规模层面下的指标评价值加总，整理出2005—2017年中原城市群经济规模的综合评价值。把数据代入式（5.1）~式（5.7），其中对泰尔指数进行拓展，把公式中的收入比重换为经济规模综合评价值的比重，得到以下研究结果，如图5-15和图5-16所示。

图5-15给出了中原城市群经济规模综合评价值绝对差异的曲线走势。从城市群各地市之间经济规模的平均差、标准差、极差三条曲线的走势可以看出，各地市经济规模之间的绝对差异在缩小，其中极差曲线的下降幅度大于标准差、平均差两条曲线的幅度。另外，从三条曲线的位置来看，极差的位置远远高于平均差和标准差，说明中原城市群30个地市之间经济规模发展问题中两极分化现象远远大于城市之间的离散程度。也就是说，两极分化依然是制约着中原城市群经济规模综合发展水平进一步上升的重要障碍。

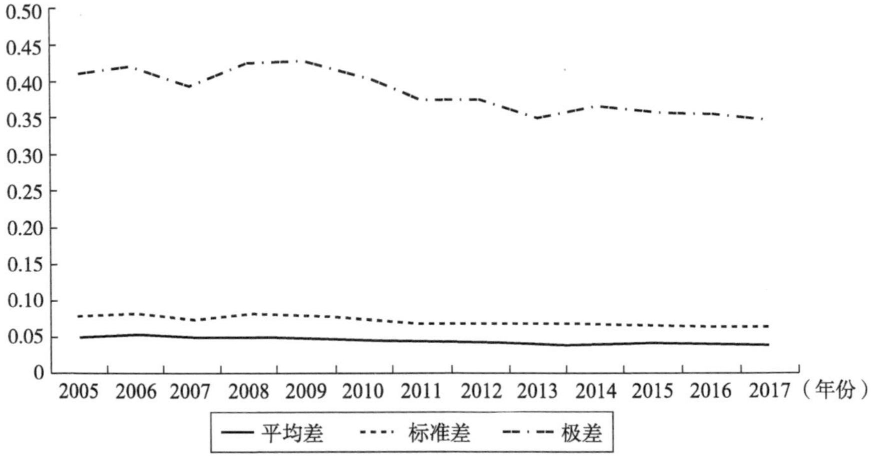

图5-15　2005—2017年中原城市群各地市经济规模综合评价值绝对差异

图5-16给出了中原城市群30个地市之间经济规模综合发展水平的相对

差异。由图中变异系数曲线的走势来看，中原城市群各地市之间的经济规模综合发展水平之间的离散程度在2011年后略有下降，基本没有太大变动，说明各城市间经济规模综合发展水平之间的离散程度既没有明显的改善，也没有明显的恶化。以各地市经济规模综合发展水平的占比为权重进行调整过的变异系数的曲线走势来看，各城市经济规模综合发展水平离散程度有稍微地提升，但提升的幅度也不大。

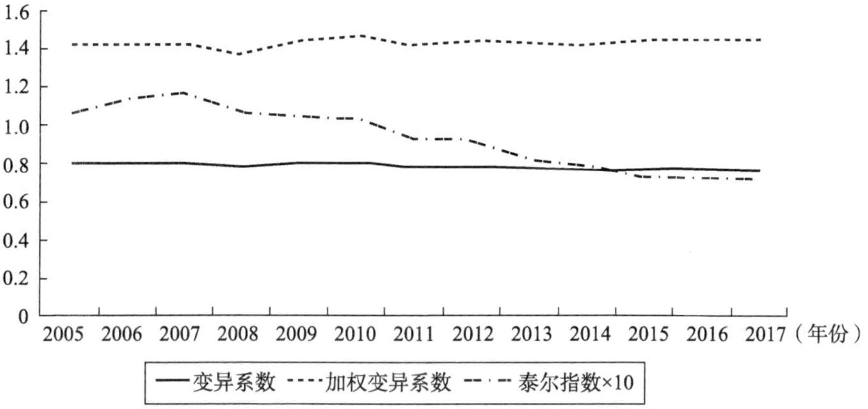

图 5-16　2005—2017 年中原城市群各地市经济规模综合评价值相对差异

注：在绘制折线图的过程中，将泰尔指数扩大了10倍进行处理。

泰尔指数衡量的是区域间的差异，本书把属于河南省的18个地市分为一组，将河南省外的12个地市分为另一组，借此来计算泰尔指数，用于分析中原城市群经济规模综合发展水平，在河南与非河南两类区域之间的差异程度。由泰尔指数的走势来看，河南区域与非河南区域之间的差异呈现逐年减少的趋势，这说明中原城市群经济规模综合发展，在河南地区与非河南地区之间的融合程度越来越大，区域间的差距越来越小。

（2）城市群经济结构地区差异分析

在中原城市群经济发展评价指标体系的构建中，经济结构作为二级指标包含九个三级指标，即第一产业占GDP的比重、第二产业占GDP的比重、第三产业占GDP的比重、城镇单位第一产业从业人员占比、城镇单位第二产业从业人员占比、城镇单位第三产业从业人员占比、外贸依存度、收入分配结构、城镇化率。通过对2005—2017年各城市各个指标的综合评价值的计算，对经济结构层面下的指标评价值进行加总，整理出2005—2017年中原城市群经济结构的综合评价值。把数据代入式（5.4）~式（5.8）和式（5.11），其中对泰尔指数进行拓展，把公式中的收入比重换为经济结构综合评价值的比重，得到以下研究结果，如图 5-17 和图 5-18 所示。

图 5-17 给出了 2005—2017 年中原城市群各地市经济结构综合发展水平的绝对差异。由图中平均差、标准差、极差三条曲线的走势均说明中原城市群各地市之间经济结构综合发展水平差距在上升，但在 2017 年出现明显的下降趋势，即中原城市群各地市之间经济结构综合发展水平之间的两极分化和离散程度均有不同程度的上升。从图 5-17 中三条曲线的位置来看，极差的位置高于平均差、标准差，并且随着时间的推移，它们之间的差距越来越大，说明城市群之间的经济结构综合发展水平两极分化现象越来越严重，这种差距虽在 2017 年有急速下降的趋势，但依然远大于平均差与标准差。从三条曲线的增速来看，极差的增长速度也远大于平均差与标准差，说明城市间经济结构发展水平两极之间的差距增长速度，远大于城市间的离散程度。两极分化仍然是制约经济结构综合发展水平提升的主要原因之一。

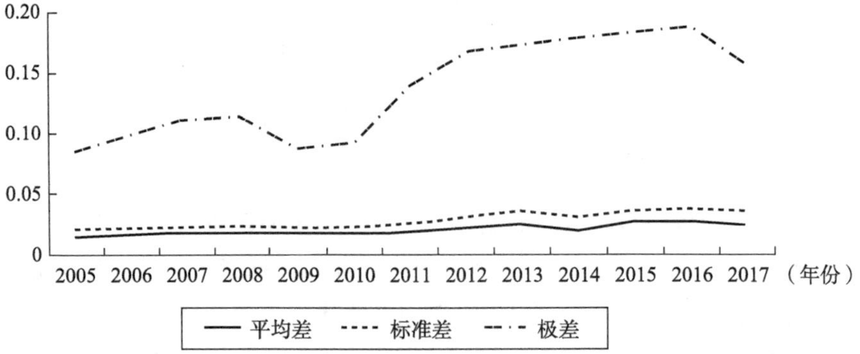

图 5-17　2005—2017 年中原城市群各地市经济结构综合评价值绝对差异

图 5-18 给出了 2005—2017 年中原城市群各地市之间经济结构综合发展水平的相对差异。由图中变异系数与加权变异系数两条曲线的走势来看，城市群经济结构综合发展水平差异在逐步上升，且上升幅度在 2009 年之后有一个较大的增幅，这可能与美国次贷危机后，河南省逐步施行经济结构调整政策有关，政策在不同地区显现效果的时间不同，也就加强了各地市之间经济结构综合发展水平不均衡的程度。在 2013 年，增速有所下降，这与 2012 年中原经济区的成立有关。中原经济区成立后，多种政策的叠加效应提升了各地市之间的协同发展程度，也使各地市之间经济结构不均衡发展程度的增速下降，但差异依然较大。

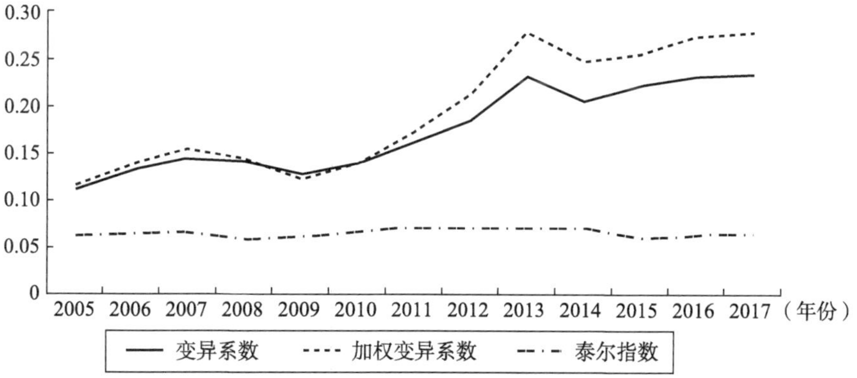

图 5-18 2005—2017 年中原城市群各地市经济结构综合评价值相对差异

中原城市群各地市经济结构综合发展水平泰尔指数曲线，在 2005—2017 年呈现出比较平缓的趋势，只在 2015 年有一定幅度的下降，但下降幅度并不明显。说明研究区间内中原城市群河南地区与非河南地区经济结构的区域差异并没有得到很明显的改善，区域差异依然存在。

中原城市群各地市经济结构综合发展水平存在严重的两极分化、区域发展不均衡、河南地区与非河南地区融合程度相对较低等问题，在这样的背景下，一定程度上的改善就可以对经济系统整体发展水平的改善有着较为显著的推动作用。

（3）城市群经济效益地区差异分析

在中原城市群经济发展评价指标体系的构建中，经济效益作为二级指标包含两个三级指标，即 GDP 增长率、规模以上工业企业利润总额。通过对 2005—2017 年各城市各年份综合评价值的计算，并对经济效益层面下的指标评价值进行加总，整理出 2005—2017 年中原城市群经济结构的综合评价值。把数据代入式（5.4）~式（5.8）和式（5.12），得到以下差异研究结果，如图 5-19~图 5-21 所示。

图 5-19 给出了 2005—2017 年中原城市群经济效益综合发展水平的绝对差异。由图中平均差、标准差与极差三条曲线的走势可以看出，研究区间内，中原城市群经济效应综合发展水平区域差异呈现逐年增长态势。从极差与平均差、标准差三条曲线的位置可以看出，城市群各城市间经济效益综合发展水平两极分化问题依然是最大问题。城市间经济效应综合发展水平的区域离散效应，即不平衡发展态势依然较为明显。

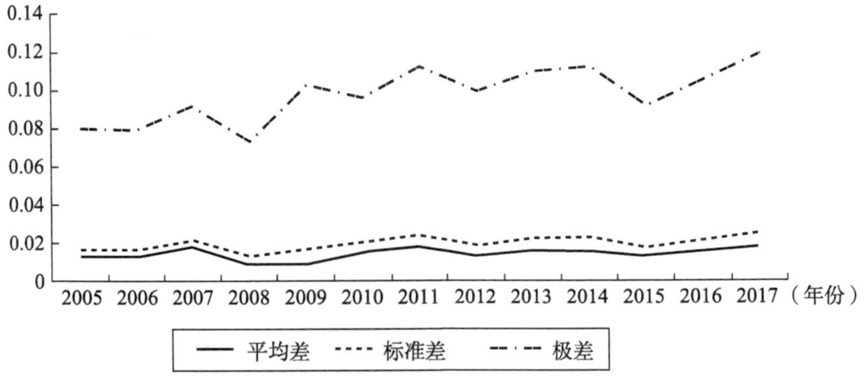

图 5-19　2005—2017 年中原城市群各地市经济效益综合评价值绝对差异

图 5-20 给出了 2005—2017 年中原城市群各地市经济效益综合发展水平的相对差异走势。由图中变异系数的走势可看出，中原城市群 30 个地市之间区域发展不平衡程度在 2005—2017 年发展趋势基本没有发生太大变化。经过权重修正过的加权变异系数，曲线的波动情况较变异系数更大，且各地市发展不均衡状态更严重，但从总的趋势来看，变化依然不大，只有在 2017 年又有上升趋势，这也与中原城市群正式获批有一定的关系。

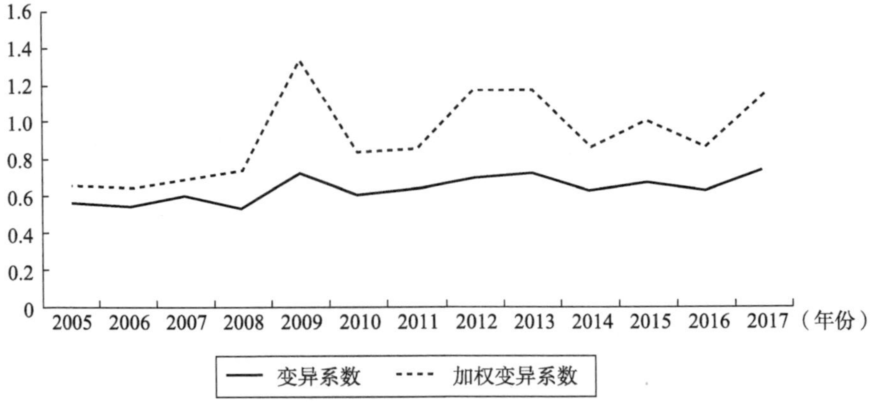

图 5-20　2005—2017 年中原城市群各地市经济效益综合评价值相对差异

图 5-21 给出了中原城市群 2005—2017 年经济效益综合发展水平的集中指数。从集中指数在研究区间的走势来看，集中指数近年来呈现缓慢下降态势，但下降速度特别小，意味着中原城市群各地市之间经济效益的综合发展水平的差异近年来有些微改善，但并不明显。从集中指数值大小的含义来看，

中原城市群各地市经济综合发展水平集中指数值在70左右，即经济效益较高的前半数城市集中了城市群70%以上的经济效益，经济效益较低的半数城市经济效益占比不足30%。由此可以看出，中原城市群各地市之间的不平衡现象比较明显，且较为严重。

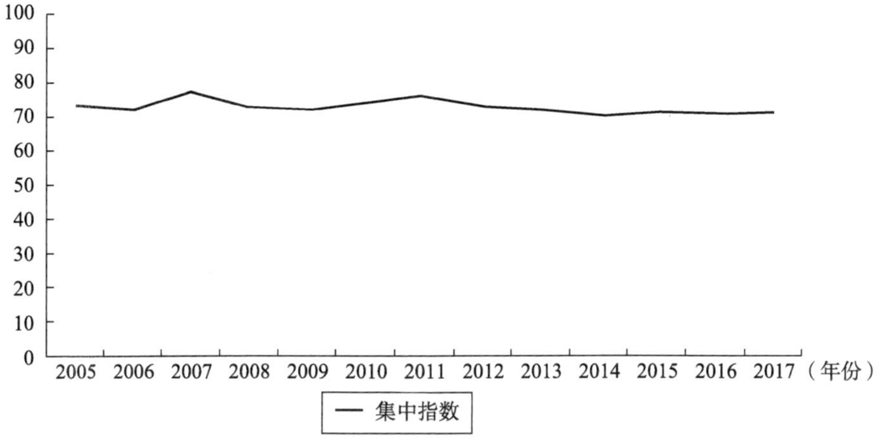

图5-21 2005—2017年中原城市群经济效益综合评价值的集中指数

（五）中原城市群经济综合发展水平的空间分异特性

本书研究结果显示，中原城市群各地市之间经济综合发展水平存在较为明显的区域两极分化、区域不均衡状态。为了研究中原城市群各地市经济综合发展水平的空间分布特征，本节同上引入自然间断点分级法，使用ArcGIS10.0软件，对中原城市群2005—2017年各地市的经济综合评价值的空间分布进行分类，通过各城市各年度经济综合发展水平的区域分布特性的对比分析，探索城市群各地市之间经济综合发展水平的空间依存关系和空间分布状态。由于涉及年份较多，本部分选取了具有代表性的2005年、2010年、2014年和2017年的数据资料进行分析，具体如表5-8所示。

表5-8 中原城市群各地市经济综合发展水平的空间分布

年份	自然间断点等级	地市分布
2005	良	郑州
	中	洛阳、安阳、新乡、焦作、济源、平顶山、南阳、邢台、邯郸、长治、聊城、菏泽
	差	鹤壁、濮阳、开封、商丘、许昌、周口、驻马店、信阳、三门峡、晋城、运城、阜阳、亳州、蚌埠、淮北、宿州

续表

年份	自然间断点等级	地市分布
2010	良	郑州
	中	洛阳、安阳、新乡、焦作、南阳、邯郸、晋城、聊城、菏泽
	差	开封、鹤壁、济源、濮阳、商丘、许昌、平顶山、周口、漯河、驻马店、信阳、三门峡、邢台、长治、运城、阜阳、亳州、淮北、蚌埠、宿州
2014	良	郑州
	中	洛阳、焦作、许昌、南阳、周口、邯郸、聊城、菏泽
	差	安阳、鹤壁、濮阳、新乡、济源、开封、平顶山、漯河、商丘、驻马店、信阳、三门峡、邢台、长治、晋城、运城、阜阳、亳州、淮北、蚌埠、宿州
2017	良	郑州
	中	洛阳、南阳、驻马店、周口、邯郸、聊城、菏泽
	差	安阳、鹤壁、濮阳、新乡、焦作、济源、开封、许昌、平顶山、漯河、商丘、信阳、三门峡、邢台、长治、晋城、运城、阜阳、亳州、淮北、蚌埠、宿州

注：限于篇幅和空间，表中只列示了比较有代表性的 2005 年、2010 年、2014 年、2017 年的相关数据资料，其他年份的数据，以及各地市的具体数据可以向作者索取。

表 5-8 给出了中原城市群各地市经济综合发展水平的空间分布 3 级梯度划分结果。从地理位置的空间分布态势来看，2005—2017 年中原城市群经济综合发展水平呈现以郑州为中心、北部高南部低、西部高东部低的格局。就经济综合发展水平最高的郑州来说，其“一枝独秀”的地位一直不变，经济中心地位一直在加强，第二、第三两梯度城市个数和地位变化较大。具体来说，第一，对于经济综合发展水平达到“中等”的城市数呈现逐年逐渐降低的态势。在 2005 年、2010 年、2012 年、2017 年分别有 12 个、9 个、8 个、7 个，占比分别为 40%、30%、26.67%、23.33%，呈现逐渐减少的趋势。第二，对于“低”等级城市数目呈现逐年增多的趋势。在 2005 年、2010 年、2014 年和 2017 年分别为 17 个、20 个、21 个、22 个，占比为 56.67%、66.67%、70%、73.33%，可见中原城市群经济综合发展水平较低的城市数量依然较多，而且这种状况日益严重，呈现严重的两极分化趋势。

第六章　中原城市群金融系统发展状况与空间分异特性

现代经济是金融经济，金融发展水平以及金融服务效率是关系区域经济健康稳定增长的关键。作为具有后发优势的中原城市群金融体系，其发展的好坏是影响城市群能否走向高阶融合发展的另一个关键。因此，对中原城市群金融系统发展状况、地区差异和空间格局演变规律进行详细讨论和挖掘，以期提升金融服务效率，最终达到推动实体经济增长的目标。

一、研究思路

中原城市群金融系统发展状况的研究方法与第五章中经济系统的研究方法类似，也从局部和整体两个角度进行分析，以求全面、深刻地把握中原城市群金融系统的发展变化。具体处理如下：对中原城市群金融系统的局部分析，主要是依靠更单一的指标，从某个特定角度研究金融系统发展的某些特征。本部分选取金融发展、区域储蓄力、区域资本形成力、区域资本利用力四个方面来挖掘中原城市群金融系统的发展特征。对中原城市群金融系统的整体分析，是将某一地区的金融发展看作一个独立的系统，构建能够代表该系统不同方面特征的指标体系，运用一定的统计方法，测算金融系统的整体发展水平，以便了解金融系统的内外部演化特征。

无论是局部分析还是整体分析，均是从发展状况、地区差异、空间分布特征三个层面进行，旨在挖掘并总结金融系统发展在时间轴上的演变规律、地区间的发展态势，以及空间上分布格局的发展演变。

二、中原城市群金融系统发展状况与空间分异

对中原城市群金融系统发展状况与空间分异特性的分析，本章主要从金融发展、区域储蓄力、区域资本形成力、区域资本利用力四个方面入手，分别考察了中原城市群金融发展、区域储蓄力、区域资本形成力、区域资本利用力的现状、地区差异及空间分异特性。

（一）中原城市群金融发展状况与空间分异特性

金融发展可以表示为金融交易规模的扩大和金融产业的高度专业化过程

带来金融效率的持续提高。金融产业增加值是金融业从事金融中介服务及相关金融附属活动而新创造的价值，反映了一定时期内金融业生产经营活动最终成果。鉴于此，对中原城市群金融发展指标，本书选取了各地市的金融业增加值来进行表征。

1. 中原城市群金融发展现状

图 6-1 给出了中原城市群 2005—2017 年金融产业增加值及其增速的走势，由金融产业增加值曲线的走势可以看出，中原城市群金融产业增加值呈现逐渐增长的趋势。从其增长率曲线的走势可以看出，中原城市群金融产业增加值虽然呈现增长趋势，但在 2005—2017 年的 13 年中增速出现了几次大的起伏：在 2005—2007 年这 3 年间金融产业增加值增量的增速呈现快速增长态势；国际金融危机影响波及中原城市群，致使 2008 年中原城市群金融产业增加值的增长率较 2007 年急剧下降。在金融危机后，中原城市群金融业开始逐渐恢复，2009 年、2010 年两年增速有所提升，尤其是 2010 年其增长率达到最高值。进入后金融危机时期，增速开始出现下滑，2011 年中原城市群金融产业增加值增长率急剧减少，小于 10%，之后增速虽有所回升，但增长依旧较为缓慢。2014 年，在“去杠杆”“去泡沫”的发展背景下，金融业的发展在一定程度上受到抑制，金融产业增加值的增长率一直在逐渐下降，即将接近 10%。

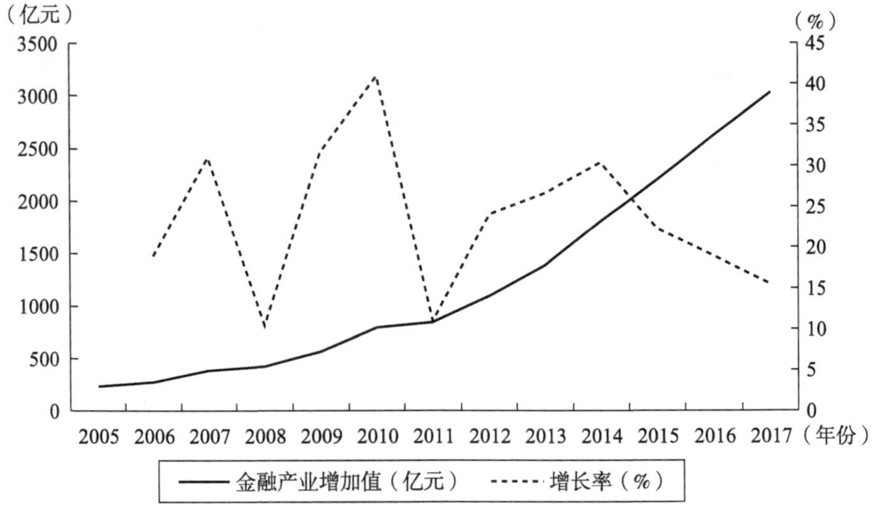

图 6-1　2005—2017 年中原城市群金融产业增加值及其增速趋势

数据来源：2006—2018 年《中国城市统计年鉴》《河南统计年鉴》《山东统计年鉴》《山西统计年鉴》《安徽统计年鉴》《河北统计年鉴》。邢台、运城、菏泽三地市数据缺失；聊城 2007 年金融产业增加值数据为该市 2006 年、2008 年的平均值。

2. 中原城市群金融发展的地区差异

为研究中原城市群金融发展的地区差异，本部分引入了绝对差异、相对差异和极差等方法，对其进行详尽的对比分析。差异部分所涉及指标的具体计算方法仍然采用第五章的研究方法，此处不再赘述，直接引用计算及数据处理结果。具体分析如下。

图 6-2 给出了 2005—2017 年中原城市群 27 个地级市（邢台、运城、菏泽 3 个地市数据缺失）金融发展中金融产业增加值的绝对差异，绝对差异主要用平均差、标准差、极差三种方法来表征。由图 6-2 的三个指标曲线走势可以看出，2005—2017 年中原城市群各地市金融发展的绝对差异呈现逐年增加的趋势，特别是极差更是呈现极大的增长。这说明中原城市群各地级市金融发展最好的城市与发展最差的城市之间的差异越来越大。从平均差和标准差两条曲线的走势可以看出，中原城市群各地市金融产业增加值与城市群金融产业增加值均值之间的差距也呈现缓慢上升的趋势。但从极差曲线与标准差、平均差两条曲线走势的对比中可知，极差增加的速度远远大于平均差与标准差，说明中原城市群各地市金融发展两极分化的现象越来越严重。

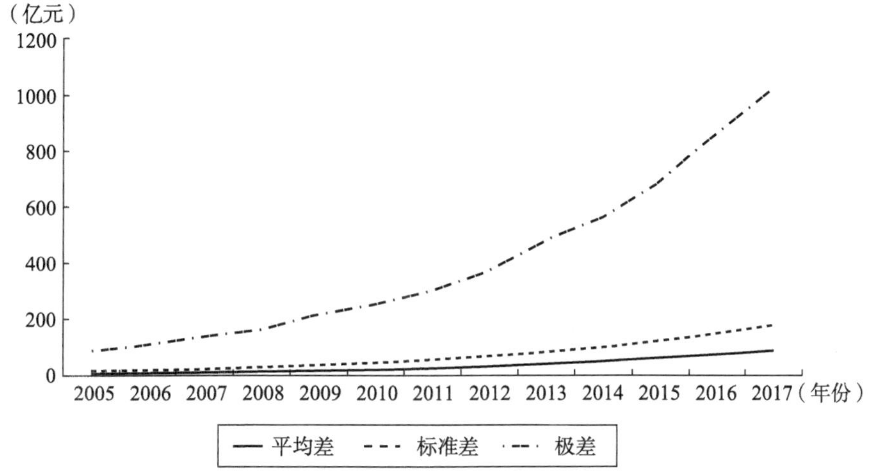

图 6-2　2005—2017 年中原城市群各地市金融发展的绝对差异

图 6-3 给出了 2005—2017 年中原城市群各地市金融发展的相关差异趋势图。由图中变异系数的曲线走势可以看出，中原城市群各地市之间金融发展的离散程度波动基本较小，变异系数在 1.5 左右，根据国际上 0.2 的标准，说明中原城市群各地市之间经济总量发展呈现较为明显的区域不均衡现象。

从变异数的计算公式可知，变异系数在计算时赋予中原城市群金融系统内30个地市相同的权重值，即在金融系统中赋予每个城市同等的地位，这与现实情况不符，未对其进行修正。因此，我们将中原城市群中的27个地级市（邢台、运城、菏泽三地市数据缺失）的金融产业增加值的占比作为权重，计算加权变异系数，具体计算公式见式（5.5）。由加权变异系数曲线的走势可以看出，该曲线的变化波动要比变异系数大，尤其是从2014年开始，加权变异系数整体呈现增加的趋势，意味着中原城市群之间金融发展差异进一步扩大。

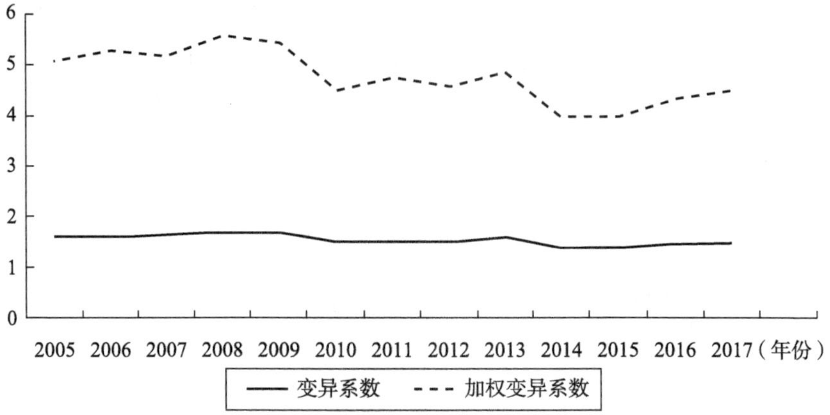

图6-3　2005—2017年中原城市群各地市金融发展的相对差异

3. 中原城市群金融发展的空间分布特征

为了进一步揭示中原城市群各地市之间金融发展的关系，本章继续引入自然间断点分级法，依靠ArcGIS10.0软件，对中原城市群2005—2017年各地市间金融发展空间分布进行分类，通过各城市各年金融发展空间分布特性的对比分析，来研究其金融发展的空间依存关系和空间分布状态。由于涉及年份较多，本部分选取了具有代表性的2005年、2008年、2014年和2017年的空间分布状况进行研究，具体如表6-1所示。

表6-1　中原城市群各地市（除邢台、运城、菏泽）金融发展的空间分布

年份	自然间断点分级区间	地市分布
2005	23.320001~87.390000	郑州
	13.894101~23.320000	洛阳
	7.170001~13.894100	新乡、焦作、许昌、平顶山、南阳、邯郸、长治、晋城、聊城
	3.710001~7.70000	安阳、濮阳、驻马店、信阳、三门峡、阜阳、蚌埠
	1.190000~3.710000	开封、鹤壁、济源、商丘、周口、漯河、亳州、淮北、宿州

续表

年份	自然间断点分级区间	地市分布
2008	36.690801~167.880000	郑州
	19.270001~36.690800	洛阳、平顶山、邯郸、聊城
	6.870001~19.270000	安阳、新乡、焦作、许昌、南阳、信阳、长治、晋城、阜阳
	4.020001~6.870000	鹤壁、濮阳、商丘、周口、漯河、驻马店、三门峡、亳州、蚌埠、宿州
	2.447669~4.020000	开封、济源、淮北
2014	171.440001~574.000000	郑州
	77.230001~171440000	洛阳、新乡、南阳、邯郸、聊城
	39.120001~77.230000	安阳、焦作、商丘、许昌、平顶山、周口、驻马店、信阳、长治、晋城、阜阳
	13.220001~39.120000	濮阳、开封、三门峡、亳州、蚌埠、淮北、宿州
	8.780000~13.220000	鹤壁、济源、漯河
2017	265.330001~1043.180000	郑州
	148.730001~265.330000	洛阳
	103.450001~148.730000	新乡、平顶山、南阳、邯郸、聊城
	48.080001~103.450000	安阳、新乡、许昌、周口、驻马店、信阳、长治、晋城、阜阳、亳州、蚌埠、宿州
	15.040000~48.080000	鹤壁、济源、开封、漯河、三门峡、淮北

注：限于篇幅和空间，该表中只列示了较有代表性的2005年、2008年、2014年、2017年的相关数据资料，其他年份的数据，以及各地市的具体数据可以向作者索取。其中，邢台、运城、菏泽三地市数据缺失；聊城2007年金融产业增加值数据为该市2006年、2008年两年的平均值。

从整体上看，中原城市群各地市之间金融发展呈现明显的差异性；从空间分布特征看，中原城市群各地市金融产业增加值的空间分布呈现以郑州为中心，以邯郸、聊城、新乡、郑州、洛阳、南阳六个城市为界，西部高东部低的特征。就2005—2017年空间分布演化来说，中原城市群各地市金融产业增加值的空间分布呈现较为严重的两极分化现象。

具体来看，2005—2017年，中原城市群的金融发展空间分布可以分为三个阶段。第一阶段是2005—2008年，在该阶段的发展中，中原城市群金融产业增加值以郑州为金融中心，且依托郑州的辐射作用，位于郑州西部的洛阳成为第二梯度的领头城市。同时，位于郑州北部和南部的平顶山、许昌、新乡、焦作四座城市紧随其后，但紧邻郑州东部的开封发展较差。2008年，受到金融危机的影响，各地市的金融业发展缓慢，其地区差异不明显。

第二阶段在2009—2014年，在该阶段的发展中，郑州依旧处在金融中心的位置，由于金融危机过后的政策调整，金融产业增加值的提高逐渐明显，特别是中原城市群东南部城市的发展，从第四梯度逐步向第三梯度调整。

第三阶段在2015—2017年，郑州“一枝独秀”的地位不断增强，洛阳作为中原城市群副中心的地区开始凸显。同时，由于郑州作为“金融中心”作用的提升，越来越多的地市金融产业增加值增长率逐步提升，郑州对其他城市的辐射能力加强，东南部城市发展更加良好，但是出现开封空心环形发展现象，梯度极差不断扩大。

（二）中原城市群储蓄力发展状况与空间分异特性

储蓄力即储蓄潜力，是指居民货币收入中可能转化为储蓄的货币量，受到居民的货币收入水平、消费倾向以及持有现金的偏好程度因素制约。收入比能够反映各地区金融系统的筹资能力或地区信贷资金的自给程度，从而反映储蓄能力。因此，选取中原城市群各城市的收入比作为分析储蓄力地区差异的主要指标，计算公式为

$$收入比=\frac{年末金融机构人民币各项存款余额}{GDP} \tag{6.1}$$

1. 中原城市群储蓄力发展现状

图6-4给出了中原城市群2005—2017年储蓄力及其增速的走势图，由图中曲线的走势可以看出，中原城市群储蓄力呈现逐年增长的趋势，表明经济发展的资金基础越来越坚实。从储蓄力增速曲线的走势可以看出，2005—2017年中原城市群经济活力的增长率波动较大，2005—2008年收入比缓慢下降，受到全球金融危机的影响，2009年储蓄力出现正增长，其增长率达到最大，之后到2011年增长率又大幅下降，收入比又开始出现减少。2011—2017年这5年间，增长率呈“M”状上下波动，但收入比最终的结果仍然是上升的。值得注意的是，2009年以前，中原城市群的收入比一直小于100%，而2009年以后，虽出现过小幅下降，但都在100%以上，处于资金积累的过程，从2013年开始，中原城市群的收入比均在110%以上。

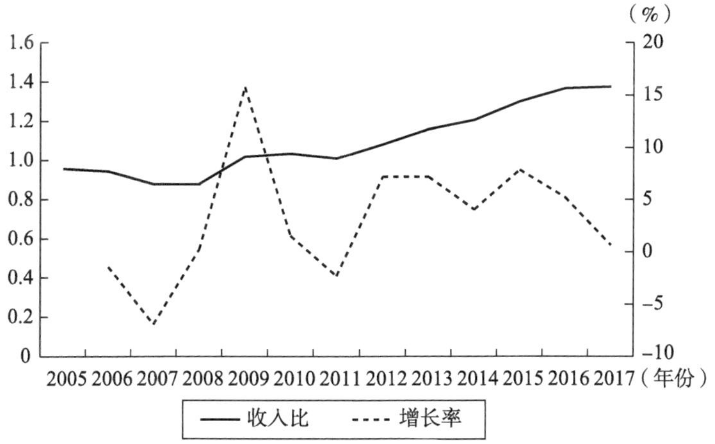

图 6-4　2005—2017 年中原城市群储蓄力及其增速走势

数据来源：2006—2018 年《中国城市统计年鉴》《河南统计年鉴》《山东统计年鉴》《山西统计年鉴》《安徽统计年鉴》《河北统计年鉴》《济源统计年鉴》。

2. 中原城市群储蓄力的地区差异

对中原城市群储蓄力的地区差异问题进行研究时，继续延续对经济总量地区差异分析的方法。同样从地区间的绝对差异与相对差异两个方面进行分析，指标选择上，绝对差异选择平均差、方差与极差三种测算方法，相对差异选择变异系数、加权变异系数两种测算方法。将 2005—2017 年中原城市群各地区收入比代入式（5.1）~式（5.6），得到以下各类差异系数，如图 6-5 和图 6-6 所示，具体分析如下。

图 6-5 给出了 2005—2017 年中原城市群各地级市储蓄力的绝对差异指数，绝对差异也用平均差、标准差、极差三种方法来表征。从图 6-5 中三条曲线的走势可以看出，2005—2017 年中原城市群各地市储蓄力绝对差异有“波浪式”前进的趋势，全过程基本可以分成三个“先升后降”的阶段。从平均差和标准差两条曲线的走势来看，波动变化较小，但其整体趋势呈现不断上升的特点，即中原城市群各地市储蓄力与城市群经济活力均值之间的差距呈现缓慢上升的趋势。从极差变动曲线来看，其波动幅度远大于平均差和标准差，虽然极差经历过三升三降，目前呈现的是减少趋势，但是极差依然在“波浪式”增长，只不过是极差增长的较为缓慢，依然可以说明中原城市群在储蓄力上存在着两极分化现象。

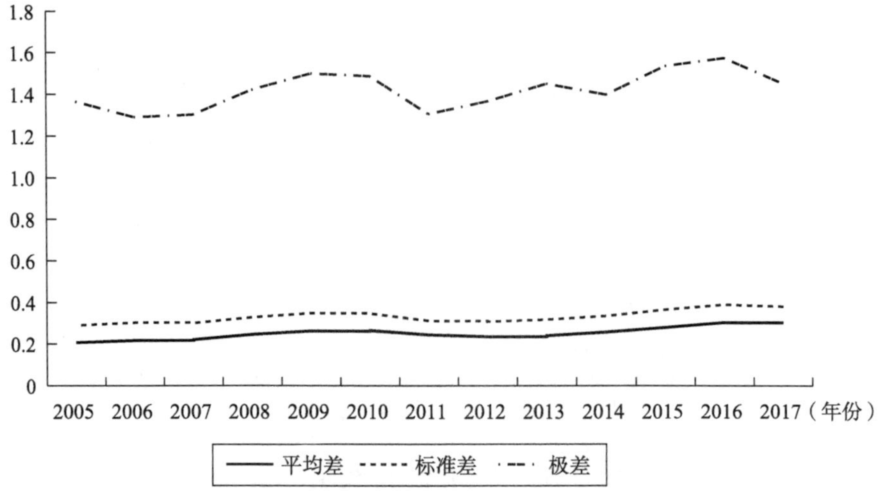

图 6-5　2005—2017 年中原城市群各地市储蓄力的绝对差异

图 6-6 给出了中原城市群储蓄力的相对差异情况趋势图。由图中变异系数与加权变异系数的曲线走势看，2005—2017 年中原城市群各地市间储蓄力的差异呈现出总体下降的趋势。变异系数与加权变异系数有趋同的态势，并且呈现先上升、后下降，而后趋于平稳的趋势。从变异系数的大小来看，在 0.3 附近徘徊，中原城市群 30 个地市间储蓄力存在着区域发展不均衡的特点。特别是经过修正后的加权变异系数，反映了 30 个地市之间储蓄力不均衡的特点，但从曲线位置和走势来看，加权变异系数的不断下降直到趋于平衡，反映出中原城市群地区之间储蓄力发展不均衡程度在减弱。

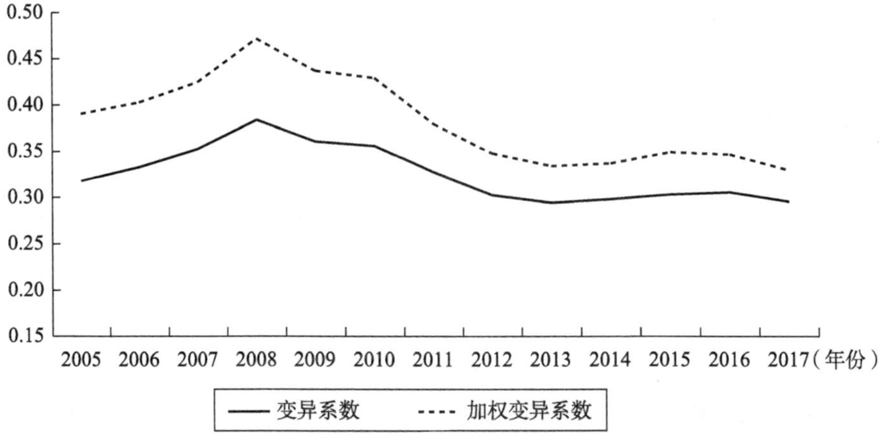

图 6-6　2005—2017 年中原城市群各地市储蓄力的相对差异

3. 中原城市群储蓄力的空间分布特征

为了进一步分析中原城市群储蓄力的空间分布差异性特点，利用 ArcGIS10.0 软件，对中原城市群 2005—2017 年各地市收入比空间分布进行分类，通过各城市各年资本形成力空间分布特性的对比分析，来研究其储蓄力发展的空间依存关系和空间分布状态。由于涉及年份较多，本部分选取了具有代表性的 2005 年、2007 年、2014 年和 2017 年的空间分布状况进行研究，具体如表 6-2 所示。

表 6-2　中原城市群各地市储蓄力发展的空间分布状况

年份	自然间断点分级区间	地市分布
2005	1.301991~1.876469	郑州、晋城
	0.944762~1.301990	新乡、邢台、长治、阜阳、蚌埠、淮北
	0.772340~0.944761	洛阳、安阳、濮阳、平顶山、驻马店、三门峡、邯郸、运城、宿州、菏泽
	0.594239~0.772339	鹤壁、焦作、开封、商丘、周口、亳州、聊城
	0.511675~0.594238	济源、南阳
2007	1.125816~1.713548	郑州、长治、晋城、阜阳
	0.891718~1.125818	邢台、运城、蚌埠、淮北
	0.730192~0.891717	安阳、新乡、平顶山、驻马店、信阳、邯郸、亳州、宿州、菏泽
	0.571793~0.730191	洛阳、开封、鹤壁、濮阳、商丘、周口、三门峡、聊城
	0.411683~0.571792	焦作、济源、许昌、漯河、南阳
2014	1.461859~2.059261	郑州、邢台、晋城、阜阳
	1.108818~1.461858	洛阳、驻马店、信阳、邯郸、长治、运城、亳州、蚌埠、淮北、宿州、菏泽
	0.902253~1.108817	安阳、新乡、商丘、周口、平顶山、南阳、菏泽
	0.759904~0.902252	开封、漯河、濮阳、聊城
	0.661137~0.759903	鹤壁、焦作、济源、许昌、三门峡
2017	1.791942~2.228520	郑州、阜阳
	1.387561~1.791941	邢台、邯郸、长治、晋城、运城、亳州、淮北
	1.123173~1.387560	洛阳、商丘、平顶山、驻马店、信阳、蚌埠、宿州、菏泽
	0.857279~1.123172	安阳、新乡、濮阳、开封、周口、漯河、南阳、聊城
	0.776391~0.857278	鹤壁、焦作、济源、许昌、三门峡

注：限于篇幅和空间，该表中只列示了比较有代表性的 2005 年、2007 年、2014 年、2017 年的相关数据资料，其他年份的数据，以及各地市的具体数据可以向作者索取。

表6-2给出了中原城市群30个地市储蓄力的五梯度空间分布状况。从整体上看，中原城市群各地市之间经济总量发展呈现明显的差异性；从地理位置的空间分布特征看，中原城市群各地市储蓄力的空间分布呈现以两个中心，即一个位于中部的郑州，一个位于东南部的阜阳，西北部、东南部高，中部仅有郑州“一枝独秀”，而以许昌、焦作、济源为中心出现空心的特征。就2005—2017年空间分布演化来说，中原城市群各地市储蓄力的空间分布逐渐从西北部、东南部向中部逼近，但出现较为严重的两极分化现象，区域储蓄力发展明显不协调。

具体来看，按照空间分布特征演化，2005—2017年可以分成三个阶段。

第一阶段为2005—2012年，中原城市群储蓄力呈现中部以郑州为中心，东南部以阜阳为中心，西北部以晋城为中心，第五梯度的城市出现在中部一带，济源、焦作一直处于低值地带，而东南部和西北部产生高值聚集的萌芽，阜阳和晋城的中心辐射带动作用在增强。

第二阶段为2013—2014年，中原城市群储蓄力的空间分布在上一阶段的基础上，西北部和中南部出现高值集聚地带，如驻马店、信阳等城市受到东南部中心的辐射带动作用，2014年提升到第二梯度，而且开始逐渐向中心地带逼近，中部地带地区的储蓄力有所上升，但依然是以许昌、焦作、济源为低值地区。

第三阶段为2015—2017年，中原城市群储蓄力的空间分布进一步强化郑州和阜阳的中心地位，而其他地区储蓄力发展相对落后，东南边沿地带的高值地带出现了消亡的趋势，西北边沿区域仍然紧密连线成高值聚集地带，只是晋城和邢台不再是第一梯度地区，退至第二梯度，中部地带空洞特征依旧明显，表明中原城市群两极分化现象进一步加剧。

（三）中原城市群资本形成力的发展状况与空间分异特性

资本形成是一个将社会现有的部分资源抽调出来，增加资本品存量以扩张将来可消费产品的过程，金融发展上的资本形成力用生产剩余（即储蓄）表示，再转化为投资。存贷差是一个地区金融机构存款余额与贷款余额之间的绝对差值，正值表示存差，代表存款大于贷款；负值表示贷差，代表存款小于贷款。存差反映货币资金的积累能力增强。基于此，在分析中原城市群资本形成力的差异时，选取的指标是各地市的存贷差，将其应用到中原城市

群，计算公式为

存贷差=年末金融机构各项存款余额-年末金融机构各项存款余额　　(6.2)

1. 中原城市群资本形成力发展现状

图6-7给出了中原城市群2005—2017年资本形成力及其增速的走势图。由图中曲线的走势可以看出，中原城市群资本形成力呈现逐渐增长的趋势，中原城市群的存贷差呈现倒“Z”形的上升态势，而且全部表现为存差。根据存贷差增长率的时序演化，可以分为金融危机前、金融危机期间及金融危机后三个阶段。在2008年之前城市群存贷差在缓慢增长，而2008年存贷差猛然增加，之后其增长速度较高，在2012年进入后金融危机阶段，存贷差增长率在不断减少，虽然增速放缓，但其存贷差已上升较高水平，显示了货币资本的积累能力增强，说明中原城市群的金融基础也在不断加强。

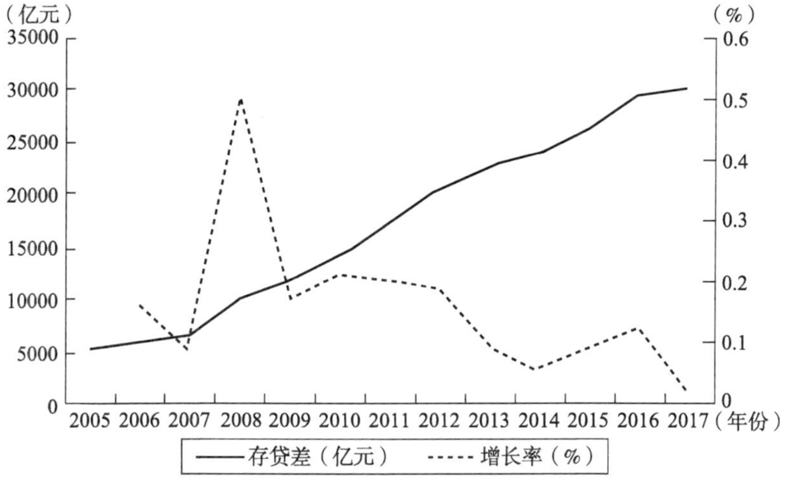

图6-7　2005—2017年中原城市群资本形成力及其增速趋势

数据来源：对2006—2018年《中国城市统计年鉴》《河南统计年鉴》《山东统计年鉴》《山西统计年鉴》《安徽统计年鉴》《河北统计年鉴》《济源统计年鉴》。

2. 中原城市群资本形成力的地区差异

为进一步研究中原城市群资本形成力的地区差异，依然采用对地区差异分析的方法。从地区间的绝对差异与相对差异两个方面进行分析，绝对差异选择平均差、方差与极差三种测算方法；相对差异选择变异系数、加权变异系数两种测算方法。将2005—2017年中原城市群各地区存贷差代入各类方法公式，得到以下各类差异系数如图 6-10 和图 6-11 所示，具体分析如下。

图 6-8 给出了 2005—2017 年中原城市群各地级市资本形成力的绝对差异指数，绝对差异也是用平均差、标准差、极差三种方法来表征。由图 6-8 中三条曲线的走势可以反映出 2005—2017 年中原城市群各地市资本形成力的绝对差异，基本呈现上升趋势。但 2015 年为转折点，在 2005 年到 2012 年这 7 年间，三条曲线都经历了一个漫长的上升过程，尤其是极差的增加远远大于平均差与标准差，说明在这段时间内，中原城市群城市间存贷差的差异一直在拉大。而在 2015 年之后，三条曲线都存在下降的趋势，各城市间资本形成力的离散程度有所减少。

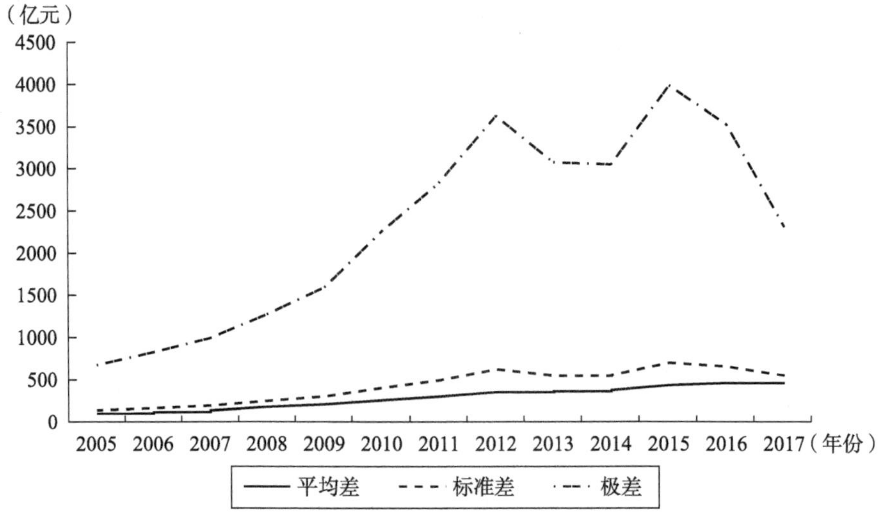

图 6-8　2005—2017 年中原城市群资本形成力的绝对差异

图 6-9 给出了中原城市群资本形成力的相对差异情况趋势。由图中变异系数与加权变异系数的曲线走势看，2005—2017 年中原城市群各地资本形成力的差异基本呈现“波浪式”下降的趋势，在 2015—2017 年下降趋势较为明显。从变异系数的大小来看，其数据在 0.8 左右浮动，远高于 0.2，中原城市群 30 个地市间资本形成力之间存在较为明显的区域发展不均衡的特点。从经过修正后的加权变异系数来看，其波动变化大于变异系数，而 2017 年下降到最小值，反映出中原城市群资本形成力严重不均衡的特征正在减弱。

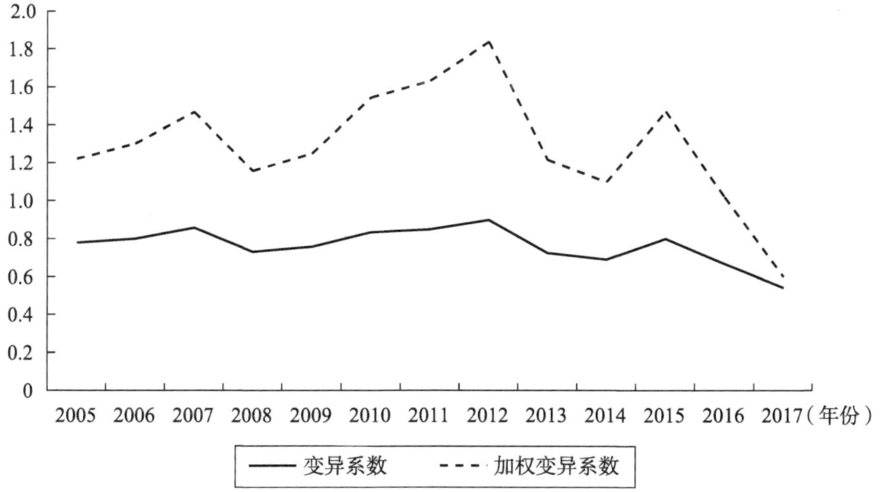

图 6-9 2005—2017 年中原城市群资本形成力的相对差异

3. 中原城市群资本形成力的空间分布特征

为了进一步分析中原城市群储蓄力的空间分布差异性特点，利用 ArcGIS10.0 软件，对中原城市群 2005—2017 年各地市收入比空间分布进行分类，通过各地市、各年度资本形成力空间分布特性的对比分析，来研究其储蓄力发展的空间依存关系和空间分布状态。由于涉及年份较多，本部分选取了具有代表性的 2005 年、2007 年、2014 年和 2017 年空间分布状况来研究，具体如表 6-3 所示。

表 6-3 中原城市群各地市资本形成力发展的空间分布

年份	自然间断点分级区间	地市分布
2005	434.5362~687.9202	郑州
	242.4442~434.5361	洛阳、邢台、邯郸、晋城
	138.1457~242.4441	安阳、濮阳、新乡、焦作、平顶山、南阳、驻马店、信阳、长治、阜阳
	66.8195~138.1456	开封、商丘、许昌、三门峡、亳州、蚌埠、淮北、宿州、聊城、菏泽
	16.5693~66.8194	鹤壁、漯河、周口、运城

续表

年份	自然间断点分级区间	地市分布
2012	1257.1304~3654.1620	郑州
	785.6343~1257.1303	洛阳、南阳、邢台、邯郸、长治、晋城、阜阳
	429.5149~785.6342	安阳、濮阳、新乡、平顶山、商丘、周口、驻马店、信阳、运城、宿州、菏泽
	47.3711~429.5148	焦作、开封、许昌、漯河、三门峡、亳州、蚌埠、淮北、聊城
	30.0927~47.3710	鹤壁、济源
2014	1444.6244~3087.2394	郑州
	987.2127~1444.6243	洛阳、南阳、驻马店、周口、邢台、邯郸、阜阳、蚌埠
	627.8927~987.2126	安阳、新乡、商丘、信阳、长治、晋城、运城、蚌埠、菏泽
	367.0641~627.8926	濮阳、焦作、开封、平顶山、亳州、宿州、聊城、
	39.3552~367.0640	鹤壁、济源、许昌、漯河、三门峡、华北
2017	1629.4108~2357.1944	郑州、洛阳、邯郸
	1037.6111~1629.4017	安阳、商丘、周口、南阳、驻马店、信阳、邢台、阜阳、菏泽
	558.0988~1037.6110	新乡、濮阳、平顶山、长治、晋城、运城、宿州、聊城
	201.9993~558.0987	焦作、开封、许昌、漯河、三门峡、亳州、蚌埠、淮北
	49.4292~201.9992	鹤壁、济源

注：限于篇幅和空间，该表中只列示了比较有代表性的 2005 年、2012 年、2014 年、2017 年的相关数据资料，其他年份的数据，以及各地市的具体数据可以向作者索取。

表 6-3 给出了中原城市群 30 个地市存贷差的五梯度空间分布状况。从整体上看，中原城市群各地市之间存贷差发展呈现一定的差异性；从地理位置分布的空间分布特征看，中原城市群各地市存贷差的空间分布呈现以郑州为中心，南北高、东西低的特征。就 2005—2017 年空间分布演化来说，一方面，郑州始终作为存贷差最高的城市存在，且对周边经济较差的城市，如开封、许昌的存贷差有“虹吸效应”；另一方面，高存贷差的区域由北向南扩张，东西部低存贷差城市减少。此外，中原城市群各地市存贷差异呈缩小态势。

具体来看，2005—2017 年以 2012 年和 2014 年为界分为三个阶段。

第一阶段为 2005—2012 年，中原城市群各城市存贷差呈增长趋势，中原城市群呈现以郑州为中心，洛阳、邯郸为两翼的分布格局。在空间分布分类中的第五梯度里，即存贷差相对较低的城市，主要集中在鹤壁、济源、三门峡四个地市。郑州作为存贷差最高的城市单独位于第一梯度，其存贷差远高于其他城市。

第二阶段为2012—2014年，中原城市群各地市存贷差出现回落，其原因在于受金融危机传导到实体经济的影响，中原城市群面临外需下降、内需不足的经济下行压力，收入水平下降，存款减少。因此，各城市存贷差出现下滑，出现低存贷差城市增多、高存贷差集聚区向东转移的趋势。

第三阶段为2014—2017年，中原城市群各城市存贷差再次增长，体现出以下几个特征：洛阳存贷差大幅提升，与郑州与共处存贷差第一梯度；存贷差第一梯度和第二梯度的城市分布基本上呈现以开封为空心环形特征；第二梯度的城市数量显著增加。

（四）中原城市群资本利用率的发展状况与空间分异特性

资本利用率是评价资本的使用效果，能够反映资本使用的有效性和充分性。对于城市金融发展而言，资本利用率更多地体现在存款的使用效率，而存贷比反映了某地区信贷资金的自给程度，其值越小，资金能够满足自给，利用率较低；若超过1，则说明利用较为充分，但是资金不能实现自给。因此，在分析中原城市群资本利用率的差异时，选取的指标是各地市的存贷比，并将其应用到中原城市群，计算公式为：

$$存贷比=\frac{年末金融机构各项贷款}{年末金融机构各项存款} \tag{6.3}$$

1. 中原城市群资本利用率状况的综合分析

图6-10给出了2005—2017年中原城市群资本利用率及其增速的趋势。由图中存贷比曲线可以看出，存贷比在0.6附近，说明中原城市群整体的资金自给程度较好，利用较为充分。从存贷比增长率曲线变化趋势来看，波动幅度较大，2005—2017年中原城市群的存贷比呈现“W”形变化趋势，以2008年和2012年为转折点，分为三个阶段：第一阶段为2005—2007年，经济向好，其存贷比较高，呈缓慢增长；第二阶段为2008—2012年，受到全球金融危机的影响，实体经济受到打击，经济发展疲软，资本利用不充分；第三阶段在2012年之后，中原经济区的建立带动中原城市群经济发展，而且处于经济转型升级阶段，资本利用率进一步提高，增长率也在不断提高，资金利用情况朝着较好的方向发展。

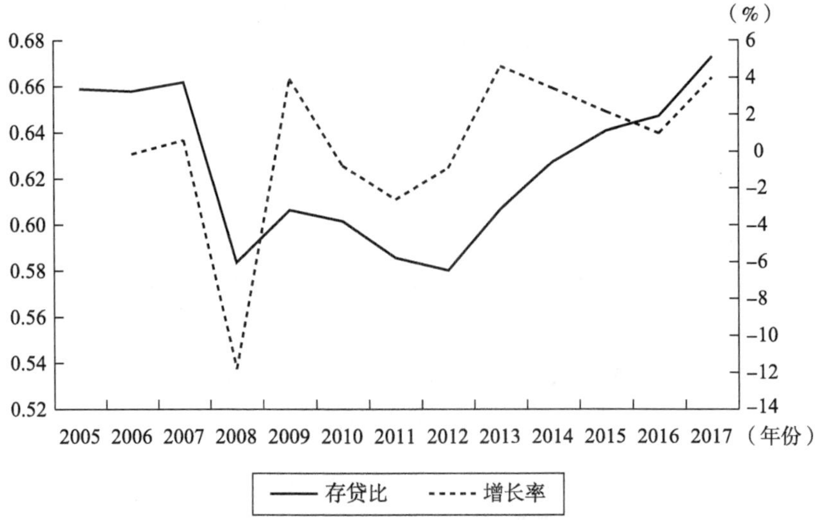

图 6-10　2005—2017 年中原城市群资本利用率及其增速趋势

数据来源：对 2006—2018 年《中国城市统计年鉴》《河南统计年鉴》《山东统计年鉴》《山西统计年鉴》《安徽统计年鉴》《河北统计年鉴》《济源统计年鉴》。

2. 中原城市群资本利用率的地区差异分析

为进一步研究中原城市群资本利用率的地区差异，下面对其绝对差异和相对差异进行比较。其中，绝对差异选取平均差、标准差、极差综合比较，相对差异选取变异系数、加权变异系数进行比较。将中原城市群各地市的存贷比带入以上五种方法公式，得到以下研究结果，如图 6-11 和图 6-12所示。

图 6-11 给出了 2005—2017 年中原城市群各地市间资本利用率的绝对差异趋势。由图 6-11 中三条曲线的走势可以看出，2005—2017 年中原城市群各地市间资本利用率的绝对差异波动幅度不大，比较平稳。从具体数据来看，平均差和标准差都在 0.1 附近波动，中原城市群资本利用率存在着离散差异，但是离散程度不高。从极差曲线与平均差、标准差两条曲线走势对比来说，极差波动幅度远高于平均差与标准差。而且存贷比极差在 0.5 左右波动，反映了中原城市群各地市在资本利用率方面存在两极分化现象，就目前发展趋势来看，资本利用率的离散程度正在加剧，两极分化现象更为明显。

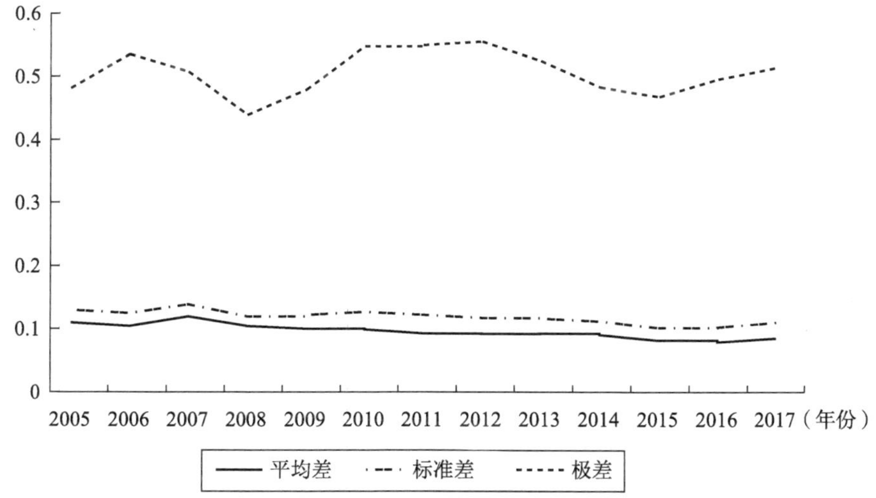

图 6-11 2005—2017 年中原城市群资本利用率的绝对差异

图 6-12 给出了 2005—2017 年中原城市群各地市间资本利用率的相对差异趋势图。从变异系数和加权变异系数的曲线走势来看，2005—2017 年中原城市群各地市间的资本利用率的相对差异呈现下降的趋势。而且从变异系数的大小来看，在 0.2 附近波动，自 2013 年起变异系数在 0.2 以下，中原城市群 30 个地市间资本利用率区域发展较为均衡。经过修正的加权变异系数与变异系数的变动趋势相似，自 2011 年起其呈现逐渐减少的趋势，2016 年之后中原城市群各地市资本利用率相对差异呈现小幅态势，但是其相对差异依然不大，反映出中原城市群各地市的资本利用率相对均衡。

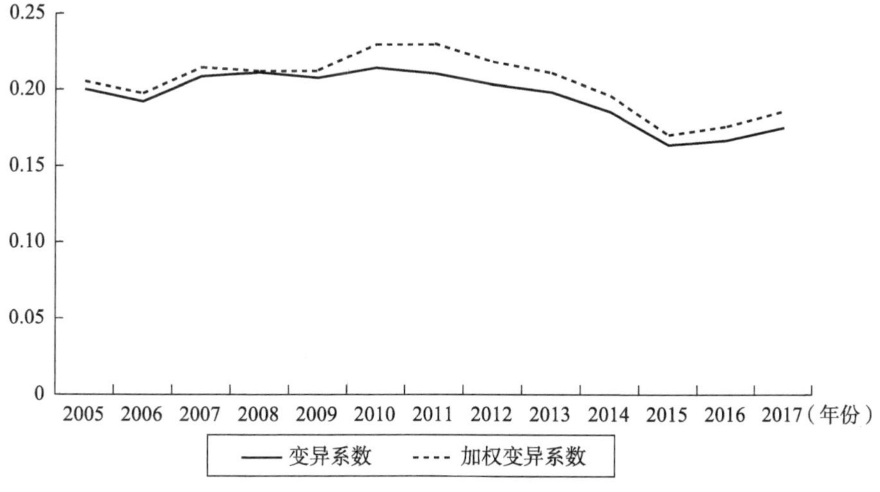

图 6-12 2005—2017 年中原城市群资本利用率的绝对差异

3. 中原城市群资本利用率的空间分布特征

为了揭示中原城市群各地市之间资本利用率发展的关系，本部分引入自然间断点分级法，运用 ArcGIS10. 0 软件，对中原城市群 2005—2017 年各地市间存贷比空间分布进行分类，通过各城市各年存贷比空间分布特性的对比分析，来研究其存贷比发展的空间依存关系和空间分布状态。由于涉及年份较多，本部分选取了具有代表性的 2005 年、2012 年、2014 年和 2017 年的空间分布状况进行表征，具体如表 6-4 所示。

表 6-4　中原城市群各地市资本形成力发展的空间分布

年份	自然间断点分级区间	地市分布
2005	0. 7961～0. 9215	漯河、周口、运城
	0. 6764～0. 7960	郑州、鹤壁、济源、许昌、商丘、南阳、聊城、菏泽
	0. 5900～0. 6763	焦作、开封、信阳、三门峡、邯郸、长治、蚌埠
	0. 5143～0. 5899	安阳、新乡、洛阳、驻马店、邢台、亳州
	0. 4405～0. 5142	濮阳、平顶山、晋城、阜阳、淮北、宿州
2012	0. 7435～0. 9179	鹤壁、济源
	0. 5883～0. 7434	郑州、焦作、许昌、平顶山、信阳、邯郸、蚌埠、淮北、聊城、菏泽
	0. 5291～0. 5882	新乡、开封、洛阳、信阳、三门峡、邢台
	0. 4616～0. 5290	安阳、商丘、南阳、漯河、长治、亳州
	0. 3634～0. 4615	濮阳、周口、驻马店、晋城、运城、阜阳、宿州
2014	0. 7789～0. 9176	鹤壁
	0. 6495～0. 7788	郑州、焦作、济源、开封、许昌、平顶山、淮北、聊城
	0. 5801～0. 6494	新乡、洛阳、三门峡、亳州、邯郸、菏泽
	0. 4900～0. 5800	漯河、南阳、信阳、商丘、邢台、长治、晋城、运城、宿州
	0. 4350～0. 4899	安阳、濮阳、周口、驻马店、阜阳
2017	0. 8018～0. 9231	郑州、鹤壁
	0. 6882～0. 8017	开封、许昌、亳州、蚌埠、聊城
	0. 5964～0. 6881	洛阳、焦作、平顶山、漯河、三门峡、邢台、邯郸、淮北、宿州
	0. 5333～0. 5963	新乡、南阳、济源、长治、晋城、运城、阜阳、菏泽
	0. 4089～0. 5332	安阳、濮阳、商丘、周口、驻马店、信阳

注：限于篇幅和空间，该表中只列示了比较有代表性的 2005 年、2012 年、2014 年、2017 年的相关数据资料，其他年份的数据，以及各地市的具体数据可以向作者索取。

表 6-4 给出了中原城市群 30 个地市存贷比的五梯度空间分布状况。从整体上看，中原城市群各地市之间存贷比发展呈现出明显的差异性；从空间分

布特征看，中原城市群各地市存贷比的空间分布，呈现出以郑州为中心，中部高、四周低的特征。就2005—2017年空间分布演化来说，中原城市群各地市存贷比的空间分布变化明显，呈现出一定程度的两极分化现象。

具体来看，2005—2017年以2012年为界分为两个阶段，第一阶段在2005—2012年，中原城市群呈现以下特征：一是以中原城市群中部为中心，其高存贷比城市在减少，散落在中原城市群周边的低存贷比城市却不断增多。二是郑州作为中原城市群的区域金融中心，其存贷比反而没有处于第一梯度，且在第一梯度中的城市，除了鹤壁之外均发生了变化，运城、漯河和周口退出第一梯度，增加了济源。另外，第二、第三和第四梯度的地市总量基本没有变化，但是第五梯度及存贷比最低的城市数量增加较为明显，尤其是运城和周口，从第一梯队掉入第五梯队。

第二阶段在2012—2017年，中原城市群各地市存贷比两极分化进一步扩大，表现出来的特征为第一梯度和第二梯度的地市数量越来越少，但空间分布状态较稳定，不断形成一种常态化的空间分布。高存贷比区域进一步向以郑州为中心的中部地区靠拢，低存贷比区域不断地向郑州北部城市和中原城市群东南部地区集中与转移。

三、中原城市群金融系统综合发展状况与空间分异

本章第二节在分析中原城市群经济系统发展现状与空间分异时，采用一个指标代表整体特征，这种处理方法显得不够全面。为了克服第二节的问题，本节将地区经济发展当作一个独立运转的系统，将系统中能够出现的情况尽可能全面地考虑进来，综合分析系统总体，以及系统内部的发展趋势或特征。

（一）指标体系的构建与数据来源

1. 指标体系的构建

基于金融发展指标体系、依据中原城市群金融发展的特点，把金融业三个具有代表性的行业分为二级指标，即银行业、证券业、保险业。同时在各城市统计年鉴数据的基础上，甄选出与二级指标相对应的三级指标群。最后，由三个指标层、十个具体指标共同构成了中原城市群金融系统评价指标体系，如表6-5所示。

表 6-5　中原城市群金融系统评价指标体系

目标层	准则层	指标层
F 金融发展	F_1 银行业发展	F_{11}金融机构人民币各项存款余额（亿元）：资金及积聚能力 F_{12}年末金融机构人民币各项贷款余额（亿元）：资金运用状况
	F_2 证券业发展	F_{21}证券业发展指标（包括上市公司数量）（家）：股票融资能力 F_{22}债券发行量（亿元）：债券融资规模
	F_3 保险业发展	F_{31}保费收入（亿元）：保险业整体发展水平 F_{32}保险深度（%）：保险业在经济发展中的地位 F_{33}保险密度（元/人）：国民参与保险的程度
	F_4 金融发展潜力	F_{41}城镇单位金融业从业人数（万人）：人才支撑能力 F_{42}移动电话年末用户数（万人）：信息化基础能力 F_{43}互联网宽带接入用户数（万户）：信息便利化程度

2. 数据来源

根据数据的可得性，在确保评价体系数据整齐的前提下，将数据的研究区间定为2007—2017 年的年度数据，数据长度为 11 年。该研究区间涵盖了美国次贷危机过程与中国经济新常态的进程，中原城市群经济发展正在经历着转型与升级，也是我们的研究具有特殊的重要性。另外，中原城市群经济系统数据包含了中原城市群下河南、山西、河北、山东、安徽五省的 30 个地级市。

支撑中原城市群经济系统发展研究的基础数据，主要是来自各类统计年鉴。为了保证数据的准确性、客观性以及统计口径的一致性，所查询的统计年鉴都是以全国的统一准则为标准。使用的年鉴主要为 2006—2018 年《中国城市统计年鉴》《河南统计年鉴》《山东统计年鉴》《山西统计年鉴》《安徽统计年鉴》《河北统计年鉴》《济源统计年鉴》等。

（二）中原城市群金融发展综合发展水平的测算与评价

1. 综合评价值测算与评价的思路

（1）综合评价值的测算

为了深入了解中原城市群金融发展综合水平，本节对其进行了两部分的研究，即分别对中原城市群整体金融综合发展水平进行测算和对中原城市群各地市不同年份的综合发展水平分别测算。具体如下。

对中原城市群整体金融综合发展水平进行测算，即将中原城市群看作整体，各地市七个指标分别加总，得到代表中原城市群整体金融发展能力的七个指标。在对这些指标进行无量纲化处理，并计算综合评价值，以得到中原城市群整体在各年份上的综合评价值，从而在时间变化上考察中原城市群金融综合发展状况。

对中原城市群各地市不同年份的综合发展水平分别测算，将各地市分开，对各地市金融系统的三级指标进行处理，得到各地市各年份的综合评价值，从区域差异角度，分析中原城市群金融发展状况。

（2）综合评价值的评价

根据目前金融发展综合评价值的相关研究，以及中原城市群金融发展状况，确定中原城市群金融发展综合评价值的等级标准，如表 6-6 所示。

表 6-6 中原城市群金融系统综合评价值标准体系

等级标准	综合评价值	标准说明
差	0~0.30	银行、证券、保险业发展水平低，金融发展潜力小
中	0.30~0.60	银行、证券、保险业发展水平中等，金融发展潜力一般
良	0.60~0.80	银行、证券、保险业发展水平良好，金融发展潜力良好
优	0.80~1.00	银行、证券、保险业发展水平高，金融发展潜力高

注：每个区间均为右闭区间。

2. 中原城市群整体各年经济系统综合评价值的测算

在中原城市群金融发展衡量指标体系的基础上，利用熵权法求出中原城市群金融发展的综合评价值，其中综合评价值的测算方法依然采用式（5.12）的处理方法。把 2005—2017 年中原城市群金融十个评价指标的具体数据进行处理，得到功效矩阵，再代入式（5.12）进行计算，得到 2005—2017 年中原城市群指标功效矩阵与熵权值以及各指标每年度的熵权值，如表 6-7 所示。

表 6-7 2005—2017 中原城市群金融指标功效值及熵权值

年份	2005	2006	2007	2008	2009	2010	2011	2012	2013	2014	2015	2016	2017	W
E_{11}	0.000	0.043	0.063	0.119	0.225	0.309	0.370	0.467	0.574	0.656	0.768	0.897	1.000	0.087
E_{12}	0.000	0.041	0.063	0.069	0.178	0.249	0.287	0.365	0.491	0.593	0.719	0.852	1.000	0.099
E_{13}	0.000	0.012	0.127	0.160	0.195	0.213	0.297	0.329	0.366	0.435	0.569	0.950	1.000	0.094
E_{14}	0.000	0.023	0.070	0.116	0.140	0.430	0.651	0.686	0.674	0.698	0.849	0.872	1.000	0.088
E_{15}	0.000	0.018	0.012	0.008	0.021	0.023	0.002	0.047	0.119	0.142	0.549	1.000	0.718	0.256
E_{16}	0.000	0.029	0.092	0.197	0.253	0.351	0.378	0.369	0.403	0.470	0.600	0.764	1.000	0.077
E_{21}	0.000	0.002	0.110	0.403	0.473	0.601	0.512	0.340	0.320	0.360	0.595	0.789	1.000	0.071

续表

年份	2005	2006	2007	2008	2009	2010	2011	2012	2013	2014	2015	2016	2017	W
E_{22}	0.000	0.037	0.102	0.225	0.284	0.423	0.434	0.497	0.514	0.596	0.732	0.834	1.000	0.071
E_{31}	0.000	0.069	0.161	0.249	0.331	0.490	0.592	0.668	0.805	0.907	0.869	0.962	1.000	0.064
E_{32}	0.000	0.062	0.044	0.118	0.180	0.216	0.320	0.370	0.532	0.661	0.658	0.870	1.000	0.094

注：中原城市群30个地市的功效矩阵，以及综合评价值矩阵可向作者索取。

（三）中原城市群金融系统综合发展水平的时间变化特征及驱动因素

1. 中原城市群经济综合发展水平的时间变化特征

根据得到的各指标功效矩阵及熵权值，利用式（5.12）求出金融发展的综合评价值，即根据2005—2017年中原城市群金融指标的综合评价值的结果绘制折线图，如图6-13所示。

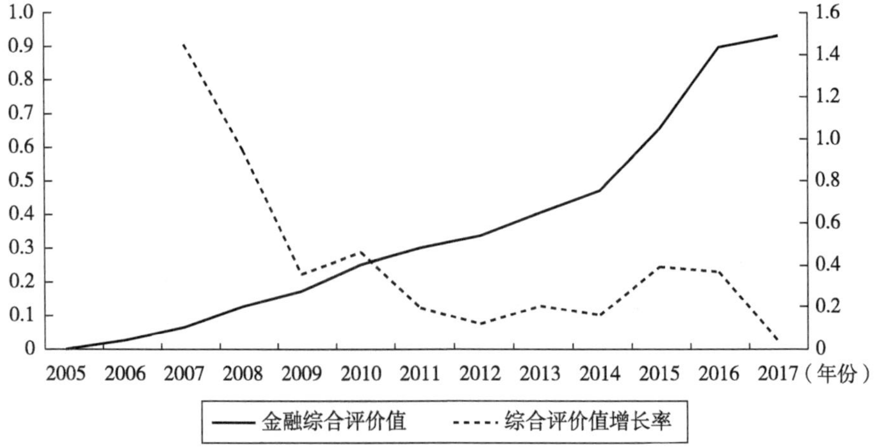

图6-13 2005—2017年中原城市群金融系统综合评价值及其增速

图6-13给出的是2005—2017年中原城市群金融系统综合评价值及其增速的趋势图。由图6-13可知，中原城市群2005—2017年金融系统综合发展水平呈现逐渐递增的趋势，但增速变化差异较大。2008年次贷危机来临之前，增长较快，但呈现递减趋势，2009年到达第一个“谷底”。危机过后，增长率有所回升，但由于金融综合评价值基数逐渐上升，其增长率逐渐回落。2011—2014年处于较低水平，2015—2016年增速有所提升，2017年再次放缓。

另外，从2005—2017年中原城市群金融系统综合发展水平的质量来看，

12 年间中原城市群金融综合发展水平逐步由“差”等级发展到“优”。在时间发展中的等级转变主要体现在：2005—2010 年中原城市群金融发展所处等级为“差”，这是因为中原城市群本身的金融发展水平相对落后，中原城市群各城市的金融发展刚刚起步，再加上 2008 年金融危机的影响，导致中原城市群在这一阶段金融发展水平低。从金融发展增速来看，虽然金融综合评价值年增速达到了 74.9%，但这是由于金融综合评价值基数低的缘故，并不能说明这个阶段金融发展得很好。总体来看，这一阶段金融的发展特征为发展水平低之下的相对快速增长。2011—2014 年中原城市群金融发展所处等级为“中”，中原城市群本身的金融发展水平得到了初步发展，在第一阶段的发展基础上，中原城市群各城市的金融发展进入中等水平，但在发展增速上明显比第一阶段有所下降，第二阶段金融综合评价值年增速仅为 15.8%。在该阶段，中原城市群金融发展受后金融危机影响，以及金融抑制政策的影响，再加上这个经济增速逐渐步入新常态导致的金融发展速度受到限制，最终在该阶段金融增速总体缓慢。2015—2016 年中原城市群金融发展所处等级为“良”，中原城市群本身的金融发展在这一阶段得到了快速发展。在第二阶段的发展基础上，中原城市群各城市的金融发展进入良好发展时期，发展增速明显比第二阶段有所提高。第三阶段金融综合评价值年增速高达 37.3%，在该阶段，中原城市群金融发展受到政府的重视，在政府相关政策的支持和扶持下，中原城市群金融得到快速发展。特别是郑州市，中原城市群目标是要将郑州打造为区域金融中心，而且以郑州的金融集聚带动中原城市群其他城市的金融发展。2016—2017 年中原城市群金融发展所处等级达到了“优”，中原城市群本身的金融发展在这一阶段已经达到了较高水平。在第三阶段的发展基础上，中原城市群各城市的金融发展进入优质发展阶段，发展增速趋于平缓和稳定，这一阶段，中原城市群金融发展已到达较高水平，不过未来仍有上升空间。未来进一步提升中原城市群金融的发展，激发金融发展活力，促进金融服务好实体经济是中原城市群各城市发展的重要任务。

2. 中原城市群金融综合发展水平变动的驱动因素

（1）驱动因素贡献度的测算方法

中原城市群金融发展驱动因素的贡献度，即对金融各指标所占比重进行计算，是用某项指标的综合评价值与金融发展的综合评价值的比值进行表示，计算公式为：

$$\text{某项指标比重} = \frac{\text{某项指标的综合评价值}}{\text{金融发展的综合评价值}} \times 100\% \qquad (6.4)$$

(2) 金融综合发展水平驱动因素贡献度分析

把2005—2017年中的银行业发展综合评价值、证券业发展综合评价值、保险业发展综合评价值、金融发展潜力综合评价值以及历年中原城市群金融发展的综合评价值代入式(5.12),计算结果如图6-14所示。由图中各曲线的走势可以看出,银行业占比变化趋势总体可分为三个阶段。

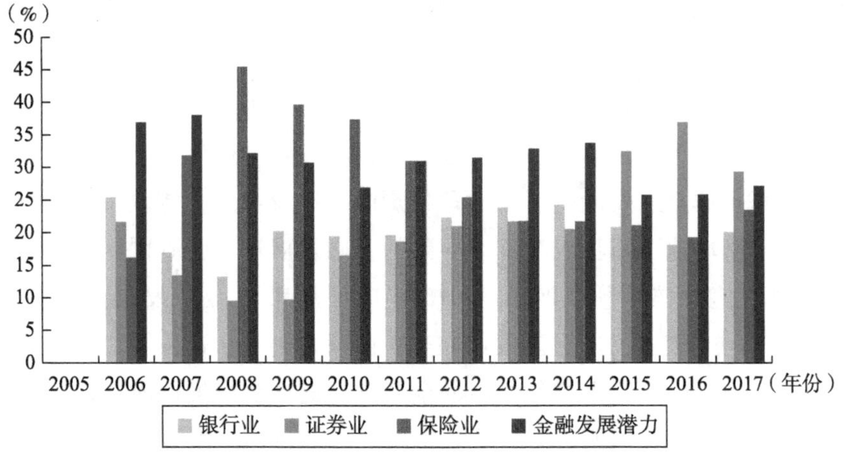

图6-14 2005—2017年中原城市群金融发展二级指标比重

注:2005年金融发展综合评价值为0,故没有其他各因素占比。

第一阶段(2006—2008年)银行业占比呈下降趋势,其中2008年银行业发展因素占金融综合评价值因素的比重达到最低13.14%,导致银行业占比下降的原因主要是2008年美国金融危机的影响,危机对金融的影响具有预期效应,早在危机爆发之前,银行业所受影响就已显现。通过与其他金融影响因素对比,我们可以发现在2006年,银行业占比仍处于第二高的地位,但到2007—2008年,银行业占比已经下降至第三,且与占比较高的金融发展潜力和保险业有相当大的差距。这表明此阶段银行业发展相对不足,对金融综合评价值贡献度下降,其原因是金融危机政府加强对银行的管制,以及危机导致的经济衰退导致银行存贷款量下降。第二阶段(2008—2009年)银行业占比逐渐上升,金融危机过后,银行业处于恢复状态。第三阶段(2009—2017年)银行业相对稳定,处于20%左右的水平。但从银行业发展因素对金融综合评价值的贡献度来看,2009—2014年,银行业贡献度位居第三,但是在

2015—2017 年银行业的贡献度已经退至第四，位于最末端。这是因为传统的银行经营模式已经不能适应金融的快速发展，互联网金融的快速发展改变了传统的金融交易模式，金融产品更加多样化，对传统银行业务的挤占导致银行业贡献处于低水平。欲提高银行业占比，需增进银行活力，提高银行的创新力，由此方可促进银行的发展。

证券业发展因素占金融综合评价值比重变化趋势可分为两个阶段。第一阶段（2006—2009 年）证券业占比呈下降趋势，至 2008 年银行业发展因素占金融综合评价值因素的比重达到最低 9.42%，导致证券业占比下降的原因主要是受 2008 年美国金融危机的影响，金融危机对证券业发展的影响尤为显著，因为金融危机的导火索就是美国过度的资产证券化。美国金融危机爆发后，传导到中国的证券市场，特别是对股票市场产生严重冲击，上证指数从 2007 年 10 月达到 6030.09 点后，于 2008 年 11 月 4 日跌至 1706.70 点，跌幅超 70%，由此可看出金融危机对证券市场的巨大危害。通过与其他金融影响因素对比，我们可以发现在这段时期，证券业对金融的贡献度已经是四大因素中最低的。第二阶段（2010—2017 年）证券业占比快速上升，并于 2015 年成为对金融贡献度最大的因素。这源于金融危机后，政府对中原城市群证券业发展的扶持，特别是对郑州发展多层级金融市场进行大力支持，使中原城市群证券业得到快速发展。

保险业发展因素占金融综合评价值比重变化趋势也可分为两个阶段。第一阶段（2006—2008 年）保险业受金融危机人们避险情绪的上升而得到快速发展，同时保险业在该段时间虽然整体发展水平不高，但是增速较快且较为稳定，于 2008 年成为对金融发展贡献最大的因素；第二阶段（2009—2017 年）保险业占比呈下降趋势，虽然在 2009—2011 年，保险仍是对金融贡献最大的因素，但其一直呈下降趋势，2011 年以后，保险对金融的贡献进一步下降，但仍然是贡献度较大的因素。

金融发展潜力在所有因素的贡献度里面，基本处于第二的位置，说明中原城市群金融发展潜力很大，金融有很大的发展空间。中原城市群长期的发展过程中，因地缘特点，河南省及周边地市的金融发展水平相对于东部沿海地区、北上广等城市来说，发展相对滞后，当然这也受中原城市群地区经济基础的影响。然而，中原城市群地处中原，是中原经济区建设、中部崛起战略的重要支点，因此多重利好政策的叠加效应必然为中原城市群的金融业发展提供良好的基础，同时经济发展的金融服务需求也必将增加金融服务，尤其是融通资金的需求，因此中原城市群的金融发展潜力相对较大，对金融发展的综合评价贡献度较高。

（四）中原城市群金融系统综合发展水平的地区差异分析

1. 中原城市群经济综合发展水平的地区差异

图 6-15 给出了 2005—2017 年中原城市群各地市金融综合发展水平的绝对差异动态特征。中原城市群金融综合评价值绝对差异变化中，标准差、极差、平均差各指标变化趋势趋近，且与银行业标准差和极差的变化趋势十分相近。从离散程度来看，平均差和标准差两条曲线的走势相近，都在 2006 年达到第一个峰值，危机后的 2009—2010 年出现第二个峰值，2010 年有所下降，之后又出现波动，但最终趋势向下，即城市金融发展水平的差异从发展角度来看逐渐趋小，但几个波峰值的年份中各城市的金融综合发展水平离散程度差异较大。极差方面，极差反映的是中原城市群金融综合水平最高和最低的城市间的差距，由图 6-15 可以看出，极差的走势和数值与标准差接近，2005—2010 年呈波动上升趋势，表明此阶段中原城市群各城市金融综合评价值差异在扩大，其原因各城市金融发展基础不一，同时在金融危机当中，各地市采取的应对政策不一。2010—2017 年呈下降趋势，表明此阶段中原城市群金融综合评价值差异在缩小，其原因在于金融危机后中原城市群各城市加大对金融发展的支持力度，中原城市群各地市的金融业得到了长足的发展。同时，互联网金融的兴起，在很大程度上实现了不同地市的金融便利化，降低了金融市场的准入门槛，参与度更高，在一定程度上缩小了不同地市的金融发展差异。

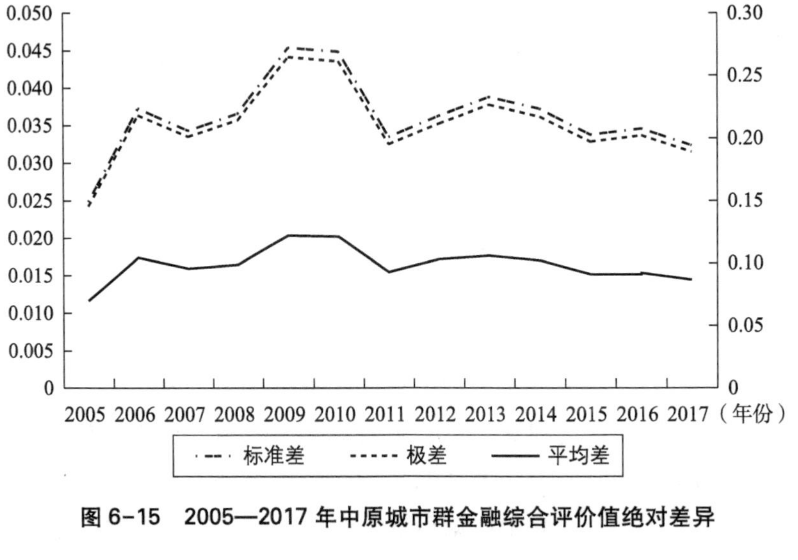

图 6-15　2005—2017 年中原城市群金融综合评价值绝对差异

图 6-16 给出了 2005—2017 年中原城市群内各地市经济综合发展水平相对差异的趋势图。从金融发展综合值的变异系数可以看出，中原城市群金融综合发展水平差异的变化总体呈上升趋势，但在 2011 年有一个峰值，之后有所下降，到 2017 年达到最高值，即说明金融综合发展的区域不平衡性在不断扩大。从调整后的加权变异系数来看，它比加权系数呈现出波动程度更大的特征，更加凸显了区域的不平衡性。

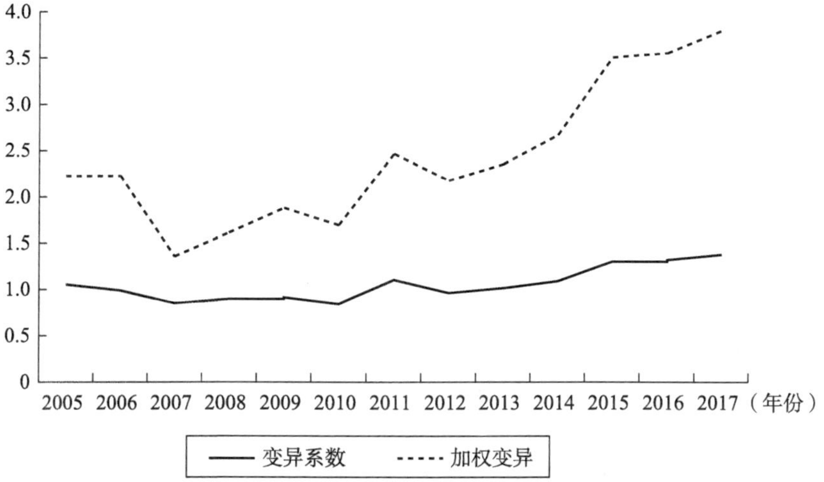

图 6-16 2005—2017 年中原城市群金融综合评价值相对差异

2. 中原城市群金融综合发展水平三个行业贡献度的地区差异

在分析中原城市群金融综合发展三个行业贡献度的地区差异时，从绝对差异、相对差异两个层面进行分析。具体分析如下。

（1）城市群银行业贡献度地区差异分析

在中原城市群金融发展评价指标体系构建中，二级指标银行业共包括了年末金融机构人民币各项存款余额、年末金融机构人民币各项贷款余额两个三级指标。通过对 2005—2017 年各城市各指标综合评价值的计算，再对银行业下的指标进行加总处理，得出 2005—2017 年中原城市群银行业的综合评价值，再代入相关公式，得到结果，如图 6-17 和图 6-18 所示。

图 6-17 给出了中原城市群银行业综合评价值绝对差异的曲线走势。从中原城市群各地市之间的银行业贡献度来看，平均差、标准差、极差三条曲线在波动中略有上涨，且各年份趋势基本一致，即各地市银行业贡献度差异逐渐增大，其中极差的增长幅度大于标准差和极差。另外，从三条曲线的位置来看，极差的值同样远高于平均差和标准差，说明中原城市群各地市银行业

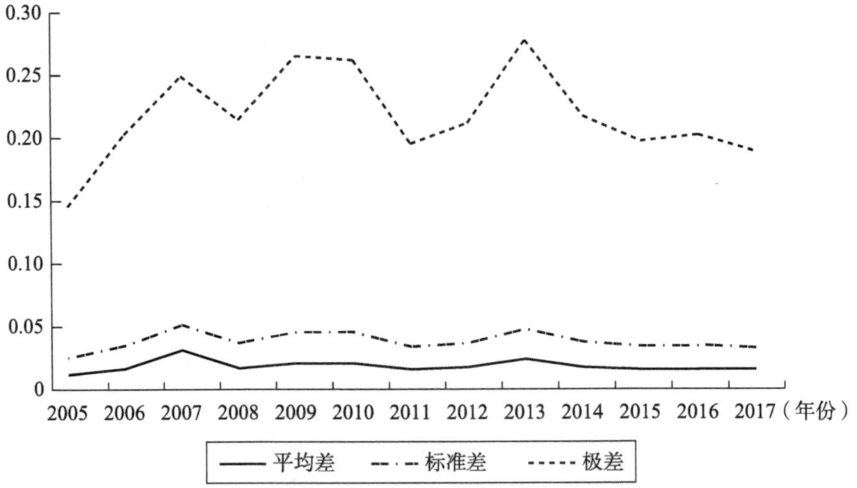

图 6-17　2005—2017 年中原城市群各地市银行业贡献度综合评价值绝对差异

贡献度的两极分化现象较为严重，即在银行业对中原城市群金融发展的贡献度上，两极分化问题比较突出。

图 6-18 给出了中原城市群各地市银行业在金融发展贡献度上综合评价值的相对差异。从图中变异系数的走势来看，2005—2017 年，变异系数整体呈现在波动中上升的趋势，即各地市银行业贡献度差异在增大，但增长率较低。其中，在 2013 年达到最低值，说明在 2013 年中原城市群各地市银行业贡献度的差异水平最小。从加权后的变异系数来看，2005—2017 年其走势与变异系数一致，但浮动略微明显，说明调整之后的变异系数更加反映出区域间银行业贡献度不均衡的特性。

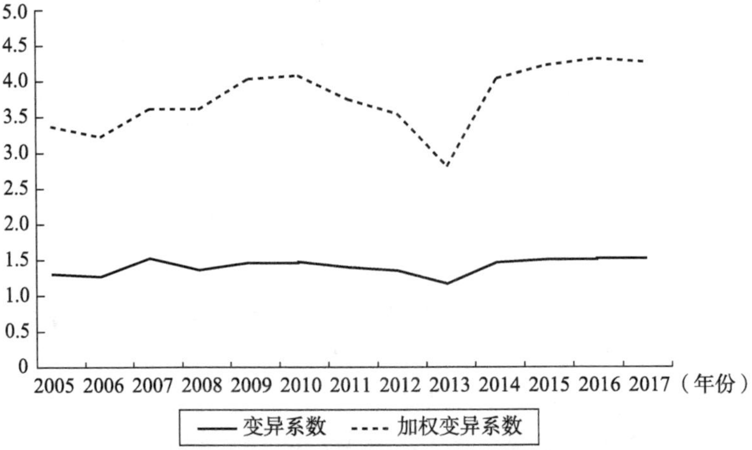

图 6-18　2005—2017 年中原城市群各地市银行业贡献度综合评价值相对差异

（2）城市群证券业贡献度地区差异分析

在中原城市群金融发展的指标体系构建中，证券业作为二级指标，包含了两个三级指标，其中包括上市公司和债券发行量。通过对 2005—2017 年各地市各指标综合评价值的计算，在对证券业下的指标进行加总处理，得出 2005—2017 年中原城市群证券业的综合评价值。再代入相关公式，得到以下结果，如图 6-19 和图 6-20 所示。

图 6-19 给出了 2005—2017 年中原城市群各地市证券业对金融发展贡献程度的绝对差异。从图中平均差、标准差和极差三者的走势可以看出，中原城市群各地市证券业贡献水平差异在逐渐减小，但地区证券业贡献度的极差和离散程度变化不太一致，说明各地市证券业贡献水平的离散程度和两极分化现象在不同的年份程度不一。此外，从标准差、平均差和极差的位置来看，极差依旧远高于前两者，说明证券业在金融发展贡献率上，各地市产生差异的最主要问题是两极分化现象。同时，地区证券业贡献度发展不平衡的问题同样存在。

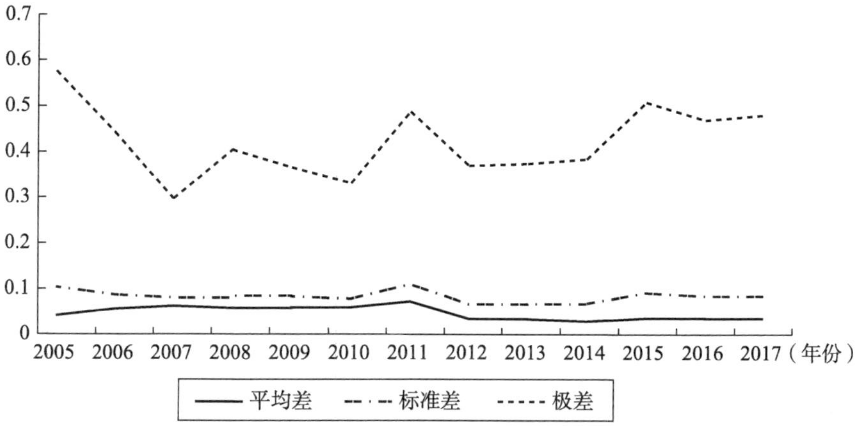

图 6-19　2005—2017 年中原城市群各地市证券业贡献率综合评价值绝对差异

图 6-20 给出了中原城市群各地市证券业贡献程度的相对差异。从变异系数来看，2005—2017 年呈现下降趋势，但其中有增减起伏，说明证券业对各地市金融发展的贡献程度随着年度的变化逐渐波动，最终呈下降趋势，其中 2011 年达到一个较高值。从加权后的变异系数来看，加权后变异系数更能反映出不同年份地区间证券业贡献度的差异，从图中来看其整体呈现一个向左倾斜的“U”形，但整体趋势与变异系数相一致，说明从 2005—2017 年中原

城市群各地市证券业贡献率的差异所有降低。

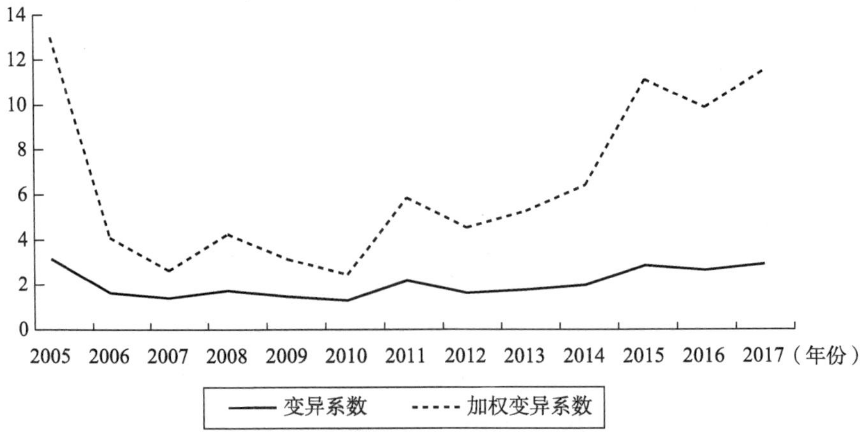

图 6-20　2005—2017 年中原城市群各地市证券业贡献率综合评价值相对差异

（3）城市群保险业贡献度地区差异分析

在中原城市群金融发展的指标体系构建中，保险业作为二级指标包含了 3 个三级指标，其中包括保费收入、保险深度和保险密度。通过对 2005—2017 年各地市各指标综合评价值的计算，在对保险业下的指标进行加总处理，得出 2005—2017 年中原城市群保险业的综合评价值。再代入相关公式，得到以下结果，如图 6-21、图 6-22 所示。

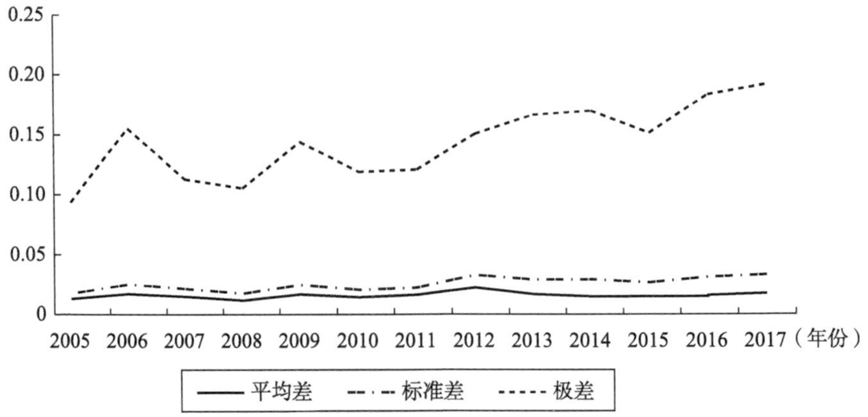

图 6-21　2005—2017 年中原城市群各地市保险业贡献率综合评价值绝对差异

图 6-21 给出了中原城市群各地市保险业对金融发展贡献程度的绝对差异。从图中平均差、标准差和极差三者的走势可以看出，各地市保险业贡

献度差异有所增长。从三者的位置可以看出，影响地市间保险业贡献度差异的依旧是两极分化现象，同时也存在保险业对金融发展贡献度不均衡的问题。

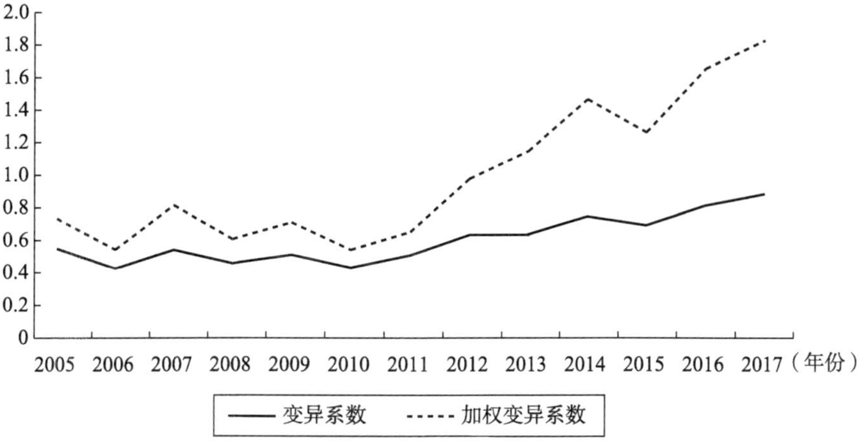

图 6-22　2005—2017 年中原城市群各地市保险业贡献率综合评价值绝对差异

图 6-22 对 2005—2017 年中原城市群各地市保险业贡献度的相对差异进行展示。从变异系数来看，各地市保险业贡献度差异呈上升趋势。从修正后的变异系数来看，各年份差异的波动更加明显，特别是 2011 年之后，增幅较大，说明各地市保险业对金融发展的贡献程度不均衡状况较为严重。

（五）中原城市群金融综合发展水平的空间分异特征（表 6-8）

表 6-8　中原城市群各地市金融综合评价值的空间分布状况

年份	自然间断点分级区间	地市分布
2005	0.1675~0.6193	郑州、淮北
	0.1071~0.1674	洛阳、新乡、邯郸
	0.0754~0.1070	安阳、焦作、许昌、平顶山、南阳、邢台、长治、晋城、运城、阜阳、蚌埠、聊城
	0.0358~0.0753	开封、濮阳、商丘、周口、驻马店、信阳、漯河、三门峡、宿州、菏泽
	0.0098~0.0357	鹤壁、济源、亳州

续表

年份	自然间断点分级区间	地市分布
2012	0. 2577~0. 9558	郑州
	0. 1737~0. 2576	洛阳、邯郸、长治、晋城、聊城
	0. 1273~0. 1736	新乡、焦作、平顶山、南阳、濮阳、邢台、运城、阜阳、菏泽
	0. 0912~0. 1272	安阳、许昌、周口、商丘、驻马店、信阳、亳州
	0. 0295~0. 0911	鹤壁、济源、漯河、三门峡、蚌埠、淮北、宿州
2014	0. 2390~0. 9393	郑州
	0. 1351~0. 2389	洛阳、济源、南阳、邢台、邯郸、阜阳
	0. 1065~0. 1350	安阳、新乡、焦作、周口、长治、晋城、运城、聊城、菏泽
	0. 0569~0. 1064	开封、许昌、平顶山、驻马店、信阳、商丘、三门峡、亳州、蚌埠、淮北、宿州
	0. 0218~0. 0568	鹤壁、濮阳、漯河
2017	0. 1652~0. 9969	郑州
	0. 1282~0. 1651	洛阳、南阳、邯郸、阜阳
	0. 0884~0. 1281	安阳、新乡、焦作、信阳、邢台、长治、运城、亳州、聊城、菏泽
	0. 0520~0. 0883	开封、濮阳、商丘、许昌、平顶山、周口、驻马店、晋城、蚌埠、宿州
	0. 0120-0. 0519	鹤壁、济源、三门峡、淮北

注：限于篇幅和空间，该表中只列示了比较有代表性的 2005 年、2012 年、2014 年、2017 年的相关数据资料，其他年份的数据，以及各地市的具体数据可以向作者索取。

利用 Arc GIS10. 0 软件划分的中原城市群各城市金融综合评价值结果共分五个等级。从整体态势来看，2005—2017 年，中原城市群金融综合水平呈现以郑州为首，北部、西部地市紧随其后，东部、南部城市发展较落后的空间格局。除此之外，随着时间的变化，各地市金融综合水平在不断上升。从年份变化来看，首先，2005 年，高金融综合评价值的地市，重点集聚在中原城市群西北部地区，低金融综合评价值的地市，则主要集聚在中原城市群的东南部地区。其次，2005—2012 年中原城市群高金融综合评价值集聚重心转移至中原城市群北部，而低金融综合评价值集聚重心由中原城市群的东南部向东部扩张。再次，2012—2014 年，中原城市群高金融综合评价值的地市所集聚的北部重心有所弱化，并产生新的西南部重心，中原城市群低金融综合评价值集聚在城市群东南部。最后，2014—2017 年中原城市群金融综合评价值高的地市，则主要集中在中原城市群西南部，低金融综合评价值城市的重心由原来的东南部，扩张到东部和北部。

如表 6-9 所示，从整体空间分布态势来看，2005—2017 年中原城市群金融综合发展水平基本呈现郑州“一枝独秀”，2006 年淮北市的金融综合评价值还处在“良”，在后来的年份里只剩下郑州处在“优”的位置，其余城市均处在“差”。从时间推移角度来看：首先，在 2005 年时只有一个良好水平的淮北市，一个中等水平的城市郑州市，其他城市的金融发展综合评价值水平皆为差，表明在 2005 年，中原城市群金融发展水平普遍偏低，这是因为中原城市群地处内陆，金融发展金融相对薄弱，在 2005 年金融尚处于刚起步阶段，故普遍发展偏低。其次，从 2005—2012 年，中原城市群中郑州“一枝独秀”，其金融发展综合评价值上升至优秀，而其他城市金融发展综合评价值水平皆为差。最后，2012—2017 年延续这种发展态势未变，郑州作为中原城市群区域金融中心的地位明显。造成这种发展格局的原因是在中原城市群各城市发展中，郑州作为河南的省会城市，无论是金融发展还是经济发展水平都相对较高，而且在中原城市群的发展规划中，政府目的就是要把郑州建设成中原城市群的区域金融中心，乃至中部地区的金融中心。因此，对郑州的金融发展支持力度相对较大并且具有政策倾斜明显，中原城市群大部分金融资源集聚到郑州，而使得郑州金融得到快速发展，所以未来期望以郑州金融集聚带动中原城市群其他各城市的发展。

表 6-9　中原城市群各地市金融综合发展水平的空间分布

年份	自然间断点分级区间	地市分布
2005	优	无
	良	淮北
	中	郑州
	差	中原城市群除淮北、郑州之外的 28 个地市
2012	优	郑州
	良	无
	中	无
	差	中原城市群除郑州之外的 29 个地市
2014	优	郑州
	良	无
	中	无
	差	中原城市群除郑州之外的 29 个地市

续表

年份	自然间断点分级区间	地市分布
2017	优	郑州
	良	无
	中	无
	差	中原城市群除郑州之外的 29 个地市

注：限于篇幅和空间，该表中只列示了比较有代表性的 2005 年、2012 年、2014 年、2017 年的相关数据资料，其他年份的数据，以及各地市的具体数据可以向作者索取。

第七章 中原城市群经济与金融系统耦合协调发展分析

一、中原城市群经济与金融耦合协调发展研究方法的确定

当前理论界对区域经济与区域金融协调发展状态进行了许多有益的探索，主要是引入物理概念耦合度及耦合协调度进行分析，方法大致有三种，即利用耦合协调度模型进行判断、运用 DEA 效率分析判断耦合效率和使用灰色关联模型进行判断。各种方法各有优劣，但也有不足之处，具体说明如下。

DEA 效率分析方法在评价经济与金融的协同发展情况时，只能在当前的技术前沿面下相对于最优协调发展给出有效和无效的结论，无法判断两系统耦合协调发展的具体状态。且 DEA 方法要求受评的 DUM 数至少为“投入”与“产出”项个数之和的两倍或两倍以上，否则会出现过度识别问题。本书中金融系统指标数包含 10 个，经济系统的指标数包含 17 个，共 27 个指标，中原城市群包含的地级市有 30 个，地级市的个数小于指标数的 2 倍。因此，本书若采用数据包络 DEA 方法，无法避免应该会出现过度识别问题。

使用灰色关联模型与耦合度方法相类似，能够根据灰色关联模型得出不同关联系统的关联程度，能够判断出关联度的高低，但无法判断这种关联度是在什么层次上实现高度（或低度）关联。换句话说，引用灰色关联度方法，能够判断地区经济发展与金融发展之间是高度关联还是低度关联，但无法判断这种关联是高度协调下的关联，还是低度协调下的关联。不同的协调状况，即使关联度很高，对两地经济与金融的共荣共生发展效果是不同的。如某地区经济与金融发展在高度关联但低度协调的状态下发展，由于协调比较低效且摩擦较多，长期以来，这样的发展对金融能动作用的发挥以及两者共荣共生是不利的。

以上分析中的问题都限制着数据包络 DEA 方法和灰色关联度模型在中原城市群经济与金融共生发展效率评价上的应用。而耦合协调度模型是在耦合度模型的基础上提出的，即在通过耦合度模型判断两系统的耦合状态（高度

耦合、低度耦合）的基础上，判断两个系统是在高耦合度（低度耦合）水平上的高度协调（低度协调），还是在高耦合度（低度耦合）水平上低度协调（高度协调）。该方法既能够克服 DEA 方法在本书应用中的不足，又能弥补灰色关联模型无法判断两者协调发展状态的不足。

鉴于此，本书的研究通过引入耦合度与耦合协调度的概念，从理论上探讨区域金融与区域经济的耦合机理：构建中原城市群经济发展与金融发展的评价指标体系，运用耦合度与协调度模型测度中原城市群经济、金融的耦合协调发展状况，深层次分析中原城市群耦合度与耦合协调度变化的时序特征及空间分布特征，并运用地理探测器方法对耦合度与耦合协调度的内外在驱动机制进行分析，以期为推动中原城市群经济与金融耦合协调发展提供决策参考。

二、中原城市群经济与金融耦合协调发展分析的逻辑思路与评价方法

（一）区域经济发展与金融发展的耦合机理

区域经济发展推动区域金融发展，区域金融发展又为区域经济发展提供资金配置等服务而成为其发展的动力。二战后，建立的以美元为中心的国际货币制度安排，使美国经济实现飞速发展，金融对经济发展巨大的推动作用已毋庸置疑。同样 21 世纪初爆发的美国次贷危机引发的全球经济危机、金融危机，也同样证明了金融发展对经济不只具有正向的推动作用，若经济发展与金融发展不匹配，对经济的“摧毁”能力也是巨大的。当前中原城市群发展依然面临着较为严峻的宏观环境：全球经济后危机时期、经济新常态等，经济转型升级依然是经济发展的主要趋势。另外，当前金融领域同样面临着诸多挑战。因此，如何更好实现区域经济与区域金融的协调发展，依然是学术界普遍关注的问题，也是中原城市群当前应该着力研究的重要课题。

在区域发展的框架下，区域经济与区域金融相互依存，相互促进。因此，本书将区域经济与区域金融两个子系统相互作用的关系界定为耦合关系。该耦合关系是一个内容广泛、结构复杂的开放的巨系统，深入理解该耦合系统是创新性的解决区域金融—区域经济协调发展的首要问题。首先，区域金融发展对区域经济发展具有重要的促进作用。一方面，金融发展可以提升资金配置效率、金融服务效率，据此为区域经济发展提供充足的资金支持，并通过合理高效的资金配置手段及金融服务，引导经济结构实现转型和升级；另一方面，金融发展有利于区域间信息透明化的提升，以及改善区域营商环境，

这些均是区域经济健康发展必不可少的前提条件。其次，区域经济发展对金融的发展也具有巨大的推动作用。一方面，区域经济发展强化了金融发展的内在动力——居民收入的提高、企业生产能力的提升；另一方面，区域经济发展也优化了金融发展的环境——金融生态的改善及信息化工程的提升。总之，区域经济发展是基础，区域金融发展是重要支撑，两个子系统的相互作用最终决定了其耦合协调发展的状态。只有实现两者高度协调发展，才能寻求两者实现良性共生，若忽视两者的协调发展，将会致使两者组成的耦合系统，甚至整个城市群区域发展系统陷入失衡与混乱①。

（二）指标体系与数据来源

本书运用多指标综合评价方法，分别构建了中原城市群经济发展与金融发展的综合评价指标体系，如表 7-1 所示。

表 7-1　经济发展与金融发展综合评价指标体系

目标层	准则层	指标层
F 金融发展	F_1 银行业发展	F_{11}：金融机构人民币各项存款余额（亿元）；F_{12}：年末金融机构人民币各项贷款余额（亿元）
	F_2 证券业发展	F_{21}：证券业发展指标包括上市公司数量（家）；F_{22}：债券发行量（亿元）
	F_3 保险业发展	F_{31}：保费收入（亿元）；F_{32}：保险深度（%）；F_{33}：保险密度（元/人）
	F_4 金融发展潜力	F_{41}：城镇单位金融业从业人数（万人）；F_{42}：移动电话年末用户数（万人）；F_{43}：互联网宽带接入用户数（万户）
E 经济发展	E_1 经济规模	E_{11}：地区生产总值（亿元）；E_{12}：人均地区生产总值（亿元）；E_{13}：公共财政收入（亿元）；E_{14}：规模以上工业企业数（家）；E_{15}：社会消费品零售总额（亿元）；E_{16}：固定资产投资（不含农户）（亿元）
	E_2 经济结构	E_{21}：第一产业占 GDP 的比重（%）；E_{22}：第二产业占 GDP 的比重；E_{23}：第三产业占 GDP 的比重（%）；E_{24}：城镇单位第一产业从业人员占比；E_{25}城镇单位第二产业从业人员占比（%）；E_{26}：城镇单位第三产业从业人员占比（%）、E_{27}：外贸依存度（%）、E_{28}：收入分配结构（%）、E_{29}：城镇化率（%）
	E_3 经济效益	E_{31}：GDP 增长率（%）；E_{32}：规模以上工业企业利润总额（亿元）

注：外贸依存度为进出口总额（亿美元）×当年平均汇率/GDP；收入分配结构为在岗职工工资总额/GDP。

① 朱江丽，李子联，2015. 长三角城市群产业—人口—空间耦合协调发展研究［J］. 中国人口·资源与环境，25（2）：75-81.

本书研究的具体对象是中原城市群整体及各地市，数据来源为2006—2018年《中国城市统计年鉴》《河南统计年鉴》《河北统计年鉴》《山东统计年鉴》《山西统计年鉴》《安徽统计年鉴》及地方统计年鉴。

（三）综合评价值的测算方法与评级标准

1. 综合评价值评价模型——耦合协调度评价模型

首先构建评价中原城市群经济与金融耦合评价模型，借鉴物理学中的耦合模型，公式为：

$$C=2\times\sqrt{\frac{u_\alpha\times u_\beta}{(u_\alpha+u_\beta)^2}} \tag{7.1}$$

式中，C 表示耦合度，取值在0~1，2为子系统个数，u_α，u_β 分别为两系统的综合评价值。在此基础上引入耦合协调度模型，更加全面地评价中原城市群经济与金融发展的协调发展水平，公式为：

$$\begin{cases}D=\sqrt{C\times T}\\T=\alpha u_\alpha+\beta u_\beta\end{cases} \tag{7.2}$$

式中，D 表示耦合协调度，取值在0~1，T 为子系统综合调和指数，α、β 为待定系数，设定为 $\alpha=\beta=0.5$。

2. 耦合度与耦合协调度的评价标准

对耦合度与耦合协调度的类别划分，目前学术界尚无统一标准，本书在先前研究的基础上，结合中原城市群经济与金融系统的实际特征，将耦合度与耦合协调度分别划分为五个层次，如表7-2所示。

表7-2　耦合度与耦合协调程度分布区间及类别划分

分布区间	耦合程度	耦合协调程度
0~0.2	失调状态	失调状态
0.2~0.5	低度耦合	低度协调
0.5~0.8	中度耦合	中度协调
0.8~0.9	良好耦合	良好协调
0.9~1.0	优质耦合	优质协调

三、中原城市群经济发展与金融发展的耦合协调现状与空间分异

（一）中原城市群耦合度和耦合协调度的时变特征

本部分从中原城市群耦合度与耦合协调度在时间上的发展演变，探究两

系统耦合协调发展的现状与规律，又进一步深度挖掘各年份造成经济与金融两系统耦合度与耦合协调度较低的原因，以便从更深层次理清两系统耦合度与耦合协调度在时间轴上的变化趋势和演变规律。

1. 中原城市群经济与金融耦合度与耦合协调度的发展演变

如图 7-1 所示，整体上中原城市群耦合度和耦合协调度呈现逐年上升的趋势，这意味着中原城市群经济发展与金融发展的协同发展状况在逐年改善，但是两者的变化趋势存在相对较大的差异：耦合度在 2009 年以前增速明显，且之后一直处于高位，呈现出优质耦合的特征；耦合协调度基本稳步增长，不断地上升到优质协调的地步。基于演变的过程及结果来看，中原城市群在总体上，经济与金融在发展速度、发展状态上相互匹配度较高。但是耦合协调度方面相对滞后，也就是说虽然两系统的相关指标变动的匹配度较高，但是并不一定是高效的耦合，协调程度上还存在一定的问题，如 2005—2009 年，经济与金融两个子系统处于低度协调状态，2010—2014 年两个子系统处于中度耦合协调状态，2015—2016 年处于良好耦合协调状态，在 2017 年才达到优质耦合协调状态。

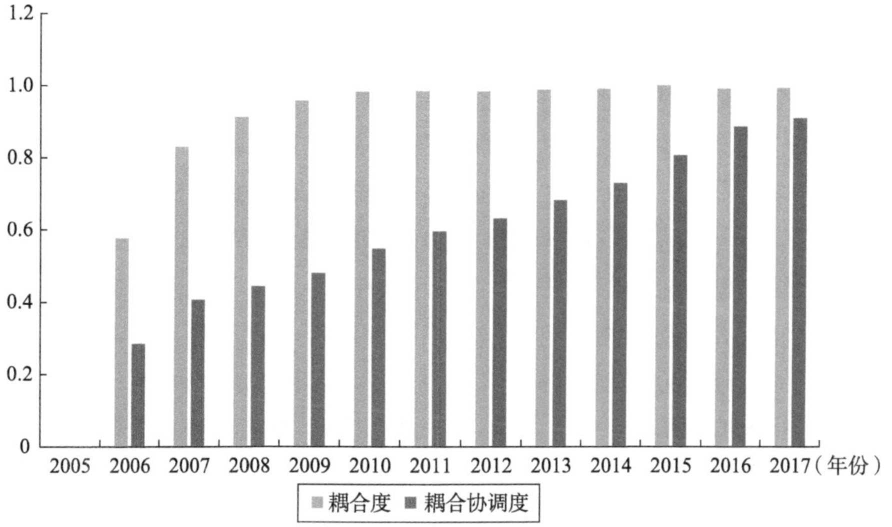

图 7-1 经济与金融系统耦合度、耦合协调度测度结果

2. 中原城市群耦合度与耦合协调度状态与原因分析

表 7-3 2005—2017 年中原城市群耦合度与耦合协调度状态分析

年份	u_e	u_f	耦合度	协调度	耦合协调状态	原因
2005	0.2318	0	0	0	严重失调	金融滞后
2006	0.2561	0.0266	0.5840	0.2873	中度耦合低度协调	金融滞后
2007	0.3095	0.0652	0.7582	0.3769	良好耦合低度协调	金融滞后
2008	0.3047	0.1270	0.9113	0.4435	优质耦合低度协调	金融滞后
2009	0.3099	0.1722	0.9583	0.4806	优质耦合低度协调	金融滞后
2010	0.3622	0.2514	0.9836	0.5493	优质耦合中度协调	金融滞后
2011	0.4237	0.3008	0.9855	0.5975	优质耦合中度协调	金融滞后
2012	0.4778	0.3366	0.9848	0.6333	优质耦合中度协调	金融滞后
2013	0.544	0.4057	0.9893	0.6854	优质耦合中度协调	金融滞后
2014	0.6109	0.4712	0.9916	0.7325	优质耦合中度协调	金融滞后
2015	0.6468	0.6560	1.0000	0.8071	优质耦合良好协调	经济滞后
2016	0.6901	0.8974	0.9914	0.8871	优质耦合良好协调	经济滞后
2017	0.7375	0.9310	0.9933	0.9103	优质耦合优质协调	经济滞后

注：u_e 为经济子系统对耦合系统的总功效，u_f 为金融子系统对耦合系统总功效。

中原城市群各地市经济与金融的良好协调发展，需要使耦合度和耦合协调度两个方面同时满足。而从上表显示的结果来看，两者之间长期是处于不匹配的状态，整体来看，中原城市群经济与金融两系统的耦合协调度要低于耦合度，也表明两者之间的发展没有达到较好的互动，且造成的原因也在发生变化。造成经济与金融发展两者之间的不匹配状态的原因可能是经济领域，也可能是金融领域，2005—2014 年是由于金融发展滞后，金融支持经济发展的动力相对欠缺，金融服务及服务效率有待提高；而随着技术水平的提升和金融创新的发展，金融市场不断成熟，尤其是科技金融和互联网技术的运用等，使得在 2015—2017 年，由于经济发展滞后造成两系统耦合协调度较低。

（二）中原城市群经济与金融耦合度地区差异分析

本部分在分析中原城市群经济与金融两系统耦合度地区差异时，主要是从两系统耦合发展的绝对差异、相对差异两方面来进行的。绝对差异指标的选择同样表现耦合发展两极分化状况的极差，以及衡量两系统耦合发展的离散程度的平均差、标准差两个指标。相对差异选取同样为衡量两系统耦合发展的地区均衡程度的变异系数与加权变异系数两个指标。

1. 中原城市群经济与金融耦合度发展地区差异

如图 7-2 所示给出了中原城市群各地市经济与金融两系统耦合度的绝对差异变化趋势。由图中极差、平均差、标准差三条曲线的走势可以看出，2005—2012 年中原城市群经济与金融两系统耦合度极差振动较大，先增后减，这意味着在这段时间各地市间两系统耦合度的两极分化现象先恶化后有所缓解。平均差、标准差虽也经历了先增后减的态势，但整体振动幅度不大，远小于极差的变动幅度，这说明各地市两系统耦合度的发展，先经历了离散程度加深，后减少的历程，但总体变化不大。2012—2017 年三条曲线都呈现上升趋势，且极差上升的幅度较快，说明中原城市群各地市两系统耦合度发展速度差异较大，呈现两极分化情况快速爬升的趋势，离散程度虽有所上升，但上升程度不大。另外，从极差、平均差与标准差三条线的位置可以看出，极差远大于平均差、标准差，这说明中原城市群经济与金融两系统耦合度发展中的典型特征是严重的两极分化现象。中原城市群经济与金融两系统耦合度表现出来的特征，说明中原城市群各地市经济与金融耦合度高的城市，其耦合情况改善速度也远大于耦合度地的城市，并且出现了耦合度“领头羊”城市，其他城市间的差异并不大，才会造成城市群各地市两系统耦合度两极分化现象远大于各地市的离散程度的现象。

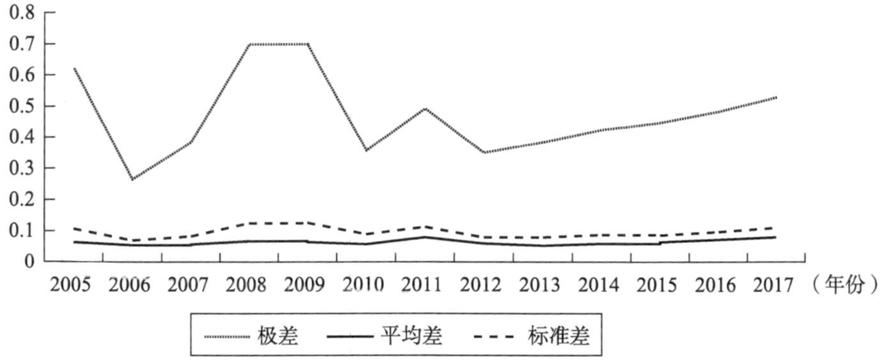

图 7-2 2005—2017 中原城市群经济与金融耦合度的绝对差异

如图 7-3 所示给出了 2005—2017 年中原城市群各地市经济与金融两系统耦合发展相对差异的变化趋势。由图中变异系数与加权变异系数两条曲线的走势可以看出，中原城市群经济与金融系统耦合度的发展变化从 2012 年分成了两个阶段：2005—2012 年各地市两系统耦合度发展情况并不稳定，先后经历了两个阶段的上升，两个阶段的下降，说明在这一时期两系统耦合协调发展情况不均衡确实存在，但发展演变并不稳定。自 2012 年开始至 2017 年，30 个地市两系统耦合发展状况的经历了稳步上升阶段，说明两系统耦合发展的地区不均衡发展特征呈现日渐加剧情况。加权变异系数是将各地市耦合度的占比作为权重，对变异系数进行修正的指标，较变异系数更能体现地区间发展的不均衡性。由两条曲线的位置可以看出，加权变异系数较变异系数小，意味着中原城市群两系统耦合发展的地区不均衡性现象，并不如变异系数体现的那么大，变异系数高估了地区间耦合发展的不均衡性。

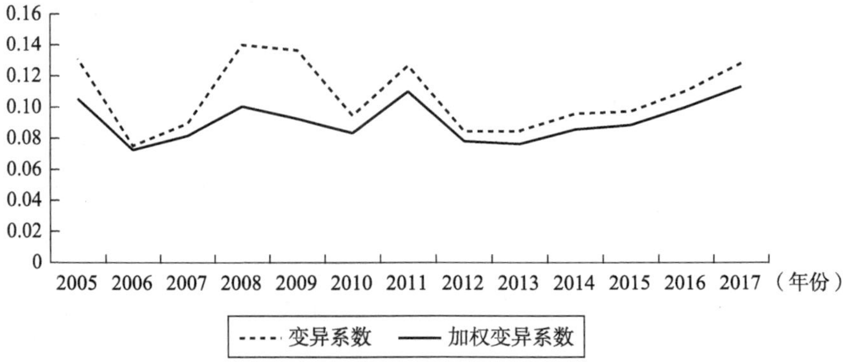

图 7-3　2005—2017 中原城市群各地市经济与金融耦合度的相对差异

2. 中原城市群经济与金融耦合度协调度的地区差异分析

如图 7-4 所示给出了中原城市群各地市经济与金融耦合协调度绝对差异的变化趋势。由图中平均差、标准差、极差三条线的走势可以看出，平均差自 2012 年后走势不同于极差与标准差的缓步上升的态势，出现了下降的趋势。平均差曲线的这一变化特征说明，从 2012 年开始，各地市间两系统耦合协调发展情况与均值的差异在减少。但各地市两系统耦合协调发展的标准差远大于平均差，且在 2012 年走了一个与平均差完全相反的趋势，说明各地市间两系统耦合协调发展离散程度加深的原因是，耦合协调度偏离均值较远的数值变得更大或更小。换句话说，造成各地市耦合协调度离散程度加深的原因是两极分化进一步加大。另外，由极差曲线的走势也可看出，自 2012 年开始中原城市群两系统之间耦合协调发展两极分化现象呈现缓慢恶化的趋势。但从极差、标准差的位置来看，中原城市群各地市经济与金融两系统耦合协调发展，同时存在两极分化及离散化特征，自 2012 年后离散化特征要比两极分化情况稍重。

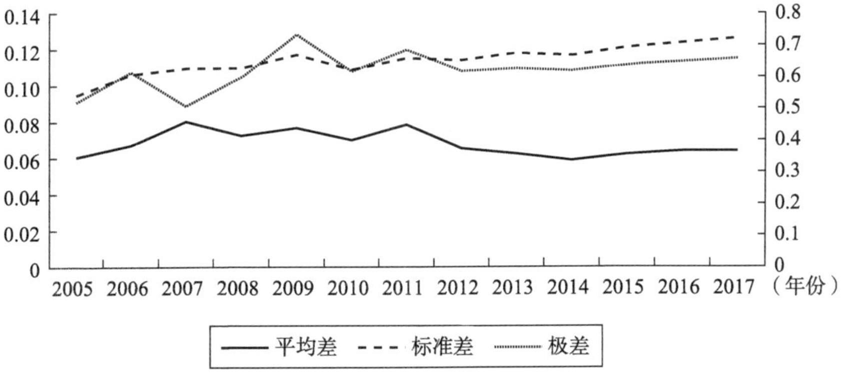

图 7-4　2005—2017 城市群各地市经济与金融耦合协调度绝对差异

图 7-5 给出了 2005—2017 年中原城市群各地市经济与金融系统耦合协调发展相对差异的变化趋势。由图中两条曲线的走势可以看出，变异系数与加权变异系数的曲线经历着缓慢的上升阶段，即中原城市群经济与金融两系统耦合协调发展地区不均衡性有所上升。另外，从变异系数与加权变异系数两个指数的大小来看，变异系数低估了城市群两系统耦合协调发展的区域均衡性，即中原城市群 30 个地市两系统耦合协调发展的不均衡程度比变异系数反映的程度更深。

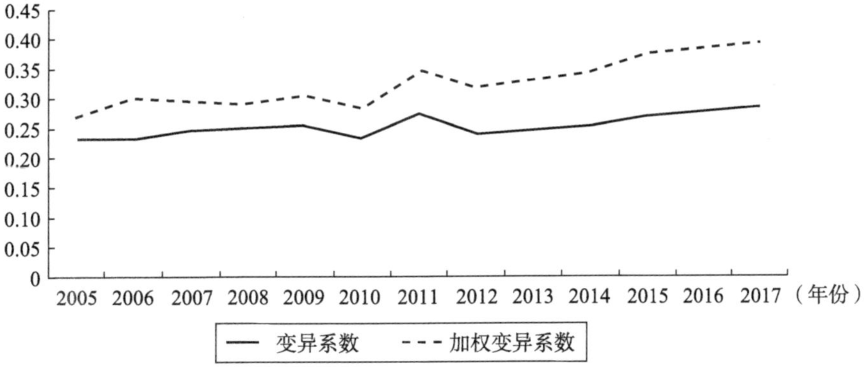

图 7-5　2005—2017 年城市群各地市经济与金融耦合协调度相对差异

（三）耦合度与耦合协调度的空间分布特征

为了进一步研究中原城市群各地市之间经济与金融两系统耦合协调发展

的空间分布情况，本书利用 ArcGIS 10.1 软件中的自然裂点法，将中原城市群经济与金融两个子系统的耦合度与耦合协调度，按照本研究设定的分布判断准则划分为 4 个类型区域，分别命名为低度耦合（耦合协调）、中度耦合（耦合协调）、良好耦合（耦合协调）、优质耦合（耦合协调）。

1. 中原城市群经济与金融两系统耦合度空间分布特征

由于涉及的年份较多，所以研究列示了比较有代表性，且具转折意义的 2005 年、2012 年、2014 年、2017 年的中原城市群经济与金融耦合度空间分布状况，如表 7-4 所示。从耦合度来看，四个时点上耦合度处于最高层次城市数最多的在 2012 年，大部分城市均处于优质耦合状态；2017 年耦合度梯度差异开始显现，具体的演变特征如下。

总体特征。2005—2012 年，中原城市群耦合度重心向中部和西北部转移，且范围有扩大趋势；2012—2014 年，高耦合地市重心向中部收缩；2015—2017 年，高耦合地市重心进一步向郑州收缩，其中 2016 年，耦合度严重下降，高耦合城市只剩下郑州和邯郸。

各阶段特征。第一阶段：2005—2012 年中原城市群耦合水平不断提升。虽然这个过程中经历了美国的次贷危机，仍然没有改变两系统耦合度上升的态势。具体原因为 2005—2008 年中国经济正处于高速发展时期，这段时期内，中原城市群的经济和金融都以较高速度增长，这段时间的经济与金融耦合度大幅提升。2008 年爆发全球金融危机，对各国金融业产生严重不良影响，但由于中国金融开放程度相对较低，在金融方面受金融危机影响小，加之中国政府在危机时实施的积极性的经济刺激计划，中原城市群的经济与金融反而在金融危机中逆势发展，经济与金融的耦合度也进一步提高。第二阶段：2012—2014 年中原城市群耦合水平不断回落。主要原因是中国经济逐步进入新常态，经济增速由原来的高增速降为中高速，这段时间经济与金融的发展水平增速接近，但在对整个中原城市群经济与金融耦合系统的贡献来看，经济的贡献仍比金融大很多。在这段时间，经济与金融的耦合度有略微下降。第三阶段：2014—2017 年中原城市群耦合水平进一步回落。在这段时间，一个明显的特征就是金融在 2014 年增速大幅提升，并于 2015 年超越经济在整个系统中的贡献，金融的大幅增速与经济的疲软使得中原城市群各地市的耦合度下降，在 2016 年之后，金融的发展速度又趋于平稳，与经济发展速度相接近，经济与金融耦合度有小幅的回升。

表 7-4　中原城市群经济与金融系统耦合度的空间分布

年份	自然间断点 分级的耦合等级	地市分布
2005	优质耦合	郑州、邯郸、阜阳
	良好耦合	安阳、濮阳、新乡、焦作、洛阳、平顶山、许昌、漯河、周口、商丘、驻马店、邢台、长治、晋城、运城、蚌埠、淮北、聊城
	中度耦合	开封、南阳、信阳、三门峡、亳州、宿州、菏泽
	低度耦合	鹤壁、济源
2012	优质耦合	郑州、洛阳、平顶山、商丘、周口、焦作、安阳、南阳、濮阳、漯河、新乡、驻马店、邢台、邯郸、长治、晋城、运城、聊城、菏泽、阜阳、蚌埠、亳州
	良好耦合	济源、许昌、信阳、三门峡、淮北、宿州
	中度耦合	开封、鹤壁
	低度耦合	无
2014	优质耦合	郑州、安阳、新乡、济源、洛阳、平顶山、南阳、商丘、邢台、邯郸、长治、晋城、运城、阜阳、宿州
	良好耦合	焦作、开封、许昌、周口、驻马店、信阳、三门峡、蚌埠、淮北、聊城、菏泽
	中度耦合	鹤壁、漯河
	低度耦合	无
2017	优质耦合	郑州、安阳、新乡、洛阳、南阳、信阳、邢台、邯郸、长治、运城、阜阳、亳州
	良好耦合	濮阳、许昌、平顶山、商丘、周口、晋城、蚌埠、宿州、聊城、菏泽
	中度耦合	开封、漯河、驻马店、三门峡、淮北
	低度耦合	鹤壁

注：限于篇幅和空间，该表中只列示了比较有代表性的 2005 年、2012 年、2014 年、2017 年的相关数据资料，其他年份的数据，以及各地市的具体数据可以向作者索取。

2. 中原城市群经济与金融耦合协调度空间分布特征

在分析中原城市群经济与金融系统耦合协调发展空间分布特征时，依然选择了具有代表性的 2005 年、2012 年、2014 年、2017 年的数据资料进行研究，如表 7-5 所示。根据本研究划分的耦合协调发展的评价标准，将中原城市群经济与金融系统耦合协调分为优质协调、良好协调、中度协调、低度协调四个层次。从中原城市群经济与金融耦合协调发展的整体特征来看，中原城市群经济与金融协调类型以低度协调为主，没有处于失调状态的地市。这反映中原城市群各地市经济发展与金融发展相互匹配度不高，导致其共生的协调度不高的特点，从耦合协调发展的空间分布来看，中原城市群经济与金融系统耦合协调发展呈现中部高、四周低，西部高、东部低的空间分布格局。

具体来看，2005 年中原城市群仅有四个地市为中度协调，其他市均为低度协调，这反映了中原城市群中大多数地市经济与金融的协调度处于低水平。2006—2012 年中原城市群协调度略有提升，唯有郑州由中度协调上升至优质协调，其余 4 个中度协调地市位于城市群西北部，剩余地市全部为低度协调；2012—2014 年，中原城市群协调水平大幅下降仅剩郑州为优质协调，洛阳为中度协调，其他地市皆为低度协调；2015—2017 年，中原城市群协调度进一步下降，仅剩郑州为优质协调，而其他地市皆降为低度耦合，中原城市群各地市协调水平进一步恶化。究其原因：一是对于经济而言，自中国经济进入新常态后，中原城市群面临经济结构的调整与转型，经济由粗犷式发展转为高质量发展，在这个转型的过程中，经济增速明显放缓，且经济转型过程比较缓慢，面临落后产业转移以及寻找经济增长新动力双重难题，经济增速下滑，且经济对金融的促进效应减弱。二是中原城市群地处内陆，其金融发展基础相对薄弱，唯有郑州、洛阳等少数地市金融发展水平尚可，金融对经济的支持作用有限，不能实现与经济的良好互动关系。

郑州作为中原城市群建设的核心，无论是经济还是金融发展都处于领先水平，其经济与金融发展无论是耦合度还是耦合协调度都属于优质，未来中原城市群各地市发展可以郑州为中心和重心，努力提升自身的经济、金融发展水平，注意经济金融的耦合协调发展，使经济与金融发展之间的促进支持作用不断提升。

表 7-5　中原城市群经济与金融系统耦合协调度空间分布图

年份	自然间断点分级的协调等级	地市分布
2005	优质协调	无
	良好协调	无
	中度协调	郑州、洛阳、邯郸、淮北
	低度协调	中原城市群除郑州、洛阳、邯郸、淮北之外的 26 个地市

续表

年份	自然间断点分级的协调等级	地市分布
2012	优质协调	郑州
	良好协调	无
	中度协调	洛阳、邯郸、晋城、聊城
	低度协调	中原城市群除郑州、洛阳、邯郸、晋城、聊城之外的25地市
2014	优质协调	郑州
	良好协调	无
	中度协调	洛阳
	低度协调	中原城市群除郑州、洛阳之外的28地市
2017	优质协调	郑州
	良好协调	无
	中度协调	无
	低度协调	中原城市群除郑州之外的29地市

注：限于篇幅和空间，该表中只列示了比较有代表性的2005年、2012年、2014年、2017年的相关数据资料，其他年份的数据，以及各地市的具体数据可以向作者索取。

（四）耦合度与耦合协调度的空间集聚特征与演变

1. 空间集聚特征分析方法的选择

为了研究中原城市群30个地市之间经济与金融协同发展的空间集聚效应，引入了全局空间自相关Global Moran's I指数、Geary's c指数，来检验中原城市群空间邻接或临近的地市之间经济与金融耦合协调发展的相似程度，即检验中原城市群经济与金融耦合协调发展是否存在相邻空间的集聚效应，是空间离散、空间集聚还是随机分布模式。Global Moran's I指数与Geary's c指数的求解过程与含义分别介绍如下。

（1）Global Moran's I指数公式的求解过程与含义

Global Moran's I指数的求解过程为：

$$\text{Global Moran's I} = \sum_{i=1}^{n}\sum_{j=1}^{n} w_{ij}(x_i-\bar{x})\ (x_j-\bar{x})/s^2 \sum_{i=1}^{n}\sum_{j=1}^{n} w_{ij} \tag{7.3}$$

式中，$\bar{x}$、s^2是x的均值和方差；n为城市数；x_i、x_j表示空间单元i和空间单元j的属性值；w_{ij}为空间权重矩阵。Global Moran's I的值域为［-1，1］，但$-1 \leq$ Global Moran's I<0表示存在空间负相关，分布效应为空间离散，即区

域内高值周围为低值围拢或低值周围被高值围拢；0<Global Moran's I<1 表示存在空间正相关，分布效应为空间集聚，即区域内高值与高值集聚，低值与低值集聚；Global Moran's I=0 表示区域内不存在空间效应，呈现随机分布模式。

（2）Geary's C 指数的求解过程与含义

Geary's c 指数的求解过程为：

$$C=(n-1)\sum_{i=1}^{n}\sum_{j=1}^{n}w_{ij}(x_i-x_j)^2/2nS^2\sum_{i=1}^{n}\sum_{j=1}^{n}w_{ij} \tag{7.4}$$

$$S^2=\frac{1}{n}\sum_{i=1}^{n}(x_i-\bar{x})^2 \tag{7.5}$$

式中，x_i 表示地区 i 的观测值，$\bar{x}$表示指标 x 的均值，w_{ij}表示空间权重矩阵。

相对应的，该统计量的统计推断也是根据相应的标准化 Z 值进行判断：Geary's C 指数为正值，取值范围一般为［0，2］，且渐进服从正态分布；Geary's C 指数判断空间集聚性质时的转折点与 Global Moran's I 指数不同，Geary's C 指数的转折点为 1；当 Geary's C 指数的值小于 1 时，表明存在正的空间自相关；当 Geary's C 指数的值大于 1 时，表明存在负的空间自相关；当 Geary's C 指数的值等于 1 时，表明不存在空间自相关，观测值在空间上随机分布。

（3）Global Moran's I 指数与 Geary's C 指数异同

相同点：Global Moran's I 指数与 Geary's C 指数均是判断全局空间自相关性的指标。即判断在区域内的各个空间单位之间的集聚特征，如空间集聚状态是高高积聚、高低积聚还是空间上的随机分布。通过对集聚状态的判断，可以帮助政府或决策机构进行精准施策，从而实现克服区域发展的相关问题，提升区域发展水平。

不同点：Global Moran's I 指数与 Geary's C 指数虽均可以用来衡量区域的全局自相关特征，但两个指数确有不同之处。首先，两个指数的计算方式不同。Global Moran's I 指数强调各空间单位的值与空间均值之间的距离，将与均值的距离分为正距离、负距离、零距离三个类型，若两个相邻的空间点与均值之间的距离均为正距离（或负距离），那么，这两个空间点的空间集聚类型即为正的空间自相关；若两个相邻空间点与均值的距离为一正一负，那么这两个空间点的空间集聚类型即为负的空间自相关；若两者与均值的距离均为零距离，那么两个空间点之间的空间集聚效应即为空间随机分布。Geary's C

指数在计算过程中并不关注空间点的值与均值的关系，关注的是相邻空间点数据本身之间的比较，并且将数据点之间的距离做平方处理，因此该指数的取值总为正。同时，由于其取平方处理，数据点之间的差异就会不均匀地放大，对差距越大的相邻点测算出来的 Geary's C 指数也就越大。其次，两个指数的取值范围不同。由于计算方法不同，两个指数的取值范围也不同，Global Moran's I 指数经过标准化后的区范围为［-1，+1］，其中 0 点是划分正相关和负相关的转折点，也是表示不存在空间相关性的点。Geary's C 指数经过标准化后其取值范围大值为［1，2］（有时可能会出现大于 2 的情况）；其中，指数值为 1 时是划分空间正相关和负相关的转折点，指数值等于 1 时表示不存在空间相关性。最后，Geary's C 指数不如 Global Moran's I 指数可靠。从 Geary's C 指数的计算过程可以看出，该指数没有很好地运用空间权重矩阵，因此，得出的结果不如 Global Moran's I 指数可靠。因此，Geary's C 指数的应用没有 Global Moran's I 指数广泛，但 Geary's C 指数可作为 Global Moran's I 指数的一个很好的补充。

2. 中原城市群经济与金融耦合度空间集聚特征与演变

引入衡量全局自相关情况的 Global Moran's I 指数，来研究中原城市群经济与金融的耦合度和耦合协调度，及其分布特征。如表 7-6 所示的是空间自相关程度的检验结果，其中耦合度的 Global Moran's I 指数均为负，历年来几乎均显著。检验结果也能够说明中原城市群经济与金融的耦合协调发展并没有呈现空间趋同的状况，空间离散特征较为明显，同时从 $M(I)$ 值的变化趋势来看，中原城市群经济与金融两系统相邻地市之间的耦合发展，对其他区域的拉动作用尚不明显。

表 7-6　2005—2017 年两系统耦合度、耦合协调度的空间自相关检验

年份	$M(I)$	$Z(I)$	$P(I)$
2005	-0. 1130	-2. 4410	0. 0150
2006	-0. 0710	-1. 3890	0. 1650
2007	-0. 1210	-2. 9750	0. 0030
2008	-0. 0890	-1. 5360	0. 1250
2009	-0. 0770	-1. 1220	0. 2620
2010	-0. 0910	-1. 8810	0. 0600
2011	-0. 1630	-4. 3890	0. 0000

续表

年份	$M(I)$	$Z(I)$	$P(I)$
2012	-0. 0960	-2. 1130	0. 0350
2013	-0. 1410	-3. 2170	0. 0010
2014	-0. 0720	-1. 1600	0. 2460
2015	-0. 1190	-2. 6480	0. 0080
2016	-0. 1070	-2. 3380	0. 0190
2017	-0. 1240	-2. 8980	0. 0040

注：其中 $M(I)$ 为 Moran's I 指数；$Z(I)$ 为 Moran's I 指数的 Z 统计量的值，$P(I)$ 为 Moran's I 指数的显著程度。

3. 中原城市群经济与金融系统耦合协调度空间集聚特征与演变

本部分引入了 Global Moran's I 指数与 Geary's C 指数，研究中原城市群经济与金融两系统耦合协调度的空间分布特征。运用 Stata 15. 0 软件，采用以地理距离为权重矩阵的方法，进行城市群经济与金融系统耦合协调发展的空间自相关情况测定，测定结果如表 7-7 所示。2005—2017 年两系统耦合协调度的 Global Moran's I 指数均显著为负，表明中原城市群经济与金融的耦合协调发展并没有呈现空间趋同的状况，而是呈现高值周围低值集聚，低值周围高值集聚的空间相斥状况。同时，Global Moran's I 指数的数值逐年下降，说明城市群各城市经济与金融两系统耦合协调空间负相关的程度在加深。Geary's C 指数的检验结果也证明了这一研究结论，由 Geary's C 指数数值来看，Geary's C 指数均显著大于 1，且呈现逐年加深的现象。Global Moran's I 指数与 Geary's C 指数的检验结果均表明，中原城市群经济与金融两系统相邻地市之间的耦合协调发展状况，并没有形成空间趋同的合力。

表 7-7　2005—2017 年中原城市群经济与金融耦合度全局自相关情况

年份	$M(I)$	$Z(I)$	$P(I)$	$G(c)$	$Z(c)$	$P(c)$
2005	-0. 2410	-7. 1260	0. 0000	2. 3400	4. 7500	0. 0000
2006	-0. 3110	-8. 5010	0. 0000	2. 8850	4. 8200	0. 0000
2007	-0. 3230	-9. 9360	0. 0000	2. 6100	5. 5240	0. 0000
2008	-0. 3580	-11. 3230	0. 0000	2. 5550	5. 6110	0. 0000
2009	-0. 3190	-9. 1390	0. 0000	2. 8320	5. 1560	0. 0000
2010	-0. 3010	-8. 2500	0. 0000	2. 9780	5. 1520	0. 0000
2011	-0. 3450	-9. 4370	0. 0000	3. 1020	5. 2580	0. 0000

续表

年份	$M(I)$	$Z(I)$	$P(I)$	$G(c)$	$Z(c)$	$P(c)$
2012	-0.3680	-8.7510	0.0000	3.6580	5.2520	0.0000
2013	-0.3920	-9.0140	0.0000	3.8770	5.3900	0.0000
2014	-0.3740	-8.2300	0.0000	4.0260	5.3680	0.0000
2015	-0.3860	-8.2060	0.0000	4.1860	5.3950	0.0000
2016	-0.3890	-8.2610	0.0000	4.1960	5.4100	0.0000
2017	-0.3860	-7.8900	0.0000	4.3250	5.3910	0.0000

注：其中 $M(I)$ 为 Moran's I 指数；$Z(I)$ 为 Moran's I 指数的 Z 统计量的值，$P(I)$ 为 Moran's I 指数的显著程度；$G(c)$ 为全局 Geary's c 指数；$Z(c)$ 为 Geary's c 指数的 Z 统计量的值，$P(c)$ 为 Geary's c 指数的显著程度。

由以上对中原城市群经济与金融两系统耦合度与耦合协调度的空间集聚效应特征的研究可知，中原城市群经济与金融两系统无论是耦合度还是耦合协调度，均存在显著且日益加深的空间负相关，意味着城市群各地市间经济发展与金融发展，无论是耦合度还是耦合协调度均呈现高值地区低值环绕，低值地区高值环绕的空间集聚状态，且高值地区与低值地区并没有显现出明显的拉动作用，随着其发展，两者之间的差距越来越大。

由前文对中原城市群整体上经济与金融两系统耦合度与耦合协调度的测算可知，两系统耦合度的值接近于 1，属于优质耦合的状态，耦合协调度也在 2017 年上升为优质协调。但各地市间两系统耦合度与耦合协调度的空间集聚影响日益加深的负的空间效应特征，说明从城市群整体上来说经济与金融系统虽然发展规模、发展速度等匹配度较高，呈现了较高的耦合度及耦合协调度，但各地市间两系统耦合协调发展却呈现相斥的现象，即协调发展程度较高的地区对周边协调发展程度较低地区，并没有发挥出正向的带动效应，城市群各地市之间两系统耦合协调发展正的空间溢出效应并没有显现。

第八章　中原城市群经济与金融系统耦合度与耦合协调发展的驱动机制分析

区域经济与区域金融的协调发展会受到各方面因素的影响，为了全面分析中原城市群经济与金融系统耦合协调发展的驱动机制，本书从耦合系统内部与外部两个方面出发，研究其内在和外在的驱动因素及驱动能力。为了测算各驱动因素的影响力，运用地理探测器分析法对各项因素进行自然裂点分级，分别计算内部和外部各探测因素对中原城市群经济发展与金融发展耦合协调度的影响力。

一、研究方法的确定与驱动因素的选取

（一）研究方法的确定——地理探测器分析法

在研究中原城市群经济与金融耦合协调中引入地理探测器分析法，能够在相对宽松的假定前提下，分析中原城市群相关研究对象的空间分布状况。具体模型为：

$$q=1-\sum_{i=1}^{n} N_i\sigma_i^{\,2}/N\sigma^2 \tag{8.1}$$

式中，i 表示第 i 个影响因素；N_i 和 N 分别表示因素 i 和整体的单元数；$\sigma_i^{\,2}$ 和 σ^2 分别是因素 i，以及属性 Y 的方差；驱动力 q 的取值在 0~1，q 值越接近 1，代表 Y 的空间分异性越明显，同时也表示驱动因素 i 对属性 Y 的解释力越强；若 q 值越接近 0，则情况相反。

（二）驱动因素选择

本节将能反映经济与金融发展特征的指标，作为影响中原城市群经济系统与金融系统耦合协调发展的内在影响因素。根据本研究第五章与第六章建立的经济与金融系统的指标体系，将耦合系统的内在影响因素分为两个方面 9 个指标体系，具体如表 8-1 所示。9 个指标的获得，采用熵权法根据各自指标层的指标构建综合评价值得到。

本书借鉴祝佳（2015）的研究，结合中原城市群经济与金融发展的实际情况，最终选取资源集聚力、社会促进力、科技支撑力、政府调控力、商业信用力五个方面作为中原城市群经济系统与金融系统耦合协调发展的外在影响因素。具体包括人口密度、人均存款总额、在校大学生人数占比、信息化、专利申请数、城镇化率、人均财政预算收入、城市商业信用环境指数（CEI）7项指标，具体如表8-1所示。

表8-1　经济发展与金融发展综合评价指标体系

目标层	准则层	指标层
内在驱动因素	金融力	U_f金融业综合评价值 F_1 银行业发展 F_2证券业发展 F_3保险业发展 F_4金融发展潜力
	经济力	U_e金融业综合评价值 E_1 经济规模 E_2经济结构 E_3经济效益
外在驱动因素	资源集聚力	人口密度 人均存款总额 城镇化率
	社会促进力	在校大学生人数占比
	科技支撑力	信息化 专利申请数
	政府调控力	人均财政预算收入
	商业信用力	城市商业信用环境指数（CEI）

二、中原城市群经济与金融系统耦合度发展的驱动机制分析

本部分将从中原城市群经济与金融耦合度发展的内在驱动力与外在驱动力两方面着手研究其驱动机制，旨在对促进两系统耦合度发展的各因素进行详尽剖析，以此寻找其驱动机制中存在的阻碍或问题，为进一步提升两系统耦合度提供有益支撑。

(一) 耦合度的内在驱动力异质性分析

1. 经济和金融综合发展水平驱动力分析

如表 8-2 所示，金融综合发展水平的驱动能力的影响要高于经济综合发展水平，基本保持在 0.9 以上，金融系统的发展水平和效率要明显优于经济系统，其对李昂系统协调发展的驱动作用更强。而构成经济与金融两系统的 8 个子系统对耦合协调度的影响能力各异。

表 8-2 2005—2017 年城市群两系统耦合协调发展内在驱动因素力测度结果

年份	经济综合发展水平	经济规模	经济结构	经济效益	金融综合发展水平	银行业发展	证券业发展	保险业发展	发展潜力
2005	0.619	0.586	0.069	0.538	0.910	0.599	0.707	0.757	0.582
2006	0.812	0.811	0.103	0.709	0.926	0.837	0.749	0.707	0.806
2007	0.631	0.672	0.131	0.546	0.938	0.786	0.716	0.739	0.685
2008	0.698	0.607	0.209	0.550	0.888	0.811	0.475	0.632	0.768
2009	0.717	0.720	0.136	0.633	0.887	0.800	0.688	0.757	0.779
2010	0.783	0.702	0.280	0.706	0.930	0.802	0.748	0.682	0.730
2011	0.824	0.737	0.601	0.624	0.939	0.799	0.814	0.688	0.739
2012	0.857	0.875	0.723	0.788	0.941	0.917	0.785	0.813	0.835
2013	0.846	0.892	0.791	0.753	0.939	0.924	0.827	0.795	0.901
2014	0.883	0.876	0.762	0.767	0.951	0.908	0.847	0.814	0.873
2015	0.898	0.901	0.790	0.800	0.954	0.949	0.847	0.845	0.927
2016	0.902	0.890	0.785	0.784	0.964	0.939	0.851	0.863	0.951
2017	0.873	0.873	0.320	0.771	0.955	0.952	0.850	0.868	0.942

中原城市群长期以来是以银行业为主导的间接金融模式为主，整体上银行业的发展较其他业态更加成熟。同时，中原城市群金融发展程度较国内其他发达地区相对较低，但是近些年来的重视程度提升和利好政策的叠加效应，又使得中原城市群具备一定的金融发展潜力，对未来两系统协调发展有重要的作用，所以银行业发展水平和金融发展潜力对中原城市群两系统耦合协调的驱动能力表现得更加突出。其他六项指标对耦合协调度的影响在 2012 年前后发生了较为明显的变化，驱动能力整体稳步上升，并有继续增加的趋势，说明 2012 年中原经济区的设立对整个地区金融发展水平及经济与金融两系统协调发展有较为明显的影响。其中，经济结构的影响变化较大，说明近些年来经济结构调整对经济与金融的协调发展取得了一定的成效，但是当前经济结构不合理的情况依然比较严峻。

总体上可以 2008 年前后的全球性金融危机为一个分水岭。

其一，在金融危机以前，两系统耦合中的金融影响力要强于经济。进入到21世纪之后，一方面，随着改革开放程度的继续加深，经济全球化发展进程中的国际金融一体化趋势更加明显，市场经济发展所需要的金融市场主体的股份制改造，不仅完善和优化了金融市场机制，同时也对经济的发展产生了深远的影响；另一方面，进入新千年以后，互联网技术不断的普及、金融产品及服务的创新又在一定程度上对活跃市场、推动经济发展起到了关键的作用。所以在金融危机之前经济和金融的快速发展中，金融推动经济发展的作用更加明显。

其二，在金融危机期间及后危机时代初期，两系统耦合中的金融影响力整体明显下降。金融危机虽然没有对中国的金融市场造成毁灭性的打击，但是在国际金融一体化进程中遭受输入性的金融风险却不可避免。同时，在此阶段经济的发展也受到了严重的影响，但是作为金融发展的基础，又为金融业的复苏和金融深化发展提供了不可或缺的基础条件。所以在危机期间，两者对系统耦合推动作用出现逐年交替的现象，而在后危机时代，尤其是在2011年出现了很明显的经济综合发展对金融的拉动效应。

其三，自2012年以来，很明显的特征是两系统耦合中的金融作用力一直高于经济因素，且有维持该状态的趋势。自2012年开始互联网金融的快速发展进一步加快了金融创新的步伐，使金融市场发生了明显的变革，绿色金融、科技金融、物流金融、供应链金融等为支持一些特殊产业和实体经济发展而创新形式不断出现，普惠金融又极大地增加了金融服务的便利化程度。同时，国家政策导向的金融支持实体经济发展又为经济和金融之间的关系定下了基本论调，经济的发展与金融支持的关系更加紧密，这也是在近些年来两系统保持高度耦合，金融综合发展水平的影响力更加突出的根本性原因。

2. 经济系统各因素驱动力分析

如图8-1所示，图中体现的经济系统中的各种指标中，对经济和金融两系统耦合驱动力最为明显的是经济效益因素。

首先，除个别年份外，在促进经济和金融两系统耦合的因素中，经济效益在所有经济因素中的推动力最强，在现实中最直观的反映就是经济增长的速度与企业利润的情况同金融发展状态的同向变动。历年来经济综合发展水平、经济规模和经济结构对两系统耦合的驱动力相较于经济效益有很大差距，甚至经济效益和经济综合发展水平的驱动能力的变化几乎呈反向趋势，有此消彼长的特征。

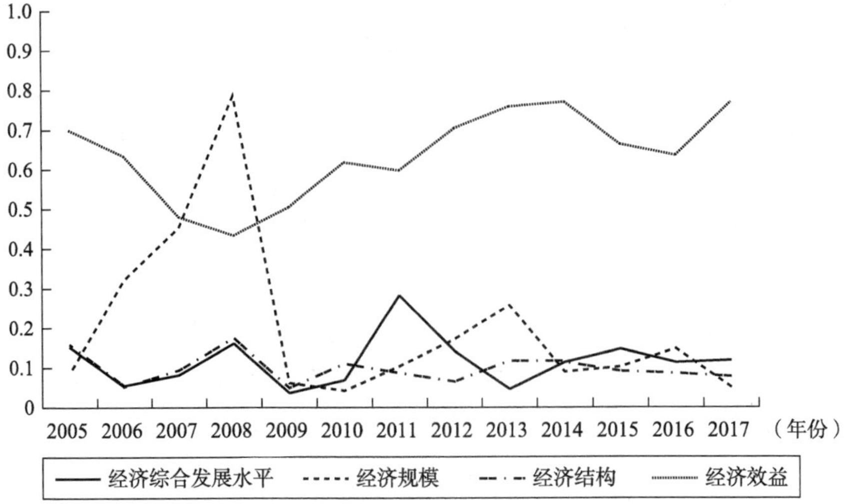

图 8-1 城市群经济与金融两系统耦合度经济因素驱动能力变化趋势

其次，现实中经济综合发展水平对经济与金融系统耦合的驱动能力受经济规模和经济结构的不利影响，整体驱动力被严重拉低。一方面，经济规模因素中的指标，如 GDP、财政收入、社会消费品零售总额等在中原城市群地区间的差异较大，相对发达的郑州、洛阳与不发达及偏远地区的经济规模存在严重的不均衡，是造成其驱动力不足的重要原因；另一方面，中原城市群整体上的经济结构不合理，存在产业结构失衡、城乡二元化状态、收入分配不合理和对外开放异质性的现象，对于经济规模驱动两系统耦合产生较大的阻力。

最后，图中直观反映出经济因素对两系统耦合的驱动并非各因素驱动力的简单加总，而在现实中是由各因素共同作用、相互影响所产生的共同结果。如 2008 年经济规模驱动力的陡然增强，并没有使经济综合发展水平的驱动力大幅增加，因为其受制于经济效益的作用；又如 2011 年经济综合发展水平驱动力极值的出现是多种经济因素共同相互作用造成，并非某一因素直接导致。

3. 金融系统各因素驱动力分析

如图 8-2 所示，影响中原城市群经济和金融系统耦合的各个金融影响因素驱动力高低波动比较明显，但主要呈现三个方面的特征：其一，整体上，在影响经济和金融两系统耦合驱动力的所有金融因素中，保险业发展的影响力相对较高，金融综合发展水平和银行业发展的驱动力次之，证券业发展的影响能力相对最低。在经济和金融两系统耦合中，保险业的发展相对比较稳定，保费收入、保险密度、保险深度等指标基本上呈现和经济发展同步的趋势，尤其是在2008年前后，银行业和证券业受金融危机的影响程度较大，在两系统耦合中保险业发展的驱动力更加凸显。同时，中原城市群作为金融市场相对不发达的地区，长期以来以间接金融为主，直接金融发展相对滞后，这是造成银行业发展和证券业发展对于经济和金融两系统耦合驱动力大小差异的主要原因。此外，近些年来，随着经济的发展和对金融的重视，应用于金融发展的基础设施建设和基础条件的优化提升而产生的发展潜力，是推动经济和金融两系统耦合的重要推动力量。

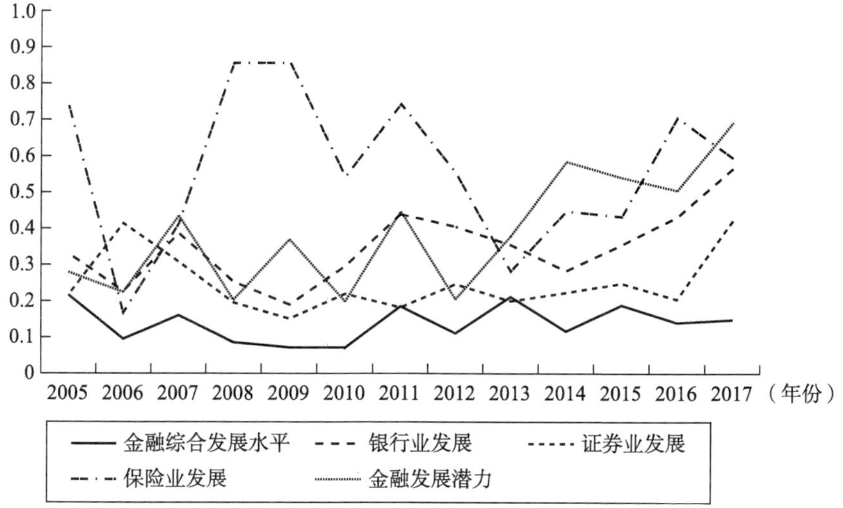

图8-2　中原城市群经济与金融两系统耦合度金融因素驱动能力变化趋势

其二，相对差距较大的各因素发展状态，整体上拉低了金融综合发展水平对两系统耦合的驱动能力。一方面主要体现在中原城市群银行业、证券业、保险业等因素之间发展程度的差异性、服务于经济发展的不平衡特征，以及在此基础上造成的一定程度的金融结构失衡。另一方面主要体现在金融发展在中原城市群不同地市之间的差异性较大，如郑州作为中原城市群乃至中部地区区域金融中心的定位，相较于其他地市来说，优势极其明显。从而历年来金融综合发展水平对经济和金融两系统耦合的驱动能力均低于其他因素。

其三，近几年来银行业、证券业、保险业的发展和金融发展潜力四因素对经济和金融耦合的驱动力，相较于之前有此消彼长的趋势，保险业的驱动力有所下降，其他因素的驱动力持续明显提升，且驱动力的大小程度呈现基本保持不变的状态：金融发展潜力和保险业较高，银行业次之，证券业相对。

与此同时，金融综合发展水平对于经济和金融两系统耦合的驱动力相对较低，但不断趋于相对稳定的状态，说明中原城市群在经济发展的过程中，金融各因素的驱动力也保持相对稳定的状态。

4. 内在驱动因素综合分析

无论是经济因素还是金融因素，对中原城市群两系统耦合驱动能力的大小存在明显的差异，但总体上呈现以下三个方面的特征：第一，经济发展和金融发展的因素中，均有某一个指标对经济和金融两系统耦合的驱动力表现比较突出，如经济效益和保险业发展对两系统的驱动能力较其他因素的影响力更加突出。第二，经济综合发展水平和金融综合发展水平对两系统耦合的驱动力相对其他指标来说，整体偏低，主要是由两个方面原因所引起，一是经济综合发展水平或金融综合发展水平各指标之间的相互作用，并没有形成对两系统耦合的最大合力，反而是部分指标拉低了经济或金融综合发展水平对两系统耦合的整体驱动能力；二是中原城市群 30 个地级市之间的经济和金融发展存在较大的差异，从而对指标所反映的群动能力的提升形成阻碍。第三，多数指标之间形成了此消彼长的趋势。随着社会经济和金融市场的发展，以及外部影响环境的变化，中原城市群经济和金融两系统耦合形成明显的阶段性特征，其驱动因素对其影响的能力也在发生着阶段性的变化，如图 8-3 所示。

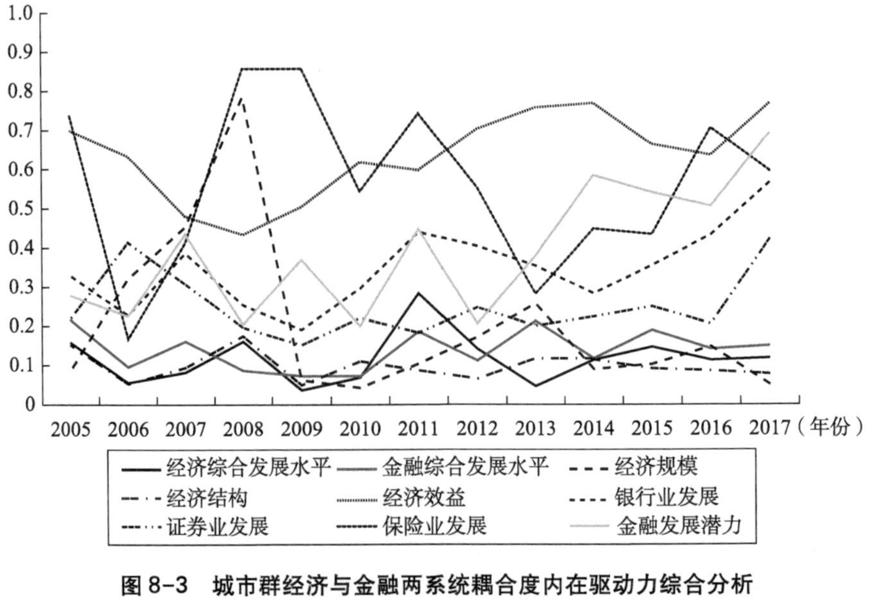

图 8-3 城市群经济与金融两系统耦合度内在驱动力综合分析

（二）耦合度的外在驱动力异质性分析

如表 8-3 所示，8 个外在驱动因素进行地理探测器分析结果。由表 8-3 可知，明显看出人均财政预算收入与在校大学生人数占比在此期间对两系统的耦合协调影响作用较大，且表现比较稳定；信息化和专利申请数的变化较大，且日益重要。具体如下：

表 8-3 经济与金融耦合协调发展外在影响要素影响力测度结果

年份	人口密度	人均存款余额	城镇化率	人均财政预算收入	信息化	专利申请数	CEI	在校大学生人数占比
2005	0.078	0.523	0.599	0.648	0.567	—	—	0.732
2006	0.059	0.093	0.234	0.694	0.788	—	—	0.707
2007	0.038	0.097	0.240	0.622	0.701	—	—	0.556
2008	0.036	0.485	0.121	0.587	0.740	—	—	0.543
2009	0.082	0.626	0.626	0.761	0.714	—	—	0.733
2010	0.595	0.660	0.739	0.726	0.696	0.759	—	0.649
2011	0.591	0.647	0.708	0.641	0.709	0.793	0.681	0.764
2012	0.729	0.780	0.735	0.724	0.829	0.862	0.150	0.738
2013	0.269	0.781	0.778	0.721	0.901	0.835	0.285	0.739
2014	0.784	0.764	0.769	0.759	0.865	0.849	0.775	0.752
2015	0.100	0.777	0.813	0.799	0.925	0.912	0.832	0.832
2016	0.121	0.761	0.793	0.784	0.917	0.875	0.764	0.857
2017	0.118	0.754	0.800	0.794	0.928	0.884	0.293	0.836

注：信息化是用各地市互联网接入数与移动电话接入数之和表示的；在校大学生数占比=各地市在校大学生个数/当地的户籍人口数；专利申请数缺失 2005—2009 年的数据，营商环境（CEI）缺失 2005—2010 年的数据，两个因素的驱动力测算是从有数据年份开始的。

其一，资源集聚力程度的影响各异。一方面，一切以人为本，人口因素作为基础虽然对中原城市群经济与金融两系统的协调发展有保障作用，但是其驱动能力却不断下降，尤其是在 2010 年以后，这也是劳动力市场上人才供需不均衡的明显表现。另一方面，资本要素的充足程度、配置效率、配置方式均影响着经济与金融耦合协调发展的程度，人均存款余额对两系统耦合协调度的影响基本处在不断稳定上升的阶段中，随着金融市场的发展和金融产品的创新等，可用资金不断增多，资金配置效率也得到一定程度的提升，资本要素的驱动作用不断明显。其二，本书用区域文明程度代表社会促进力，体现在在校大学生人数占比上，表中的数据显示，其影响能力虽然有所波动，但是影响力总体较大，尤其是近几年更加明显。其三，科技支撑力。本书从信息化程度和科技创新能力两个方面来探讨其对两系统耦合协调发展的影响。科技支撑和科技创新是近些年来影响经济与金融发展的活跃因素，尤其是对发展效率的影响较大，随着信息技术与互联网在区域内的普及程度，科技创新能力在全国创新浪潮的推动下逐步改善，使得中原城市群的科技支撑力与耦合系统协调发展状况关联度增加，其影响力显著增强。其四，政府调控力。政府的监管和调控是市场经济条件下，经济和金融发展不可或缺的重要保障。本书用人均财政预算收入来表示，总体上变化不大，但是对经济与金融两系统协调发展的影响呈现稳步上升趋势，说明各地市的政府调控能力在不断增强，并且这种改善对两系统协调发展有积极促进作用。最后，商业信用力，用城市商业信用环境指数（CEI）来表示，具体体现在城市商业信用环境指数，对一个区域的投融资环境有重要影响。表中数据反映的结果是这种影响相对不稳定，说明中原城市群整体上的商业信用环境还存在一定问题，这将对经济与金融两系统耦合协调发展产生不利影响。

三、中原城市群经济与金融系统耦合协调度发展的驱动机制分析

（一）耦合协调度的内在驱动力异质性分析

从经济与金融两个系统驱动力的角度看，与经济综合发展水平相比，金融综合发展水平在2005—2017年是影响两个子系统耦合协调发展的更重要因素，其影响力在不同年份虽有差异，但基本在0.9以上。这表明中原城市群金融系统的发展水平与效率要优于经济系统，表现在驱动力上即为金融系统的综合发展水平对耦合系统协调发展能力的影响较大。

从构成两系统的7项指标对两个子系统耦合协调度的影响力来看，银行业发展与金融发展潜力在2005—2017年是影响两系统耦合协调度的两个重要因素，与中原城市群是银行主导型金融结构的金融发展模式相关，银行业的发展水平及发展效率均高于其他行业，使得银行业对耦合系统协调发展能力的影响力最大。其他6个因素在各年份具有一定的差异，具体来看，其他指标对耦合系统的影响在2012年前后有着显著地不同：一方面，2012年以前7个因素对耦合协调度的影响力较小，2012年以后影响力明显上升，说明在中原经济区成立提升了各因素对耦合系统协调发展状况的影响作用。另一方面，2012年以前经济规模与保险业发展对两系统耦合协调度的影响没有达到0.8%，并且变动较大，2012年后这两个指标都成为影响两个系统耦合协调发展的重要指标。说明2012年后中原城市群经济发展速度增快，保险业的发展水平也得到显著提高，增强了两个因素与耦合系统协调发展能力的关联度。

同时，由图 8-4 还可看出，经济结构对耦合系统协调发展的影响呈现“左拖尾”的倒“U”形特征。虽然在 2009 年后其影响力程度明显增加，但在 7 个因素中仍是最小，说明中原城市群经济结构不合理，内耗较大，降低了对耦合系统协调发展的影响力。近年来经济结构转型升级颇有成效，大大拉动了其对耦合系统协调发展的影响力，但进一步的优化经济结构依然是突破中原城市群经济与金融深层次协调发展瓶颈的根本途径。

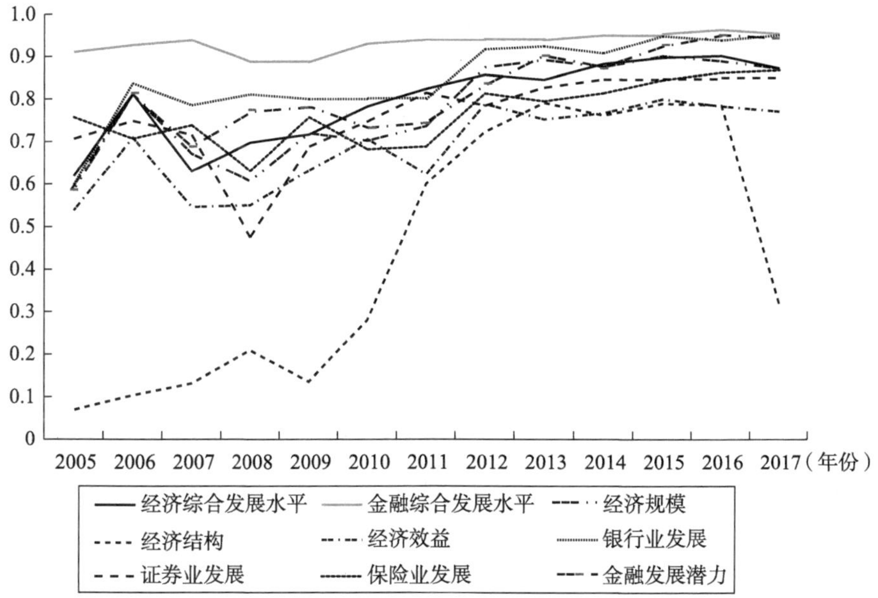

图 8-4　2005—2017 年城市群两系统耦合协调发展内在驱动因素影响力趋势

（二）耦合协调度的外在驱动力异质性分析

中原城市群经济发展与金融发展耦合协调程度，不仅是耦合系统本身内在力量推动的结果，也是耦合系统外，多种驱动因素相互作用的结果。通过本书设定的 8 个外在驱动因素进行地理探测器分析，得到如图 8-5 所示的结果。人均财政预算收入与在校大学生人数占比在 2005—2017 年对两个子系统耦合协调度均具有重要影响，并且影响程度较稳定。信息化与专利申请数在 2012 年之后对两个子系统耦合协调度的影响成为主要因素，特别是信息化。具体可以从以下 5 个方面进行详细概括。

第一，资源集聚力。资源集聚力对中原城市群经济与金融耦合协调发展的影响，主要是从人口与资本要素两个角度来呈现。人口因素是区域经济与

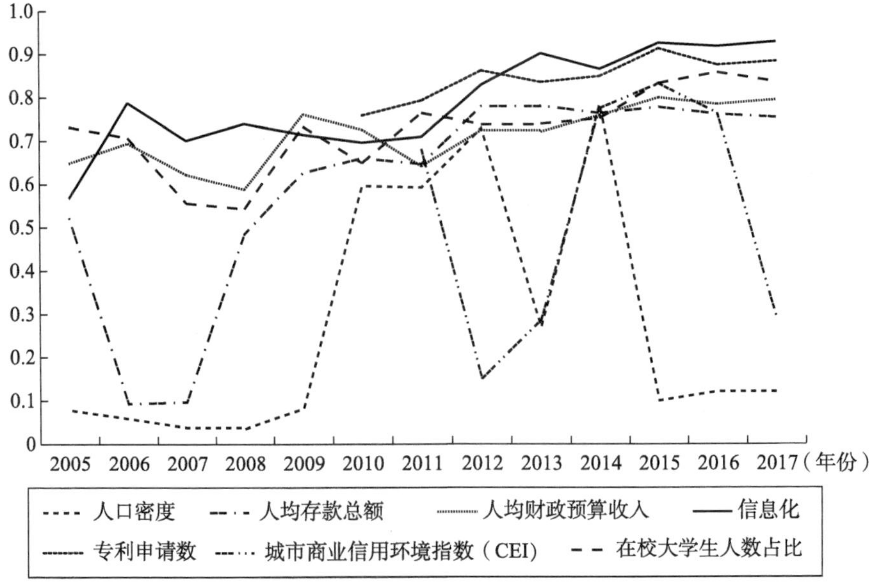

图 8-5　经济与金融耦合协调发展外在影响要素影响力测度结果

注：信息化是用各地市互联网接入数与移动电话接入数之和表示的；在校大学生数占比=各地市在校大学生个数/当地的户籍人口数；专利申请数缺失 2005—2009 年的数据，城市商业信用环境指数（CEI）缺失 2005—2010 年的数据，两个因素的驱动力测算是从有数据年份开始的。

区域金融耦合协调发展的基本前提，地区人口集聚或扩散的强度和形式，影响着经济与金融两个子系统耦合协调的关联程度以及相互作用的形式。由图 8-5可以看出，人口密度对两个子系统耦合协调度的影响力各年差异较大，特别是在 2010 年后开始呈现减弱趋势。由于劳动力人才市场结构性供需矛盾，以及产品市场结构性供需矛盾日益凸显，导致人口集聚对中原城市群经济与金融耦合协调的关联度减弱，其对耦合协调的影响作用也在减弱。资本要素不仅是衡量金融实力的核心指标，还是关系经济可持续发展的重要前提，资本要素的充足程度、配置效率、配置方式分别影响着经济与金融耦合协调发展的程度、优良度以及相互作用的方式。另外，人均存款总额对两系统耦合协调度的影响在 2008 年之前具有波动性，之后逐步回升并且趋于稳定。这表明中原城市群资本要素的充足程度、配置效率在逐步改善，2006 年、2007 年由于可用资本的匮乏或配置效率低下等原因，降低了资本要素与耦合系统的关联程度，使其作用有所减小；2008 年后随着可用资金增多及资金配置效率的提升，资本要素在耦合系统中的作用逐步提升。

第二，社会促进力。社会促进力对两个子系统耦合协调发展的影响，主要是从区域文明程度来分析。在校大学生人数占比是区域文明程度的重要体现，在校大学生数逐年增加代表着区域文明的改善情况。区域文明程度的提高是一项长期性、基础性工作，代表着人们理性追求幸福生活的能力和愿望。由图 8-5 可知，在校大学生人数占比对中原城市群经济与金融两个子系统耦合协调能力的影响虽有波动，但影响相对较大，特别是近三年的影响程度更加明显。这代表这中原城市群社会文明程度的进步，使得其对耦合系统的作用在加强。

第三，科技支撑力。因其能够为区域经济和金融发展注入新的活力，使其成为区域经济与金融耦合协调发展的重要支撑。本书是从信息化和专利申请数两个方面，研究科技支撑力对两个子系统耦合协调的影响。由图 8-5可知，无论是信息化还是专利申请数，对两个子系统的影响均呈现逐年增加趋势，且在 2012 年后就成为影响耦合系统协调发展最重要的两个因素，特别是信息化因素。这说明中原城市群信息技术与互联网在区域内的普及程度日趋改善，科技创新能力在全国创新浪潮的推动下逐步改善，使得中原城市群的科技支撑力与耦合系统协调发展状况关联度增加，其影响力显著增强。

第四，政府调控力。政府行为是区域经济与区域金融协调发展的重要保障力量，其在市场失灵时，进行适当干预和控制，在市场有序时，发挥监督协调的作用。政府调控能力的高低受制于财政收入的多少，因此，本章用人均财政预算收入来表示政府调控能力的高低。由图 8-5 可以看出，人均财政预算收入在历年虽有波动但变化不大，其对耦合系统协调发展的影响力整体上呈现稳步上升的趋势。这表明中原城市群各地市的政府调控能力在逐年缓慢改善，并且这些改善对耦合系统的协调发展能力具有正向的影响作用。

第五，商业信用力。城市商业信用环境指数（CEI）是商业信用力的有力代表，城市商业信用指数是商业信用力的有效量化表示。商业信用力不仅关系着区域金融发展的金融生态的好坏，还关系着经济发展的经济生态和信用环境的优劣，因此，商业信用力是影响区域金融与区域经济耦合协调发展的重要因素。由图 8-5 可知，商业信用力对耦合系统协调发展的影响并不稳定，说明中原城市群的商业信用环境也不稳定，由于商业信用环境中失信行为多发、守信意识淡薄等因素存在，削弱了商业信用环境对耦合系统协调发展程度的影响力。

第九章　促进城市群经济与金融系统耦合协调发展的实现机制

本书研究的主要目标是实现城市群经济与金融之间的共荣共生和协调发展。通过对中原城市群经济和金融两系统在时间与空间上的异质性分析，发现中原城市群在经济和金融发展过程中，两者的发展状态并非完全一致，同时在30个地级市也存在明显的异质性特征，区域经济和金融发展存在严重的不均衡状况，金融对经济的推动作用还存在诸多需要改进的领域。基于对经济和金融两系统耦合度和耦合协调的研究，首先确定促进城市群经济与金融两系统耦合协调发展的总体策略，然后更加具有针对性地对中原城市群提出具体的、针对性的对策建议，以期对城市群经济与金融的耦合协调发展提供有益的借鉴。

一、促进城市群经济与金融系统耦合协调发展总体策略

城市群是一个区域性的、复杂的城市结合体，是跨多个省份、涉及多个地级市不同行政区划的城市组合，以整体区域经济发展作为中原城市群发展的最终目的的前提下，实现经济与金融的协调发展是重中之重。通过前文的理论研究和对中原城市群针对性的分析，基于经济与金融及其协调发展的阶段性、差异性等特征，需要在总体上把握实现两系统协调发展的方向。因此，本书首先构建一个适用于所有城市群的，促进城市群经济与金融系统耦合协调发展的总体策略。

（一）分梯度、分层次、动态合作策略

无论是城市群整体，还是其内部各地市经济与金融的发展，在时间和空间上均存在一定的差异，既反映在整体时空分异程度上，也体现在不同指标层次的表现特征上。在此前提下，要实现城市群经济与金融的耦合协调，就要分梯度、分层次去考量城市群的发展，而且要体现出阶段性变化特征。

1. 明确城市群内部经济和金融发展、耦合协调程度的基础上因地施策

近年来，城市群以及所属的地级市整体上经济和金融发展水平不断地提升，经济发展产生的金融需求使得金融业得发展有了更强有力的基础条件，金融创新不断深化，金融服务普及程度越来越高，而相应的多元化金融支持又对经济发展起到了关键的支撑和保障作用。同时，受利好政策的影响，城市群经济与金融系统耦合协调的程度逐年改善，表明城市群经济和金融发展的匹配程度提升，但是中原城市群作为一个复杂的综合体，存在明显的内部空间差异，对经济和金融之间协调发展的效果产生重要的不利影响。

城市群整体经济和金融系统耦合和耦合协调状况的改变，不一定代表着内部所有地市及地市之间的协调发展。所谓整体状况是将城市群看作是一个单一的整体（一省或一市）所做出的评价，但是城市群是一个有机的构成体，涉及的省份和地市众多，经济和金融发展程度差异较大。如，中原城市群，从其 30 个地级市的经济综合发展水平上来看，历年来郑州市的发展状况要明显优于其他的地市，中原城市群增长极的特征非常明显；随着时间的推移，中原城市群经济综合发展水平较高的地市有明显的东进趋势，并逐步形成一个以郑州为中心的空心环形区域分布状态。从中原城市群 30 个地级市的金融综合发展水平上来看，仅郑州市的金融综合发展水平较高，其他地市均呈现较差的状态，而且近些年来这种状况并没有得到改善，中原城市群内部金融发展的空间分异特征较经济发展更加明显。基于以上分析，虽然城市群整体耦合和耦合协调表现出来的状态改善，却因为其内部发展极其不均衡，从而对于经济的高质量发展形成阻碍。

因此，为实现城市群高质量的经济发展，要根据不同区域的经济和金融发展程度的差异，结合经济和金融耦合协调发展的状况因地施策，在大的宏观经济政策框架内，优化区域政策，以增加其适应性。

2. 把握城市群经济与金融耦合协调不同层次驱动力的基础上精准施策

本书以中原城市群为例，对中原城市群经济和金融系统耦合度和耦合协调度进行测算，设计了包含 7 个二级指标、27 个具体经济和金融指标的指标体系，其中，有经济规模、经济结构和经济效益 3 个经济系统的二级指标，包括 14 个具体的三级指标；有银行业、证券业和保险业发展以及金融发展潜力 4 个金融系统的二级指标，包括 13 个具体的三级指标。复杂的指标体系要求我们要充分认识到以下三点：其一，对经济和金融两系统指标的选取和划

分，无论是二级指标还是三级指标，是依据其对上级指标的直接影响力，以及在经济和金融发展过程中的直观表现来确定的，虽然各种指标进行了分类，但是他们之间并非完全割裂的，更广义的，它们处在一个大的系统中。其二，任何一个具体的指标发展的质量不能完全代表区域经济或金融的综合发展水平，更不能直接反映中原城市群经济与金融的耦合协调程度，其最终的结果是众多具体指标产生合力的作用所致。其三，城市群整体上耦合协调程度的提升，也并不能完全代表所有不同级别指标所反映的社会经济和金融市场的发展质量，因为在城市群内部还存在着较为明显的经济和金融的空间异质性特征。

基于以上分析，在制定促进城市群经济与金融耦合协调发展策略时，要充分理清楚不同层次指标所包含的经济含义，以及它们之间可能存在的关系，针对经济和金融发展过程中所表现出来的特征，和两者发展及其耦合协调的推动因素有选择地制定相应措施。同时，还要关注经济和金融在城市群内部不同地市之间的差异，根据其不同的发展水平，而做到精准地选择施策对象。

根据前文分析的以及当前中原城市群的发展状况来看，为了促进城市群经济和金融系统的耦合协调发展，其重点应当放在对经济结构调整、经济效益的提升和金融结构的调整上，更具体的，应当加快城市群产业结构调整，尤其要重点发展新兴产业、绿色产业和高新技术产业等；多措并举降低企业经营成本，尤其是中小微企业等；在中原城市群整体金融活力不断增强的基础上，重点调整金融结构，尤其是优化直接金融和间接金融之间的关系，以提升金融支撑经济发展的多样化程度。

3. 掌握城市群耦合协调发展阶段性变化特征的基础上灵活施策

中原城市群正式获批起始于2016年，自《中原城市群发展规划》正式获批以来，中原城市群经济和金融发展的环境得到进一步改善，区域性的经济和金融利好政策陆续实施，同时中原城市群经济和金融发展的耦合协调程度也得到了进一步的改善。但是本书的研究区间向前延伸到了2005年，区间跨越了始于2007年美国次贷危机引起的全球性金融危机和2011年的欧洲主权债务危机，这是两大国际上极具影响力的金融危机，也涵盖了2012年国务院正式批复《中原经济区规划》的实施，再到2016年国务院正式批复《促进中部地区崛起“十三五”规划》，明确提出支持郑州建设国家中心城市。研究区间的拉长，更加有助于掌握中原城市群经济与金融发展及其两者耦合协调的历史性、阶段性变化特征，也有利于更加准确地把握影响经济和金融协调发展的阶段性驱动力因素和空间变化影响，从而更深层次地揭示中原城市群耦合协调发展机制的作用机理。

因此，影响城市群经济与金融协调发展的因素众多，在国民经济和社会发展不断变化的过程中，各因素的作用机制和影响路径也在不断发生变化。同时也伴随着国家层面战略政策的转移，如供给侧结构性改革、产业结构调整、倡导绿色发展理念、防范和化解系统性金融风险等，使经济发展和金融发展进入了一个阶段性的调整期，加上互联网技术和信息革命对社会经济的冲击和推动，使原先的各种因素之间的影响关系和作用机理发生了质的改变。在此基础上，要根据城市群经济和金融耦合协调发展的阶段性变化特征，适时地调整经济、金融、产业等政策，也要结合经济、金融等在城市群不同区域的发展状况，在政策实施的过程中区别化对待，使政策的实施根据城市群的阶段化、动态发展特征更具灵活性。

（二）统一性、差异性、协调性相结合策略

城市群既是一个统一的整体，在该整体下，具有统一的经济和金融的未来发展规划，同时城市群的经济和金融又包括不同的有机构成部分。所以要接受并认识城市群各地市之间的差异，走特色化的发展道路，在城市群经济金融统一性和差异性相结合的基础上，实现协调发展。

1. 充分认识城市群统一性和差异性的事实，协调发展并非“平均主义”

习近平总书记指出，协调既是两点论和重点论的统一，又是发展平衡与不平衡的统一。协调发展不等于平均用力，也不是眉毛胡子一把抓，而是在把握方向和全局的基础上，突出重点工作、聚焦重点任务，以重点突破带动整体推进。平衡是相对的，不平衡是绝对的。协调发展不是搞平均主义，而是更注重发展机会公平、更注重资源配置均衡。由平衡到不平衡再到新的平衡是事物发展的基本规律①。所以，研究城市群经济与金融耦合协调的发展，不仅要将城市群看作是一个统一的整体，以实现城市群整体经济的发展、金融的发展和两者之间的协调发展，也应当充分地认识到该整体包含了诸多有机构成部分，主要体现在影响城市群经济和金融协调发展的驱动因素多样化特征和城市群的空间分异上。

---

① 2016 年 1 月 18 日，习近平同志在省部级主要领导干部学习贯彻十八届五中全会精神专题研讨班开班式上发表的重要讲话。

本书研究的目的并非实现城市群各地市发展的平均化，实现绝对的均衡，而是在统一的基础上接受事实和认清差异，实现城市群经济与金融协调发展的科学化和合理化。实现共同发展和协调发展绝非“平均主义”，发展的方式不是要求城市群内部所有区域实施完全相同的经济和金融政策，发展的目的更不是要求城市群的经济和金融发展水平趋于一致，否则市场将失去发展的动力和活力。因此，这就要求在充分认识统一性和差异性的基础上，把握明确的方向，突出重点，合理配置城市群的经济和金融资源，实现经济和金融发展最大限度地协调。

2. 进一步巩固和打造区域经济和金融中心，发挥其创新和资源集聚优势

“经济是金融的机体，金融是经济的血脉”，经济和金融的发展互为动力，两者的协调发展是促进区域经济和金融一体化发展的基本前提，也是实现区域高质量发展的重要保障，而区域经济和区域金融发展的不平衡的状态下，急需寻找一个突破口来实现整个区域的经济和金融的协调发展。区域经济中心是一个区域内经济交往最频繁、经济发达程度最高、资源集聚度最高的区域，区域金融中心是一个区域内金融市场最发达、各级金融机构最密集、金融产品和金融服务创新最超前的区域，区域经济和区域金融中心既是意识上和发展程度上的中心，也是实际中空间分布上的中心。而在现实中，一个区域内的经济中心往往就是该区域的金融中心。

城市群是有诸多涉及省内外的地市构成的一个综合体，他们之间相互联系又独立存在。因此，针对城市群区域经济和金融中心的发展和构建应当从三个层次出发：第一个层次，将城市群作为一个区域整体，将其中综合发展程度最高的地市打造为整个城市群的区域经济或区域金融中心，通过其经济发展和金融发展优势、资源集聚优势等引领城市群的发展，发挥其各领域开拓创新的优势，将其作为对外经济、金融等交流的支点，提升城市群整体的发展档次；第二个层次，构建城市群的次区域经济和金融发展中心，选择城市群内部的次发达城市，同第一层次的经济和金融中心形成城市群经济和金融的发展“轴线”，以利于区域经济和金融中心引领和辐射效应的增强；第三个层次，转移或打造地市内经济和金融发展金融的增长极，集中优势资源从而逐渐形成地市内的区域经济和金融中心，形成集聚效应，以便能够更好地承接前两个层次所形成的经济和金融发展优势，实现经济和金融集聚发展的最大化。

所以，城市群应当根据自身的实际状况，实现上述三个层次的分化和结合，从而使城市群的经济和金融的发展呈现“由点到线、由线到面”的扩张效应。

3. 发挥资源和要素禀赋的优势，突出创新和特色化发展

城市群是一个发展的整体，却是由形态各异的个体所构成，也就是说基于历史原因和阶段性的调整，城市群内的不同地市在经济发展过程中所拥有的优势资源、优势产业也不尽相同，不同地市金融发展形态各异，金融支撑经济发展的模式和途径在以间接金融为主的基础上也存在着一定的差异。区域间经济与金融的差异化发展产生的根本原因，是不同区域间的资源和要素禀赋的先天性差异，随着国民经济和社会的发展而形成的地方化割据，这一方面会造成资源分散而不集聚，难以形成规模优势，也会导致不同区域间的经济合作缺少合作的契机；另一方面，发展的差异化和地方化割据却是走特色化发展道路的基础和先天性条件。城市群由诸多地市构成，在一定程度上地市发展特色形成若干个相互联系的单元，以实现城市群经济和金融的耦合协调发展为目标的前提下，就要充分发挥不同地市资源和要素禀赋的优势，突出创新和特色化发展，提升地市甚至县域经济的发展活力和竞争力。同时，当前互联网技术和信息技术的广度和深度的加强，在一定程度上不断地打破地方经济割据，使之相互联系的程度更加紧密，经济交往更加密切，市场竞争更加激烈，所以突出地方发展优势对于提升其经济发展有重要的示范效应。

因此，城市群各地市要充分利用资源和要素禀赋的优势，带动经济的发展，以经济结构优化提升对金融资源的吸引力，进一步增强经济发展的动力。与此同时，金融先天具有优化资源配置的优势，对于本身具有优势、发展潜力和政策导向的产业与行业，金融支持的倾斜更加保证其发展过程中的资金支持和其他的金融服务需求。在此基础上，对于城市群经济和金融的耦合协调发展来说，也是一个重要的突破口。

（三）内部协调与外部协调相结合策略

内部协调和外部协调相结合是基于城市群多重系统划分下，把研究对象看成是一个大系统，分为四个子系统：经济与金融耦合协调系统、经济系统、金融系统和保障系统。其中经济和金融耦合协调系统是本书主要的研究目标和研究要实现的基础目标；经济系统和金融系统分别是研究对象的两个子系统，由诸多影响经济发展和金融发展的相关因素构成；保障系统由经济和金

融系统外的，对于城市群经济和金融耦合协调有重要保障作用的因素组成。此外，本书以中原城市群为例，将研究对象具体到了城市群的所有地级市，无论是城市群大系统，还是细分的4个子系统，均包含空间分异特征，也就是说在中原城市群经济和金融耦合协调的进程中，要关注其空间关联特征。同时，上述4个系统不是相互并列的系统，也不是简单的递进关系，而是建立在一定核心基础上的内在动因和外在保障之间的关系，如图9-1所示。

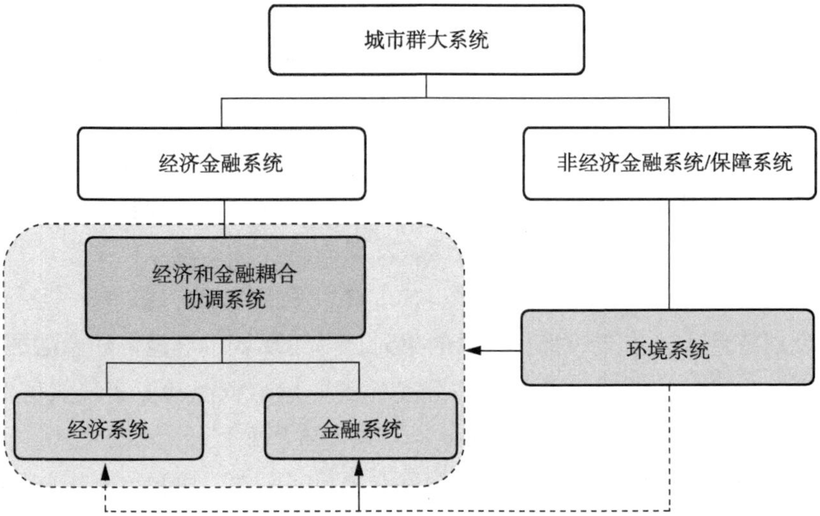

图9-1 城市群四系统关系

本书研究的主旨是经济和金融系统的耦合协调发展，如上图所示，要实现城市群经济和金融系统的耦合协调，不仅仅只关注经济系统或金融系统，也应当重视非经济金融系统环境对经济与金融系统耦合协调的推动和保障作用，要实现内部协调和外部协调相结合。

其一，应当实现经济金融系统的内部协调。重点应当关注两个方面：一方面，经济和金融耦合协调系统是由经济系统和金融系统两个子系统组成，所以首先要实现经济系统的内部协调和金融系统的内部协调，如前文所述，重点是实现经济结构的优化调整和升级，金融结构的状态的改变，如平衡直接融资和间接融资之间的关系等。另一方面，促进经济系统和金融系统发展相互协调关系的改善，这就要求在城市群经济和金融发展的过程中，寻找两者良好结合的切入点和突破口，实现经济与金融的共荣共生。

其二，充分发挥非经济金融系统的推动和保障作用。系统的划分并不代表着不同系统之间的关系是割裂的和独立存在的，反而，在城市群经济和金融耦合协调发展的过程中，外部环境系统起到不可或缺的推动和保障作用。外部环境系统不仅作用于经济金融系统，也直接或间接地影响经济和金融两个子系统，如人才的供需不平衡是普遍现象，在城市群经济和金融协调发展的过程中，人才因素所提供的智力支持至关重要，影响经济与金融发展的环境优劣也直接影响经济发展动力和金融发展质量。当前科技因素及其向实际生产力转化的能力是影响经济发展质量和未来发展方向的重要动力，同时科技金融的开展提升了金融多元化支持科技型企业的路径，金融科技的应用又使金融市场发展更具效率。同时，城市群涉及的地级市所属的省份可能有多个，必然会涉及多个省份和地市之间不同层面的沟通和协调，这也是实现城市群经济和金融耦合协调发展的必要保障。

二、增强城市群经济与金融系统耦合系统协调发展的具体策略——以中原城市群为例

在中原城市群经济和金融系统耦合协调发展过程中，既要关注中原城市群经济和金融整体的发展状况，又要具体考虑经济和金融自身发展的质量，同时还要实现两者的协调发展。在促进城市群经济与金融耦合协调发展的总体策略的框架下，重点应当是实现其内在驱动能力和在驱动能力的提升，以此促进中原城市群经济和金融的高度耦合，进而实现经济和金融的优质协调。

（一）增强中原城市群两系统耦合系统协调发展的内在驱动力

促进中原城市群经济与金融两系统耦合协调发展，核心在于经济系统和金融系统自身发展所产生的内在驱动能力的提升，要实现的是在经济发展和金融发展基础上的耦合协调，因此要推动经济快速高质量的增长，也要使金融充分发挥优化资源配置的作用。

1. 进一步促进经济结构转型升级，推动经济快速高质量增长，增强经济系统的驱动能力

（1）优化产业结构，突出重点产业的发展

产业结构的调整对于中原城市群经济的健康可持续发展有着重要的意义，中原城市群产业结构的调整需要依托政府政策的导向，尤其是要突出重点产业的发展，并充分发挥金融调节资源配置的作用，进一步促进经济和金融的耦合协调发展。

首先，在保证粮食生产的前提下，加快农业现代化发展进程。中原城市群地处中原地带，历来是中国粮食生产的重要区域，但是中部地区及相关省份的经济发展程度相对较低，农业现代化步伐较国内发达地区还有相当程度的差距，总体上农业生产附加值相对较低。在当前改善城乡二元结构，加速城镇化建设的进程中，加快农业现代化改革至关重要。主要关注三个方面：其一，加快农业生产的机械化推进速度，提高粮食生产效益，改变传统的资源浪费型、人力集中型和分隔化的生产方式，提高资源利用效率并实现规模效益；其二，促进农副业养殖、生产、加工和销售的一体化发展，实现农业产业链的延伸和集约化的生产模式，在此基础上提高产业链当中各个环节附加值，对于带动当地经济的发展将起到至关重要的作用；其三，突出不同地市或区域的特色化农业生产，形成区域特色和优势，有助于市场开拓和品牌建设。根据区域先天性条件，如气候、土壤、水源分布等，整体上做好小麦、玉米、棉花、牛羊肉的区域优化分布和布局，在此基础上形成更为局部的特色农业生产，如信阳毛尖、灵宝苹果、新郑大枣等，提升行业内的品牌效应和竞争力。

其次，遵循国家政策导向，调整工业生产结构，提倡绿色发展。要大幅缩减不利于经济可持续发展的高能耗、高污染工业生产，实现绿色经济发展，这就要中原城市群不同的地市根据自身的资源优势调整产业结构，寻找新的、促进经济发展的增长极。这就要求减少行业内低水平产业的重复建设，在该领域中加强政府审批的科学性，提高行业准入门槛，对于资源密集型企业要形成规模优势，以大型企业为主导，逐步淘汰产能低、效益差的老、旧、小企业，优化市场结构。在此基础上，重点发展高新技术产业、绿色产业等具有发展潜力和激发市场活力的低能耗、低污染、低排放和高效益的企业。在工业结构调整的同时，要注重自主创新能力的提升，降低企业生产成本，增强企业的竞争力，提升经济发展质量。

最后，提高第三产业对经济增长的推动力，发展重点产业，打造现代服务业。第三产业的发展对经济增长的质量有着至关重要的作用，也是产业结构调整的重点领域，尤其是要突出发展其中的重点行业。中原城市群包含地级市较多，发展现代服务业是城市群经济发展的必然要求，既要统筹整个中原城市群的长远发展战略和定位，又要兼顾不同区域的空间差异，在此基础上实现部分产业的先行发展和对其的重点支持。第一，要实现中原城市群经济和金融的耦合协调发展，必然要重视现代金融服务的发展，使其成为宏观调节和微观支持强有力的动力。第二，结合中原城市群的交通区位优势重点发展交通物流业，支持物流园区建设，促进物流企业的合并重组，创新发展物流金融，提升企业发展动力。第三，进一步落实《信息产业发展规划》①加大信息产业投入力度，巩固信息产业基础设施建设，加快信息相关产品技术改造和更新换代，提升软件行业创新发展速度，综合提升信息产业服务的广度和深度。第四，结合区位优势发展特色旅游业，重视文化产业发展，进一步促进中原城市群不同地市之间的文化交流。第五，优化房地产业的发展方向和模式，以“房子是用来住的，不是用来炒的”为基本导向，结合城市规划和长远发展目标促进房地产业的健康发展。

（2）扩大基础设施建设，推动经济交流的便利化

基础设施建设是经济快速发展的基础，是实现中原城市群区域之间联动发展的重要桥梁，也是实现区域间经济发展不平衡的重要基础条件。基础设施的健全能够最大限度地提升中原城市群各地市及各地市之间的经济交流的便利化程度，而在基础设施建设的整个过程中，需要资金融通等金融服务的大力支持，这对促进中原城市群经济和金融的耦合协调发展有重要的作用。

首先，在承接国家推动基础设施建设的前提下，围绕中原城市群的经济发展需求，以及中原城市群所处的区位特征，打造完善的交通基础设施建设，如高速铁路、高速公路、民用机场，以及涉及的桥梁隧道等工程建设，最大程度上联结中原城市群之间的物流、客运通道，构建多元化的交通网络，实践经济交流的便利化发展。

其次，重点支持偏远农村地区的基础设施建设，加快民生改善工程项目建设，尤其是该类地区的交通基础设施建设和水利等民用工程项目建设，完善供电、供水和网络通信设施的普及化建设，提升经济生活和社会生活的便利化程度。在此基础上，不仅能够活跃落后地区，尤其是农村地区的市场化程度，提升其社会经济生活的参与度，也能够从根本上改变偏远农村地区的面貌，以缩减中原城市群整体上的区域经济发展差距。

最后，要大力完善城市市政工程建设和公用服务设施建设，加快改善城市老旧小区的改造和改善工程建设，加速“城中村”“棚户区”等改造工程，优化城市环境。合理规划城市商贸中心、批发市场经营的区位，结合交通条

---

① “工业和信息化部、国家发展和改革委员会关于印发《信息产业发展规划》的通知”（工信部联规〔2013〕55号）。

件，集中化经营和管理，提升商品、物流的集散效率。

（3）加快城镇化进程，尤其要平衡城乡发展

中原城市群所属的30个地级市的整体城镇化相对于国内发达地区、东部沿海地区水平较低，农村地区尤其是偏远地区和欠发达地区的经济与金融发展水平较低，经济的滞后发展难以吸引金融支持，落后的金融服务环境也很难高效地推动经济的发展，对中原城市群经济和金融耦合协调发展起到严重的阻碍作用。因此，要实现中原城市群经济和金融的协调发展，务必要深化城镇化，实现城乡产业衔接、城乡资源共享、城乡劳动力市场融合和城乡文化交流，从根本上形成经济发展中的金融需求与金融服务供给衔接的内源驱动力。第一，在产业结构调整的背景下，实现城乡产业衔接，通过构建城乡产业协同发展平台，借助城市地区的工业化条件和市场环境，使农村地区的产业链向城市地区延伸，发挥农村资源等成本优势，吸引城市产业链向农村转移和延伸，实现城乡发展融合。第二，体现城乡优势，实现城乡资源共享，在城镇化的过程中，应更加注重城市的优势资源在区域内的共享，尤其是城市的科技创新、高新高端技术等能够支持农村产业升级的领域，以及城市相对发达和完善的金融服务，以此来激活农村经济发展动力和提供经济发展保障。第三，促进人才交流，实现城乡劳动力市场融合。促进城乡劳动力的合理转移，优化劳动力市场供需结构，尽量消除劳动力供需不平衡。第四，走特色化发展道路，促进城乡文化交流，在城市商业相对繁荣的基础上，打造文化交流平台，增加城市的内在吸引力，乡村地区应当利用优质的自然资源环境，打造特色生态旅游村、特色小镇等，作为当地经济新的增长点，既促进就业，改善当地生活环境，又在很大程度上提升当地经济。

（4）降低企业经营成本，进一步激活企业活力

企业作为最重要的经济主体，其发展的质量是区域发展水平的重要体现，而当前企业在发展的过程中，尤其是中小微企业、新兴技术产业、科技型中小企业等面临着经营成本相对较高的瓶颈性问题。在供给侧结构性改革的背景下，要使“三去一降一补”等政策落到实处，就务必进一步通过各种方式降低企业的经营成本，增加企业效益，激发企业经营的积极性和创造力，活跃市场经济。

一方面，要承接国家政策，进一步降低企业用水用电成本、降低企业税费、扩大补贴政策的范围，进一步调整“五险一金”的缴费比例，阶段性地降低企业人力成本，而其关键在于这些利好政策的实施效果，是否能够在现

实中顺利地推行？是否真正符合企业实际生产经营过程中的诉求？也就是说政策措施的制定并不代表着能够完全解决实际问题，应当进一步考虑建立相关机制，使政策顺利实施。这就需要政府引导建立相关保障机制，通过行政指令和市场导向双重手段，促使政策发挥效果，要建立监管和反馈机制，使政策实际“落地”，真正降低企业的运营成本，同时也能直接提高企业的实际经济效益。

另一方面，加强企业自身的优化调整，提升吸引金融服务的能力。企业，尤其是小微企业长期以来都存在着一个矛盾，即由于自身的各种缺陷，使得其在金融市场上进行融资的时候会存在诸多的障碍，也正是因为如此，金融机构对小微企业的融资支持相对有限。从而不仅制约中原城市群经济的发展，而且也成为阻碍中原城市群经济与金融耦合协调发展的本质性、核心问题。因此，要提高经济对经济与金融系统耦合协调发展的驱动能力，除了优化金融支持之外，关键要企业在发展过程中充分认识自身的不足，根据市场需求的不断变化，提升企业及其相关产品和服务的市场竞争力，提升企业作为金融需求主体对金融机构提供的资金支持等其他金融服务供给的吸引能力。企业也应当根据市场的变化适时调整战略发展方向，加大科技创新投入，优化产品和服务结构，提升其竞争力和附加值。只有从企业角度、从根本上解决问题，才能真正不断缓解企业融资难、渠道单一的问题，使企业发展和金融支持形成良性循环，这是提高中原城市群经济与金融的耦合协调的核心驱动力之一。

（5）实现产业集聚，并带动周边产业的发展

产业集聚也是金融优化资源配置的一个典型领域，通过产业优化升级和转移的同时，也是资本集聚的过程，对于经济与金融耦合协调发展中经济驱动能力的增强有积极的助推效应。在集聚的过程中，充分利用不同的区位优势和资源优势，在经济发展的过程中形成一个良好的竞合模式，在产业集聚过程中，通过竞争实现产业优化升级和企业的优化重组，而集聚本身就是一种合作，能够实现信息、技术和智力的交流合作。

基于中原城市群长期发展的阶段性动态特征和空间异质性，需要在两个层面实现产业集聚来助力中原城市群经济与金融的耦合协调发展。一是开展顶层设计，在中原城市群整体范围内统筹产业集聚的发展方向和区位分布，重点落实在中原城市群所属的不同地市之间的资源整合，结合不同地市的产业结构特征、自然资源分布状况、交通物流基础和劳动力分布状况等，建立

在不同地市之间产业同构的基础上调整产业结构，并发展产业集聚区，打造更大范围的产业集聚带，进一步实现不同区域之间的资源优化配置和规模效应。在中原城市群范围实现产业合理集聚的前提下，能够实现金融资源在时间和空间上调配的优势，促进经济规模化发展，也能促进欠发达地区的产业结构调整，降低区域经济发展的不平衡，从而增强经济对关联系统耦合协调发展的驱动能力。二是实现中原城市群各地级市范围内的产业集聚发展，在统筹安排整个中原城市群产业集聚的基础上，依据各地市自身的产业结构特征，进行产业转移和集聚安排，在地市范围内提升资源利用效率。中原城市群既是一个联合的整体，又是由相互独立的单元所构成，产业集聚的实现是建立在各个地市产业结构优化调整基础上的，所以地市范围内的产业集聚同样是建立在县域产业结构优化调整的基础上，从而也能够提升县域经济发展的竞争力和资源利用效率。

2. 充分发挥金融优化资源配置的作用，增强金融系统的驱动能力

（1）调整金融结构，促进金融市场平衡发展

金融结构失衡问题长期存在，尤其是在中西部不发达地区体现更加明显，主要体现在直接金融和间接金融的结构性失衡上。基于中原城市群区域金融发展的阶段性特征，当前市场的融资结构失衡问题相对比较突出，是制约金融市场发展、金融推动经济发展的瓶颈。所以，要实现经济和金融的协调发展，必然要尽快优化融资结构。

其一，继续发挥商业银行等金融机构间接融资的优势，但是业务重心需要有所转移。一方面，大型商业银行在充分发挥资金规模优势，重点服务于大中型企业和大型项目建设的同时，利用其网点、资源的优势，为中小企业、新兴产业等提供资金支持等金融服务；另一方面，发挥中小商业银行、城市商业银行等金融机构服务于区域经济发展的能力，提高其金融创新水平和应对金融风险的能力，服务对象主要针对中小微企业，为其提供融资便利。此外，要大力支持和发展中原城市群本土性金融机构，尤其是河南省本土性商业银行的发展，基于地缘优势，其对当地的金融支持效应会更加凸显。

其二，提升直接融资规模和扩宽直接融资渠道，继续完善多层次资本市场的发展。大力发展中原城市群证券业，为企业融资和集聚资金发挥纽带作用，并积极培育一批优质重点企业，以提升其在A股市场融资的潜力；完善河南省区域性股权市场的发展，为中小微企业提供更多的融资通道；大力创

新发展中原城市群债券市场的发展，尤其是企业债券，可以针对中小企业设计一些特色化的债券产品，提高其融资便利程度。

金融结构的改善必然会提升金融对经济发展的支撑能力，也能更大限度地促进经济和金融的协调发展。

（2）增强保险保障功能的基础上，实现保险服务的多样化

保险业作为金融业的重点领域之一，近年来的快速发展为经济的健康发展提供了多样性的推动力。当前，保险应当在充分利用其风险管理的优势，发挥保障性作用的基础上，创新保险服务体系和提升保险资金运用的能力。

首先，要结合经济发展的需要创新保险产品的开发。在发挥基本保障作用的基础上，重点发展信用保证保险、出口信用保险等保险领域。如，开发针对中小企业作为债务人的保证保险产品，而充当“担保人”的角色，有助于提高企业融资的可能性；又如，扩大出口信用保险的范围和政策支持力度，为外向型企业的应收账款提供保障，增强企业的接单能力和积极性。其次，充分发挥保险资金的规模优势和长期稳定特征，在符合国家政策法规和做好投资预测的前提下进行保险投资，既能够实现资产保值增值以满足保险公司未来义务的履行，又能够为金融市场的发展注入充足的流动性，满足社会经济发展中的大量资金需求，对于实现中原城市群经济与金融的耦合协调起到特殊的助推作用。

（3）优化金融机构布局，进一步开拓普惠金融业务，最大限度地实现金融便利化

金融机构的合理布局是金融发挥支持经济发展，尤其是局部地区发展的重要保障，而当前普遍存在的问题是金融机构类型齐全、网点数量众多、业务范围广泛，但是缺乏深度，限制金融服务于经济发展的能力。所以，一方面，金融机构应当合理布局各级分支机构和网点，尤其是扩大农村地区和偏远地区的覆盖度，同时要多渠道地向当地的企业等用户普及相关金融政策、金融知识和金融风险等，大力推广智能化终端服务体系，进一步消除办理金融业务的时间和空间限制。另一方面，金融机构应当结合国家政策导向，积极开展普惠金融业务，降低参与金融交易的准入限制和门槛，使更多的社会主体能够享受金融服务的支持和保障。在此基础上，要重点支持偏远地区、欠发达地区及农村地区，尤其是小微企业和低收入人群，提高其获取金融服务的可能性。总体上，力求在最大限度上实现金融的便利化，以平衡区域金融发展的不平衡状态，使之成为支持中原城市群整体及局部区域经济发展的

重要保障，从而提升金融支持经济发展的广度和深度，提升经济和金融协调发展的程度。

（4）充分发挥郑州作为区域金融中心的引领和辐射作用

在促进中原城市群经济与金融协调发展的过程中，不仅要着力平衡区域经济和区域金融的发展，也要突出个别地市的优势，以发挥其在整个区域内的引领作用和对周边及其整个城市群的辐射作用。郑州市作为河南省乃至整个中原城市群政治、经济、文化等的中心，又作为国家中心城建设的重要对象，其区域金融中心的优势已经基本形成。伴随着以郑州为中心的，如“一极两翼”形成的东西方向发展，以交通物流运输业为主线的南北方向的发展，极大地发挥了郑州在经济发展中的辐射作用。在此基础上，金融作为经济发展的支撑力量，应当进一步发挥郑州作为中原城市群区域金融中心的作用，充分利用资源集聚优势，加快对金融市场的培育，尤其是证券市场、期货市场、债券市场等。完善银行等金融机构体系，创新发展金融产品，通过分支机构实现不同区域的金融服务共享，从而影响整个中原城市群的金融发展水平，以达到服务于经济发展的目的。

（5）提升金融服务实体经济的动力

当前，在“脱虚向实”、防范和化解系统性金融风险、供给侧结构性改革等的背景下，大力倡导金融要服务于实体经济的发展，同时，金融发展过程中形成的金融机构资产规模的增加、经济利润的提高、市场占有度和竞争力的提升等，并非发展金融的目的，其目的最终要落脚于实体经济的发展，否则会伴随着金融风险的不断累积，形成系统性金融风险，导致金融泡沫的出现，从而对经济的发展造成严重的破坏。所以，中原城市群在发展金融市场、创新金融产品和金融交易模式的同时，要根据金融监管政策和经济政策导向，引导金融发展的正确走向，繁荣金融市场也要贴近于实体经济发展的需求和方向，真正实现经济和金融的耦合协调发展，这也是实现本书研究目的的又一核心驱动力。

（二）增强耦合系统协调发展外在驱动力

对于经济和金融两系统耦合协调发展的驱动力方面的改善和加强，仅仅从提升经济和金融两个角度的内在驱动力是不够的，因为中原城市群复杂的环境还要求外在的基础和保障条件，所以要重视外在驱动因素的作用。

1. 形成人才集聚效应，解决供需结构性失衡问题

无论是经济还是金融，又或者是两者的协调发展，都要以人为本，需要相关人力提供智力支持和实际操作。而中原城市群吸引人才的能力相对于北上广及东部沿海地区还有较大的差异，这也受限于中原城市群地区的经济发展水平和所能提供就业岗位的层次，很大程度上限制了在中原城市群，即便是郑州市形成良性循环的人才集聚效应，使经济发展和金融发展过程中的人才缺位问题仍较为突出，缺乏使经济与金融更高质量发展的人才智力支持，对于中原城市群经济与金融的耦合协调发展，则缺乏相应的智力保障。而在现实中，人才集聚问题并非完全是“无人才、无岗位”，而往往是“有人才、无岗位”或“有岗位、无人才”的现象，即人才供需存在结构性失衡的问题。

因此，要在现有人才规模和结构的基础上，充分考虑中原城市群经济与金融发展过程中的各类人才需求状况，科学考察当前的人才供给及流动特征，建立和完善人才梯度管理制度，以此来缓解人才供需矛盾。首先，中原城市群人口集聚力相对较高，是提供大量人才供给的先天性条件，但是对经济和金融耦合协调发展所体现出来的驱动力较为低下，一方面表现为前文所述的人才供需结构性失衡问题，另一方面主要体现在普通劳动者就业难和高端高素质人才相对缺失的问题，对经济与金融的高质量发展产生不利影响。所以应当在现有条件下，在最大限度地化解普通求职者的就业问题之外，把精力重点放在引进高素质人才，带动整体水平上人才素质的提升，增强经济与金融发展过程中的创造力。其次，中原城市群在制定吸引人才政策的基础上，应当放眼于全国，做好在全国范围内宣传工作，把政策重点落实在住房和补贴问题上，打通人才流入的通道，而且可以建立人才引进后的阶段性备案工作，实现留住人才，做到真正的“筑巢引凤”。最后，要加强中原城市群自身的人才培养工作，尤其是要做好高校毕业生的就业引导和对相关科研机构科研工作的支持，真正形成中原城市群内在的人才培养机制，对于政策的实施并非流于表面，要把校企合作、银校合作等落到实处。

2. 改善区域营商环境和投融资环境

如前所述，中原城市群的经济和金融的发展相对于东部沿海省市较为滞后，这也受到中原城市群营商环境，乃至整个区域内的投融资环境的制约，因此，要想改善该基础环境，就要做到积极“引进来”和防止“走出去”。一是要积极做到“引进来”，发挥人力成本、交通物流等优势，制定区域内的

利好政策，如税收优惠、租金减免、优惠贷款等，大力吸引区域外的大型企业、品牌企业入驻中原城市群，不仅能够为当地的经济发展注入活力，也能够带动周边产业的发展；也要大力促进区域外金融机构及外资金融机构入驻中原城市群，设立省级法人机构或其他级别较高的分支机构，以此完善中原城市群金融机构体系，提高金融市场竞争度，从而提供更加多样化和高效的金融服务。二是要防止“走出去”，即最大限度地做到防止中原城市群资金外流问题，除政策性金融企业等，包括金融机构在内的各类企业大多是以赢利作为目的，资金的逐利性会因为中原城市群营商环境和投融资环境的欠缺而导致资金的流出。所以，要保证中原城市群金融对经济的高效支撑作用和两者的协调发展，就要增强中原城市群对区域外企业的吸引能力和对资金的吸附能力。

3. 重视科技创新，赋能经济和金融协调发展

无论是促进经济发展的产业结构调整、扩大基础设施建设、城镇化建设、降低企业成本和促进产业集聚，还是促进金融发展的金融结构调整、发展现代金融服务业等，都离不开科技创新和科技支撑因素的推动。一方面，在经济发展的过程中，重视科技创新和科技投入，增加推动经济发展各因素的科技含量，充分挖掘市场潜能，创造更多的市场有效需求和潜在需求动力，促进经济高质量增长和可持续发展。另一方面，在金融发展的过程中，科技创新不仅能够提升金融交易的效率，增加交易的透明度，为金融风险的降低提供更多的技术保障，而且能够优化金融机构体系，在降低金融企业经营成本和金融交易成本的基础上，使相关经济主体可以获得更优质和快捷的金融服务。金融科技的发展，如大数据、云计算、区块链等技术的应用，又为金融企业的金融产品、金融服务的创新提供了强有力的支持。

同时，要实现经济发展过程中科技研发的投入和科技创新的目的，必须实现科技成果的转化，使其转化为现实的生产力，加速经济发展。在成果转化的过程中，无论是传统企业还是科技型企业，尤其是中小企业、初创期科技型中小企业、高新技术企业等，需要大量的资金支持和相关的金融服务保障。而无论是从商业银行等金融机构获取直接或间接融资，还是开展风险投资或私募股权基金等形式，都需要通过大量的金融工具和金融交易来实现不同领域的过渡性连接，在此关键的节点上，金融支持将起到关键保障性作用。

所以，重视中原城市群发展建设过程中的科技创新，不仅能够为经济和

金融发展提供动力，也能够为中原城市群经济与金融的耦合协调发展创造有效的动机，是促进两系统耦合协调的重要外在驱动力。

4. 增强省、市两级地方政府的协调和调控能力

中原城市群建设的过程中，经济与金融的发展及其两者之间的协调发展，有诸多的内外驱动因素对其产生作用，尤其是在中原城市群发展的初期阶段，无论是总体策略的统筹，还是具体策略的实施，均需要相关政策的引导和推动。中原城市群成立至今，涉及企业、金融机构等市场主体的大量利好政策基本是由政府引导和推动的，但是中原城市群不是一个独立的行政区域划分，其涉及河南省的18个地市和其他4个省份的12个地市，部分地区政策的先天性差异会对中原城市群的整体策略产生一定的影响。在中原城市群发展和建设过程中，具体到各项经济政策、金融政策的实施，需要多个省、市两级政府共同作用才能够实现的，因此，要实现中原经济和金融的协调发展，就必然需要中原城市群涉及的多个省、市两级政府构建协商和协调机制，从中原城市群层面的顶层设计来统筹中原城市群经济和金融的发展，这样能够增加政策叠加利好推动作用，而尽量消除政策交叉的阻碍作用，这样对中原城市群实现经济与金融的协调发展起到积极的保障作用，是不可或缺的外在驱动力。

参考文献

埃比尼泽·霍华德，2000. 明日的田园城市［M］. 金经元，译. 北京：商务印书馆.

爱德华·肖，1988. 经济发展中的金融深化［M］. 邵伏军，许晓明，宋先平，译. 三联书店上海分店.

艾洪德，郭凯，高新宇，2006. 金融脆弱性、不完全信息、制度变迁与金融风险［J］. 财经问题研究，7：30-35.

藤田昌久，克鲁格曼，维纳布尔斯，2005. 空间经济学：城市、区域与国际贸易［M］.梁琦，译. 北京：中国人民大学出版社.

艾洪德，徐明圣，郭凯，2004. 我国区域金融发展与区域经济增长关系的实证分析［J］.财经问题研究，7：26-32.

安景文，孟真，梁志霞，等，2019. 京津冀都市圈经济增长收敛性测度［J］. 城市问题，4：66-71+10332.

安俞静，刘静玉，李宁，等，2018. 中原城市群铁路网络可达性及经济联系格局［J］.长江流域资源与环境，27（9）：1947-1957.

巴曙松，1998. 转轨经济中的非均衡区域金融格局与中国金融运行［J］. 改革与战略，4：21-27.

保罗·克鲁格曼，1991. 报酬递增和经济地理［J］. 政治经济学杂志，6：483-499.

白锐锋，2011. 山东省金融发展与经济增长的相互关系研究［J］. 山东社会科学，3：170-173.

毕秀晶，宁越敏，2013. 长三角大都市区空间溢出与城市群集聚扩散的空间计量分析［J］. 经济地理，33（1）：46-53.

蔡则祥，2004. 县域经济发展与农村金融服务体系重塑［J］. 江苏社会科学，5：110-116.

曹炜威，杨斐，官雨娴，等，2016. 成渝经济圈城市群的经济联系网络结构［J］. 技术经济，35（7）：52-57+128.

曹协和，2008. 农业经济增长与农村金融发展关系分析［J］. 农业经济问题，11：49-54.

晁静，赵新正，李同昇，等，2019. 长江经济带三大城市群经济差异演变及影响因素：基于多源灯光数据的比较研究［J］. 经济地理，39（5）：92-100.

陈存友，汤建中，2003. 大都市区城市经济整合发展研究：以长江三角洲为例［J］.中国软科学，6：120-124.

陈帆，2014. 长株潭城市群金融生态建设的实践与思考［J］. 企业导报，23：1-2.

陈丰龙，王美昌，徐康宁，2018. 中国区域经济协调发展的演变特征：空间收敛的视角［J］财贸经济，39（7）：128-143.

陈刚，尹希果，陈华智，2006. 我国金融发展与经济增长关系的区域差异分析：兼论分税制改革对金融发展与经济增长关系的影响［J］. 金融论坛，7：17-22.

陈乐，李郇，杜志威，等，2016. 长株潭一体化经济增长的空间效应［J］. 经济地理，36（8）：64-72.

陈琳静，2016. 论中原城市群整合的内部基础［J］. 农村经济与科技，27（2）：104-105.

陈美玲，2011. 城市群相关概念的研究探讨［J］. 城市发展研究，18（3）：5-8.

陈梦筱，2007. 中原城市群城市竞争力实证研究［J］. 经济问题探索，2：33-39.

陈明华，刘华军，孙亚男，2016. 中国五大城市群金融发展的空间差异及分布动态：2003—2013 年［J］. 数量经济技术经济研究，33（7）：130-144.

陈先勇，2005. 中国二元经济结构影响因素解析及对策［J］. 湖北社会科学，10：56-58.

陈晓玲，张毅，2017. 金融发展，产业升级与经济增长的动态关系研究：基于省际数据的面板 VAR 分析［J］. 财贸研究，28（10）：19-25.

陈修颖，2003. 区域空间结构重组：理论基础、动力机制及其实现［J］. 经济地理，4：445-450.

陈雁云，2009. 区域金融发展与经济增长的因果关系［J］. 区域金融研究，5：42-44.

陈玉，孙斌栋，2017. 京津冀存在“集聚阴影”吗：大城市的区域经济影响［J］. 地理研究，36（10）：1936-1946

陈正凯，马丹，2007. 浅论区域金融发展与经济增长［J］. 价值工程，2：136-139.

陈宗胜，周松，2006. 天津市金融发展与经济增长关系的实证分析：1978—2004［J］. 天津师范大学学报（社会科学版），5：7-11.

程炳友，2011. 长株潭“两型社会”建设中优化金融生态环境的研究［J］.经济研究导刊，12：134-136.

程金龙，2012. 中原城市群旅游发展战略研究［J］. 生态经济，1：171-175.

仇保兴，2007. 城市科学研究会面临的挑战与机遇［J］. 城市发展研究，4：4-10.

楚尔鸣，2010. 长株潭城市群建设国家区域性金融中心研究［J］. 湘潭大学学报（哲学社会科学版），34（3）：11-15.

代合治，1998. 中国城市群的界定及其分布研究［J］. 地域研究与开发，2：41-44+56.

邓慧慧，2012. 基于广义熵指数对十大城市群经济发展差异的分析［J］. 城市发展研究，19（4）：55-59.

邓春玉，2009. 基于对外经济联系与地缘经济关系匹配的广州国家中心城市战略分析［J］. 地理科学，29（3）：329-335.

邓奇志，2011. 西部视角的实体经济系统与金融系统协调度分析［J］. 求索，3：35-37.

丁同民，2010. 法治和政策协调视角下健全中原城市群区域金融合作机制的思考［J］.金融理论与实践，10：52-56.

丁艺，李靖霞，李林，2010. 金融集聚与区域经济增长：基于省际数据的实证分析［J］.保险研究，2：20-30.

董会忠，薛慧峰，宋红丽，2005. 基于耦合理论的经济：环境系统影响因子分析［J］.自然资源学报，20（1）：105-112

董小君，石涛，2018. 中原城市群绿色发展效率与影响要素［J］. 区域经济评论，5：116-122.

段进，郭冬冬，朱静平，2011. 长株潭地区金融发展与经济增长关系的实证研究［J］.经济地理，31（8）：1332-1334+1357.

段小薇，李璐璐，苗长虹，等，2016. 中部六大城市群产业转移综合承接能力评价研究［J］. 地理科学，36（5）：681-690.

杜庆霞，2016. 中原经济区金融产业集聚及区域经济增长研究［J］. 时代金融，36：65.

方创琳，2009. 城市群空间范围识别标准的研究进展与基本判断［J］. 城市规划学刊，4：1-6.

方创琳，宋吉涛，张蔷，等，2005. 中国城市群结构体系的组成与空间分异格局［J］.地理学报，5：827-840.

冯·贝塔朗菲，1987. 一般系统论，发展和应用［M］. 林康义，魏宏森，等译. 北京：清华大学出版.

扶桑，郑世杰，2018. 贫困地区农村金融与经济发展关系的实证研究：基于安徽省阜阳市的调查分析［J］. 农村经济，7：77-82.

冯健，2005. 西方城市内部空间结构研究及其启示［J］. 城市规划，8：41-50.

高洪深，2007. 经济系统分析［M］. 北京：清华大学出版社.

高连和，2008. 区域金融和谐发展研究［M］. 北京：中国经济出版社 .

高新才，殷颂葵，2018. 兰州西宁城市群经济效率测度［J］. 城市问题，5：46-52.

戈德史密斯，1990. 金融结构与金融发展［M］. 周朔，译 . 上海：上海三联书店 .

高友才，2012. 中原经济区建设中多中心多层次城镇网络构建研究［J］. 中州学刊，1：50-54.

龚绍方，2008. 关于中原城市群旅游产业集群发展的实证研究［J］. 河南大学学报（社会科学版），3：66-71.

缑长艳，刘晓睿，2013. 郑州区域金融中心建设与中原城市群金融发展关系研究［J］.河南财政税务高等专科学校学报，27（3）：37-39.

苟小菊，牛传涛，2016. 金融集聚与江淮城市群城镇化空间计量分析［J］. 北京航空航天大学学报（社会科学版），29（1）：98-103.

顾朝林，1992. 城市实力综合评价方法初探［J］. 地域研究与开发 1：5-11+62.

顾朝林，2000. 论城市管治研究［J］. 城市规划，9：7-10.

谷国锋，张秀英，2005. 区域经济系统耗散结构的形成与演化机制研究［J］.东北师大学报自然科学版，37（3）：119-124.

顾海兵，1998. 经济系统分析［M］. 北京：北京出版社 .

管敏，2015. 长株潭城市群金融生态环境 SWOT 分析［J］. 劳动保障世界，27：42+44.

郭建平，2008. 我国经济增长与金融深度的关系检验［J］. 统计与决策，6：85-86.

郭进，徐盈之，王美昌，2016. 金融外部性，技术外部性与中国城市群建设［J］. 经济学动态，6：74-84.

郭荣朝，苗长虹，夏保林，等，2010. 城市群生态空间结构优化组合模式及对策：以中原城市群为例［J］. 地理科学进展，29（3）：363-369.

郭腾云，徐勇，马国霞，等，2009. 区域经济空间结构理论与方法的回顾［J］.地理科学进展，28（1）：111-118.

郭书山，2011. 中原城市群产业升级现状及制约因素分析［J］. 领导科学，14：42-44.

郭永强，2009. 中原城市群金融一体化发展实证分析［J］. 金融理论与实践，10：116-118.

韩会然，焦华富，李俊峰，等，2011. 皖江城市带空间经济联系变化特征的网络分析及机理研究［J］. 经济地理，31（3）：384-389.

韩廷春，2001. 金融发展与经济增长：基于中国的实证分析［J］. 经济科学，3：31-40.

何天祥，陈晓红，2017. 动态外部性与城市群经济增长收敛的实证研究［J］.系统工程理论与实践，37（11）：2791-2801.

何伟纯，乔墩墩，丁志伟，等，2017. 中原经济区城市相互关联的时空格局研究［J］.地域研究与开发，36（4）：19-26.

何宜庆，吕弦，2015. 我国东中部地区城市群金融集聚辐射分析［J］. 生态经济，31（5）：45-48+145.

贺欢欢，吕斌，2014. 长株潭城市群经济联系测度研究［J］. 经济地理，34（7）：67-74.

侯赟慧，刘志彪，岳中刚，2009. 长三角区域经济一体化进程的社会网络分析［J］.中国软科学，12：90-101.

胡安俊，孙久文，沈岱岱，2012. 聚集经济的源泉，维度特征与转换途径［J］.理论界，3：34-37.

胡继亮，袁园，2012. 中部地区三大城市群经济发展差异的实证研究［J］.湖北大学学报（哲学社会科学版），39（6）：40-45.

胡毅，张京祥，2010. 基于县域尺度的长三角城市群经济空间演变特征研究［J］.经济地理，30（7）：1112-1117.

黄燕君，李融，2014. 金融资产结构与经济增长关系的实证研究：基于浙江省数据的分析［J］. 系统工程，32（10）：46-52.

季凯文，武鹏，2008. 农村金融深化与农村经济增长的动态关系：基于中国农村统计数据的时间序列分析［J］. 经济评论，4：21-28.

贾利军. 长三角群体城市经济整合机制与模式探讨［J］. 现代经济探讨，2007（7）：33-36.

贾卓，陈兴鹏. 中国西部兰州——西宁城市群县域经济集聚格局与空间溢出研究［J］.兰州大学学报（社会科学版），2019，47（2）：144-151.

姜山清. 中原城市群经济发展分析和思考［J］. 河南社会科学，2004（6）：138-139.

姜松，黄庆华. 互联网金融发展与经济增长的关系——非参数格兰杰检验［J］.金融论坛，2018，23（3）：6-23+51.

计承江，2012. 从国家层面出台中原经济区金融扶持政策［J］. 中国金融，6：32.

金雪军，田霖，2004. 区域金融综合竞争力的模糊曲线分析［J］. 中南大学学报（社会科学版），10（6）：740-746.

柯善咨，2010. 中国中西部发展中城市的增长极作用［J］. 地理研究，29（3）：521-534.

柯善咨，夏金坤，2010. 中原城市群的集聚效应和回流作用［J］. 中国软科学，10：93-103.

邝金丽，2008. 中原城市群区域旅游整合营销传播策略研究［J］. 商业研究，3：184-187.

劳昕，沈体雁，杨洋，等，2016. 长江中游城市群经济联系测度研究：基于引力模型的社会网络分析［J］. 城市发展研究，7：91-98.

李创，2014. 中原城市群污染物排放差异性及影响因素研究［J］. 价格理论与实践，3：73-74.

李方，2006. 长三角经济一体化与金融资源配置优化［J］. 社会科学，8：48-51.

李广众，2002. 银行、股票市场与长期经济增长：中国的经验研究与国际比较［J］.世界经济，9：57-62.

李红，李晓燕，吴春国，2011. 中原城市群高速公路通达性及空间格局变化研究［J］.地域研究与开发，30（1）：55-58.

李红，欧晓静，2017. 人口流迁和生产率提升对经济收敛的影响：基于粤桂黔滇市域数据的分析［J］. 城市问题，11：43-52.

李辉，2007. 武汉城市圈区域一体化发展研究［D］. 武汉：华中科技大学.

李慧玲，戴宏伟，2016. 京津冀与长三角城市群经济联系动态变化对比：基于城市流强度的角度［J］. 经济与管理，3：9-16.

李健，2002. 中国金融发展中的稳定性问题研究［J］. 中央财经大学学报，4：6-13+33.

李建庄，2009. 中原城市群经济一体化发展路径探析［J］. 河南社会科学，17（6）：177-179.

李京文，池绍杰，2019. 新时代大城市对周边中小城市经济增长的影响［J］.科技进步与对策，36（14）：31-37.

李俊杰，景一佳，2019. 基于 SBM-GIS 的绿色发展效率评价及时空分异研究：以中原城市群为例［J］. 生态经济，35（9）：94-101+107.

李苗苗，肖洪钧，赵爽，2015. 金融发展、技术创新与经济增长的关系研究：基于中国的省市面板数据［J］. 中国管理科学，23（2）：162-169.

李青原，李江冰，江春，等，2013. 金融发展与地区实体经济资本配置效率：来自省级工业行业数据的证据［J］. 经济学（季刊），12（2）：527-548.

李绍玲，2008. 基于中原城市群的区域金融支持政策研究［J］. 金融理论与实践，11：48-53.

李婷，李伟军，2019. 金融集聚，研发投入与城市创新能力：基于三大城市群［J］.绥化学院学报，39（6）：16-20.

李伟军，2011. 地区行政层级，信息基础与金融集聚的路径选择：基于长三角城市群面板数据的实证分析［J］. 财经研究，37（11）：80-90.

李贤德，宁越敏，2012. 城市群研究述评与展望［J］. 地理科学，32（3）：282-288.

李响，2011. 基于社会网络分析的长三角城市群网络结构研究［J］. 城市发展研究，12：80-85.

李学鑫，2008. 中原城市群产业专业化与多样化分工的演进［J］. 统计与决策，12：96-99.

李学鑫，苗长虹，2006. 关中，中原，山东半岛三城市群产业结构与分工的比较研究［J］. 人文地理，5：94-98.

李娅丽，2016. 金融产业集聚与区域经济增长的关系研究［D］. 济南：山东财经大学.

李燕，贺灿飞，2013. 基于“3D”框架的长江三角洲城市群经济空间演化分析［J］.经济地理，33（5）：43-46+66.

李峥荣，徐邓耀，雷舒砚，等，2018. 成渝城市群县域经济差异及其成因分析［J］.世界地理研究，27（3）：76-85.

梁留科，牛智慧，2007. 中原城市群公路网络建设与城市化水平相关性研究［J］. 地域研究与开发，2：48-51+96.

廖重斌，1996. 环境与经济协调发展的定量评判及其分类体系：以珠江三角洲城市群为例［J］. 热带地理，19（2）：171-177.

林先扬，2004. 大珠江三角洲城市群经济整合机制与模式研究［J］. 华南师范大学学报（自然科学版），1：122-128.

林先扬，陈忠暖，2004. 城市群经济发展系统形成与整合机制探讨：以大珠江三角洲城市群为例［J］. 云南地理环境研究，1：42-46.

林先扬，陈忠暖，2003. 珠江三角洲城市群经济整合模式及策略研究［J］. 经济前沿，Z1：32-34.

林先扬，周春山，2006. 论城市群经济整合内涵，特征及其空间过程［J］. 经济地理，1：70-73.

林毅夫，孙希芳，姜烨，2009. 经济发展中的最优金融结构理论初探［J］. 经济研究，44（8）：4-17.

刘丙章，高建华，李国梁，2016. 中原经济区复杂产业网络结构特征及演化［J］. 人文地理，31（2）：99-105+112.

刘博宇，2017. 金融集聚、经济增长与城乡居民收入差异的空间统计分析［D］.南昌：南昌大学.

刘传明，王卉彤，魏晓敏，2017. 中国八大城市群互联网金融发展的区域差异分解及收敛性研究［J］. 数量经济技术经济研究，34（8）：3-20.

刘东勋，2005. 中原城市群九城市的产业结构特征和比较优势分析［J］. 经济地理，3：343-347.

刘红，2008. 金融集聚对区域经济的增长效应和辐射效应研究［J］. 上海金融，6：14-19.

刘辉，申玉铭，柳坤，2013. 中国城市群金融服务业发展水平及空间格局［J］.地理学报，68（2）：186-198.

刘金全，付卫艳，郝世赫，2014. 我国金融发展与经济增长关系的收入“门限效应”检验［J］. 吉林大学社会科学学报，54（3）：21-27+171.

刘静玉，丁志伟，孙方，等，2014. 中原经济区城镇空间结构优化重组研究［J］. 经济地理，34（10）：53-61+110.

刘静玉，宋爱青，2008. 中原城市群经济整合效果的定量研究［J］. 许昌学院学报，27（5）：134-138.

刘静玉，王发曾，2005. 我国城市群经济整合的理论与实践［J］. 城市发展研究，4：15-19+10.

刘静玉，杨虎乐，宋琼，等，2014. 中原经济区城市间相互作用时空格局演变研究［J］.地理科学，34（9）：1060-1068.

刘君 . 保险发展，2017，金融深化与经济增长关系研究：基于时变面板平滑转换回归模型 TV-PSTR［J］. 当代经济科学，39（4）：29-40+125.

刘璐，2019. 中国金融周期测算及其与经济周期关系研究［J］. 统计与决策，35（4）：154-157.

刘梦丽，王伟，刘静玉，等，2017. 中原城市群城市引力范围界定及演变格局［J］. 地域研究与开发，36（4）：49-54.

刘仁伍，2003. 充分发挥金融对海南经济发展的“第一推动力”作用［J］. 海南金融，9：4-6.

刘荣增，2020. 城市扩张与经济增长质量的规模空间效应研究［J］. 求索，3：157-164.

刘荣增，2017. 城市与区域发展机理［M］. 北京：人民出版社：16-19.

刘荣增，2017. 河南省际经济联系与地缘经济关系匹配研究［J］. 河南大学学报（社会科学版），57（2）：22-30.

刘荣增，2017. 基于存量优化的城市空间治理与再组织：以郑州市为例［J］. 城市发展研究，24（9）：26-32.

刘荣增，2012. 加快经济发展方式转变与城市增长管理协动研究［J］. 城市发展研究，19（2）：77-82.

刘荣增，1997. 我国中西部地区实施可持续发展战略的思考［J］. 中国人口 · 资源与环境，3：20-24.

刘荣增，范琳琳，2016. 基于 DEA 的河南省区域经济效率研究［J］. 经济经纬，33（6）：7-12.

刘荣增，何春，2017. 城市扩张对经济效率的影响［J］. 城市问题，12：20-25+32.

刘荣增，陆文涛，2019. 城市三重空间的划分与拓展：基于现代化都市圈理念［J］.郑州大学学报（哲学社会科学版），52（5）：41-46+127-128.

刘荣增，陆文涛，杜力卿，2019. 基于 ANN-CA 模型的郑州城市空间拓展研究［J］.城市发展研究，26（12）：77-85+49.

刘荣增，穆岚，2008. 基于 MWVD 的中心城市扩展与城市群整合研究［J］.人文地理，3：28-34.

刘荣增，王淑华，2013. 城市新区的产城融合［J］. 城市问题，6：18-22.

刘荣增，王淑华，齐建文，2012. 基于共生理论的河南省城乡统筹空间差异研究［J］.地域研究与开发，31（4）：19-22+28.

刘世超，柯新利，2019. 中国城市群土地利用效率的演变特征及提升路径［J］.城市问题，9：54-61.

刘霞，李坤，2009. 从长株潭城市群看区域金融生态系统的构建［J］. 海南金融，11：31-34.

刘晓丽，王发曾，2006. 经济转型期中原城市群地区城镇规模结构演变分析［J］.人文地理，3：1-4.

刘晓玲，罗荣华，2016. 金融发展与实体经济关系的实证分析［J］. 统计与决策，13：170-173.

刘效龙，张世全，冯长春，2011. 中原城市群城市规模等级的时空演变分析［J］.地域研究与开发，30（3）：29-34.

刘学功，郑敬刚，2011. 产业结构演变与农业劳动力转移之比较研究：中原城市群农村劳动力转移实证分析［J］. 农业经济，7：64-66.

刘耀彬，戴璐，2013. 基于 SNA 的环鄱阳湖城市群网络结构的经济联系分析［J］.长江流域资源与环境，3：263-271.

刘勇，高建华，丁志伟，2011. 基于改进熵权法的中原城市群城镇化水平综合评价［J］.河南大学学报（自然科学版），41（1）：49-55.

刘正兵，丁志伟，卜书朋，等，2015. 中原城市群城镇网络结构特征分析：基于空间引力与客运联系［J］. 人文地理，30（4）：79-86.

龙海明，柳沙玲，2008. 多重均衡条件下农村正规金融发展与经济增长的关系：基于中国省际数据的实证分析［J］. 金融研究，6：158-168.

鲁金萍，杨振武，刘玉，2015. 京津冀城市群经济联系网络研究［J］. 经济问题探索，5：117-122.

鲁金萍，杨振武，孙久文，2016. 京津冀城市群经济联系测度研究［J］. 城市发展研究，7：5-10.

陆大道，2003. 中国区域发展的理论与实践［M］. 北京：科学出版社.

陆文喜，李国平，2004. 中国区域金融发展的收敛性分析［J］. 数量经济技术经济研究，2：125-128.

罗丽丽，张久铭，2007. 中原城市群建设与河南旅游发展研究［J］. 地域研究与开发，4：68-70+111.

罗纳德·I. 麦金农，1997. 经济发展中的货币与资本［M］. 卢骢，译. 上海：上海三联书店，上海人民出版社.

吕斌，孙莉，谭文垦，2008. 中原城市群城市承载力评价研究［J］. 中国人口·资源与环境，5：53-58.

吕可文，苗长虹，安乾，2011. 河南省城镇化空间差异研究［J］. 地理与地理信息科学，27（3）：69-72+98.

马春文，武赫，2015. 中原经济区不同类型城市协同发展的推进研究［J］. 理论与改革，6：89-91.

马国霞，甘国辉，2005. 区域经济发展空间研究进展［J］. 地理科学进展，2：90-99.

马双，曾刚，2019. 网络视角下中国十大城市群区域创新模式研究［J］. 地理科学，39（6）：905-911.

曼纽尔·卡斯特. 网络社会的崛起：信息时代三部曲：经济、社会与文化［M］. 夏铸九，王志弘，等译. 北京：社会科学文献出版社，2003.

毛琦梁，2019. 我国中西部典型城市群产业升级的机会甄别与基本路径：基于产品空间理论的研究［J］. 西部论坛，29（1）：71-83.

梅志雄，徐颂军，欧阳军，2012. 近20年珠三角城市群城市空间相互作用时空演变［J］. 地理科学，32（6）：694-701.

孟德友，李小建，樊新生，2016. 高速公路引导下中原经济区交通可达性空间格局［J］.地域研究与开发，35（2）：36-40+64.

孟德友，李小建，陆玉麒，等，2014. 长江三角洲地区城市经济发展水平空间格局演变［J］. 经济地理，34（2）：50-57.

孟鹏，卢艳霞，刘丽，2016. 成本—收益视角下的城镇规模适度性分析：以京津冀城市群，山东城市群和中原城市群为例［J］. 中国土地科学，30（5）：88-96.

苗长虹，武前波，2005. 中原城市群产业结构变动及优化研究［J］. 江西社会科学，12：29-35.

苗洪亮，周慧．中国三大城市群内部经济联系和等级结构的比较：基于综合引力模型的分析［J］．经济地理，2017，37（6）：52-59.

宁越敏，2012. 中国城市化特点、问题及治理［J］. 南京社会科学，10：19-27.

牛文元，2009. 中国新型城市化战略的设计要点［J］. 中国科学院院刊，24（2）：130-137.

潘辉，冉光和，张冰，等，2013. 金融集聚与实体经济增长关系的区域差异研究［J］.经济问题探索，5：102-107.

潘少奇，李亚婷，高建华，2014. 中原经济区经济联系网络空间格局［J］. 地理科学进展，33（1）：92-101.

潘伟，韩伯棠，2018. 基于信息化的城市群经济增长实证研究［J］. 科研管理，39（S1）：289-297.

潘志纯，2002. 加快长江三角洲地区经济协调发展［J］. 宏观经济研究，9：22-25.

彭芳梅，2017. 粤港澳大湾区及周边城市经济空间联系与空间结构：基于改进引力模型与社会网络分析的实证分析［J］. 经济地理，37（12）：57-64.

彭智敏，熊壮，2008. 中部三大城市群各城市竞争力实证分析［J］. 江汉论坛，12：54-57.

齐昕，林木西，2018. 城市群协调发展中金融潜能的同域影响与溢出效应研究：基于中国十大城市群的实证数据［J］. 武汉金融，7：59-64.

齐福全，2011. 北京市经济增长与金融发展关系的实证分析［J］. 北京社会科学，4：29-33.

乔俊峰，陈字旺，2017. 供给侧改革背景下地方政府财政支出效率的影响因素［J］.河南师范大学学报（哲学社会科学版），44（6）：31-36.

覃成林，郑洪涛，高见，2005. 中原城市群经济市场化与一体化研究［J］. 江西社会科学，12：36-42.

邱兆祥，王树云，2017. 金融与实体经济关系协调发展研究［J］. 理论探索，4：28-34.

仇娟东，何风隽，2012. 中国城乡二元经济与二元金融相互关系的实证分析［J］. 财贸研究，23（4）：25-33.

任彪，孙立辉，2011. 河北省金融发展与经济增长关系的统计研究［J］. 经济与管理，25（12）：71-74.

任继周，葛文华，张自和，1989. 草地畜牧业的出路在于建立草业系统［J］. 草业科学，5：1-3.

任继周，万长贵，1994. 系统耦合与荒漠：绿洲草地农业系统：以祁连山—临泽剖面为例［J］. 草业学报，3（3）：1-8.

瑞斯托·劳拉詹南，2001. 金融地理学［M］. 孟晓晨，译 . 北京：商务印书馆 .

申怀飞，沈宁娟，林英豪，等，2017. 中原经济区干线公路路网通达性研究［J］. 地域研究与开发，36（3）：7-11+35.

沈红丽，2016. 正规金融，非正规金融与经济增长关系研究［J］. 统计与决策，14：138-141.

沈玉芳，张婧，王能洲，等，2011. 长三角城市群金融业演进的空间结构特征［J］.地域研究与开发，30（2）：86-90.

盛博，姜丽丽，谭明艳，2018. 哈长城市群县域经济差异时空演变分析［J］. 哈尔滨师范大学自然科学学报，34（5）：91-97.

盛广耀，2018. 区域经济增长的多重关联效应及其实证检验［J］. 经济学家，4：34-41.

石盛林，2011. 基于两部门生产函数模型的县金融与经济增长互动关系研究［J］. 贵州社会科学，2：66-71.

石崧，2005. 从劳动空间分工到大都市区空间组织［D］. 上海：华东师范大学 .

石亭峰，2012. 对金融支持中原经济区建设的战略思考［J］. 金融理论与实践，11：139-142.

石永拴，2013. 中原经济区经济发展中的金融支持研究［D］. 武汉：武汉大学 .

史雅娟，朱永彬，黄金川，2017. 中原城市群产业分工格局演变与功能定位研究［J］.经济地理，37（11）：84-91.

史占勇，翟书斌，2009. 基于中原城市群的区域金融成长［J］. 中州学刊，3：58-60.

宋德勇，胡赓，2016. 长江中游城市群经济差异测度与格局研究［J］. 工业技术经济，35（11）：53-58.

苏建军，徐璋勇，2014. 金融发展、产业结构升级与经济增长：理论与经验研究［J］.工业技术经济，33（2）：139-149.

苏宁，2008. 加快长三角金融协调发展支持区域经济一体化进程［J］. 中国金融，10：14-16.

孙斌栋，丁嵩，2016. 大城市有利于小城市的经济增长吗？来自长三角城市群的证据［J］. 地理研究，35（9）：1615-1625.

孙长青，2012. 基于 VAR 模型的城镇化、工业化与金融发展关系分析：以中原经济区为例［J］. 经济经纬，6：17-21.

孙东琪，张京祥，胡毅，等，2013. 基于产业空间联系的“大都市阴影区”形成机制解析：长三角城市群与京津冀城市群的比较研究［J］. 地理科学，33（9）：1043-1050.

孙晶，蒋伏心，2013. 金融集聚对区域产业结构升级的空间溢出效应研究：基于2003—2007年省际经济数据的空间计量分析［J］. 产经评论，4（1）：5-14.

孙力军．金融发展与经济增长的因果关系：基于中国省份数据的实证检验［J］. 山西财经大学学报，2008（3）：22-27.

孙莉，吕斌，周兰兰，2009. 中国城市承载力区域差异研究［J］. 城市发展研究，16（3）：133-137.

孙姗姗，朱传耿，李志江，2009. 淮海经济区经济发展差异研究［J］. 地理学报，64（8）：924-934.

孙铁山，2016. 中国三大城市群集聚空间结构演化与地区经济增长［J］. 经济地理，36（5）：63-70.

孙宗福，1994. 经济系统论［M］. 北京：人民出版社．

谭恒，2007. 中原城市群产业集群研究［J］. 中国市场，35：104-105.

谈儒勇，1999. 中国金融发展和经济增长关系的实证研究［J］. 经济研究，10：53-61.

汤放华，汤慧，孙倩．长江中游城市集群经济网络结构分析［J］. 地理学报，2013（10）：1357-1366.

陶士贵，刘杨．中美两国金融发展与经济增长关系的比较研究［J］. 经济问题探索，2012（1）：26-31.

田霖，2006. 区域金融成长差异：金融地理学视角［M］. 北京：经济科学出版社．

童中贤，王丹丹，周海燕，2010. 城市群竞争力模型及评价体系：中部城市群竞争力实证分析［J］. 城市发展研究，17（5）：15-22.

万惠，侯光明，孔德成，2017. 我国城市群金融产业集聚影响因素实证分析［J］. 金融理论与实践，9：19-24.

汪明，2012. 基于社会网络的江苏城市群经济联系网络结构研究［J］. 商业时代，27：138-139.

汪可，吴青，聂秀华，2019. 我国新金融发展与经济增长的互动关系研究［J］.西安财经学院学报，32（2）：37-44.

王德利，王岩，陈轶，等，2019. 中国城市群城镇规模分布演变特征及规律分析［J］.生态经济，35（2）：95-100.

王定祥，李伶俐，冉光和，2009. 金融资本形成与经济增长．经济研究，9：39-51

王发曾，程丽丽，2010. 山东半岛，中原，关中城市群地区的城镇化状态与动力机制［J］. 经济地理，30（6）：918-925.

王发曾，郭志富，刘晓丽，等，2007. 基于城市群整合发展的中原地区城市体系结构优化［J］. 地理研究，4：637-650+857.

王发曾，吕金嵘，2011. 中原城市群城市竞争力的评价与时空演变［J］. 地理研究，30（1）：49-60.

王发曾，张改素，丁志伟，等，2014. 中原经济区城市体系空间组织［J］. 地理科学进展，33（2）：153-168.

王冠波，钱宏胜，于长立，2009. 中原城市群和谐旅游评价与对策研究［J］. 山西财经大学学报，31（S2）：49-50.

王广谦，2002. 中国金融发展中的结构问题分析［J］. 金融研究，5：47-56.

王海杰，2012. 中原经济区城镇化的思考［J］. 宏观经济管理，7：52-53.

王洪波，罗芳，2009. 国际金融中心与大城市群的协同性：兼论上海国际金融中心的建设［J］. 国际经贸探索，25（7）：52-56.

王磊，孙小鸽，2018. 基于3D框架下的中原城市群环境污染排放研究［J］. 地域研究与开发，37（2）：145-150+157.

王敏，杨永国，杨何攀，2011. 城市群经济发展水平综合评价指标体系及方法研究：以中原城市群为例［J］. 测绘科学，36（6）：64-66.

王仁祥，童藤，2014. 金融中介，资本市场与经济增长关系的实证分析：基于1993—2011年数据的检验［J］. 软科学，28（2）：16-20.

王圣云，宋雅宁，温湖炜，等，2019. 双向联系视域下长江经济带城市群网络结构：基于时间距离和社会网络分析方法［J］. 经济地理，39（2）：73-81.

王淑华，2009. 中原城市群旅游资源的优化整合及开发［J］. 郑州大学学报（哲学社会科学版），42（2）：81-84.

王维安，2000. 金融结构：理论与实证［J］. 浙江大学学报（人文社会科学版），1：135-142.

王炜瀚，丁匡达，2013. 中部崛起背景下太原都市圈空间经济结构研究［J］.国际贸易问题，7：82-92.

王伟，2010. 基于制造业区位商分析的中国三大城市群经济空间演变实证与解释［J］.城市规划学刊，1：35-41.

王万同，孙汀，王金霞，等，2019. 基于多源遥感数据的区域生态系统服务价值年际动态监测：以中原城市群为例［J］. 地理科学，39（4）：680-687.

王伟，2009. 中国三大城市群经济空间重心轨迹特征比较［J］. 城市规划学刊，3：20-28.

王晓耕，2011. 天津市金融发展和经济增长关系的实证研究［J］. 经济问题，3：88-92.

王晓静，2013. 中原城市群文化资源保护与开发研究［J］. 河南社会科学，21（12）：15-19.

王新征，邢利英，2009. 基于中原城市群交通结构特征的城际轨道交通发展策略［J］.铁道运输与经济，31（9）：52-54.

王亚楠，蒙大斌，2019. 京津冀地区金融联系网络演变及影响因素研究：以银行机构异地开设分支为例［J］. 天津经济，8：20-25.

王艺璇，刘喜华，2019. 金融稳定、金融杠杆与经济增长：基于时变参数向量自回归模型［J］. 金融发展研究，10：22-30.

王永锋，高建华，张智先，2007. 中原城市群城市化水平与创新能力协调发展研究［J］.城市问题，4：11-16.

王昱崴，张路明，2018. 中原城市群金融生态环境地区差异及对策研究［J］.经贸实践，22：9-11.

王元亮，2018. 中原城市群经济空间差异研究［J］. 地域研究与开发，37（6）：12-17.

王兆峰，杨显，2018. 基于 DEA-Malmquist 模型的中部城市群旅游产业效率评价研究［J］. 旅游科学，32（3）：27-38.

王铮，岁磊，2019. 基于经济增长视角下城镇化最优规模的测度［J］. 统计与决策，35（12）：58-61.

危怀安，平霰，2019. 区域协同视角下城市群科技创新与经济产出效率时空分异研究：以武汉城市圈为例［J］. 科技进步与对策，36（11）：40-45.

卫发兴，2006. 中原城市群森林生态系统的恢复与重建研究［J］. 林业经济，5：50-53.

魏丽华，2018. 我国三大城市群内部经济联系对比研究［J］经济纵横，1：45-54.

魏玮，周晓博，牛林祥，2015. 产业多样化，职能专业化与城市经济发展：基于长三角和中原城市群面板数据的分析［J］. 财经论丛（11）：3-9.

邬丽萍，2012. 城市群形成演化机理与发展战略：基于集聚经济三维框架的研究［M］.北京：中国社会科学出版社.

吴常艳，黄贤金，陈博文，等，2017. 长江经济带经济联系空间格局及其经济一体化趋势［J］. 经济地理，37（7）：71-78.

吴少新，彭芸，张世晓，2012. 加快武汉区域金融中心建设构建中三角城市群发展核心平台［J］. 湖北经济学院学报，10（4）：5-8.

武义青，李泽升，2015. 京津冀城市群经济密度的时空分异研究：兼与长三角，珠三角城市群的比较［J］. 经济与管理，29（3）：17-22.

向继东，杨小凯，1998. 从经济学角度看中国问题［J］. 书屋（6）：35-37.

向新民，2005. 对金融稳定定义的新认识［J］. 中共浙江省委党校学报，4：84-89.

肖玲，2019. FDI 与金融发展对经济增长的影响研究［J］. 社会科学前沿，8（7）：

1149–1156.

肖明，2011. 湖南“3+5”城市群金融生态环境实证研究［J］. 中南林业科技大学学报（社会科学版），5（3）：45–47.

谢磊，李景保，何仁伟，等，2013. 环长株潭城市群区域经济时空差异演变［J］. 城市问题，11：67–73，97.

谢磊，李景保，袁华斌，等，2014. 长江中游经济区县域经济差异时空演变［J］. 经济地理，34（4）：19–24+39.

谢平，1992. 中国金融资产结构分析［J］. 经济研究，11：30–37+13.

谢太峰，王子博，2009. 区域金融发展与区域经济增长：对北京，上海两地区域金融发展与区域经济增长关系进行比较［J］. 金融论坛，14（3）：19–22.

谢永琴，曹怡品，2018. 基于 DEA–SBM 模型的中原城市群新型城镇化效率评价研究［J］. 城市发展研究，25（2）：135–141.

邢勃，2011. 中部两大城市群产业结构比较［J］. 河南社会科学，19（5）：210–211.

熊剑平，刘承良，袁俊，2006. 国外城市群经济联系空间研究进展［J］. 世界地理研究，1：63–70.

胥嘉国，2006. 我国西部地区经济增长与金融发展关系的实证分析［J］. 北京工商大学学报（社会科学版），3：39–44.

徐慧超，韩增林，赵林，等，2013. 中原经济区城市经济联系时空变化分析：基于城市流强度的视角［J］. 经济地理，33（6）：53–58.

徐晓霞，2006. 中原城市群城市生态系统评价研究［J］. 地域研究与开发，5：98–102.

徐璋勇，封妮娜，2006. 陕西关中地区金融发展与经济增长关系的实证分析［J］. 西北大学学报（哲学社会科学版），1：26–31.

许国志，2000. 系统科学［M］. 上海：上海科技教学出版社 .

许明金，廖婷，刘召栋，等，2015. 湖南省资源型城市金融发展与经济增长关系实证研究［J］. 科技进步与对策，32（3）：44–47.

许宁，施本植，唐夕汐，等，2018. 基于空间杜宾模型的金融集聚与绿色经济效率研究［J］. 资源开发与市场，34（10）：1340–1347.

许文彬，2010. 我国金融市场化与经济增长关系的实证研究：1978—2007 年数据［J］.厦门大学学报（哲学社会科学版），3：35–42.

许学强，周一星，宁越敏，2009. 城市地理学［M］. 北京：高等教育出版社 .

薛凤旋，蔡建明，2003. 中国三大都会经济区的演变及其发展战略［J］. 地理研究，22（5）.

严太华，曹小春，2011. 农村金融发展与经济增长关系的实证研究：以四川为例［J］.经济问题，1：84-87.

杨德勇，2006. 区域金融发展问题研究［M］. 北京：中国金融出版社.

杨凤华，2013. 城市群经济与金融系统耦合机理研究［M］. 苏州：苏州大学出版社.

杨凤华，2012. 经济发展与金融发展相互作用关系的一般分析［J］. 南通大学学报（社会科学版），28（01）：113-120.

杨济时，2015. 中原经济区建设的金融支持研究［D］. 长春：吉林大学.

杨建涛，高建华，史雅娟，2014. 基于 PIL 的中原城市群城镇化演进与态势研究［J］.中国土地科学，28（3）：59-66+75.

杨明海，张红霞，孙亚男，2017. 七大城市群创新能力的区域差距及其分布动态演进［J］. 数量经济技术经济研究，34（3）：21-39.

杨士弘，1994. 广州城市环境与经济协调发展预测及调控研究［J］. 地理科学，14（2）：136-143.

杨咸月，何光辉，2005. 城市群与国际金融中心的战略整合［J］. 上海经济研究，1：3-8.

杨晓光，马超群，2003. 金融系统的复杂性［J］. 系统工程，5：1-4.

杨友才，2014. 金融发展与经济增长：基于我国金融发展门槛变量的分析［J］.金融研究，2：59-71.

杨正栋，2011. 经济增长和金融发展的关系［D］. 上海：复旦大学.

姚常成，宋冬林，2019. 借用规模，网络外部性与城市群集聚经济［J］. 产业经济研究，2：76-87.

姚士谋，陈振光，1992. 中国城市群［M］. 合肥：中国科学技术大学出版社.

姚士谋，陈振光，朱英明，等，2006. 中国城市群［M］. 合肥：中国科学技术大学出版社.

姚媛媛，2013. 关于中原经济区金融效率与创新的可行性研究［J］. 时代金融，9：152.

易纲，1996. 中国金融资产结构分析及政策含义［J］. 经济研究，12：26-33.

易昱烨，2015. 浅析长株潭区域金融生态环境的优化［J］. 企业技术开发，34（27）：112-115.

尹虹潘，2019. 成渝城市群空间经济格局与城际经济关联［J］. 西南大学学报（社会科学版），45（3）：44-53.

袁纯清，1998. 共生理论及其对小型经济的应用研究（上）［J］. 改革，2：100-104.

袁纯清，1998. 共生理论及其对小型经济的应用研究（下）［J］. 改革，3：75-85.

于斌斌，2017. 金融集聚促进了产业结构升级吗：空间溢出的视角：基于中国城市动态空间面板模型的分析［J］. 国际金融研究，2：12-23.

于成永，2016. 金融发展与经济增长关系：方向与结构差异：源自全球银行与股市的元分析证据［J］. 南开经济研究，1：33-57.

余丹林，毛汉英，高群，2003. 状态空间衡量区域承载状况初探：以环渤海地区为例［J］. 地理研究，2：201-210.

于洪俊，宁越敏，1983. 城市地理概论［M］. 合肥：安徽科技出版社.

于谨凯，马健秋，2018. 山东半岛城市群经济联系空间格局演变研究［J］. 地理科学，38（11）：1875-1882.

于平，盖凯程，2017. 城市群金融发展的空间溢出效应分析：基于空间面板数据的实证研究［J］. 贵州财经大学学报，4：47-55.

余沛，2010. 中原城市群城市流强度测度分析［J］. 商业时代，12：132-134.

喻新安，王芳，2012. 中原经济区多元化融资的难点与路径［J］. 金融理论与实践，1：55-59.

余游，2012. 云南经济增长与金融发展的关系［J］. 云南社会科学，3：106-109.

俞颖，2008. 地区金融发展与经济增长的因果关系及作用机制［J］. 求索，10：21-23.

禹跃军，王菁华，2011. 基于 VAR 模型的中国农村金融发展与农村经济增长关系研究［J］. 经济问题，12：106-110.

喻平，严卉靓，2016. 金融创新与经济增长的耦合关系：基于湖北省数据的例证［J］.武汉理工大学学报（社会科学版），29（6）：1148-1156.

袁平红，2012. 流通溢出效应与海岸带城市群经济集聚［J］. 财经科学，3：59-67.

袁长征，2012. 中原经济区各地经济发展差异研究［J］. 商业研究，9：56-60.

岳意定，杨艳，刘贯春，2016. 金融结构与经济增长关系的实证检验［J］. 统计与决策，17：160-163.

昝延全，2003. 系统经济：新经济的本质：兼论模块化理论［J］. 中国工业经济，9：23-29.

曾冰，2015. 我国省际金融发展差距与经济差距关系研究：基于 VAR 模型的实证分析［J］. 宁夏社会科学，4：74-82.

曾康霖，1995. 要注重研究区域金融［J］. 财经科学，4：15-18+34.

曾鹏，2008. 中国十大城市群综合发展水平的多层次因素分析及非均衡差异研究［J］.人文地理，4：58-63.

曾鹏，李方犁，2016. 中国十大城市群经济联系结构比较研究［J］. 云南师范大学学报（哲学社会科学版），48（5）：100-111.

曾鹏，李洪涛，2017. 我国十大城市群产业集聚与多样化对经济增长作用比较［J］.科技进步与对策，34（2）：38-44

曾鹏，李洪涛，2017. 中国十大城市群产业结构及分工比较研究［J］. 科技进步与对策，34（6）：39-46.

战明华，2004. 金融发展与经济增长的效率：有效的金融深化变量选择及其效应［J］.统计研究，8：13-20.

张彬，袁川，2018. 成都平原城市群县域经济差异研究［J］. 内江师范学院学报，33（12）：92-98.

张朝兵，2010. 山西省金融发展与经济增长关系实证研究（1978—2007）［J］. 管理世界，4：181-182.

张凤超，2006. 金融地域系统研究：关于金融一体化的一种解释［M］. 北京：人民出版社.

张改素，丁志伟，赵威，2014. 中原城市群生态环境保护的技术整合研究［J］.生态经济，30（10）：170-174.

张浩然，衣保中，2012. 城市群空间结构特征与经济绩效：来自中国的经验证据［J］.经济评论，1：42-47+115.

张宏乔，2018. 中原城市群市域经济差异的时空演变特征［J］. 城市学刊，39（6）：51-57.

张鸿雁，2010. 中国城市化理论的反思与重构［J］. 城市问题，12：2-8.

张鹄志，马传明，王江思，2014. 基于层次分析—熵权法的中原城市群生态环境评价［J］. 安全与环境工程，21（1）：87-92.

张虎，周迪，2016. 城市群金融等别视角下的长三角金融资源流动研究：以城市商业银行异地扩张为例［J］. 地理研究，35（9）：1740-1752.

张建波，张宁，于潮，2012. 山东省金融结构与经济增长关系实证研究［J］. 华东经济管理，26（10）：26-29.

张建华，洪银兴，2007. 都市圈内的城乡一体化［J］. 经济学家，5：98-104.

张杰，1997. 中国的货币化进程、金融控制及改革困境［J］. 经济研究，8：21-26+79.

张军洲，1995. 中国区域金融分析［M］. 北京：中国经济出版社.

张昆仑，2005. 以“大金融”运作打造中原城市群［J］. 金融理论与实践，6：20-22.

张丽君，秦耀辰，张金萍，等，2011. 基于学习型区位论的县域产业集聚格局研究：以中原城市群为例［J］. 经济地理，31（8）：1301-1307.

张强，王忠生，2008. 长株潭城市群区域金融生态环境优化研究：基于长株潭城市群“两型社会”建设的思考［J］. 求索，7：5-7+46.

张卫星，2006. 中原城市群吸纳东部地区制造业转移的条件和对策研究［J］.生产力研究，12：143-145.

张祥建，郭岚，徐晋，2003. 长江三角洲城市群的空间特征、发展障碍与对策［J］.上海交通大学学报（哲学社会科学版），6：57-62.

张晓朴，朱太辉，2014. 金融体系与实体经济关系的反思［J］. 国际金融研究，3：43-54.

张晓燕，2012. 金融产业集聚及其对区域经济增长的影响研究［D］. 济南：山东大学.

张学波，陈思宇，廖聪，2016. 京津冀地区经济发展的空间溢出效应. 地理研究，35（9）：1753-1766.

张学良，李培鑫，李丽霞，2017. 政府合作，市场整合与城市群经济绩效：基于长三角城市经济协调会的实证检验［J］. 经济学（季刊），16（4）：1563-1582.

张雅杰，金海，谷兴，等，2015. 基于ESDA-GWR多变量影响的经济空间格局演化：以长江中游城市群为例［J］. 经济地理，35（3）：28-35.

张玉玲，杨晓，2011. 农村金融与农村经济关系实证研究：以新疆为例［J］.经济问题，4：106-111.

张运，许涤龙，2017. 长株潭城市群金融生态环境评价实证［J］. 经济地理，37（12）：89-95.

张自力，丘书俊，2013. 印度金融发展规模，结构，效率与经济增长关系研究：基于该国金融改革20年的数据分析［J］. 上海经济研究，25（1）：22-33.

赵海珊，祖帅，2012. 长株潭城市群金融生态环境评价指标体系的构建［J］.现代商业，35：109.

赵华伟，2012. 我国金融发展与经济增长关系的再检验：1989—2011［J］. 经济问题探索，8：21-27.

赵辉，2019. 金融集聚与区域经济增长的关系研究［J］. 金融经济，16：152-153.

赵金丽，盛彦文，张璐璐，等，2019. 基于细分行业的中国城市群金融网络演化［J］.地理学报，74（4）：723-736.

赵金丽，王曼曼，张璐璐，等，2018. 中国城市群金融联系网络时空格局演化及影响因素［J］. 经济地理，38（4）：91-99.

赵林，韩增林，马慧强，2012. 中原经济区城市内在经济联系分析［J］. 经济地理，32（3）：57-62+8.

赵婷婷，冯德连，2011. 中部地区城市群利用外资态势及其困境摆脱［J］. 改革，

10：67-78.

赵雪雁，江进德，张丽，等，2011. 皖江城市带城市经济联系与中心城市辐射范围分析［J］. 经济地理，31（2）：218-223.

振坡，张馨芳，王丽艳，2018. 中原城市群城市规模分布及演进机理研究［J］.区域经济评论，1：108-116.

郑长德，2007. 我国金融业集聚程度变动趋势的经验分析［J］. 海南金融，11：22-25.

郑萌萌，2013. 中原经济区建设中金融支持作用的研究［D］. 开封：河南大学.

郑志丹，2016. 京津冀协同发展背景下金融聚集的溢出效应：基于长三角，珠三角空间面板的对比分析［J］. 经济管理，38（3）：33-44.

支大林，2002. 中国区域金融研究［D］. 长春：东北师范大学.

中国社会科学院经济增长前沿课题组，2003. 经济增长，结构调整的积累效应与资本形成：当前经济增长态势分析［J］. 经济研究，8：3-12，27.

周才云，2010. 农村金融发展与农村经济增长关系的统计检验［J］. 统计与决策，15：125-127.

周迪，2016. 长三角城市群金融资源空间流动研究［J］. 上海经济研究，12：69-79.

周迪，钟绍军，2018. 空间外溢与金融发展的俱乐部趋同：以长三角城市群为例［J］.管理评论，30（9）：72-81.

周好文，钟永红，2004. 中国金融中介发展与地区经济增长：多变量 VAR 系统分析［J］. 金融研究，6：130-137.

周立，王子明，2002. 中国各地区金融发展与经济增长实证分析：1978—2000［J］. 金融研究，10：1-13.

周全德，2004. 中原城市群发展中的文化生态思考［J］. 城市发展研究，5：51-54+59.

周姝彤，刘力臻，王庆龙，2019. 东北地区经济增长与金融发展的非对称关系及其结构性变迁［J］. 工业技术经济，38（3）：147-154.

周晓强，2009. 长株潭城市群“两型社会”金融生态环境问题研究［J］. 湖南社会科学，5：120-125.

周沂，沈昊婧，贺灿飞，2013. 武汉城市群经济整合及其影响因素［J］. 经济地理，33（2）：53-60.

周一星，1995. 城市地理学［M］. 北京：商务印书馆.

周永卫，张之红，2015. 基于最大贴近度的城镇化水平可拓评价［J］. 统计与决策，1：58-62.

周振民，2009. 中原城市群水环境指标体系监测及改进对策［J］. 中国环境监测，

25（3）：10-14.

朱光龙，2014. 城市群产业集聚效应实证分析：以中原城市群为例［J］. 商业时代，30：132-134.

朱江丽，李子联，2015. 长三角城市群产业—人口—空间耦合协调发展研究［J］. 中国人口·资源与环境，25（2）：75-81.

朱士鹏，敖小爽，2015. 基于 R/S 和 ESDA 分析的黔中城市群县域经济差异研究［J］.六盘水师范学院学报，27（6）：1-7.

朱智勇，吕金嵘，高燕哺，2009. 中原城市群区域经济差异时空演变分析［J］.生态经济，8：49-53+157.

祝琳，2006. 论中原城市群崛起的精神文化支撑［J］. 河南社会科学，5：197-199.

朱英明，2001. 我国城市群区域联系发展趋势［J］. 城市问题，6：22-24.

邹琳，曾刚，曹贤忠，等，2015. 长江经济带的经济联系网络空间特征分析［J］. 经济地理，35（6）：1-7.

佐佐木公明，文世一，2011. 城市经济学基础［M］. 北京：社会科学文献出版社.

ABDEL- RAHMAN H，FUJITA M，2006. Product variety，marshallian externalities，and city sizes［J］. Journal of regionalence，30（2）：165-183.

ARTHUR WB，ERMOLIEV YM，Kaniovski YM，1987. Path-dependent processes and the emergence of macro-structure［J］. European journal of operational research，30（3）：294-303.

AU CC，JV HENDERSON，2006. Are Chinese cities too small?［J］. Review of economic studies，73（3）：549-576.

BARRO RJ，SALA-I-MARTIN X，1995. Economic growth［M］. New York：McGraw-Hill.

BAUMAL W，1986. Productivity growth，convergence，and welfare：what the long run data show［J］. American economic preview，76：1072-1085.

BEAUDRY C，SCHIFFAUEROVA A，2009. Who's right，Marshall or Jacobs? the localization versus urbanization debate［J］. Research policy，38：318-337.

BEN-DAVID D，1998. Convergence clubs and subsistence economics［J］. Journal of development economics，55（1）：155-171.

Bernard AB，Durlauf SN，1995. Convergence in international output［J］. Journal of applied econometrics，10：97-108.

BERRY BJL，GARRISON WL，1958. Recent developments of central place theory［J］. Papers of in regional science，4：107-120.

CASTELLS M，1989. The informational city：information，technology，economic restructuring and urban-regional process [M]. Oxford: Blackwell Publishing Ltd.

CHRISTALLER W, 1966. Central places in southern german, 1933 [M]. London: Prentice Hall.

CICCONE A, HALL RE, 1996. Productivity and the density of economic activity [J]. American economic review, 86 (1): 54-70.

CLARK GL, BAUER R, WOJCIK D, 2004. Economic geography and European finance [J]. Social science electronic publishing.

CLARK GL, FELDMAN MP, Gertler MS. 2000, Economic geography: transition and growth [J]. Journal of pediatric surgery, 17 (5): 625-31.

CLARK GL, FELDMAN MP, Gertler MS, 2003. The Oxford handbook of economic geography [J]. Economic geography, 78 (3).

COASE RH, 1937. The nature of the firm [M]. New York: Economica, 386-405.

CONZEN MP, 1977. The maturing urban system in the United States, 1840-1910 [J]. Annals of the association of American geographers, 67 (1): 88-108.

C. G G, GEDDES P, 1916. Cities in evolution: an introduction to the town planning movement and to the study of civics [J]. Geographical journal, 47 (4): 309.

DAVIS EP, 1990. International financial centers - an industrial analysis [J]. Bank of England discussion, 3: 1-23.

DEARDOFF A, 2001. Rich and poor Countries in neoclassical trade and growth [J].The economic journal, 111 (740): 277-294.

DEHEJIA R, LLERAS-MUNEY A, 2003. Why does financial development matter? the United States from 1900 to 1940 [J]. National bureau of economic Research, 955.

DOXIADIS CA, 1970. The future of the city of man [J]. Educational technology.

DRENNAN MP, LOBO J, STRUMSKY D, 2004. Unit root tests of sigma income convergence across US metropolitan areas [J]. Journal of economic geography 2004, 4 (5): 583-595.

ELLISON G, GLAESER EL, KERR WR, 2010. What causes industry agglomeration? Evidence from coagglomeration patterns [J]. American economic review, 100 (3): 1195-1213.

EMUNDS B, 1997. Kann eine starke Finanzakkumulation die Realwirtschaftliche Entwicklung bremsen and destablilisieren? [C]. Hengsbach, Fridehelm and BerhardEmunds: 79-88.

FINGLETON B, 1997. Specification and testing of Markov chain model: an application to convergence in the European Union [J]. Oxford bulletin of economics and statistics, 59 (3): 385-403.

FISHKIND HH, 1977. The regional impact of monetary policy: an economic simulation study of Indiana (1958—1973) [J]. Journal of Regional Science, 17 (1).

FLORIDA R, GULDEN T, MELLANDER C, 2008. The rise of the Mega-Region [J]. Cambridge journal of regions economy and society, 1 (3).

FOTOPOULOS G, 2008. European Union regional productivity dynamics: a distributional approach [J]. Journal of regional science, 48 (2): 419-454.

FRIEDMANN J, MILLER J, 1965. The urban field [J]. Journal of the American institute of planners, 31 (4): 312-320.

FRIEDMANN JR, 1966. Regional development policy: a case study of Venezuel [M]. Cambridge: MIT Press.

GILLE D, DIEGO P , 2004. Micro-foundations of urban agglomeration economies [J]. Handbook of regional and urban economics, 4.

GILLES D, Diego P, 2001. Nursery cities [J]. American economic review, 91: 1454-1475.

GLAESER EG, 2010. Agglomeration economics [M]. Chicago: The University of Chicago Press: 151-180.

GOLDSMITH RW, 1969. Financial structure and development [M]. New Haven: Yale University Press.

GOTTMANN J, 1957. Megalopolis or the urbanization of the Northeastern seaboard [J]. Economic Geography, 33 (3): 189-200.

GREENWOOD J, Jovanovic B, 1990. Financial development, growth and the distribution of income [J]. Journal of political economy, 5, 1076-1107.

Guiso L , Jappelli, T. Stockholding in Italy [J]. CSEF Working Papers 82, Centre for Studies in Economics and Finance (CSEF), University of Naples, Italy, 2002.

GURLEY JG, Shaw ES, 1956. Financial intermediaries and the saving - investment process [J]. The journal of finance, 11 (2): 257-276.

HAGERSTRAND T, 1968. Innovation diffusion as a spatial process [M]. Chicago: University of Chicago Press: 124-168.

HAGERSTRAND T, 1992. Innovation diffusion as a spatial process [J]. Progress in human geography, 16 (4): 543-544.

HAKEN H, 1989. Information and self-organization: a macroscopic approach to complex systems [J]. American journal of physics, 57 (10): 958.

Hall P, Pain K, 2006. The polycentric metropolis: learning from mega-city regions in Europe [M]. London: Earthscan Publications.

HEAD K, MAYER T, 2004. The empirics of agglomeration and trade [J]. Handbook of regional and urban economics, 4 (4): 2609-2669.

HEALEY P, 2009. City regions and place development [J]. Regional studies, 43 (6): 831-843.

HENDERSON J, 1997. Externalities and industrial development [J]. Journal of urban economics, 42: 449-470.

HENDERSON J, 1997. Medium size cities [J]. Regional science and urban economics, 27: 583-612.

HIRSCHMAN AO, 1958. The strategy of economic development [M]. New Haven: Yale University Press.

ISLAM N, 1995. Growth empirics: a panel data approach [J]. The quarterly journal of economics, 110 (4): 1127-1170.

JACOBSON T, LINDé J, ROSZBACH K, 2005. Exploring Interactions between real activity and the financial stance [J]. Journal of financial stability, 1 (3):308-341.

JED KJ, NEUMARK D, 2010. Do some enterprise zones create jobs? [J]. Journal of policy analysis & management, 29 (1): 5-38.

JEFFERSON M, 1939. The law of the primate city [J]. Geographical review, 29 (2): 226-232.

KIM S, 2001. The saving-investment correlation puzzle is still a puzzle [J]. Journal of international money and finance, 7: 1017-1034.

KING RG, LEVINE R, 1993. Finance, entrepreneurship, and growth theory and evidence [J]. Journal of monetary economics, 32: 513-542.

KUROKAWA K, 1997. Philosophy of symbiosis and abstract symbolism [J]. Journal of Japan society for fuzzy theory and systems, 9 (6): 802-816.

KUNZMANN KR, WEGENER M, 1991. The attern of urbanization in Western Europe [J]. Ekistics, 50 (2): 156-178.

KUROKAWA K, 1911. Intercultural architecture: the philosophy of symbi-osis [M]. London: Academy.

LANASPA L F, PUEYO F, SANZ F, 2001. The public sector and Core-Periphery models [J]. Urban studies, 38 (10): 1639-1649.

LANG RE, DHAVALE D, 2005. Beyond megalopolis: exploring America's new "megapolitan" geography [J]. Metropolitan institute Census Report (1).

LE GALLO, Ertur C, 2003. Exploratory spatial data analysis of the distribution of regional per capita GDP in Europe, 1980-1995 [J]. Papers in regional science, 82 (2):

175-201.

LEE K, PESARAN MH, SMITH R, 1997. Growth and convergence in a multi-country empirical stochastic Solow model [J]. Journal of applied econometrics, 1997, 12 (4): 357-392.

LI P, 2008. Metropolitan economic growth and spatial dependence: Evidence from a panel of China [J]. Frontiers of economics in China, 3 (2): 277-295.

LOSCH A, HEBERLE R, 1940. Bevolkerungswellen und wechsellagen [J]. American journal of sociology.

LUCAS RE, 1988. On the mechanics of economic development [J]. Journal of monetary economics, 1988, 22 (1): 3-42.

LYONS TP, 1991. Inter provincial disparities in China: output and consump-tion [J].E-conomic development and cultural changes: 471-506.

MARSHALL A, 1920. Principles of economics [M]. 8th ed. London: Macmillan and Co., Ltd.

MARTIN P, ROGERS CA, 1995. Industrial location and public infrastruct-ure [J]. Journal of international economics, 39 (3-4): 1-351.

MARTIN R, MINNS R, 1995. Undermining the financial bases of region: the spatial structure and implications of the UK pension fund system [J]. Regional studies, 29 (2): 125-144.

MARTIN S, 2007. Space of flows, uneven regional development, and the geography of financial services in Ireland [J]. Growth and change, 38 (2): 224-259.

MATHIESON DJ, 1980. Financial reform and stabilization policy in a developing economy [J]. Journal of development economics (26): 359-395.

MCGEE TG, 1991. The emergence of desakota regions in Asia: expanding a hypothesis Ginsburg Ned. The extended metropolis: settlement transition in Asia [M]. Honolulu: University of Hawaii Press: 174-185.

MCKINNON R, 1973. Money and capital in economic development [M]. Washington DC: The Brookings Institution: 113-126.

MCLAUGHLIN RBGE, 1938. Location theory and the shoe and leather industries. by Edgar M. Hoover, [J]. Journal of the American statistical association, 33 (201): 287-288.

MYRDAL G, 1957. Economic theory and underdeveloped regions [C]. APS April Meeting Abstracts.

NAKAMURA R, 1985. Agglomeration economies in urban manufacturing industries: a case of Japanese cities [J]. Journal of urban economics, 17: 108-124.

NARAYAN PK, 2005. The saving and investment nexus for China: evidence from cointegration tests [J]. Applied economics (17): 1979-1990.

NR, Johnson CW, Hall JS, 1993, Citisates: how urban American prosper in a competitive world [M]. Washington D. C.: Seven Locks Press: 269-282.

OLAYUNGBO DO, OLAYEMI OF, 2018. Dynamic relationships among non - oil revenue, government spending and economic growth in an oil producing country: Evidence from Nigeria [J]. Future Business Journal, 4 (2): 246-260.

PAGANO M, 1993. Financial market and growth: an overview [J], European economic review, 37: 613-622.

PATRIC HT, 1966. Development and economic growth in underdeveloped countries [J]. Economic development and cultural change, 14: 174-189.

PERROUX F, 1950. Economic space: theory and application [J]. Quarterly journal of economics, 64 (1): 89-104.

PONCET S, 2005. A fragmented China: measures and determinants of Chinese domestic market disintegration [J]. Review of international economics, 13: 409-430.

PRIGOGINE I. Chemical instabilities in biological systems [M]. London: Reference Nature , 1969: 913-919.

PRUITT DG, PEIRCE RS, MCGILLICUDDY NB, et al. Long - term success in mediation [J]. 1993, 17 (3): 313-330.

PUATWOE JT, PIABUO SM, 2017. Financial sector development and economic growth: evidence from Cameroon [J]. Financial Innovation, 3 (1): 25.

PYRGIOTIS YN, 1991 . Urban networking in Europe: the guest - editors introductory statement [J]. ekistics the problems andence of human settlements, 1991, 58 (350-351): 272-276.

PYRGIOTIS YN, 1991. Urban networking in Erope [J], Ekistics, 50 (2).

RAJAN RG, Zingales L, 1993. Financial dependence and growthy [J]. Quarterly journal of economic, 1993, 32 (9): 717-738.

RAMMEL C, VAN DEN BERGH JC, 2003, Evolutionary policies for sustainable development: adaptive flexibility and risk minimizing [J]. Ecological economics, 47: 121-133.

RAYMOND F, Inessa L, 2011. Financial dependence and growth revisited [J]. Journal of the european economic association, 5 (2-3): 470-479.

RICHARDSON HM, 1973. Space and regional growth analysis [M]. Regional Growth Theory. Palgrave Macmillan UK, 1973.

Rosenthal R, Strange W, 2003. Geography, industrial organization, and agglomeration [J].

The review of economics and statistics, 85: 377–393.

Rosenthal SS, Strange WC, 2004. Evidence on the nature and sources of agglomeration economies [J]. Handbook of regional and urban economics, 4: 2119–2171.

ROZELLE S, 1994. Rural industrialization and increasing inequality: emerging patterns in China's reforming economy [J]. Journal of comparative economics, 1994, 19: 362–391.

SOLOW RM, 1956. A contribution to the theory of economic growth [J]. Quarterly journal of economics, 70 (1): 65–94.

STIGLITZ D J E, 1977. Monopolistic competition and optimum product diver-sity [J].The American economic review, 67 (3): 297–308.

SYMBIOSIS AV, 1986. An introduction to biological association [M]. Armidale: University Press of New England: 1–10.

TSIONAS EG. Regional growth and convergence: evidence from the United States [J]. Regional studies, 2000, 34 (3): 231–238.

VERNON R, 1966. International investment and international trade in the product cycle [J]. The quarterly journal of economics, 80: 190–207.

VITA GD, ABOTT A, 2002. Are saving and investment cointegrated? an ARDL bounds testing approach [J]. Economic s letters, 77: 293–299.

VLACHOS J, Waldenström D, 2005. International financial liberalization and industry growth [J]. International journal of finance & economics, 10 (3): 263–284.

WEI YD, DANLIN YU, CHEN X, 2011. Scale, agglomeration, and regional inequality in provincial China [J]. Tijdschrift voor economische en sociale geografie, 102 (4): 406–425.

YOUNG AT, HIGGINS MJ, LEVY D, 2008. Sigma convergence versus beta convergence: evidence from U. S. county–level data [J]. Journal of money credit & banking, 40 (5): 1083–1093.

YU J, LEE LF, 2012. Convergence: a spatial dynamic panel data appro-ach [J].Global journal of economics, 1 (1): 1–36.

ZIPF GK, 1942. The unity of nature, least–action, and natural social sci-ence [J].Sociometry, 1: 48–62.

附　表

附表 1　2005 年中原城市群经济系统综合评价值

城市	地区生产总值GRP	人均地区生产总值	公共财政收入	规模以上工业企业数	社会消费品零售总额	固定资产投资（不含农户）	第一产业占GDP的比重	第二产业占GDP的比重	第三产业占GDP的比重	城镇单位第一产业从业人员占比	城镇单位第二产业从业人员占比	城镇单位第三产业从业人员占比	外贸依存度	收入分配结构	城镇化率	GDP增长率	规模以上工业企业利润总额
邯郸	0.0417	0.0218	0.0319	0.0188	0.0255	0.0430	0.0142	0.0166	0.0298	0.0100	0.0412	0.0200	0.0194	0.0098	0.0191	0.0166	0.0334
邢台	0.0221	0.0142	0.0137	0.0275	0.0159	0.0290	0.0213	0.0210	0.0085	0.0140	0.0168	0.0397	0.0257	0.0078	0.0163	0.0098	0.0268
长治	0.0105	0.0194	0.0154	0.0158	0.0082	0.0126	0.0044	0.0213	0.0277	0.0142	0.0499	0.0122	0.0091	0.0347	0.0186	0.0114	0.0363
晋城	0.0071	0.0239	0.0122	0.0044	0.0033	0.0074	0.0005	0.0253	0.0209	0.0093	0.0500	0.0127	0.0066	0.0381	0.0224	0.0166	0.0224
运城	0.0134	0.0129	0.0108	0.0149	0.0121	0.0103	0.0108	0.0204	0.0229	0.0207	0.0290	0.0288	0.0338	0.0157	0.0128	0.0110	0.0185
蚌埠	0.0069	0.0129	0.0060	0.0033	0.0085	0.0068	0.0266	0.0091	0.0368	0.0532	0.0141	0.0378	0.0188	0.0133	0.0098	0.0035	0.0052
淮北	0.0027	0.0146	0.0047	0.0000	0.0030	0.0027	0.0097	0.0204	0.0239	0.0000	0.0649	0.0014	0.0056	0.0475	0.0128	0.0075	0.0031
阜阳	0.0074	0.0000	0.0048	0.0045	0.0110	0.0069	0.0427	0.0034	0.0341	0.0291	0.0022	0.0502	0.0081	0.0214	0.0041	0.0073	0.0060
宿州	0.0069	0.0038	0.0011	0.0036	0.0057	0.0028	0.0554	0.0000	0.0288	0.0630	0.0161	0.0351	0.0023	0.0193	0.0000	0.0000	0.0000
亳州	0.0050	0.0030	0.0000	0.0011	0.0069	0.0024	0.0462	0.0021	0.0338	0.0093	0.0011	0.0532	0.0000	0.0074	0.0036	0.0025	0.0022
聊城	0.0226	0.0202	0.0174	0.0341	0.0187	0.0281	0.0220	0.0210	0.0077	0.0037	0.0332	0.0272	0.0219	0.0061	0.0135	0.0191	0.0314
菏泽	0.0126	0.0030	0.0131	0.0286	0.0190	0.0316	0.0458	0.0120	0.0053	0.0123	0.0000	0.0538	0.0277	0.0130	0.0099	0.0187	0.0082
郑州	0.0624	0.0490	0.1109	0.0703	0.0604	0.0756	0.0000	0.0180	0.0427	0.0046	0.0435	0.0186	0.0282	0.0187	0.0392	0.0160	0.0640
开封	0.0108	0.0109	0.0070	0.0133	0.0117	0.0072	0.0388	0.0102	0.0189	0.0171	0.0134	0.0422	0.0050	0.0106	0.0143	0.0100	0.0071

续表

城市	地区生产总值GRP	人均地区生产总值	公共财政收入	规模以上工业企业数	社会消费品零售总额	固定资产投资（不含农户）	第一产业占GDP的比重	第二产业占GDP的比重	第三产业占GDP的比重	城镇单位第一产业从业人员占比	城镇单位第二产业从业人员占比	城镇单位第三产业从业人员占比	外贸依存度	收入分配结构	城镇化率	GDP增长率	规模以上工业企业利润总额
洛阳	0.0398	0.0307	0.0469	0.0337	0.0282	0.0420	0.0085	0.0216	0.0220	0.0104	0.0359	0.0242	0.0204	0.0075	0.0193	0.0141	0.0256
平顶山	0.0171	0.0173	0.0198	0.0118	0.0110	0.0133	0.0116	0.0228	0.0149	0.0039	0.0570	0.0075	0.0137	0.0292	0.0164	0.0147	0.0192
安阳	0.0170	0.0151	0.0198	0.0156	0.0110	0.0173	0.0176	0.0211	0.0126	0.0106	0.0531	0.0100	0.0317	0.0203	0.0141	0.0135	0.0141
鹤壁	0.0017	0.0208	0.0020	0.0058	0.0017	0.0019	0.0202	0.0222	0.0061	0.0206	0.0639	0.0000	0.0069	0.0225	0.0236	0.0162	0.0044
新乡	0.0165	0.0138	0.0167	0.0221	0.0126	0.0261	0.0184	0.0173	0.0226	0.0225	0.0291	0.0286	0.0231	0.0152	0.0151	0.0125	0.0119
焦作	0.0181	0.0302	0.0208	0.0275	0.0096	0.0210	0.0086	0.0239	0.0151	0.0189	0.0547	0.0078	0.0383	0.0090	0.0212	0.0176	0.0402
濮阳	0.0099	0.0158	0.0082	0.0160	0.0070	0.0096	0.0182	0.0244	0.0021	0.0109	0.0522	0.0107	0.0093	0.0288	0.0106	0.0139	0.0257
许昌	0.0190	0.0219	0.0121	0.0280	0.0111	0.0181	0.0185	0.0234	0.0048	0.0141	0.0248	0.0330	0.0160	0.0000	0.0136	0.0108	0.0300
漯河	0.0073	0.0203	0.0064	0.0095	0.0066	0.0047	0.0208	0.0241	0.0000	0.0050	0.0494	0.0136	0.0118	0.0077	0.0134	0.0156	0.0154
三门峡	0.0079	0.0256	0.0093	0.0124	0.0058	0.0122	0.0084	0.0229	0.0183	0.0113	0.0574	0.0063	0.0081	0.0212	0.0205	0.0135	0.0192
南阳	0.0374	0.0137	0.0196	0.0375	0.0281	0.0353	0.0334	0.0165	0.0072	0.0336	0.0246	0.0311	0.0056	0.0107	0.0118	0.0108	0.0235
商丘	0.0171	0.0070	0.0092	0.0086	0.0134	0.0174	0.0447	0.0097	0.0133	0.0200	0.0004	0.0526	0.0006	0.0101	0.0081	0.0129	0.0129
信阳	0.0150	0.0061	0.0066	0.0100	0.0147	0.0223	0.0386	0.0089	0.0231	0.0400	0.0076	0.0445	0.0028	0.0138	0.0094	0.0098	0.0043
周口	0.0186	0.0041	0.0065	0.0132	0.0163	0.0164	0.0461	0.0099	0.0110	0.0461	0.0014	0.0490	0.0080	0.0056	0.0014	0.0081	0.0115
驻马店	0.0146	0.0051	0.0058	0.0176	0.0125	0.0110	0.0454	0.0091	0.0141	0.0377	0.0033	0.0484	0.0018	0.0072	0.0011	0.0083	0.0063
济源	0.0000	0.0409	0.0022	0.0015	0.0000	0.0000	0.0039	0.0272	0.0113	0.0072	0.0646	0.0008	0.0909	0.0036	0.0211	0.0228	0.0062

附表 2　2006 年中原城市群经济系统综合评价值

城市	地区生产总值GRP	人均地区生产总值	公共财政收入	规模以上工业企业数	社会消费品零售总额	固定资产投资（不含农户）	第一产业占GDP的比重	第二产业占GDP的比重	第三产业占GDP的比重	城镇单位第一产业从业人员占比	城镇单位第二产业从业人员占比	城镇单位第三产业从业人员占比	外贸依存度	收入分配结构	城镇化率	GDP增长率	规模以上工业企业利润总额
邯郸	0.0431	0.0220	0.0314	0.0230	0.0249	0.0391	0.0140	0.0184	0.0266	0.0087	0.0304	0.0171	0.0184	0.0087	0.0143	0.0134	0.0265
邢台	0.0223	0.0144	0.0123	0.0330	0.0155	0.0251	0.0207	0.0226	0.0096	0.0136	0.0127	0.0305	0.0278	0.0072	0.0121	0.0097	0.0237
长治	0.0102	0.0193	0.0256	0.0154	0.0082	0.0088	0.0039	0.0231	0.0263	0.0130	0.0376	0.0112	0.0039	0.0370	0.0140	0.0047	0.0128
晋城	0.0067	0.0236	0.0130	0.0025	0.0047	0.0074	0.0009	0.0274	0.0194	0.0088	0.0395	0.0100	0.0025	0.0397	0.0169	0.0107	0.0143
运城	0.0135	0.0132	0.0094	0.0151	0.0116	0.0116	0.0112	0.0213	0.0228	0.0217	0.0217	0.0229	0.0388	0.0145	0.0093	0.0124	0.0182
蚌埠	0.0065	0.0118	0.0063	0.0037	0.0082	0.0056	0.0271	0.0091	0.0341	0.0456	0.0122	0.0287	0.0184	0.0120	0.0178	0.0101	0.0034
淮北	0.0016	0.0132	0.0038	0.0000	0.0028	0.0034	0.0119	0.0194	0.0264	0.0000	0.0531	0.0000	0.0035	0.0528	0.0172	0.0000	0.0023
阜阳	0.0072	0.0000	0.0042	0.0043	0.0104	0.0036	0.0440	0.0031	0.0302	0.0297	0.0049	0.0355	0.0052	0.0223	0.0113	0.0101	0.0045
宿州	0.0065	0.0043	0.0008	0.0035	0.0054	0.0034	0.0542	0.0000	0.0265	0.0609	0.0171	0.0238	0.0000	0.0204	0.0051	0.0050	0.0000
亳州	0.0043	0.0035	0.0000	0.0008	0.0066	0.0035	0.0452	0.0004	0.0350	0.0080	0.0009	0.0401	0.0006	0.0077	0.0089	0.0047	0.0014
聊城	0.0242	0.0214	0.0180	0.0504	0.0184	0.0210	0.0200	0.0230	0.0095	0.0039	0.0227	0.0234	0.0304	0.0041	0.0095	0.0241	0.0274
菏泽	0.0131	0.0050	0.0155	0.0413	0.0187	0.0319	0.0427	0.0139	0.0065	0.0201	0.0000	0.0400	0.0311	0.0119	0.0069	0.0235	0.0066
郑州	0.0670	0.0480	0.1176	0.0774	0.0594	0.0706	0.0000	0.0192	0.0397	0.0039	0.0301	0.0176	0.0322	0.0168	0.0310	0.0198	0.0616
开封	0.0108	0.0107	0.0059	0.0180	0.0114	0.0075	0.0375	0.0108	0.0191	0.0170	0.0120	0.0308	0.0048	0.0098	0.0106	0.0111	0.0084
洛阳	0.0422	0.0307	0.0481	0.0427	0.0276	0.0406	0.0094	0.0241	0.0181	0.0078	0.0287	0.0185	0.0189	0.0066	0.0149	0.0188	0.0232
平顶山	0.0181	0.0178	0.0227	0.0155	0.0108	0.0153	0.0111	0.0253	0.0136	0.0039	0.0415	0.0088	0.0154	0.0267	0.0128	0.0198	0.0189
安阳	0.0170	0.0146	0.0187	0.0177	0.0107	0.0180	0.0179	0.0229	0.0119	0.0111	0.0422	0.0077	0.0305	0.0192	0.0107	0.0191	0.0177

续表

城市	地区生产总值GRP	人均地区生产总值	公共财政收入	规模以上工业企业数	社会消费品零售总额	固定资产投资（不含农户）	第一产业占GDP的比重	第二产业占GDP的比重	第三产业占GDP的比重	城镇单位第一产业从业人员占比	城镇单位第二产业从业人员占比	城镇单位第三产业从业人员占比	外贸依存度	收入分配结构	城镇化率	GDP增长率	规模以上工业企业利润总额
鹤壁	0.0015	0.0202	0.0019	0.0060	0.0017	0.0034	0.0194	0.0245	0.0067	0.0202	0.0486	0.0021	0.0096	0.0211	0.0184	0.0255	0.0055
新乡	0.0168	0.0135	0.0169	0.0237	0.0123	0.0264	0.0180	0.0186	0.0218	0.0239	0.0250	0.0202	0.0398	0.0144	0.0117	0.0154	0.0133
焦作	0.0190	0.0298	0.0206	0.0321	0.0094	0.0211	0.0080	0.0271	0.0127	0.0196	0.0400	0.0089	0.0362	0.0086	0.0166	0.0191	0.0376
濮阳	0.0101	0.0154	0.0075	0.0150	0.0068	0.0088	0.0173	0.0273	0.0023	0.0058	0.0341	0.0144	0.0165	0.0255	0.0076	0.0194	0.0251
许昌	0.0197	0.0218	0.0124	0.0324	0.0108	0.0168	0.0173	0.0263	0.0047	0.0139	0.0229	0.0226	0.0194	0.0000	0.0104	0.0161	0.0287
漯河	0.0073	0.0197	0.0058	0.0122	0.0064	0.0055	0.0203	0.0269	0.0000	0.0079	0.0378	0.0114	0.0096	0.0069	0.0099	0.0174	0.0184
三门峡	0.0085	0.0273	0.0096	0.0156	0.0056	0.0121	0.0081	0.0268	0.0134	0.0121	0.0409	0.0087	0.0080	0.0200	0.0158	0.0218	0.0215
南阳	0.0374	0.0133	0.0199	0.0437	0.0274	0.0329	0.0328	0.0175	0.0086	0.0284	0.0208	0.0232	0.0063	0.0119	0.0086	0.0117	0.0201
商丘	0.0172	0.0066	0.0090	0.0093	0.0130	0.0173	0.0443	0.0099	0.0141	0.0199	0.0032	0.0375	0.0014	0.0112	0.0059	0.0114	0.0121
信阳	0.0149	0.0061	0.0059	0.0137	0.0143	0.0225	0.0381	0.0091	0.0225	0.0350	0.0081	0.0326	0.0009	0.0165	0.0068	0.0124	0.0049
周口	0.0182	0.0038	0.0052	0.0157	0.0159	0.0168	0.0464	0.0104	0.0107	0.0499	0.0024	0.0360	0.0081	0.0058	0.0002	0.0070	0.0125
驻马店	0.0143	0.0052	0.0058	0.0183	0.0121	0.0112	0.0449	0.0093	0.0148	0.0364	0.0041	0.0357	0.0015	0.0086	0.0000	0.0104	0.0055
济源	0.0000	0.0436	0.0021	0.0002	0.0000	0.0000	0.0037	0.0310	0.0082	0.0076	0.0478	0.0036	0.1101	0.0022	0.0168	0.0188	0.0084

附表 3　2007 年中原城市群经济系统综合评价值

城市	地区生产总值GRP	人均地区生产总值	公共财政收入	规模以上工业企业数	社会消费品零售总额	固定资产投资（不含农户）	第一产业占GDP的比重	第二产业占GDP的比重	第三产业占GDP的比重	城镇单位第一产业从业人员占比	城镇单位第二产业从业人员占比	城镇单位第三产业从业人员占比	外贸依存度	收入分配结构	城镇化率	GDP增长率	规模以上工业企业利润总额
邯郸	0.0402	0.0213	0.0304	0.0197	0.0229	0.0385	0.0154	0.0165	0.0211	0.0076	0.0291	0.0186	0.0246	0.0059	0.0171	0.0188	0.0228
邢台	0.0194	0.0123	0.0110	0.0224	0.0142	0.0231	0.0209	0.0192	0.0107	0.0130	0.0118	0.0322	0.0265	0.0069	0.0140	0.0085	0.0166
长治	0.0095	0.0188	0.0204	0.0077	0.0078	0.0071	0.0042	0.0214	0.0213	0.0119	0.0411	0.0086	0.0034	0.0376	0.0158	0.0164	0.0120
晋城	0.0057	0.0219	0.0124	0.0019	0.0051	0.0067	0.0026	0.0242	0.0171	0.0082	0.0411	0.0089	0.0059	0.0435	0.0200	0.0377	0.0100
运城	0.0115	0.0112	0.0098	0.0086	0.0108	0.0097	0.0134	0.0175	0.0209	0.0209	0.0201	0.0249	0.0382	0.0126	0.0092	0.0140	0.0170
蚌埠	0.0054	0.0121	0.0065	0.0054	0.0074	0.0057	0.0267	0.0071	0.0299	0.0343	0.0095	0.0323	0.0158	0.0124	0.0213	0.0115	0.0022
淮北	0.0013	0.0118	0.0029	0.0016	0.0026	0.0032	0.0108	0.0190	0.0201	0.0000	0.0530	0.0000	0.0035	0.0607	0.0397	0.0055	0.0008
阜阳	0.0067	0.0000	0.0036	0.0039	0.0096	0.0037	0.0421	0.0030	0.0245	0.0231	0.0031	0.0384	0.0052	0.0220	0.0179	0.0085	0.0035
宿州	0.0058	0.0032	0.0010	0.0053	0.0050	0.0019	0.0463	0.0007	0.0253	0.0577	0.0154	0.0258	0.0000	0.0190	0.0089	0.0000	0.0000
亳州	0.0032	0.0020	0.0000	0.0008	0.0060	0.0029	0.0420	0.0000	0.0305	0.0090	0.0029	0.0397	0.0019	0.0107	0.0159	0.0030	0.0009
聊城	0.0233	0.0216	0.0166	0.0449	0.0171	0.0174	0.0187	0.0210	0.0091	0.0048	0.0240	0.0230	0.0376	0.0005	0.0090	0.0279	0.0248
菏泽	0.0134	0.0048	0.0165	0.0363	0.0174	0.0235	0.0368	0.0135	0.0080	0.0203	0.0000	0.0411	0.0270	0.0097	0.0042	0.0334	0.0062
郑州	0.0658	0.0472	0.1071	0.0648	0.0554	0.0687	0.0000	0.0167	0.0344	0.0036	0.0313	0.0172	0.0277	0.0157	0.0408	0.0261	0.0659
开封	0.0096	0.0105	0.0053	0.0171	0.0105	0.0069	0.0335	0.0099	0.0182	0.0122	0.0063	0.0366	0.0019	0.0092	0.0116	0.0085	0.0101
洛阳	0.0399	0.0324	0.0461	0.0357	0.0256	0.0404	0.0092	0.0222	0.0151	0.0080	0.0288	0.0189	0.0177	0.0043	0.0176	0.0279	0.0326
平顶山	0.0174	0.0189	0.0205	0.0166	0.0099	0.0147	0.0105	0.0235	0.0114	0.0036	0.0428	0.0080	0.0098	0.0265	0.0148	0.0279	0.0161
安阳	0.0170	0.0165	0.0166	0.0161	0.0099	0.0182	0.0168	0.0219	0.0089	0.0084	0.0443	0.0064	0.0359	0.0165	0.0114	0.0395	0.0227

续表

城市	地区生产总值GRP	人均地区生产总值	公共财政收入	规模以上工业企业数	社会消费品零售总额	固定资产投资（不含农户）	第一产业占GDP的比重	第二产业占GDP的比重	第三产业占GDP的比重	城镇单位第一产业从业人员占比	城镇单位第二产业从业人员占比	城镇单位第三产业从业人员占比	外贸依存度	收入分配结构	城镇化率	GDP增长率	规模以上工业企业利润总额
鹤壁	0.0015	0.0226	0.0021	0.0070	0.0015	0.0038	0.0159	0.0237	0.0061	0.0189	0.0506	0.0005	0.0093	0.0196	0.0232	0.0456	0.0044
新乡	0.0162	0.0142	0.0160	0.0223	0.0114	0.0264	0.0174	0.0171	0.0181	0.0238	0.0272	0.0189	0.0400	0.0116	0.0132	0.0304	0.0152
焦作	0.0184	0.0326	0.0187	0.0227	0.0088	0.0215	0.0077	0.0256	0.0096	0.0155	0.0378	0.0110	0.0311	0.0080	0.0204	0.0328	0.0348
濮阳	0.0088	0.0156	0.0068	0.0112	0.0062	0.0086	0.0166	0.0253	0.0025	0.0051	0.0402	0.0099	0.0087	0.0267	0.0072	0.0182	0.0162
许昌	0.0184	0.0239	0.0122	0.0261	0.0100	0.0165	0.0155	0.0245	0.0049	0.0113	0.0255	0.0213	0.0188	0.0000	0.0114	0.0194	0.0271
漯河	0.0062	0.0200	0.0042	0.0118	0.0058	0.0052	0.0164	0.0266	0.0000	0.0075	0.0358	0.0133	0.0056	0.0073	0.0113	0.0085	0.0191
三门峡	0.0086	0.0292	0.0099	0.0153	0.0052	0.0107	0.0078	0.0258	0.0091	0.0111	0.0405	0.0092	0.0056	0.0159	0.0190	0.0395	0.0207
南阳	0.0335	0.0137	0.0178	0.0334	0.0253	0.0327	0.0296	0.0160	0.0094	0.0264	0.0210	0.0237	0.0073	0.0116	0.0085	0.0091	0.0161
商丘	0.0157	0.0074	0.0086	0.0098	0.0120	0.0166	0.0411	0.0091	0.0130	0.0172	0.0027	0.0392	0.0001	0.0132	0.0049	0.0079	0.0112
信阳	0.0138	0.0083	0.0053	0.0140	0.0131	0.0222	0.0358	0.0079	0.0202	0.0341	0.0081	0.0335	0.0020	0.0171	0.0061	0.0091	0.0047
周口	0.0167	0.0042	0.0050	0.0143	0.0146	0.0166	0.0429	0.0094	0.0108	0.0517	0.0013	0.0376	0.0042	0.0080	0.0001	0.0043	0.0167
驻马店	0.0129	0.0052	0.0058	0.0194	0.0112	0.0111	0.0407	0.0082	0.0151	0.0345	0.0053	0.0358	0.0010	0.0092	0.0000	0.0128	0.0064
济源	0.0000	0.0457	0.0026	0.0000	0.0000	0.0000	0.0034	0.0297	0.0053	0.0076	0.0452	0.0057	0.1158	0.0014	0.0221	0.0352	0.0053

附表4 2008年中原城市群经济系统综合评价值

城市	地区生产总值GRP	人均地区生产总值	公共财政收入	规模以上工业企业数	社会消费品零售总额	固定资产投资（不含农户）	第一产业占GDP的比重	第二产业占GDP的比重	第三产业占GDP的比重	城镇单位第一产业从业人员占比	城镇单位第二产业从业人员占比	城镇单位第三产业从业人员占比	外贸依存度	收入分配结构	城镇化率	GDP增长率	规模以上工业企业利润总额
邯郸	0.0468	0.0240	0.0321	0.0216	0.0251	0.0426	0.0160	0.0187	0.0217	0.0089	0.0197	0.0193	0.0320	0.0076	0.0209	0.0063	0.0194
邢台	0.0193	0.0116	0.0120	0.0207	0.0155	0.0224	0.0230	0.0201	0.0141	0.0144	0.0113	0.0268	0.0374	0.0112	0.0161	0.0046	0.0171
长治	0.0108	0.0213	0.0247	0.0059	0.0087	0.0066	0.0031	0.0250	0.0196	0.0148	0.0301	0.0092	0.0081	0.0344	0.0173	0.0048	0.0246
晋城	0.0066	0.0255	0.0145	0.0012	0.0060	0.0054	0.0021	0.0250	0.0202	0.0097	0.0316	0.0079	0.0064	0.0393	0.0238	0.0085	0.0181
运城	0.0111	0.0087	0.0099	0.0068	0.0122	0.0095	0.0183	0.0166	0.0238	0.0263	0.0150	0.0227	0.0426	0.0163	0.0103	0.0000	0.0020
蚌埠	0.0054	0.0106	0.0073	0.0065	0.0082	0.0065	0.0331	0.0070	0.0305	0.0422	0.0101	0.0265	0.0161	0.0135	0.0262	0.0085	0.0025
淮北	0.0017	0.0157	0.0029	0.0075	0.0028	0.0043	0.0129	0.0223	0.0174	0.0000	0.0406	0.0000	0.0046	0.0478	0.0443	0.0129	0.0055
阜阳	0.0070	0.0000	0.0049	0.0082	0.0106	0.0036	0.0521	0.0023	0.0254	0.0264	0.0059	0.0313	0.0052	0.0212	0.0145	0.0088	0.0055
宿州	0.0061	0.0037	0.0013	0.0103	0.0055	0.0046	0.0510	0.0021	0.0265	0.0501	0.0133	0.0230	0.0012	0.0199	0.0103	0.0116	0.0000
亳州	0.0032	0.0021	0.0000	0.0024	0.0065	0.0033	0.0499	0.0000	0.0310	0.0118	0.0050	0.0329	0.0037	0.0121	0.0200	0.0076	0.0010
聊城	0.0265	0.0239	0.0180	0.0437	0.0189	0.0189	0.0224	0.0216	0.0119	0.0058	0.0191	0.0200	0.0510	0.0050	0.0095	0.0097	0.0243
菏泽	0.0147	0.0053	0.0187	0.0359	0.0194	0.0123	0.0392	0.0152	0.0114	0.0257	0.0000	0.0369	0.0253	0.0094	0.0042	0.0143	0.0106
郑州	0.0747	0.0507	0.1227	0.0576	0.0614	0.0754	0.0000	0.0188	0.0329	0.0062	0.0231	0.0162	0.0302	0.0160	0.0469	0.0083	0.0677
开封	0.0110	0.0122	0.0067	0.0214	0.0117	0.0088	0.0363	0.0113	0.0205	0.0122	0.0145	0.0240	0.0035	0.0060	0.0136	0.0099	0.0127
洛阳	0.0449	0.0350	0.0515	0.0343	0.0284	0.0449	0.0106	0.0232	0.0175	0.0075	0.0230	0.0162	0.0201	0.0066	0.0202	0.0122	0.0188
平顶山	0.0214	0.0230	0.0247	0.0149	0.0110	0.0141	0.0121	0.0263	0.0109	0.0056	0.0323	0.0075	0.0125	0.0248	0.0170	0.0107	0.0177
安阳	0.0206	0.0200	0.0185	0.0145	0.0110	0.0207	0.0202	0.0242	0.0087	0.0060	0.0337	0.0062	0.0531	0.0134	0.0131	0.0099	0.0204

续表

城市	地区生产总值GRP	人均地区生产总值	公共财政收入	规模以上工业企业数	社会消费品零售总额	固定资产投资（不含农户）	第一产业占GDP的比重	第二产业占GDP的比重	第三产业占GDP的比重	城镇单位第一产业从业人员占比	城镇单位第二产业从业人员占比	城镇单位第三产业从业人员占比	外贸依存度	收入分配结构	城镇化率	GDP增长率	规模以上工业企业利润总额
鹤壁	0.0015	0.0261	0.0016	0.0069	0.0017	0.0044	0.0176	0.0267	0.0061	0.0229	0.0383	0.0010	0.0084	0.0168	0.0273	0.0106	0.0042
新乡	0.0182	0.0159	0.0179	0.0254	0.0127	0.0301	0.0202	0.0185	0.0190	0.0328	0.0209	0.0169	0.0280	0.0119	0.0156	0.0113	0.0137
焦作	0.0205	0.0355	0.0181	0.0217	0.0098	0.0239	0.0094	0.0275	0.0105	0.0195	0.0283	0.0106	0.0304	0.0083	0.0239	0.0090	0.0302
濮阳	0.0102	0.0183	0.0062	0.0120	0.0068	0.0102	0.0203	0.0273	0.0033	0.0032	0.0248	0.0148	0.0154	0.0221	0.0083	0.0097	0.0168
许昌	0.0213	0.0271	0.0143	0.0279	0.0112	0.0187	0.0180	0.0266	0.0061	0.0109	0.0200	0.0189	0.0167	0.0020	0.0133	0.0090	0.0312
漯河	0.0072	0.0234	0.0032	0.0106	0.0064	0.0062	0.0214	0.0287	0.0000	0.0025	0.0286	0.0112	0.0057	0.0067	0.0133	0.0104	0.0219
三门峡	0.0101	0.0342	0.0119	0.0120	0.0057	0.0133	0.0099	0.0276	0.0101	0.0117	0.0291	0.0102	0.0023	0.0143	0.0220	0.0123	0.0177
南阳	0.0371	0.0147	0.0191	0.0296	0.0280	0.0357	0.0340	0.0166	0.0127	0.0302	0.0169	0.0207	0.0097	0.0118	0.0098	0.0081	0.0160
商丘	0.0177	0.0083	0.0094	0.0130	0.0132	0.0192	0.0459	0.0108	0.0145	0.0230	0.0049	0.0325	0.0000	0.0122	0.0053	0.0069	0.0152
信阳	0.0159	0.0097	0.0061	0.0167	0.0145	0.0251	0.0427	0.0083	0.0213	0.0400	0.0081	0.0285	0.0045	0.0171	0.0067	0.0083	0.0045
周口	0.0191	0.0051	0.0063	0.0221	0.0162	0.0193	0.0516	0.0094	0.0131	0.0679	0.0023	0.0325	0.0069	0.0115	0.0000	0.0085	0.0168
驻马店	0.0144	0.0061	0.0064	0.0226	0.0122	0.0142	0.0469	0.0090	0.0171	0.0320	0.0088	0.0283	0.0015	0.0123	0.0000	0.0076	0.0070
济源	0.0000	0.0534	0.0027	0.0000	0.0000	0.0000	0.0038	0.0326	0.0054	0.0080	0.0315	0.0082	0.1150	0.0000	0.0270	0.0127	0.0037

附表 5　2009 年中原城市群经济系统综合评价值

城市	地区生产总值GRP	人均地区生产总值	公共财政收入	规模以上工业企业数	社会消费品零售总额	固定资产投资（不含农户）	第一产业占GDP的比重	第二产业占GDP的比重	第三产业占GDP的比重	城镇单位第一产业从业人员占比	城镇单位第二产业从业人员占比	城镇单位第三产业从业人员占比	外贸依存度	收入分配结构	城镇化率	GDP增长率	规模以上工业企业利润总额
邯郸	0.0385	0.0224	0.0347	0.0165	0.0248	0.0422	0.0170	0.0192	0.0232	0.0121	0.0168	0.0157	0.0524	0.0076	0.0261	0.0091	0.0137
邢台	0.0172	0.0114	0.0128	0.0192	0.0153	0.0222	0.0222	0.0217	0.0154	0.0133	0.0118	0.0182	0.0509	0.0102	0.0191	0.0070	0.0119
长治	0.0109	0.0235	0.0260	0.0044	0.0089	0.0095	0.0027	0.0277	0.0215	0.0192	0.0288	0.0096	0.0117	0.0283	0.0191	0.0070	0.0092
晋城	0.0071	0.0286	0.0153	0.0020	0.0059	0.0070	0.0019	0.0282	0.0213	0.0133	0.0332	0.0075	0.0132	0.0349	0.0291	0.0023	0.0128
运城	0.0097	0.0101	0.0045	0.0055	0.0126	0.0107	0.0238	0.0101	0.0317	0.0246	0.0139	0.0169	0.0442	0.0140	0.0118	0.0000	0.0000
蚌埠	0.0055	0.0108	0.0072	0.0090	0.0081	0.0067	0.0308	0.0102	0.0262	0.0337	0.0088	0.0193	0.0269	0.0101	0.0284	0.0107	0.0027
淮北	0.0019	0.0156	0.0024	0.0087	0.0028	0.0043	0.0121	0.0263	0.0162	0.0000	0.0489	0.0000	0.0091	0.0527	0.0441	0.0087	0.0034
阜阳	0.0071	0.0000	0.0063	0.0110	0.0105	0.0033	0.0479	0.0020	0.0253	0.0291	0.0054	0.0211	0.0110	0.0168	0.0048	0.0117	0.0053
宿州	0.0056	0.0018	0.0006	0.0121	0.0055	0.0048	0.0496	0.0000	0.0270	0.0664	0.0143	0.0159	0.0031	0.0169	0.0061	0.0109	0.0021
亳州	0.0032	0.0017	0.0000	0.0055	0.0065	0.0032	0.0471	0.0003	0.0285	0.0080	0.0031	0.0226	0.0124	0.0099	0.0060	0.0118	0.0020
聊城	0.0243	0.0251	0.0189	0.0514	0.0192	0.0177	0.0211	0.0237	0.0132	0.0073	0.0174	0.0156	0.0643	0.0007	0.0092	0.0126	0.0250
菏泽	0.0149	0.0063	0.0215	0.0426	0.0231	0.0105	0.0342	0.0164	0.0141	0.0314	0.0000	0.0237	0.0518	0.0062	0.0023	0.0143	0.0130
郑州	0.0674	0.0533	0.1415	0.0572	0.0612	0.0685	0.0000	0.0193	0.0362	0.0063	0.0230	0.0128	0.0423	0.0137	0.0562	0.0094	0.0933
开封	0.0110	0.0134	0.0061	0.0235	0.0117	0.0083	0.0346	0.0101	0.0233	0.0561	0.0031	0.0216	0.0080	0.0120	0.0167	0.0106	0.0126
洛阳	0.0382	0.0345	0.0512	0.0361	0.0280	0.0416	0.0104	0.0234	0.0220	0.0092	0.0207	0.0139	0.0201	0.0056	0.0243	0.0119	0.0201
平顶山	0.0187	0.0227	0.0263	0.0156	0.0111	0.0138	0.0116	0.0300	0.0111	0.0080	0.0315	0.0085	0.0226	0.0240	0.0203	0.0070	0.0130
安阳	0.0187	0.0206	0.0188	0.0186	0.0110	0.0190	0.0178	0.0251	0.0136	0.0071	0.0331	0.0077	0.0317	0.0111	0.0156	0.0094	0.0167

续表

城市	地区生产总值GRP	人均地区生产总值	公共财政收入	规模以上工业企业数	社会消费品零售总额	固定资产投资（不含农户）	第一产业占GDP的比重	第二产业占GDP的比重	第三产业占GDP的比重	城镇单位第一产业从业人员占比	城镇单位第二产业从业人员占比	城镇单位第三产业从业人员占比	外贸依存度	收入分配结构	城镇化率	GDP增长率	规模以上工业企业利润总额
鹤壁	0.0017	0.0261	0.0003	0.0053	0.0016	0.0045	0.0169	0.0333	0.0019	0.0239	0.0413	0.0033	0.0066	0.0168	0.0334	0.0117	0.0038
新乡	0.0157	0.0154	0.0192	0.0221	0.0126	0.0279	0.0190	0.0215	0.0181	0.0344	0.0223	0.0125	0.0408	0.0134	0.0190	0.0111	0.0138
焦作	0.0175	0.0347	0.0184	0.0204	0.0097	0.0210	0.0091	0.0320	0.0099	0.0357	0.0289	0.0092	0.0382	0.0082	0.0289	0.0092	0.0247
濮阳	0.0083	0.0167	0.0040	0.0104	0.0068	0.0092	0.0206	0.0303	0.0035	0.0039	0.0268	0.0109	0.0218	0.0200	0.0098	0.0087	0.0088
许昌	0.0188	0.0273	0.0148	0.0241	0.0112	0.0170	0.0168	0.0320	0.0040	0.0054	0.0234	0.0126	0.0378	0.0019	0.0162	0.0112	0.0245
漯河	0.0068	0.0238	0.0015	0.0096	0.0062	0.0057	0.0190	0.0335	0.0000	0.0046	0.0302	0.0092	0.0165	0.0066	0.0162	0.0092	0.0174
三门峡	0.0093	0.0351	0.0120	0.0104	0.0057	0.0130	0.0095	0.0308	0.0115	0.0174	0.0287	0.0097	0.0044	0.0127	0.0264	0.0106	0.0144
南阳	0.0318	0.0140	0.0193	0.0281	0.0279	0.0322	0.0341	0.0165	0.0140	0.0422	0.0162	0.0154	0.0122	0.0116	0.0118	0.0070	0.0114
商丘	0.0158	0.0079	0.0090	0.0114	0.0088	0.0175	0.0449	0.0112	0.0137	0.0079	0.0051	0.0216	0.0000	0.0113	0.0064	0.0091	0.0087
信阳	0.0143	0.0094	0.0053	0.0209	0.0146	0.0228	0.0414	0.0083	0.0209	0.0537	0.0071	0.0197	0.0079	0.0168	0.0076	0.0104	0.0041
周口	0.0174	0.0048	0.0067	0.0180	0.0163	0.0174	0.0499	0.0104	0.0110	0.0727	0.0029	0.0214	0.0094	0.0122	0.0000	0.0084	0.0141
驻马店	0.0137	0.0064	0.0060	0.0257	0.0121	0.0133	0.0430	0.0085	0.0192	0.0376	0.0091	0.0191	0.0031	0.0103	0.0000	0.0096	0.0057
济源	0.0000	0.0504	0.0013	0.0000	0.0000	0.0000	0.0036	0.0386	0.0041	0.0077	0.0342	0.0072	0.0512	0.0000	0.0323	0.0134	0.0036

附表 6　2010 年中原城市群经济系统综合评价值

城市	地区生产总值GRP	人均地区生产总值	公共财政收入	规模以上工业企业数	社会消费品零售总额	固定资产投资（不含农户）	第一产业占GDP的比重	第二产业占GDP的比重	第三产业占GDP的比重	城镇单位第一产业从业人员占比	城镇单位第二产业从业人员占比	城镇单位第三产业从业人员占比	外贸依存度	收入分配结构	城镇化率	GDP增长率	规模以上工业企业利润总额
邯郸	0.0347	0.0212	0.0350	0.0177	0.0253	0.0387	0.0179	0.0194	0.0230	0.0110	0.0155	0.0166	0.0353	0.0072	0.0266	0.0216	0.0144
邢台	0.0150	0.0101	0.0131	0.0160	0.0153	0.0196	0.0226	0.0210	0.0170	0.0114	0.0100	0.0190	0.0412	0.0112	0.0236	0.0119	0.0101
长治	0.0099	0.0231	0.0208	0.0030	0.0079	0.0089	0.0023	0.0323	0.0192	0.0208	0.0318	0.0094	0.0086	0.0289	0.0221	0.0280	0.0100
晋城	0.0067	0.0289	0.0125	0.0009	0.0047	0.0059	0.0020	0.0302	0.0222	0.0138	0.0367	0.0074	0.0182	0.0340	0.0381	0.0280	0.0128
运城	0.0083	0.0088	0.0050	0.0067	0.0111	0.0095	0.0252	0.0078	0.0321	0.0234	0.0139	0.0171	0.0341	0.0137	0.0147	0.0151	0.0000
蚌埠	0.0051	0.0106	0.0078	0.0129	0.0078	0.0081	0.0283	0.0114	0.0248	0.0304	0.0091	0.0190	0.0219	0.0078	0.0276	0.0367	0.0026
淮北	0.0020	0.0165	0.0028	0.0089	0.0022	0.0043	0.0102	0.0314	0.0137	0.0000	0.0545	0.0000	0.0094	0.0520	0.0441	0.0334	0.0039
阜阳	0.0065	0.0000	0.0071	0.0092	0.0100	0.0039	0.0436	0.0021	0.0242	0.0266	0.0053	0.0207	0.0112	0.0184	0.0049	0.0270	0.0050
宿州	0.0053	0.0011	0.0015	0.0127	0.0048	0.0053	0.0446	0.0006	0.0253	0.0658	0.0106	0.0176	0.0036	0.0143	0.0040	0.0216	0.0022
亳州	0.0029	0.0016	0.0004	0.0037	0.0060	0.0038	0.0425	0.0000	0.0278	0.0077	0.0019	0.0226	0.0104	0.0100	0.0000	0.0291	0.0020
聊城	0.0220	0.0241	0.0181	0.0449	0.0191	0.0165	0.0190	0.0226	0.0179	0.0084	0.0180	0.0156	0.0631	0.0014	0.0135	0.0226	0.0227
菏泽	0.0152	0.0072	0.0234	0.0384	0.0233	0.0094	0.0267	0.0178	0.0177	0.0282	0.0000	0.0230	0.0407	0.0045	0.0103	0.0345	0.0155
郑州	0.0637	0.0508	0.1363	0.0515	0.0629	0.0603	0.0000	0.0217	0.0351	0.0052	0.0240	0.0131	0.0345	0.0123	0.0599	0.0205	0.0852
开封	0.0101	0.0133	0.0056	0.0196	0.0115	0.0076	0.0370	0.0067	0.0236	0.0552	0.0056	0.0200	0.0042	0.0121	0.0120	0.0119	0.0090
洛阳	0.0340	0.0332	0.0448	0.0328	0.0289	0.0371	0.0090	0.0263	0.0215	0.0097	0.0213	0.0142	0.0163	0.0053	0.0264	0.0205	0.0143
平顶山	0.0167	0.0220	0.0218	0.0158	0.0109	0.0124	0.0102	0.0334	0.0112	0.0061	0.0348	0.0084	0.0062	0.0230	0.0213	0.0011	0.0107
安阳	0.0167	0.0202	0.0160	0.0161	0.0107	0.0167	0.0162	0.0278	0.0134	0.0074	0.0358	0.0079	0.0321	0.0099	0.0165	0.0259	0.0139

续表

城市	地区生产总值GRP	人均地区生产总值	公共财政收入	规模以上工业企业数	社会消费品零售总额	固定资产投资（不含农户）	第一产业占GDP的比重	第二产业占GDP的比重	第三产业占GDP的比重	城镇单位第一产业从业人员占比	城镇单位第二产业从业人员占比	城镇单位第三产业从业人员占比	外贸依存度	收入分配结构	城镇化率	GDP增长率	规模以上工业企业利润总额
鹤壁	0.0015	0.0242	0.0000	0.0058	0.0009	0.0041	0.0149	0.0380	0.0011	0.0168	0.0473	0.0028	0.0066	0.0197	0.0328	0.0248	0.0034
新乡	0.0146	0.0151	0.0181	0.0212	0.0124	0.0241	0.0182	0.0234	0.0175	0.0345	0.0247	0.0122	0.0249	0.0115	0.0208	0.0377	0.0127
焦作	0.0155	0.0332	0.0154	0.0180	0.0098	0.0185	0.0091	0.0360	0.0086	0.0441	0.0278	0.0106	0.0381	0.0050	0.0312	0.0086	0.0180
濮阳	0.0074	0.0158	0.0030	0.0096	0.0063	0.0082	0.0194	0.0335	0.0032	0.0039	0.0314	0.0099	0.0152	0.0177	0.0041	0.0032	0.0085
许昌	0.0168	0.0267	0.0132	0.0217	0.0109	0.0152	0.0149	0.0359	0.0039	0.0052	0.0241	0.0131	0.0256	0.0021	0.0174	0.0270	0.0215
漯河	0.0058	0.0223	0.0015	0.0086	0.0057	0.0052	0.0173	0.0373	0.0000	0.0043	0.0338	0.0089	0.0137	0.0066	0.0175	0.0388	0.0161
三门峡	0.0091	0.0374	0.0103	0.0094	0.0052	0.0116	0.0089	0.0359	0.0090	0.0144	0.0321	0.0094	0.0021	0.0108	0.0263	0.0431	0.0154
南阳	0.0277	0.0125	0.0175	0.0256	0.0281	0.0283	0.0314	0.0169	0.0149	0.0412	0.0159	0.0158	0.0111	0.0114	0.0068	0.0054	0.0094
商丘	0.0138	0.0075	0.0078	0.0112	0.0129	0.0155	0.0415	0.0106	0.0148	0.0176	0.0031	0.0219	0.0000	0.0113	0.0011	0.0097	0.0076
信阳	0.0129	0.0098	0.0045	0.0200	0.0142	0.0199	0.0419	0.0056	0.0210	0.0510	0.0056	0.0201	0.0062	0.0164	0.0091	0.0054	0.0038
周口	0.0152	0.0048	0.0060	0.0174	0.0162	0.0148	0.0480	0.0093	0.0110	0.0609	0.0010	0.0219	0.0058	0.0129	0.0011	0.0000	0.0147
驻马店	0.0122	0.0063	0.0053	0.0255	0.0120	0.0114	0.0440	0.0052	0.0197	0.0316	0.0101	0.0185	0.0031	0.0110	0.0011	0.0054	0.0055
济源	0.0000	0.0515	0.0000	0.0000	0.0000	0.0000	0.0028	0.0441	0.0032	0.0075	0.0402	0.0060	0.0289	0.0000	0.0353	0.0097	0.0034

附表 7　2011 年中原城市群经济系统综合评价值

城市	地区生产总值 GRP	人均地区生产总值	公共财政收入	规模以上工业企业数	社会消费品零售总额	固定资产投资（不含农户）	第一产业占 GDP 的比重	第二产业占 GDP 的比重	第三产业占 GDP 的比重	城镇单位第一产业从业人员占比	城镇单位第二产业从业人员占比	城镇单位第三产业从业人员占比	外贸依存度	收入分配结构	城镇化率	GDP 增长率	规模以上工业企业利润总额
邯郸	0.0310	0.0190	0.0337	0.0159	0.0246	0.0331	0.0173	0.0203	0.0216	0.0103	0.0124	0.0197	0.0314	0.0048	0.0267	0.0139	0.0198
邢台	0.0136	0.0088	0.0114	0.0158	0.0148	0.0154	0.0221	0.0213	0.0165	0.0105	0.0091	0.0237	0.0351	0.0104	0.0200	0.0063	0.0096
长治	0.0109	0.0252	0.0199	0.0030	0.0077	0.0082	0.0024	0.0380	0.0149	0.0180	0.0279	0.0129	0.0125	0.0266	0.0230	0.0542	0.0148
晋城	0.0067	0.0280	0.0107	0.0000	0.0046	0.0062	0.0030	0.0347	0.0180	0.0123	0.0379	0.0075	0.0285	0.0395	0.0407	0.0315	0.0146
运城	0.0083	0.0085	0.0039	0.0052	0.0108	0.0093	0.0236	0.0120	0.0254	0.0232	0.0087	0.0236	0.0277	0.0115	0.0156	0.0404	0.0054
蚌埠	0.0052	0.0134	0.0091	0.0089	0.0076	0.0091	0.0277	0.0130	0.0209	0.0250	0.0170	0.0189	0.0214	0.0061	0.0290	0.0368	0.0000
淮北	0.0023	0.0150	0.0032	0.0075	0.0021	0.0052	0.0101	0.0359	0.0106	0.0000	0.0517	0.0000	0.0055	0.0581	0.0463	0.0139	0.0029
阜阳	0.0062	0.0000	0.0076	0.0100	0.0098	0.0043	0.0430	0.0006	0.0216	0.0249	0.0047	0.0258	0.0155	0.0215	0.0038	0.0114	0.0038
宿州	0.0055	0.0038	0.0034	0.0158	0.0047	0.0058	0.0427	0.0013	0.0211	0.0569	0.0142	0.0196	0.0032	0.0141	0.0034	0.0328	0.0010
亳州	0.0033	0.0017	0.0022	0.0056	0.0058	0.0029	0.0411	0.0000	0.0239	0.0061	0.0005	0.0287	0.0096	0.0098	0.0000	0.0227	0.0013
聊城	0.0198	0.0217	0.0180	0.0468	0.0177	0.0166	0.0175	0.0229	0.0187	0.0046	0.0174	0.0192	0.0713	0.0000	0.0131	0.0151	0.0286
菏泽	0.0152	0.0075	0.0218	0.0481	0.0227	0.0072	0.0210	0.0200	0.0189	0.0280	0.0016	0.0275	0.0411	0.0039	0.0123	0.0366	0.0385
郑州	0.0591	0.0456	0.1205	0.0556	0.0615	0.0546	0.0000	0.0243	0.0320	0.0037	0.0303	0.0119	0.0781	0.0134	0.0636	0.0341	0.0811
开封	0.0090	0.0118	0.0059	0.0210	0.0114	0.0078	0.0341	0.0057	0.0236	0.0513	0.0071	0.0238	0.0033	0.0171	0.0123	0.0227	0.0107
洛阳	0.0299	0.0300	0.0386	0.0342	0.0284	0.0325	0.0086	0.0291	0.0194	0.0093	0.0229	0.0160	0.0159	0.0058	0.0282	0.0177	0.0184
平顶山	0.0143	0.0190	0.0176	0.0142	0.0106	0.0123	0.0113	0.0349	0.0107	0.0055	0.0343	0.0096	0.0036	0.0269	0.0225	0.0000	0.0115
安阳	0.0143	0.0176	0.0131	0.0147	0.0105	0.0144	0.0160	0.0257	0.0169	0.0096	0.0388	0.0070	0.0281	0.0139	0.0174	0.0139	0.0174

续表

城市	地区生产总值GRP	人均地区生产总值	公共财政收入	规模以上工业企业数	社会消费品零售总额	固定资产投资（不含农户）	第一产业占GDP的比重	第二产业占GDP的比重	第三产业占GDP的比重	城镇单位第一产业从业人员占比	城镇单位第二产业从业人员占比	城镇单位第三产业从业人员占比	外贸依存度	收入分配结构	城镇化率	GDP增长率	规模以上工业企业利润总额
鹤壁	0. 0016	0. 0205	0. 0006	0. 0067	0. 0009	0. 0030	0. 0149	0. 0418	0. 0000	0. 0164	0. 0453	0. 0032	0. 0042	0. 0210	0. 0350	0. 0227	0. 0020
新乡	0. 0143	0. 0150	0. 0165	0. 0223	0. 0122	0. 0184	0. 0174	0. 0262	0. 0152	0. 0309	0. 0232	0. 0153	0. 0243	0. 0079	0. 0220	0. 0454	0. 0145
焦作	0. 0137	0. 0296	0. 0124	0. 0204	0. 0096	0. 0148	0. 0092	0. 0393	0. 0076	0. 0376	0. 0326	0. 0098	0. 0411	0. 0047	0. 0332	0. 0290	0. 0218
濮阳	0. 0067	0. 0138	0. 0034	0. 0107	0. 0062	0. 0083	0. 0204	0. 0341	0. 0039	0. 0046	0. 0334	0. 0102	0. 0133	0. 0243	0. 0039	0. 0164	0. 0111
许昌	0. 0156	0. 0257	0. 0123	0. 0252	0. 0107	0. 0138	0. 0143	0. 0379	0. 0048	0. 0077	0. 0258	0. 0144	0. 0232	0. 0013	0. 0183	0. 0517	0. 0280
漯河	0. 0049	0. 0183	0. 0021	0. 0078	0. 0055	0. 0052	0. 0174	0. 0396	0. 0002	0. 0041	0. 0329	0. 0105	0. 0114	0. 0093	0. 0183	0. 0265	0. 0185
三门峡	0. 0084	0. 0348	0. 0081	0. 0094	0. 0051	0. 0110	0. 0091	0. 0392	0. 0078	0. 0123	0. 0332	0. 0101	0. 0011	0. 0107	0. 0279	0. 0227	0. 0194
南阳	0. 0235	0. 0104	0. 0156	0. 0254	0. 0273	0. 0251	0. 0283	0. 0179	0. 0149	0. 0349	0. 0252	0. 0140	0. 0129	0. 0162	0. 0067	0. 0013	0. 0129
商丘	0. 0120	0. 0066	0. 0078	0. 0134	0. 0125	0. 0125	0. 0377	0. 0107	0. 0150	0. 0163	0. 0060	0. 0253	0. 0000	0. 0110	0. 0005	0. 0088	0. 0077
信阳	0. 0114	0. 0094	0. 0048	0. 0184	0. 0139	0. 0169	0. 0412	0. 0027	0. 0208	0. 0504	0. 0051	0. 0249	0. 0095	0. 0159	0. 0094	0. 0000	0. 0024
周口	0. 0133	0. 0045	0. 0059	0. 0193	0. 0158	0. 0130	0. 0437	0. 0092	0. 0115	0. 0650	0. 0000	0. 0274	0. 0045	0. 0127	0. 0004	0. 0013	0. 0232
驻马店	0. 0112	0. 0062	0. 0055	0. 0283	0. 0117	0. 0109	0. 0431	0. 0040	0. 0178	0. 0306	0. 0094	0. 0230	0. 0018	0. 0132	0. 0005	0. 0025	0. 0072
济源	0. 0000	0. 0438	0. 0000	0. 0004	0. 0000	0. 0000	0. 0040	0. 0468	0. 0037	0. 0077	0. 0460	0. 0030	0. 0353	0. 0013	0. 0382	0. 0378	0. 0028

附表 8　2012 年中原城市群经济系统综合评价值

城市	地区生产总值GRP	人均地区生产总值	公共财政收入	规模以上工业企业数	社会消费品零售总额	固定资产投资（不含农户）	第一产业占GDP的比重	第二产业占GDP的比重	第三产业占GDP的比重	城镇单位第一产业从业人员占比	城镇单位第二产业从业人员占比	城镇单位第三产业从业人员占比	外贸依存度	收入分配结构	城镇化率	GDP增长率	规模以上工业企业利润总额
邯郸	0.0314	0.0191	0.0307	0.0161	0.0251	0.0388	0.0180	0.0189	0.0226	0.0111	0.0138	0.0185	0.0185	0.0038	0.0252	0.0102	0.0164
邢台	0.0133	0.0083	0.0112	0.0163	0.0151	0.0167	0.0233	0.0196	0.0172	0.0091	0.0186	0.0160	0.0170	0.0130	0.0183	0.0075	0.0091
长治	0.0109	0.0256	0.0206	0.0029	0.0079	0.0108	0.0026	0.0379	0.0148	0.0138	0.0238	0.0132	0.0122	0.0208	0.0229	0.0105	0.0070
晋城	0.0071	0.0301	0.0107	0.0006	0.0047	0.0069	0.0029	0.0340	0.0188	0.0154	0.0318	0.0089	0.0183	0.0283	0.0399	0.0119	0.0139
运城	0.0077	0.0076	0.0025	0.0052	0.0111	0.0101	0.0249	0.0085	0.0282	0.0426	0.0201	0.0147	0.0145	0.0093	0.0156	0.0044	0.0045
蚌埠	0.0056	0.0147	0.0098	0.0100	0.0079	0.0055	0.0272	0.0139	0.0202	0.0050	0.0205	0.0151	0.0211	0.0055	0.0284	0.0171	0.0012
淮北	0.0023	0.0159	0.0045	0.0094	0.0022	0.0055	0.0102	0.0362	0.0102	0.0000	0.0450	0.0021	0.0070	0.0436	0.0449	0.0177	0.0034
阜阳	0.0064	0.0000	0.0080	0.0132	0.0100	0.0043	0.0415	0.0019	0.0212	0.0296	0.0011	0.0250	0.0170	0.0145	0.0035	0.0135	0.0027
宿州	0.0059	0.0045	0.0048	0.0134	0.0038	0.0061	0.0416	0.0020	0.0210	0.0697	0.0119	0.0186	0.0050	0.0100	0.0033	0.0158	0.0000
亳州	0.0035	0.0019	0.0037	0.0078	0.0060	0.0027	0.0404	0.0006	0.0235	0.0104	0.0000	0.0259	0.0094	0.0083	0.0000	0.0141	0.0017
聊城	0.0208	0.0228	0.0149	0.0449	0.0180	0.0181	0.0168	0.0212	0.0211	0.0051	0.0146	0.0182	0.0422	0.0000	0.0132	0.0163	0.0427
菏泽	0.0164	0.0084	0.0220	0.0483	0.0231	0.0075	0.0194	0.0201	0.0200	0.0401	0.0010	0.0249	0.0280	0.0043	0.0130	0.0177	0.0353
郑州	0.0621	0.0471	0.1139	0.0536	0.0627	0.0625	0.0000	0.0228	0.0337	0.0046	0.0313	0.0093	0.1086	0.0136	0.0618	0.0149	0.0931
开封	0.0094	0.0127	0.0065	0.0198	0.0117	0.0084	0.0334	0.0058	0.0238	0.0662	0.0074	0.0210	0.0031	0.0093	0.0125	0.0119	0.0133
洛阳	0.0309	0.0311	0.0348	0.0303	0.0291	0.0337	0.0088	0.0277	0.0208	0.0095	0.0202	0.0152	0.0065	0.0071	0.0277	0.0088	0.0162
平顶山	0.0129	0.0169	0.0155	0.0105	0.0108	0.0134	0.0128	0.0290	0.0160	0.0059	0.0320	0.0090	0.0020	0.0246	0.0222	0.0000	0.0085
安阳	0.0138	0.0172	0.0108	0.0140	0.0107	0.0147	0.0167	0.0243	0.0178	0.0073	0.0332	0.0083	0.0112	0.0131	0.0175	0.0017	0.0115

续表

城市	地区生产总值GRP	人均地区生产总值	公共财政收入	规模以上工业企业数	社会消费品零售总额	固定资产投资（不含农户）	第一产业占GDP的比重	第二产业占GDP的比重	第三产业占GDP的比重	城镇单位第一产业从业人员占比	城镇单位第二产业从业人员占比	城镇单位第三产业从业人员占比	外贸依存度	收入分配结构	城镇化率	GDP增长率	规模以上工业企业利润总额
鹤壁	0.0014	0.0208	0.0007	0.0058	0.0009	0.0025	0.0144	0.0422	0.0000	0.0195	0.0402	0.0044	0.0033	0.0162	0.0345	0.0113	0.0013
新乡	0.0144	0.0152	0.0157	0.0197	0.0127	0.0183	0.0174	0.0238	0.0177	0.0417	0.0205	0.0145	0.0085	0.0064	0.0217	0.0127	0.0131
焦作	0.0136	0.0299	0.0111	0.0199	0.0098	0.0155	0.0095	0.0381	0.0088	0.0422	0.0302	0.0093	0.0220	0.0049	0.0329	0.0122	0.0243
濮阳	0.0068	0.0143	0.0038	0.0123	0.0064	0.0084	0.0202	0.0348	0.0032	0.0030	0.0310	0.0095	0.0081	0.0143	0.0041	0.0147	0.0142
许昌	0.0156	0.0260	0.0121	0.0226	0.0111	0.0153	0.0139	0.0374	0.0057	0.0165	0.0226	0.0138	0.0182	0.0014	0.0183	0.0149	0.0332
漯河	0.0044	0.0177	0.0025	0.0074	0.0057	0.0045	0.0173	0.0395	0.0005	0.0094	0.0320	0.0089	0.0063	0.0114	0.0183	0.0147	0.0192
三门峡	0.0084	0.0360	0.0078	0.0084	0.0052	0.0119	0.0097	0.0388	0.0078	0.0143	0.0263	0.0118	0.0009	0.0091	0.0271	0.0152	0.0224
南阳	0.0232	0.0100	0.0147	0.0247	0.0280	0.0266	0.0276	0.0169	0.0165	0.0451	0.0200	0.0147	0.0070	0.0124	0.0071	0.0091	0.0169
商丘	0.0117	0.0061	0.0081	0.0136	0.0129	0.0134	0.0366	0.0094	0.0171	0.0299	0.0066	0.0221	0.0000	0.0100	0.0009	0.0111	0.0072
信阳	0.0117	0.0093	0.0052	0.0171	0.0142	0.0169	0.0435	0.0000	0.0215	0.0719	0.0029	0.0234	0.0059	0.0125	0.0096	0.0102	0.0039
周口	0.0139	0.0049	0.0062	0.0187	0.0163	0.0120	0.0426	0.0106	0.0107	0.0339	0.0016	0.0247	0.0035	0.0112	0.0008	0.0105	0.0229
驻马店	0.0114	0.0066	0.0059	0.0256	0.0120	0.0099	0.0428	0.0040	0.0178	0.0516	0.0109	0.0194	0.0008	0.0108	0.0008	0.0100	0.0130
济源	0.0000	0.0474	0.0000	0.0000	0.0000	0.0000	0.0035	0.0493	0.0015	0.0069	0.0487	0.0000	0.0374	0.0108	0.0380	0.0124	0.0028

附表 9　2013 年中原城市群经济系统综合评价值

城市	地区生产总值GRP	人均地区生产总值	公共财政收入	规模以上工业企业数	社会消费品零售总额	固定资产投资（不含农户）	第一产业占GDP的比重	第二产业占GDP的比重	第三产业占GDP的比重	城镇单位第一产业从业人员占比	城镇单位第二产业从业人员占比	城镇单位第三产业从业人员占比	外贸依存度	收入分配结构	城镇化率	GDP增长率	规模以上工业企业利润总额
邯郸	0.0270	0.0137	0.0224	0.0188	0.0244	0.0320	0.0175	0.0164	0.0218	0.0101	0.0117	0.0162	0.0192	0.0066	0.0246	0.0032	0.0131
邢台	0.0119	0.0072	0.0090	0.0177	0.0147	0.0148	0.0224	0.0179	0.0168	0.0094	0.0093	0.0210	0.0185	0.0094	0.0183	0.0036	0.0101
长治	0.0091	0.0193	0.0185	0.0026	0.0078	0.0102	0.0031	0.0369	0.0155	0.0153	0.0139	0.0117	0.0119	0.0234	0.0228	0.0084	0.0077
晋城	0.0059	0.0244	0.0097	0.0005	0.0046	0.0068	0.0030	0.0331	0.0188	0.0159	0.0168	0.0059	0.0137	0.0375	0.0385	0.0118	0.0051
运城	0.0071	0.0078	0.0018	0.0054	0.0109	0.0092	0.0246	0.0059	0.0252	0.0397	0.0043	0.0305	0.0259	0.0113	0.0158	0.0136	0.0011
蚌埠	0.0057	0.0115	0.0095	0.0102	0.0078	0.0099	0.0244	0.0161	0.0167	0.0051	0.0103	0.0191	0.0290	0.0105	0.0279	0.0196	0.0002
淮北	0.0025	0.0149	0.0026	0.0101	0.0021	0.0049	0.0091	0.0400	0.0084	0.0000	0.0000	0.0398	0.0095	0.0450	0.0440	0.0110	0.0002
阜阳	0.0063	0.0000	0.0083	0.0134	0.0098	0.0041	0.0386	0.0010	0.0187	0.0309	0.0039	0.0313	0.0212	0.0125	0.0033	0.0136	0.0014
宿州	0.0058	0.0038	0.0052	0.0150	0.0048	0.0059	0.0371	0.0023	0.0186	0.0639	0.0097	0.0192	0.0069	0.0125	0.0033	0.0170	0.0000
亳州	0.0034	0.0016	0.0048	0.0086	0.0058	0.0027	0.0369	0.0000	0.0207	0.0044	0.0048	0.0300	0.0071	0.0091	0.0000	0.0136	0.0026
聊城	0.0198	0.0194	0.0164	0.0477	0.0175	0.0161	0.0158	0.0195	0.0205	0.0062	0.0101	0.0195	0.0464	0.0000	0.0140	0.0149	0.0540
菏泽	0.0165	0.0075	0.0203	0.0461	0.0225	0.0064	0.0167	0.0209	0.0186	0.0326	0.0057	0.0278	0.0243	0.0030	0.0132	0.0239	0.0456
郑州	0.0597	0.0383	0.1119	0.0500	0.0607	0.0575	0.0000	0.0233	0.0293	0.0069	0.0151	0.0094	0.1274	0.0145	0.0596	0.0146	0.1066
开封	0.0094	0.0127	0.0075	0.0205	0.0115	0.0082	0.0301	0.0064	0.0205	0.0225	0.0136	0.0123	0.0038	0.0097	0.0122	0.0181	0.0155
洛阳	0.0279	0.0247	0.0324	0.0308	0.0284	0.0300	0.0092	0.0260	0.0200	0.0100	0.0119	0.0159	0.0077	0.0041	0.0274	0.0027	0.0205
平顶山	0.0114	0.0141	0.0138	0.0111	0.0106	0.0122	0.0134	0.0267	0.0162	0.0060	0.0150	0.0096	0.0027	0.0241	0.0218	0.0000	0.0116
安阳	0.0127	0.0152	0.0094	0.0142	0.0104	0.0136	0.0157	0.0250	0.0159	0.0090	0.0168	0.0061	0.0179	0.0109	0.0171	0.0082	0.0187

续表

城市	地区生产总值GRP	人均地区生产总值	公共财政收入	规模以上工业企业数	社会消费品零售总额	固定资产投资（不含农户）	第一产业占GDP的比重	第二产业占GDP的比重	第三产业占GDP的比重	城镇单位第一产业从业人员占比	城镇单位第二产业从业人员占比	城镇单位第三产业从业人员占比	外贸依存度	收入分配结构	城镇化率	GDP增长率	规模以上工业企业利润总额
鹤壁	0.0017	0.0190	0.0008	0.0065	0.0009	0.0019	0.0123	0.0471	0.0000	0.0057	0.0194	0.0009	0.0049	0.0155	0.0336	0.0255	0.0034
新乡	0.0136	0.0139	0.0154	0.0186	0.0111	0.0167	0.0160	0.0243	0.0163	0.0137	0.0174	0.0047	0.0090	0.0142	0.0213	0.0125	0.0168
焦作	0.0130	0.0254	0.0102	0.0196	0.0095	0.0142	0.0090	0.0406	0.0080	0.0087	0.0146	0.0105	0.0220	0.0061	0.0321	0.0177	0.0301
濮阳	0.0070	0.0141	0.0042	0.0129	0.0063	0.0082	0.0179	0.0387	0.0028	0.0052	0.0177	0.0044	0.0080	0.0166	0.0042	0.0235	0.0183
许昌	0.0147	0.0226	0.0120	0.0240	0.0108	0.0142	0.0124	0.0397	0.0061	0.0078	0.0158	0.0081	0.0185	0.0020	0.0179	0.0172	0.0371
漯河	0.0042	0.0155	0.0031	0.0074	0.0056	0.0042	0.0168	0.0411	0.0016	0.0043	0.0165	0.0068	0.0067	0.0116	0.0180	0.0125	0.0243
三门峡	0.0076	0.0289	0.0077	0.0082	0.0050	0.0106	0.0099	0.0383	0.0092	0.0138	0.0128	0.0140	0.0015	0.0058	0.0265	0.0110	0.0196
南阳	0.0212	0.0096	0.0145	0.0238	0.0271	0.0241	0.0259	0.0153	0.0163	0.0498	0.0107	0.0175	0.0105	0.0136	0.0071	0.0090	0.0160
商丘	0.0112	0.0072	0.0083	0.0150	0.0126	0.0124	0.0330	0.0096	0.0157	0.0263	0.0099	0.0195	0.0000	0.0136	0.0011	0.0170	0.0103
信阳	0.0116	0.0097	0.0054	0.0172	0.0139	0.0152	0.0400	0.0000	0.0184	0.0404	0.0089	0.0212	0.0051	0.0145	0.0096	0.0107	0.0045
周口	0.0138	0.0068	0.0067	0.0180	0.0159	0.0111	0.0374	0.0142	0.0085	0.0773	0.0105	0.0174	0.0051	0.0175	0.0007	0.0120	0.0320
驻马店	0.0112	0.0081	0.0061	0.0248	0.0117	0.0092	0.0384	0.0050	0.0154	0.0341	0.0115	0.0161	0.0019	0.0138	0.0009	0.0128	0.0114
济源	0.0000	0.0362	0.0000	0.0000	0.0000	0.0000	0.0038	0.0516	0.0026	0.0091	0.0198	0.0000	0.1179	0.0053	0.0372	0.0222	0.0018

附表 10　2014 年中原城市群经济系统综合评价值

城市	地区生产总值GRP	人均地区生产总值	公共财政收入	规模以上工业企业数	社会消费品零售总额	固定资产投资（不含农户）	第一产业占GDP的比重	第二产业占GDP的比重	第三产业占GDP的比重	城镇单位第一产业从业人员占比	城镇单位第二产业从业人员占比	城镇单位第三产业从业人员占比	外贸依存度	收入分配结构	城镇化率	GDP增长率	规模以上工业企业利润总额
邯郸	0.0249	0.0142	0.0213	0.0207	0.0254	0.0322	0.0096	0.0154	0.0241	0.0092	0.0130	0.0213	0.0174	0.0070	0.0247	0.0079	0.0149
邢台	0.0112	0.0060	0.0084	0.0200	0.0153	0.0148	0.0224	0.0147	0.0145	0.0077	0.0087	0.0274	0.0191	0.0118	0.0179	0.0056	0.0092
长治	0.0082	0.0192	0.0144	0.0021	0.0081	0.0100	0.0000	0.0185	0.0297	0.0147	0.0166	0.0162	0.0061	0.0323	0.0234	0.0014	0.0012
晋城	0.0053	0.0239	0.0088	0.0001	0.0050	0.0068	0.0172	0.0198	0.0154	0.0160	0.0219	0.0087	0.0156	0.0473	0.0381	0.0000	0.0022
运城	0.0069	0.0061	0.0021	0.0052	0.0114	0.0095	0.0221	0.0034	0.0216	0.0294	0.0052	0.0317	0.0189	0.0137	0.0161	0.0009	0.0000
蚌埠	0.0064	0.0163	0.0098	0.0128	0.0087	0.0100	0.0208	0.0232	0.0106	0.0043	0.0120	0.0228	0.0286	0.0023	0.0279	0.0246	0.0030
淮北	0.0027	0.0161	0.0021	0.0105	0.0022	0.0051	0.0092	0.0447	0.0065	0.0000	0.0284	0.0000	0.0098	0.0468	0.0441	0.0223	0.0023
阜阳	0.0068	0.0000	0.0096	0.0215	0.0108	0.0047	0.0322	0.0050	0.0125	0.0278	0.0000	0.0391	0.0208	0.0145	0.0034	0.0177	0.0043
宿州	0.0063	0.0045	0.0057	0.0177	0.0050	0.0064	0.0314	0.0045	0.0137	0.0401	0.0102	0.0246	0.0071	0.0129	0.0032	0.0228	0.0024
亳州	0.0039	0.0020	0.0050	0.0107	0.0060	0.0029	0.0303	0.0000	0.0173	0.0042	0.0017	0.0372	0.0045	0.0087	0.0000	0.0139	0.0031
聊城	0.0195	0.0199	0.0173	0.0517	0.0190	0.0171	0.0158	0.0231	0.0145	0.0091	0.0103	0.0251	0.0369	0.0000	0.0152	0.0214	0.0504
菏泽	0.0167	0.0074	0.0181	0.0510	0.0248	0.0063	0.0153	0.0263	0.0130	0.0121	0.0041	0.0337	0.0248	0.0036	0.0135	0.0256	0.0441
郑州	0.0604	0.0464	0.1168	0.0504	0.0633	0.0594	0.0013	0.0223	0.0263	0.0066	0.0188	0.0134	0.1162	0.0193	0.0597	0.0214	0.0924
开封	0.0097	0.0138	0.0085	0.0212	0.0106	0.0087	0.0251	0.0059	0.0177	0.0215	0.0158	0.0171	0.0035	0.0080	0.0127	0.0223	0.0169
洛阳	0.0269	0.0275	0.0326	0.0307	0.0296	0.0309	0.0084	0.0216	0.0212	0.0084	0.0142	0.0196	0.0074	0.0062	0.0280	0.0195	0.0182
平顶山	0.0111	0.0143	0.0136	0.0122	0.0111	0.0125	0.0130	0.0266	0.0146	0.0056	0.0198	0.0119	0.0026	0.0289	0.0223	0.0116	0.0121
安阳	0.0126	0.0160	0.0095	0.0147	0.0108	0.0139	0.0149	0.0240	0.0147	0.0098	0.0230	0.0074	0.0164	0.0159	0.0176	0.0181	0.0186

续表

城市	地区生产总值GRP	人均地区生产总值	公共财政收入	规模以上工业企业数	社会消费品零售总额	固定资产投资（不含农户）	第一产业占GDP的比重	第二产业占GDP的比重	第三产业占GDP的比重	城镇单位第一产业从业人员占比	城镇单位第二产业从业人员占比	城镇单位第三产业从业人员占比	外贸依存度	收入分配结构	城镇化率	GDP增长率	规模以上工业企业利润总额
鹤壁	0.0019	0.0219	0.0013	0.0068	0.0009	0.0021	0.0117	0.0521	0.0000	0.0067	0.0275	0.0011	0.0045	0.0171	0.0338	0.0246	0.0060
新乡	0.0138	0.0148	0.0148	0.0209	0.0118	0.0172	0.0151	0.0229	0.0151	0.0110	0.0236	0.0065	0.0082	0.0196	0.0218	0.0209	0.0186
焦作	0.0131	0.0299	0.0099	0.0194	0.0099	0.0146	0.0090	0.0417	0.0085	0.0094	0.0191	0.0128	0.0200	0.0071	0.0322	0.0186	0.0293
濮阳	0.0074	0.0158	0.0047	0.0149	0.0066	0.0085	0.0163	0.0344	0.0073	0.0053	0.0232	0.0071	0.0071	0.0205	0.0052	0.0242	0.0204
许昌	0.0154	0.0267	0.0127	0.0251	0.0113	0.0147	0.0111	0.0397	0.0081	0.0076	0.0197	0.0120	0.0164	0.0043	0.0184	0.0209	0.0372
漯河	0.0044	0.0170	0.0036	0.0085	0.0060	0.0043	0.0151	0.0452	0.0016	0.0039	0.0216	0.0095	0.0060	0.0173	0.0184	0.0200	0.0229
三门峡	0.0073	0.0322	0.0079	0.0079	0.0052	0.0110	0.0112	0.0430	0.0059	0.0141	0.0158	0.0173	0.0016	0.0081	0.0269	0.0195	0.0215
南阳	0.0211	0.0091	0.0151	0.0331	0.0288	0.0249	0.0237	0.0131	0.0144	0.0478	0.0118	0.0222	0.0097	0.0187	0.0071	0.0172	0.0191
商丘	0.0117	0.0065	0.0092	0.0165	0.0133	0.0130	0.0304	0.0071	0.0129	0.0253	0.0131	0.0209	0.0000	0.0270	0.0015	0.0204	0.0095
信阳	0.0123	0.0098	0.0062	0.0204	0.0149	0.0158	0.0341	0.0031	0.0124	0.0362	0.0090	0.0263	0.0044	0.0203	0.0099	0.0191	0.0096
周口	0.0145	0.0059	0.0077	0.0192	0.0166	0.0116	0.0310	0.0145	0.0079	0.0759	0.0131	0.0198	0.0045	0.0214	0.0010	0.0200	0.0328
驻马店	0.0116	0.0074	0.0069	0.0253	0.0124	0.0096	0.0324	0.0034	0.0135	0.0350	0.0146	0.0186	0.0017	0.0216	0.0013	0.0172	0.0129
济源	0.0000	0.0414	0.0000	0.0000	0.0000	0.0000	0.0047	0.0535	0.0046	0.0084	0.0271	0.0017	0.0597	0.0132	0.0380	0.0232	0.0037

附表 11　2015 年中原城市群经济系统综合评价值

城市	地区生产总值GRP	人均地区生产总值	公共财政收入	规模以上工业企业数	社会消费品零售总额	固定资产投资（不含农户）	第一产业占GDP的比重	第二产业占GDP的比重	第三产业占GDP的比重	城镇单位第一产业从业人员占比	城镇单位第二产业从业人员占比	城镇单位第三产业从业人员占比	外贸依存度	收入分配结构	城镇化率	GDP增长率	规模以上工业企业利润总额
邯郸	0. 0242	0. 0128	0. 0193	0. 0202	0. 0244	0. 0265	0. 0180	0. 0176	0. 0172	0. 0274	0. 0136	0. 0237	0. 0141	0. 0099	0. 0244	0. 0088	0. 0122
邢台	0. 0116	0. 0060	0. 0175	0. 0190	0. 0147	0. 0118	0. 0227	0. 0136	0. 0165	0. 0204	0. 0093	0. 0294	0. 0151	0. 0121	0. 0182	0. 0081	0. 0092
长治	0. 0064	0. 0140	0. 0073	0. 0020	0. 0077	0. 0097	0. 0047	0. 0248	0. 0221	0. 0404	0. 0184	0. 0172	0. 0000	0. 0366	0. 0221	0. 0000	0. 0000
晋城	0. 0050	0. 0214	0. 0070	0. 0002	0. 0044	0. 0064	0. 0045	0. 0326	0. 0170	0. 0444	0. 0258	0. 0075	0. 0126	0. 0407	0. 0346	0. 0056	0. 0034
运城	0. 0062	0. 0046	0. 0022	0. 0045	0. 0104	0. 0090	0. 0240	0. 0000	0. 0247	0. 0738	0. 0039	0. 0362	0. 0154	0. 0200	0. 0155	0. 0043	0. 0006
蚌埠	0. 0069	0. 0164	0. 0103	0. 0145	0. 0086	0. 0099	0. 0217	0. 0190	0. 0135	0. 0120	0. 0133	0. 0243	0. 0301	0. 0094	0. 0258	0. 0119	0. 0050
淮北	0. 0024	0. 0140	0. 0027	0. 0096	0. 0029	0. 0045	0. 0096	0. 0375	0. 0099	0. 0000	0. 0297	0. 0027	0. 0109	0. 0320	0. 0402	0. 0066	0. 0019
阜阳	0. 0071	0. 0000	0. 0103	0. 0232	0. 0107	0. 0053	0. 0344	0. 0059	0. 0131	0. 0756	0. 0000	0. 0413	0. 0182	0. 0171	0. 0031	0. 0112	0. 0058
宿州	0. 0068	0. 0047	0. 0060	0. 0181	0. 0057	0. 0066	0. 0329	0. 0008	0. 0176	0. 0479	0. 0043	0. 0358	0. 0084	0. 0084	0. 0030	0. 0107	0. 0052
亳州	0. 0041	0. 0020	0. 0056	0. 0117	0. 0060	0. 0029	0. 0312	0. 0032	0. 0172	0. 0112	0. 0020	0. 0391	0. 0069	0. 0092	0. 0000	0. 0109	0. 0050
聊城	0. 0198	0. 0212	0. 0174	0. 0464	0. 0183	0. 0164	0. 0164	0. 0247	0. 0135	0. 0165	0. 0122	0. 0257	0. 0307	0. 0000	0. 0155	0. 0106	0. 0452
菏泽	0. 0174	0. 0091	0. 0177	0. 0516	0. 0241	0. 0060	0. 0154	0. 0278	0. 0122	0. 0303	0. 0055	0. 0344	0. 0289	0. 0047	0. 0138	0. 0110	0. 0419
郑州	0. 0622	0. 0452	0. 1148	0. 0458	0. 0626	0. 0595	0. 0000	0. 0214	0. 0279	0. 0100	0. 0206	0. 0147	0. 1328	0. 0213	0. 0554	0. 0117	0. 0803
开封	0. 0102	0. 0142	0. 0088	0. 0192	0. 0121	0. 0086	0. 0261	0. 0062	0. 0189	0. 0352	0. 0185	0. 0172	0. 0030	0. 0090	0. 0123	0. 0111	0. 0175
洛阳	0. 0272	0. 0263	0. 0315	0. 0287	0. 0291	0. 0309	0. 0079	0. 0207	0. 0225	0. 0161	0. 0174	0. 0188	0. 0068	0. 0051	0. 0265	0. 0109	0. 0164
平顶山	0. 0111	0. 0132	0. 0101	0. 0110	0. 0110	0. 0114	0. 0130	0. 0267	0. 0147	0. 0061	0. 0221	0. 0127	0. 0047	0. 0243	0. 0207	0. 0085	0. 0100
安阳	0. 0127	0. 0153	0. 0090	0. 0147	0. 0107	0. 0137	0. 0147	0. 0237	0. 0155	0. 0152	0. 0264	0. 0069	0. 0061	0. 0152	0. 0167	0. 0092	0. 0132

续表

城市	地区生产总值GRP	人均地区生产总值	公共财政收入	规模以上工业企业数	社会消费品零售总额	固定资产投资（不含农户）	第一产业占GDP的比重	第二产业占GDP的比重	第三产业占GDP的比重	城镇单位第一产业从业人员占比	城镇单位第二产业从业人员占比	城镇单位第三产业从业人员占比	外贸依存度	收入分配结构	城镇化率	GDP增长率	规模以上工业企业利润总额
鹤壁	0.0021	0.0212	0.0018	0.0058	0.0009	0.0022	0.0110	0.0506	0.0000	0.0094	0.0317	0.0000	0.0059	0.0127	0.0316	0.0099	0.0074
新乡	0.0135	0.0135	0.0135	0.0186	0.0127	0.0146	0.0154	0.0223	0.0159	0.0084	0.0265	0.0069	0.0069	0.0171	0.0204	0.0082	0.0173
焦作	0.0131	0.0285	0.0097	0.0173	0.0097	0.0142	0.0085	0.0405	0.0087	0.0022	0.0237	0.0106	0.0161	0.0079	0.0303	0.0105	0.0258
濮阳	0.0076	0.0153	0.0051	0.0136	0.0066	0.0084	0.0164	0.0347	0.0068	0.0063	0.0249	0.0089	0.0080	0.0175	0.0057	0.0111	0.0179
许昌	0.0153	0.0252	0.0127	0.0247	0.0113	0.0147	0.0096	0.0391	0.0088	0.0002	0.0223	0.0125	0.0112	0.0028	0.0179	0.0108	0.0338
漯河	0.0046	0.0162	0.0038	0.0082	0.0060	0.0044	0.0145	0.0463	0.0003	0.0013	0.0261	0.0074	0.0098	0.0210	0.0179	0.0108	0.0232
三门峡	0.0069	0.0293	0.0070	0.0072	0.0052	0.0107	0.0124	0.0377	0.0077	0.0426	0.0169	0.0192	0.0036	0.0050	0.0248	0.0056	0.0163
南阳	0.0217	0.0093	0.0150	0.0359	0.0284	0.0246	0.0258	0.0123	0.0150	0.0937	0.0126	0.0245	0.0093	0.0219	0.0073	0.0108	0.0150
商丘	0.0120	0.0065	0.0092	0.0185	0.0134	0.0125	0.0314	0.0078	0.0140	0.0108	0.0157	0.0210	0.0006	0.0271	0.0022	0.0106	0.0105
信阳	0.0126	0.0104	0.0067	0.0186	0.0117	0.0156	0.0370	0.0048	0.0118	0.0625	0.0115	0.0262	0.0037	0.0115	0.0098	0.0107	0.0117
周口	0.0146	0.0056	0.0079	0.0184	0.0166	0.0114	0.0329	0.0153	0.0077	0.0718	0.0159	0.0203	0.0021	0.0219	0.0015	0.0108	0.0337
驻马店	0.0120	0.0081	0.0073	0.0240	0.0123	0.0098	0.0338	0.0047	0.0143	0.0884	0.0152	0.0211	0.0020	0.0236	0.0019	0.0107	0.0140
济源	0.0000	0.0383	0.0000	0.0000	0.0000	0.0000	0.0039	0.0515	0.0046	0.0012	0.0304	0.0017	0.0441	0.0115	0.0356	0.0081	0.0053

附表 12　2016 年中原城市群经济系统综合评价值

城市	地区生产总值GRP	人均地区生产总值	公共财政收入	规模以上工业企业数	社会消费品零售总额	固定资产投资（不含农户）	第一产业占GDP的比重	第二产业占GDP的比重	第三产业占GDP的比重	城镇单位第一产业从业人员占比	城镇单位第二产业从业人员占比	城镇单位第三产业从业人员占比	外贸依存度	收入分配结构	城镇化率	GDP增长率	规模以上工业企业利润总额
邯郸	0.0234	0.0122	0.0193	0.0189	0.0238	0.0255	0.0186	0.0174	0.0141	0.0259	0.0156	0.0245	0.0129	0.0113	0.0237	0.0113	0.0170
邢台	0.0120	0.0065	0.0086	0.0186	0.0144	0.0116	0.0206	0.0168	0.0133	0.0170	0.0098	0.0322	0.0159	0.0113	0.0180	0.0125	0.0106
长治	0.0061	0.0134	0.0071	0.0013	0.0073	0.0087	0.0051	0.0233	0.0182	0.0386	0.0203	0.0184	0.0000	0.0372	0.0206	0.0030	0.0031
晋城	0.0043	0.0191	0.0061	0.0000	0.0041	0.0054	0.0050	0.0264	0.0163	0.0427	0.0295	0.0064	0.0137	0.0461	0.0312	0.0000	0.0015
运城	0.0057	0.0038	0.0026	0.0036	0.0097	0.0084	0.0256	0.0000	0.0213	0.0678	0.0024	0.0411	0.0160	0.0230	0.0146	0.0008	0.0000
蚌埠	0.0071	0.0168	0.0112	0.0157	0.0086	0.0101	0.0220	0.0122	0.0155	0.0166	0.0147	0.0259	0.0232	0.0008	0.0240	0.0212	0.0037
淮北	0.0022	0.0130	0.0026	0.0091	0.0029	0.0037	0.0101	0.0319	0.0096	0.0000	0.0312	0.0047	0.0131	0.0239	0.0371	0.0045	0.0030
阜阳	0.0072	0.0000	0.0111	0.0252	0.0107	0.0067	0.0345	0.0055	0.0124	0.0671	0.0000	0.0443	0.0138	0.0197	0.0030	0.0197	0.0060
宿州	0.0068	0.0046	0.0068	0.0183	0.0057	0.0065	0.0305	0.0026	0.0167	0.0225	0.0042	0.0393	0.0047	0.0088	0.0027	0.0200	0.0032
亳州	0.0042	0.0021	0.0058	0.0118	0.0060	0.0029	0.0313	0.0038	0.0154	0.0093	0.0008	0.0439	0.0077	0.0079	0.0000	0.0193	0.0019
聊城	0.0194	0.0208	0.0174	0.0410	0.0179	0.0163	0.0174	0.0210	0.0124	0.0113	0.0116	0.0299	0.0371	0.0006	0.0159	0.0132	0.0471
菏泽	0.0169	0.0085	0.0171	0.0515	0.0237	0.0060	0.0159	0.0238	0.0115	0.0214	0.0057	0.0374	0.0390	0.0078	0.0141	0.0178	0.0462
郑州	0.0633	0.0460	0.1121	0.0453	0.0617	0.0587	0.0000	0.0167	0.0255	0.0147	0.0213	0.0173	0.1338	0.0280	0.0509	0.0178	0.0883
开封	0.0102	0.0145	0.0088	0.0188	0.0106	0.0088	0.0254	0.0069	0.0169	0.0121	0.0232	0.0149	0.0029	0.0273	0.0118	0.0178	0.0186
洛阳	0.0274	0.0268	0.0306	0.0286	0.0291	0.0318	0.0074	0.0168	0.0211	0.0158	0.0178	0.0218	0.0068	0.0055	0.0250	0.0181	0.0201
平顶山	0.0107	0.0132	0.0101	0.0108	0.0109	0.0107	0.0136	0.0203	0.0151	0.0092	0.0236	0.0144	0.0027	0.0243	0.0195	0.0147	0.0124
安阳	0.0125	0.0152	0.0093	0.0148	0.0106	0.0137	0.0150	0.0184	0.0156	0.0127	0.0295	0.0067	0.0065	0.0168	0.0159	0.0159	0.0110

续表

城市	地区生产总值GRP	人均地区生产总值	公共财政收入	规模以上工业企业数	社会消费品零售总额	固定资产投资（不含农户）	第一产业占GDP的比重	第二产业占GDP的比重	第三产业占GDP的比重	城镇单位第一产业从业人员占比	城镇单位第二产业从业人员占比	城镇单位第三产业从业人员占比	外贸依存度	收入分配结构	城镇化率	GDP增长率	规模以上工业企业利润总额
鹤壁	0. 0019	0. 0210	0. 0022	0. 0055	0. 0009	0. 0023	0. 0107	0. 0460	0. 0000	0. 0053	0. 0348	0. 0000	0. 0037	0. 0171	0. 0294	0. 0155	0. 0060
新乡	0. 0136	0. 0140	0. 0128	0. 0173	0. 0125	0. 0131	0. 0147	0. 0211	0. 0139	0. 0086	0. 0293	0. 0070	0. 0068	0. 0170	0. 0189	0. 0170	0. 0249
焦作	0. 0130	0. 0288	0. 0101	0. 0187	0. 0096	0. 0148	0. 0078	0. 0366	0. 0079	0. 0117	0. 0274	0. 0095	0. 0164	0. 0131	0. 0282	0. 0170	0. 0275
濮阳	0. 0076	0. 0155	0. 0041	0. 0131	0. 0066	0. 0088	0. 0162	0. 0294	0. 0076	0. 0037	0. 0273	0. 0096	0. 0090	0. 0185	0. 0058	0. 0185	0. 0119
许昌	0. 0154	0. 0255	0. 0110	0. 0252	0. 0113	0. 0154	0. 0086	0. 0358	0. 0079	0. 0001	0. 0275	0. 0094	0. 0133	0. 0050	0. 0173	0. 0193	0. 0421
漯河	0. 0045	0. 0163	0. 0045	0. 0078	0. 0060	0. 0046	0. 0151	0. 0415	0. 0004	0. 0009	0. 0291	0. 0074	0. 0101	0. 0190	0. 0170	0. 0163	0. 0253
三门峡	0. 0066	0. 0286	0. 0073	0. 0070	0. 0051	0. 0110	0. 0130	0. 0321	0. 0078	0. 0342	0. 0208	0. 0178	0. 0142	0. 0000	0. 0230	0. 0140	0. 0105
南阳	0. 0215	0. 0093	0. 0150	0. 0381	0. 0282	0. 0256	0. 0257	0. 0119	0. 0134	0. 0605	0. 0145	0. 0256	0. 0081	0. 0256	0. 0073	0. 0174	0. 0142
商丘	0. 0121	0. 0067	0. 0093	0. 0190	0. 0135	0. 0130	0. 0307	0. 0081	0. 0129	0. 0081	0. 0161	0. 0241	0. 0002	0. 0380	0. 0027	0. 0185	0. 0161
信阳	0. 0125	0. 0098	0. 0067	0. 0179	0. 0146	0. 0150	0. 0351	0. 0052	0. 0123	0. 0180	0. 0132	0. 0277	0. 0024	0. 0226	0. 0095	0. 0170	0. 0115
周口	0. 0144	0. 0056	0. 0077	0. 0177	0. 0165	0. 0118	0. 0321	0. 0154	0. 0074	0. 0652	0. 0181	0. 0209	0. 0030	0. 0291	0. 0019	0. 0178	0. 0382
驻马店	0. 0120	0. 0074	0. 0079	0. 0244	0. 0122	0. 0103	0. 0334	0. 0046	0. 0136	0. 0806	0. 0181	0. 0209	0. 0023	0. 0310	0. 0024	0. 0178	0. 0151
济源	0. 0000	0. 0388	0. 0000	0. 0003	0. 0000	0. 0000	0. 0042	0. 0456	0. 0041	0. 0256	0. 0336	0. 0014	0. 0542	0. 0104	0. 0331	0. 0159	0. 0040

附表 13　2017 年中原城市群经济系统综合评价值

城市	地区生产总值 GRP	人均地区生产总值	公共财政收入	规模以上工业企业数	社会消费品零售总额	固定资产投资（不含农户）	第一产业占GDP的比重	第二产业占GDP的比重	第三产业占GDP的比重	城镇单位第一产业从业人员占比	城镇单位第二产业从业人员占比	城镇单位第三产业从业人员占比	外贸依存度	收入分配结构	城镇化率	GDP增长率	规模以上工业企业利润总额
邯郸	0. 0208	0. 0100	0. 0188	0. 0183	0. 0235	0. 0264	0. 0182	0. 0167	0. 0146	0. 0354	0. 0082	0. 0384	0. 0109	0. 0070	0. 0232	0. 0067	0. 0226
邢台	0. 0111	0. 0103	0. 0090	0. 0183	0. 0141	0. 0119	0. 0250	0. 0133	0. 0142	0. 0221	0. 0000	0. 0497	0. 0176	0. 0063	0. 0176	0. 0074	0. 0076
长治	0. 0066	0. 0179	0. 0096	0. 0019	0. 0068	0. 0080	0. 0064	0. 0251	0. 0137	0. 0408	0. 0222	0. 0194	0. 0000	0. 0342	0. 0197	0. 0067	0. 0122
晋城	0. 0041	0. 0219	0. 0064	0. 0003	0. 0038	0. 0050	0. 0067	0. 0244	0. 0140	0. 0491	0. 0315	0. 0066	0. 0101	0. 0423	0. 0288	0. 0000	0. 0061
运城	0. 0055	0. 0080	0. 0028	0. 0036	0. 0091	0. 0077	0. 0350	0. 0000	0. 0191	0. 0512	0. 0032	0. 0450	0. 0174	0. 0205	0. 0135	0. 0067	0. 0000
蚌埠	0. 0071	0. 0163	0. 0105	0. 0145	0. 0087	0. 0103	0. 0034	0. 0190	0. 0190	0. 0185	0. 0133	0. 0316	0. 0200	0. 0000	0. 0232	0. 0223	0. 0005
淮北	0. 0024	0. 0255	0. 0021	0. 0083	0. 0028	0. 0037	0. 0044	0. 0326	0. 0094	0. 0000	0. 0329	0. 0053	0. 0111	0. 0198	0. 0356	0. 0112	0. 0032
阜阳	0. 0073	0. 0000	0. 0123	0. 0250	0. 0106	0. 0081	0. 0444	0. 0067	0. 0109	0. 0656	0. 0017	0. 0470	0. 0120	0. 0163	0. 0030	0. 0216	0. 0054
宿州	0. 0065	0. 0098	0. 0064	0. 0171	0. 0057	0. 0064	0. 0208	0. 0029	0. 0228	0. 0511	0. 0326	0. 0051	0. 0063	0. 0080	0. 0027	0. 0223	0. 0011
亳州	0. 0041	0. 0010	0. 0057	0. 0131	0. 0056	0. 0038	0. 0343	0. 0087	0. 0135	0. 0097	0. 0027	0. 0461	0. 0096	0. 0105	0. 0000	0. 0231	0. 0005
聊城	0. 0184	0. 0142	0. 0153	0. 0345	0. 0173	0. 0145	0. 0214	0. 0125	0. 0161	0. 0107	0. 0109	0. 0350	0. 0393	0. 0025	0. 0158	0. 0104	0. 0444
菏泽	0. 0166	0. 0103	0. 0153	0. 0531	0. 0231	0. 0058	0. 0142	0. 0177	0. 0156	0. 0143	0. 0051	0. 0428	0. 0369	0. 0077	0. 0139	0. 0179	0. 0606
郑州	0. 0642	0. 0504	0. 1065	0. 0431	0. 0607	0. 0540	0. 0000	0. 0116	0. 0253	0. 0144	0. 0227	0. 0189	0. 1177	0. 0282	0. 0485	0. 0156	0. 1103
开封	0. 0096	0. 0127	0. 0086	0. 0183	0. 0121	0. 0086	0. 0321	0. 0056	0. 0165	0. 0163	0. 0242	0. 0169	0. 0044	0. 0148	0. 0114	0. 0127	0. 0185
洛阳	0. 0276	0. 0282	0. 0299	0. 0287	0. 0290	0. 0308	0. 0085	0. 0148	0. 0198	0. 0172	0. 0192	0. 0236	0. 0074	0. 0057	0. 0243	0. 0194	0. 0337
平顶山	0. 0104	0. 0116	0. 0102	0. 0107	0. 0108	0. 0107	0. 0164	0. 0179	0. 0145	0. 0101	0. 0249	0. 0161	0. 0045	0. 0235	0. 0188	0. 0141	0. 0098
安阳	0. 0123	0. 0144	0. 0093	0. 0117	0. 0104	0. 0133	0. 0170	0. 0171	0. 0148	0. 0142	0. 0297	0. 0094	0. 0060	0. 0127	0. 0156	0. 0082	0. 0066

续表

城市	地区生产总值GRP	人均地区生产总值	公共财政收入	规模以上工业企业数	社会消费品零售总额	固定资产投资（不含农户）	第一产业占GDP的比重	第二产业占GDP的比重	第三产业占GDP的比重	城镇单位第一产业从业人员占比	城镇单位第二产业从业人员占比	城镇单位第三产业从业人员占比	外贸依存度	收入分配结构	城镇化率	GDP增长率	规模以上工业企业利润总额
鹤壁	0.0017	0.0197	0.0020	0.0041	0.0009	0.0026	0.0132	0.0414	0.0000	0.0056	0.0359	0.0012	0.0042	0.0168	0.0284	0.0156	0.0046
新乡	0.0131	0.0123	0.0124	0.0165	0.0124	0.0128	0.0185	0.0178	0.0138	0.0082	0.0306	0.0084	0.0070	0.0155	0.0182	0.0149	0.0156
焦作	0.0125	0.0291	0.0098	0.0174	0.0096	0.0145	0.0101	0.0320	0.0076	0.0089	0.0305	0.0085	0.0167	0.0152	0.0272	0.0097	0.0343
濮阳	0.0074	0.0143	0.0043	0.0108	0.0066	0.0088	0.0194	0.0245	0.0089	0.0030	0.0279	0.0120	0.0059	0.0181	0.0059	0.0141	0.0151
许昌	0.0152	0.0260	0.0110	0.0221	0.0113	0.0152	0.0098	0.0329	0.0070	0.0001	0.0289	0.0107	0.0110	0.0058	0.0169	0.0194	0.0536
漯河	0.0042	0.0146	0.0044	0.0057	0.0059	0.0048	0.0190	0.0361	0.0013	0.0008	0.0330	0.0052	0.0113	0.0293	0.0166	0.0156	0.0259
三门峡	0.0063	0.0289	0.0071	0.0043	0.0050	0.0108	0.0161	0.0293	0.0070	0.0380	0.0214	0.0206	0.0139	0.0040	0.0223	0.0156	0.0085
南阳	0.0205	0.0068	0.0141	0.0286	0.0278	0.0247	0.0335	0.0097	0.0132	0.0700	0.0122	0.0326	0.0097	0.0214	0.0073	0.0052	0.0104
商丘	0.0119	0.0045	0.0093	0.0184	0.0135	0.0131	0.0375	0.0087	0.0123	0.0144	0.0175	0.0260	0.0015	0.0404	0.0029	0.0194	0.0152
信阳	0.0119	0.0073	0.0063	0.0144	0.0143	0.0145	0.0448	0.0038	0.0127	0.0209	0.0144	0.0301	0.0036	0.0222	0.0094	0.0045	0.0073
周口	0.0139	0.0030	0.0075	0.0171	0.0165	0.0119	0.0404	0.0136	0.0079	0.0236	0.0189	0.0240	0.0075	0.0239	0.0022	0.0119	0.0568
驻马店	0.0118	0.0052	0.0078	0.0244	0.0123	0.0106	0.0413	0.0053	0.0131	0.0600	0.0174	0.0258	0.0020	0.0296	0.0026	0.0171	0.0180
济源	0.0000	0.0419	0.0000	0.0000	0.0000	0.0000	0.0037	0.0428	0.0028	0.0243	0.0366	0.0000	0.0620	0.0120	0.0318	0.0141	0.0021

附表 14　2005 年中原城市群金融系统综合评价值

城市	年末金融机构人民币各项存款余额	年末金融机构人民币各项贷款余额	城镇单位金融业从业人数	上市公司数	债券发行量	保费收入	保险深度	保险密度	移动电话年末用户数	互联网宽带接入用户数
邯郸	0.0197	0.0205	0.0137	0.0075	0.0000	0.0186	0.0087	0.0149	0.0221	0.0417
邢台	0.0130	0.0110	0.0102	0.0075	0.0000	0.0092	0.0068	0.0082	0.0149	0.0094
长治	0.0085	0.0080	0.0102	0.0000	0.0000	0.0072	0.0138	0.0179	0.0069	0.0101
晋城	0.0090	0.0057	0.0054	0.0075	0.0000	0.0070	0.0206	0.0283	0.0064	0.0079
运城	0.0075	0.0109	0.0081	0.0226	0.0000	0.0099	0.0168	0.0145	0.0000	0.0076
蚌埠	0.0054	0.0058	0.0055	0.0226	0.0000	0.0063	0.0175	0.0139	0.0057	0.0122
淮北	0.0036	0.0020	0.0015	0.0301	0.5457	0.0034	0.0154	0.0145	0.0031	0.0000
阜阳	0.0073	0.0056	0.0076	0.0226	0.0000	0.0086	0.0247	0.0038	0.0093	0.0092
宿州	0.0042	0.0028	0.0054	0.0075	0.0000	0.0061	0.0168	0.0054	0.0059	0.0054
亳州	0.0026	0.0020	0.0032	0.0075	0.0000	0.0021	0.0039	0.0000	0.0031	0.0027
聊城	0.0095	0.0124	0.0088	0.0226	0.0000	0.0073	0.0034	0.0080	0.0148	0.0056
菏泽	0.0074	0.0098	0.0111	0.0000	0.0000	0.0074	0.0120	0.0032	0.0136	0.0072
郑州	0.0635	0.0821	0.0255	0.0678	0.0000	0.0357	0.0150	0.0448	0.0431	0.0669
开封	0.0050	0.0051	0.0067	0.0000	0.0000	0.0055	0.0086	0.0073	0.0084	0.0112
洛阳	0.0176	0.0147	0.0117	0.0226	0.0000	0.0172	0.0081	0.0201	0.0156	0.0198
平顶山	0.0088	0.0067	0.0111	0.0151	0.0000	0.0105	0.0136	0.0158	0.0113	0.0115
安阳	0.0094	0.0079	0.0085	0.0151	0.0000	0.0098	0.0122	0.0130	0.0096	0.0167
鹤壁	0.0012	0.0016	0.0021	0.0000	0.0000	0.0018	0.0089	0.0143	0.0012	0.0048
新乡	0.0102	0.0092	0.0067	0.0226	0.0000	0.0117	0.0170	0.0155	0.0115	0.0221
焦作	0.0069	0.0066	0.0070	0.0226	0.0000	0.0096	0.0109	0.0231	0.0107	0.0096

续表

城市	年末金融机构人民币各项存款余额	年末金融机构人民币各项贷款余额	城镇单位金融业从业人数	上市公司数	债券发行量	保费收入	保险深度	保险密度	移动电话年末用户数	互联网宽带接入用户数
濮阳	0.0050	0.0029	0.0067	0.0000	0.0000	0.0081	0.0179	0.0180	0.0072	0.0035
许昌	0.0059	0.0068	0.0058	0.0226	0.0000	0.0074	0.0056	0.0117	0.0108	0.0128
漯河	0.0029	0.0048	0.0065	0.0151	0.0000	0.0040	0.0082	0.0134	0.0046	0.0039
三门峡	0.0041	0.0042	0.0050	0.0075	0.0000	0.0043	0.0085	0.0172	0.0044	0.0069
南阳	0.0115	0.0133	0.0135	0.0000	0.0000	0.0128	0.0043	0.0061	0.0152	0.0093
商丘	0.0063	0.0082	0.0069	0.0151	0.0000	0.0064	0.0049	0.0028	0.0112	0.0063
信阳	0.0078	0.0078	0.0088	0.0075	0.0000	0.0067	0.0075	0.0036	0.0094	0.0051
周口	0.0073	0.0104	0.0111	0.0151	0.0000	0.0068	0.0049	0.0012	0.0121	0.0065
驻马店	0.0068	0.0062	0.0074	0.0075	0.0000	0.0064	0.0070	0.0027	0.0101	0.0085
济源	0.0000	0.0000	0.0000	0.0075	0.0000	0.0000	0.0000	0.0021	0.0000	0.0002

附表 15　2006 年中原城市群金融系统综合评价值

城市	年末金融机构人民币各项存款余额	年末金融机构人民币各项贷款余额	城镇单位金融业从业人数	上市公司数	债券发行量	保费收入	保险深度	保险密度	移动电话年末用户数	互联网宽带接入用户数
邯郸	0.0303	0.0314	0.0250	0.0104	0.0000	0.0245	0.0081	0.0213	0.0257	0.0650
邢台	0.0199	0.0164	0.0167	0.0104	0.0223	0.0124	0.0069	0.0119	0.0183	0.0177
长治	0.0147	0.0122	0.0153	0.0000	0.1974	0.0095	0.0095	0.0228	0.0079	0.0133
晋城	0.0150	0.0090	0.0089	0.0104	0.0955	0.0097	0.0125	0.0370	0.0055	0.0073

续表

城市	年末金融机构人民币各项存款余额	年末金融机构人民币各项贷款余额	城镇单位金融业从业人数	上市公司数	债券发行量	保费收入	保险深度	保险密度	移动电话年末用户数	互联网宽带接入用户数
运城	0.0123	0.0160	0.0175	0.0312	0.0637	0.0127	0.0105	0.0189	0.0000	0.0112
蚌埠	0.0079	0.0083	0.0085	0.0312	0.0318	0.0086	0.0113	0.0184	0.0084	0.0116
淮北	0.0053	0.0031	0.0027	0.0416	0.0000	0.0054	0.0116	0.0199	0.0044	0.0030
阜阳	0.0120	0.0096	0.0121	0.0312	0.0000	0.0129	0.0162	0.0075	0.0143	0.0075
宿州	0.0068	0.0043	0.0084	0.0104	0.1274	0.0083	0.0108	0.0077	0.0102	0.0069
亳州	0.0041	0.0030	0.0057	0.0104	0.0000	0.0050	0.0079	0.0035	0.0075	0.0023
聊城	0.0139	0.0190	0.0162	0.0312	0.0000	0.0101	0.0051	0.0123	0.0209	0.0146
菏泽	0.0115	0.0152	0.0162	0.0000	0.0000	0.0096	0.0081	0.0060	0.0185	0.0136
郑州	0.0971	0.1210	0.0405	0.0936	0.3821	0.0443	0.0099	0.0525	0.0605	0.0921
开封	0.0076	0.0076	0.0107	0.0000	0.0000	0.0224	0.0074	0.0268	0.0111	0.0169
洛阳	0.0272	0.0221	0.0185	0.0312	0.0000	0.0150	0.0109	0.0194	0.0207	0.0329
平顶山	0.0143	0.0123	0.0169	0.0312	0.1274	0.0122	0.0081	0.0175	0.0156	0.0197
安阳	0.0137	0.0122	0.0167	0.0208	0.0000	0.0132	0.0093	0.0177	0.0132	0.0265
鹤壁	0.0020	0.0025	0.0034	0.0000	0.0000	0.0083	0.0080	0.0110	0.0028	0.0072
新乡	0.0149	0.0160	0.0099	0.0208	0.0000	0.0112	0.0069	0.0180	0.0155	0.0312
焦作	0.0101	0.0108	0.0107	0.0312	0.0000	0.0040	0.0087	0.0217	0.0144	0.0174
濮阳	0.0071	0.0052	0.0113	0.0000	0.0000	0.0105	0.0107	0.0223	0.0086	0.0073
许昌	0.0089	0.0109	0.0079	0.0312	0.0446	0.0058	0.0071	0.0165	0.0138	0.0196

续表

城市	年末金融机构人民币各项存款余额	年末金融机构人民币各项贷款余额	城镇单位金融业从业人数	上市公司数	债券发行量	保费收入	保险深度	保险密度	移动电话年末用户数	互联网宽带接入用户数
漯河	0.0041	0.0071	0.0099	0.0208	0.0000	0.0064	0.0071	0.0222	0.0067	0.0081
三门峡	0.0065	0.0062	0.0076	0.0104	0.0000	0.0093	0.0063	0.0050	0.0078	0.0113
南阳	0.0177	0.0196	0.0222	0.0208	0.0000	0.0109	0.0071	0.0040	0.0207	0.0182
商丘	0.0103	0.0132	0.0102	0.0208	0.0000	0.0105	0.0083	0.0064	0.0154	0.0106
信阳	0.0123	0.0114	0.0127	0.0104	0.0000	0.0163	0.0058	0.0087	0.0124	0.0110
周口	0.0118	0.0158	0.0181	0.0208	0.0000	0.0115	0.0090	0.0083	0.0165	0.0130
驻马店	0.0110	0.0104	0.0126	0.0104	0.0000	0.0000	0.0000	0.0000	0.0142	0.0155
济源	0.0000	0.0000	0.0000	0.0104	0.0000	0.0127	0.0081	0.0293	0.0016	0.0000

附表 16　2007 年中原城市群金融系统综合评价值

城市	年末金融机构人民币各项存款余额	年末金融机构人民币各项贷款余额	城镇单位金融业从业人数	上市公司数	债券发行量	保费收入	保险深度	保险密度	移动电话年末用户数	互联网宽带接入用户数
邯郸	0.0266	0.0283	0.0190	0.0091	0.2387	0.0380	0.0141	0.0233	0.0250	0.1389
邢台	0.0187	0.0148	0.0130	0.0091	0.0380	0.0142	0.0089	0.0109	0.0169	0.0128
长治	0.0144	0.0110	0.0141	0.0000	0.1812	0.0095	0.0148	0.0230	0.0094	0.0140
晋城	0.0145	0.0100	0.0072	0.0091	0.1628	0.0091	0.0253	0.0367	0.0061	0.0054
运城	0.0116	0.0151	0.0133	0.0273	0.0000	0.0138	0.0206	0.0174	0.0161	0.0112

续表

城市	年末金融机构人民币各项存款余额	年末金融机构人民币各项贷款余额	城镇单位金融业从业人数	上市公司数	债券发行量	保费收入	保险深度	保险密度	移动电话年末用户数	互联网宽带接入用户数
蚌埠	0.0073	0.0075	0.0084	0.0273	0.0000	0.0061	0.0177	0.0143	0.0074	0.0099
淮北	0.0048	0.0028	0.0022	0.0364	0.3038	0.0034	0.0274	0.0215	0.0027	0.0011
阜阳	0.0119	0.0088	0.0103	0.0273	0.0000	0.0177	0.0444	0.0075	0.0108	0.0046
宿州	0.0066	0.0042	0.0071	0.0091	0.0000	0.0069	0.0188	0.0055	0.0071	0.0051
亳州	0.0044	0.0023	0.0069	0.0091	0.0000	0.0043	0.0190	0.0036	0.0048	0.0042
聊城	0.0133	0.0188	0.0130	0.0273	0.0543	0.0110	0.0013	0.0118	0.0159	0.0089
菏泽	0.0110	0.0143	0.0121	0.0000	0.0000	0.0095	0.0100	0.0041	0.0195	0.0131
郑州	0.0888	0.1124	0.0382	0.0909	0.2170	0.0680	0.0183	0.0600	0.0546	0.0810
开封	0.0067	0.0066	0.0084	0.0000	0.0000	0.0062	0.0077	0.0082	0.0110	0.0155
洛阳	0.0248	0.0210	0.0141	0.0364	0.0651	0.0307	0.0086	0.0287	0.0206	0.0274
平顶山	0.0128	0.0128	0.0134	0.0273	0.0000	0.0132	0.0100	0.0159	0.0131	0.0169
安阳	0.0124	0.0121	0.0140	0.0182	0.0868	0.0156	0.0151	0.0185	0.0120	0.0224
鹤壁	0.0018	0.0025	0.0024	0.0000	0.0000	0.0000	0.0089	0.0207	0.0016	0.0060
新乡	0.0129	0.0149	0.0076	0.0273	0.0000	0.0151	0.0147	0.0161	0.0141	0.0297
焦作	0.0086	0.0100	0.0143	0.0273	0.0000	0.0158	0.0124	0.0342	0.0123	0.0145
濮阳	0.0063	0.0037	0.0091	0.0000	0.0000	0.0110	0.0228	0.0228	0.0072	0.0053
许昌	0.0080	0.0106	0.0071	0.0273	0.0434	0.0125	0.0073	0.0189	0.0111	0.0186
漯河	0.0034	0.0059	0.0095	0.0182	0.0000	0.0034	0.0074	0.0167	0.0053	0.0055

续表

城市	年末金融机构人民币各项存款余额	年末金融机构人民币各项贷款余额	城镇单位金融业从业人数	上市公司数	债券发行量	保费收入	保险深度	保险密度	移动电话年末用户数	互联网宽带接入用户数
三门峡	0.0061	0.0053	0.0069	0.0091	0.0000	0.0053	0.0111	0.0246	0.0070	0.0098
南阳	0.0160	0.0191	0.0173	0.0273	0.0000	0.0205	0.0041	0.0074	0.0193	0.0157
商丘	0.0095	0.0130	0.0081	0.0182	0.0000	0.0087	0.0047	0.0034	0.0135	0.0098
信阳	0.0119	0.0109	0.0097	0.0091	0.0000	0.0147	0.0203	0.0085	0.0107	0.0089
周口	0.0108	0.0147	0.0139	0.0182	0.0000	0.0136	0.0110	0.0043	0.0144	0.0106
驻马店	0.0106	0.0099	0.0094	0.0091	0.0000	0.0122	0.0146	0.0060	0.0132	0.0130
济源	0.0000	0.0000	0.0000	0.0091	0.0000	0.0296	0.0000	0.0000	0.0000	0.0000

附表 17 2008 年中原城市群金融系统综合评价值

城市	年末金融机构人民币各项存款余额	年末金融机构人民币各项贷款余额	城镇单位金融业从业人数	上市公司数	债券发行量	保费收入	保险深度	保险密度	移动电话年末用户数	互联网宽带接入用户数
邯郸	0.0251	0.0275	0.0238	0.0072	0.3969	0.0252	0.0083	0.0166	0.0273	0.0768
邢台	0.0184	0.0140	0.0154	0.0072	0.0000	0.0118	0.0090	0.0086	0.0158	0.0203
长治	0.0150	0.0113	0.0148	0.0000	0.0000	0.0083	0.0108	0.0174	0.0087	0.0110
晋城	0.0155	0.0106	0.0098	0.0072	0.1985	0.0084	0.0180	0.0292	0.0051	0.0062
运城	0.0111	0.0139	0.0159	0.0216	0.0595	0.0106	0.0161	0.0124	0.0159	0.0198
蚌埠	0.0068	0.0077	0.0088	0.0216	0.0000	0.0067	0.0154	0.0122	0.0060	0.0105

续表

城市	年末金融机构人民币各项存款余额	年末金融机构人民币各项贷款余额	城镇单位金融业从业人数	上市公司数	债券发行量	保费收入	保险深度	保险密度	移动电话年末用户数	互联网宽带接入用户数
淮北	0. 0048	0. 0034	0. 0019	0. 0288	0. 0695	0. 0042	0. 0157	0. 0161	0. 0047	0. 0023
阜阳	0. 0113	0. 0082	0. 0137	0. 0216	0. 0000	0. 0138	0. 0318	0. 0055	0. 0098	0. 0056
宿州	0. 0067	0. 0042	0. 0082	0. 0072	0. 0000	0. 0079	0. 0176	0. 0056	0. 0080	0. 0053
亳州	0. 0043	0. 0024	0. 0086	0. 0072	0. 0000	0. 0055	0. 0166	0. 0033	0. 0056	0. 0026
聊城	0. 0133	0. 0188	0. 0160	0. 0216	0. 0000	0. 0096	0. 0020	0. 0093	0. 0167	0. 0140
菏泽	0. 0109	0. 0144	0. 0125	0. 0000	0. 0000	0. 0090	0. 0083	0. 0037	0. 0232	0. 0162
郑州	0. 0885	0. 1258	0. 0409	0. 0864	0. 0298	0. 0484	0. 0127	0. 0442	0. 0497	0. 0875
开封	0. 0061	0. 0059	0. 0032	0. 0000	0. 0000	0. 0089	0. 0120	0. 0113	0. 0101	0. 0162
洛阳	0. 0236	0. 0208	0. 0166	0. 0288	0. 0000	0. 0248	0. 0087	0. 0247	0. 0192	0. 0328
平顶山	0. 0129	0. 0129	0. 0155	0. 0216	0. 1389	0. 0124	0. 0083	0. 0160	0. 0126	0. 0188
安阳	0. 0117	0. 0109	0. 0161	0. 0144	0. 0000	0. 0129	0. 0095	0. 0150	0. 0119	0. 0260
鹤壁	0. 0017	0. 0029	0. 0024	0. 0000	0. 0000	0. 0020	0. 0067	0. 0161	0. 0019	0. 0062
新乡	0. 0126	0. 0152	0. 0083	0. 0216	0. 0000	0. 0122	0. 0105	0. 0130	0. 0136	0. 0293
焦作	0. 0081	0. 0093	0. 0169	0. 0216	0. 0000	0. 0137	0. 0108	0. 0284	0. 0092	0. 0175
濮阳	0. 0061	0. 0027	0. 0117	0. 0144	0. 0000	0. 0105	0. 0168	0. 0207	0. 0077	0. 0071
许昌	0. 0075	0. 0106	0. 0076	0. 0216	0. 0695	0. 0109	0. 0063	0. 0162	0. 0104	0. 0197
漯河	0. 0032	0. 0045	0. 0085	0. 0144	0. 0000	0. 0055	0. 0091	0. 0171	0. 0055	0. 0075
三门峡	0. 0057	0. 0048	0. 0082	0. 0072	0. 0000	0. 0053	0. 0052	0. 0190	0. 0066	0. 0109

续表

城市	年末金融机构人民币各项存款余额	年末金融机构人民币各项贷款余额	城镇单位金融业从业人数	上市公司数	债券发行量	保费收入	保险深度	保险密度	移动电话年末用户数	互联网宽带接入用户数
南阳	0.0149	0.0168	0.0179	0.0216	0.0000	0.0183	0.0065	0.0087	0.0177	0.0183
商丘	0.0090	0.0118	0.0085	0.0144	0.0000	0.0095	0.0084	0.0046	0.0137	0.0110
信阳	0.0113	0.0097	0.0112	0.0072	0.0000	0.0157	0.0185	0.0134	0.0125	0.0131
周口	0.0101	0.0112	0.0120	0.0144	0.0000	0.0137	0.0120	0.0054	0.0159	0.0131
驻马店	0.0100	0.0091	0.0092	0.0072	0.0000	0.0147	0.0188	0.0100	0.0136	0.0138
济源	0.0000	0.0000	0.0000	0.0072	0.0000	0.0000	0.0000	0.0000	0.0000	0.0000

附表 18　2009 年中原城市群金融系统综合评价值

城市	年末金融机构人民币各项存款余额	年末金融机构人民币各项贷款余额	城镇单位金融业从业人数	上市公司数	债券发行量	保费收入	保险深度	保险密度	移动电话年末用户数	互联网宽带接入用户数
邯郸	0.0289	0.0333	0.0318	0.0059	0.0000	0.0312	0.0142	0.0303	0.0276	0.0673
邢台	0.0211	0.0180	0.0197	0.0059	0.1154	0.0179	0.0185	0.0187	0.0203	0.0228
长治	0.0168	0.0119	0.0185	0.0000	0.1154	0.0098	0.0142	0.0321	0.0109	0.0132
晋城	0.0164	0.0103	0.0119	0.0059	0.2655	0.0098	0.0209	0.0537	0.0065	0.0066
运城	0.0117	0.0120	0.0192	0.0178	0.0000	0.0126	0.0199	0.0182	0.0181	0.0220
蚌埠	0.0074	0.0074	0.0100	0.0237	0.0000	0.0075	0.0174	0.0165	0.0072	0.0075
淮北	0.0056	0.0043	0.0031	0.0178	0.0577	0.0050	0.0195	0.0250	0.0030	0.0023

续表

城市	年末金融机构人民币各项存款余额	年末金融机构人民币各项贷款余额	城镇单位金融业从业人数	上市公司数	债券发行量	保费收入	保险深度	保险密度	移动电话年末用户数	互联网宽带接入用户数
阜阳	0.0122	0.0086	0.0178	0.0178	0.0000	0.0168	0.0396	0.0058	0.0146	0.0045
宿州	0.0072	0.0048	0.0097	0.0059	0.0462	0.0098	0.0242	0.0058	0.0094	0.0060
亳州	0.0050	0.0030	0.0117	0.0059	0.0577	0.0074	0.0245	0.0022	0.0073	0.0039
聊城	0.0158	0.0215	0.0194	0.0237	0.0519	0.0133	0.0053	0.0173	0.0177	0.0156
菏泽	0.0129	0.0178	0.0152	0.0118	0.0000	0.0117	0.0109	0.0030	0.0242	0.0231
郑州	0.1082	0.1567	0.0497	0.0592	0.3117	0.0520	0.0139	0.0776	0.0541	0.0911
开封	0.0073	0.0071	0.0060	0.0059	0.0000	0.0094	0.0117	0.0123	0.0106	0.0173
洛阳	0.0267	0.0247	0.0198	0.0178	0.0519	0.0242	0.0076	0.0342	0.0210	0.0358
平顶山	0.0141	0.0146	0.0190	0.0178	0.1154	0.0129	0.0087	0.0216	0.0144	0.0165
安阳	0.0126	0.0126	0.0198	0.0118	0.0000	0.0128	0.0092	0.0193	0.0137	0.0271
鹤壁	0.0021	0.0038	0.0033	0.0059	0.0000	0.0018	0.0048	0.0193	0.0027	0.0054
新乡	0.0136	0.0167	0.0119	0.0118	0.0000	0.0148	0.0135	0.0205	0.0171	0.0310
焦作	0.0089	0.0098	0.0202	0.0178	0.0000	0.0140	0.0107	0.0446	0.0101	0.0193
濮阳	0.0066	0.0029	0.0098	0.0059	0.0000	0.0113	0.0206	0.0291	0.0080	0.0081
许昌	0.0088	0.0120	0.0052	0.0178	0.0923	0.0110	0.0052	0.0180	0.0115	0.0202
漯河	0.0037	0.0045	0.0047	0.0118	0.0000	0.0061	0.0102	0.0233	0.0053	0.0081
三门峡	0.0063	0.0050	0.0100	0.0118	0.0000	0.0059	0.0056	0.0293	0.0070	0.0113
南阳	0.0170	0.0192	0.0238	0.0118	0.0000	0.0203	0.0075	0.0090	0.0196	0.0212

续表

城市	年末金融机构人民币各项存款余额	年末金融机构人民币各项贷款余额	城镇单位金融业从业人数	上市公司数	债券发行量	保费收入	保险深度	保险密度	移动电话年末用户数	互联网宽带接入用户数
商丘	0.0099	0.0133	0.0106	0.0178	0.0000	0.0117	0.0090	0.0032	0.0151	0.0136
信阳	0.0127	0.0118	0.0136	0.0118	0.0000	0.0152	0.0166	0.0094	0.0133	0.0149
周口	0.0111	0.0127	0.0214	0.0118	0.0000	0.0195	0.0193	0.0074	0.0162	0.0156
驻马店	0.0111	0.0101	0.0109	0.0059	0.0000	0.0132	0.0152	0.0033	0.0144	0.0138
济源	0.0000	0.0000	0.0000	0.0059	0.0000	0.0000	0.0000	0.0000	0.0000	0.0000

附表 19　2010 年中原城市群金融系统综合评价值

城市	年末金融机构人民币各项存款余额	年末金融机构人民币各项贷款余额	城镇单位金融业从业人数	上市公司数	债券发行量	保费收入	保险深度	保险密度	移动电话年末用户数	互联网宽带接入用户数
邯郸	0.0271	0.0323	0.0306	0.0161	0.0000	0.0264	0.0125	0.0198	0.0254	0.0413
邢台	0.0195	0.0184	0.0195	0.0107	0.1067	0.0115	0.0175	0.0199	0.0186	0.0308
长治	0.0166	0.0134	0.0177	0.0000	0.2560	0.0095	0.0132	0.0237	0.0093	0.0141
晋城	0.0160	0.0104	0.0115	0.0054	0.0853	0.0089	0.0194	0.0411	0.0076	0.0031
运城	0.0108	0.0098	0.0148	0.0161	0.0000	0.0123	0.0250	0.0148	0.0159	0.0231
蚌埠	0.0075	0.0067	0.0102	0.0161	0.1493	0.0058	0.0134	0.0077	0.0097	0.0051
淮北	0.0055	0.0044	0.0032	0.0215	0.0533	0.0040	0.0159	0.0157	0.0040	0.0000
阜阳	0.0121	0.0082	0.0193	0.0161	0.0533	0.0162	0.0444	0.0020	0.0163	0.0069

续表

城市	年末金融机构人民币各项存款余额	年末金融机构人民币各项贷款余额	城镇单位金融业从业人数	上市公司数	债券发行量	保费收入	保险深度	保险密度	移动电话年末用户数	互联网宽带接入用户数
宿州	0. 0073	0. 0045	0. 0107	0. 0054	0. 0960	0. 0087	0. 0235	0. 0009	0. 0106	0. 0050
亳州	0. 0052	0. 0028	0. 0107	0. 0054	0. 0000	0. 0075	0. 0292	0. 0000	0. 0084	0. 0006
聊城	0. 0147	0. 0214	0. 0190	0. 0268	0. 0480	0. 0119	0. 0031	0. 0106	0. 0169	0. 0178
菏泽	0. 0127	0. 0180	0. 0160	0. 0000	0. 0000	0. 0134	0. 0063	0. 0315	0. 0288	0. 0194
郑州	0. 1081	0. 1534	0. 0521	0. 1073	0. 2235	0. 0525	0. 0145	0. 0558	0. 0509	0. 1194
开封	0. 0071	0. 0071	0. 0041	0. 0107	0. 0000	0. 0090	0. 0116	0. 0096	0. 0097	0. 0156
洛阳	0. 0266	0. 0267	0. 0242	0. 0215	0. 0267	0. 0239	0. 0088	0. 0280	0. 0210	0. 0471
平顶山	0. 0134	0. 0152	0. 0200	0. 0161	0. 0000	0. 0143	0. 0118	0. 0209	0. 0120	0. 0198
安阳	0. 0114	0. 0128	0. 0201	0. 0107	0. 0000	0. 0130	0. 0100	0. 0157	0. 0205	0. 0241
鹤壁	0. 0016	0. 0034	0. 0027	0. 0000	0. 0000	0. 0018	0. 0063	0. 0134	0. 0022	0. 0010
新乡	0. 0135	0. 0156	0. 0119	0. 0161	0. 0000	0. 0147	0. 0167	0. 0160	0. 0240	0. 0388
焦作	0. 0080	0. 0090	0. 0205	0. 0429	0. 0907	0. 0133	0. 0121	0. 0334	0. 0133	0. 0137
濮阳	0. 0058	0. 0024	0. 0086	0. 0107	0. 0000	0. 0106	0. 0224	0. 0235	0. 0072	0. 0040
许昌	0. 0092	0. 0115	0. 0055	0. 0322	0. 0373	0. 0123	0. 0088	0. 0212	0. 0106	0. 0210
漯河	0. 0035	0. 0043	0. 0046	0. 0107	0. 0693	0. 0064	0. 0135	0. 0224	0. 0049	0. 0004
三门峡	0. 0063	0. 0054	0. 0089	0. 0054	0. 0000	0. 0053	0. 0034	0. 0224	0. 0074	0. 0051
南阳	0. 0180	0. 0188	0. 0236	0. 0161	0. 0000	0. 0221	0. 0118	0. 0084	0. 0194	0. 0254
商丘	0. 0101	0. 0128	0. 0117	0. 0107	0. 0000	0. 0145	0. 0177	0. 0076	0. 0269	0. 0120

续表

城市	年末金融机构人民币各项存款余额	年末金融机构人民币各项贷款余额	城镇单位金融业从业人数	上市公司数	债券发行量	保费收入	保险深度	保险密度	移动电话年末用户数	互联网宽带接入用户数
信阳	0.0123	0.0117	0.0144	0.0161	0.0000	0.0164	0.0234	0.0169	0.0119	0.0200
周口	0.0105	0.0115	0.0217	0.0107	0.0000	0.0230	0.0336	0.0139	0.0159	0.0158
驻马店	0.0111	0.0098	0.0111	0.0054	0.0000	0.0170	0.0263	0.0122	0.0143	0.0106
济源	0.0000	0.0000	0.0000	0.0161	0.0000	0.0000	0.0000	0.0041	0.0000	0.0109

附表 20　2011 年中原城市群金融系统综合评价值

城市	年末金融机构人民币各项存款余额	年末金融机构人民币各项贷款余额	城镇单位金融业从业人数	上市公司数	债券发行量	保费收入	保险深度	保险密度	移动电话年末用户数	互联网宽带接入用户数
邯郸	0.0215	0.0262	0.0143	0.0109	0.0000	0.0195	0.0056	0.0100	0.0220	0.0307
邢台	0.0153	0.0150	0.0145	0.0073	0.0000	0.0114	0.0133	0.0060	0.0147	0.0225
长治	0.0129	0.0109	0.0138	0.0036	0.0000	0.0069	0.0063	0.0204	0.0081	0.0099
晋城	0.0122	0.0091	0.0084	0.0036	0.0000	0.0070	0.0177	0.0416	0.0049	0.0037
运城	0.0087	0.0085	0.0120	0.0109	0.0000	0.0106	0.0252	0.0151	0.0125	0.0153
蚌埠	0.0061	0.0062	0.0075	0.0109	0.0000	0.0041	0.0100	0.0097	0.0060	0.0324
淮北	0.0048	0.0047	0.0036	0.0145	0.0000	0.0028	0.0153	0.0176	0.0034	0.0000
阜阳	0.0099	0.0072	0.0143	0.0109	0.0000	0.0146	0.0518	0.0103	0.0131	0.0075
宿州	0.0062	0.0042	0.0078	0.0036	0.0000	0.0068	0.0213	0.0034	0.0097	0.0039

续表

城市	年末金融机构人民币各项存款余额	年末金融机构人民币各项贷款余额	城镇单位金融业从业人数	上市公司数	债券发行量	保费收入	保险深度	保险密度	移动电话年末用户数	互联网宽带接入用户数
亳州	0. 0046	0. 0032	0. 0075	0. 0036	0. 0000	0. 0062	0. 0304	0. 0042	0. 0070	0. 0028
聊城	0. 0109	0. 0169	0. 0201	0. 0182	0. 1589	0. 0104	0. 0019	0. 0100	0. 0151	0. 0153
菏泽	0. 0106	0. 0137	0. 0124	0. 0000	0. 0000	0. 0116	0. 0124	0. 0020	0. 0252	0. 0224
郑州	0. 0818	0. 1133	0. 0391	0. 1054	0. 3813	0. 0477	0. 0136	0. 0600	0. 0394	0. 0803
开封	0. 0056	0. 0055	0. 0051	0. 0073	0. 0000	0. 0070	0. 0102	0. 0069	0. 0081	0. 0101
洛阳	0. 0209	0. 0230	0. 0186	0. 0291	0. 0000	0. 0198	0. 0068	0. 0253	0. 0211	0. 0326
平顶山	0. 0097	0. 0121	0. 0145	0. 0109	0. 0000	0. 0117	0. 0113	0. 0194	0. 0097	0. 0119
安阳	0. 0091	0. 0091	0. 0127	0. 0109	0. 0000	0. 0110	0. 0092	0. 0125	0. 0163	0. 0156
鹤壁	0. 0011	0. 0024	0. 0018	0. 0000	0. 0000	0. 0006	0. 0035	0. 0115	0. 0021	0. 0007
新乡	0. 0108	0. 0123	0. 0088	0. 0109	0. 3145	0. 0127	0. 0144	0. 0153	0. 0183	0. 0206
焦作	0. 0066	0. 0079	0. 0156	0. 0363	0. 0635	0. 0119	0. 0134	0. 0368	0. 0113	0. 0103
濮阳	0. 0046	0. 0019	0. 0047	0. 0073	0. 0000	0. 0095	0. 0257	0. 0245	0. 0070	0. 0036
许昌	0. 0073	0. 0103	0. 0045	0. 0218	0. 1589	0. 0115	0. 0098	0. 0210	0. 0088	0. 0109
漯河	0. 0027	0. 0028	0. 0035	0. 0073	0. 0000	0. 0046	0. 0408	0. 0209	0. 0042	0. 0028
三门峡	0. 0047	0. 0043	0. 0080	0. 0036	0. 0000	0. 0038	0. 0000	0. 0214	0. 0060	0. 0028
南阳	0. 0148	0. 0155	0. 0172	0. 0182	0. 0000	0. 0210	0. 0154	0. 0105	0. 0172	0. 0173
商丘	0. 0085	0. 0082	0. 0083	0. 0073	0. 0000	0. 0148	0. 0256	0. 0056	0. 0199	0. 0104
信阳	0. 0101	0. 0090	0. 0099	0. 0109	0. 0000	0. 0125	0. 0207	0. 0031	0. 0143	0. 0123

续表

城市	年末金融机构人民币各项存款余额	年末金融机构人民币各项贷款余额	城镇单位金融业从业人数	上市公司数	债券发行量	保费收入	保险深度	保险密度	移动电话年末用户数	互联网宽带接入用户数
周口	0.0088	0.0030	0.0176	0.0073	0.0000	0.0201	0.0356	0.0064	0.0134	0.0109
驻马店	0.0092	0.0073	0.0097	0.0036	0.0000	0.0153	0.0292	0.0065	0.0109	0.0049
济源	0.0000	0.0000	0.0000	0.0109	0.0000	0.0000	0.0006	0.0000	0.0000	0.0081

附表 21　2012 年中原城市群金融系统综合评价值

城市	年末金融机构人民币各项存款余额	年末金融机构人民币各项贷款余额	城镇单位金融业从业人数	上市公司数	债券发行量	保费收入	保险深度	保险密度	移动电话年末用户数	互联网宽带接入用户数
邯郸	0.0243	0.0302	0.0195	0.0126	0.0000	0.0188	0.0078	0.0107	0.0260	0.0450
邢台	0.0164	0.0179	0.0164	0.0084	0.0351	0.0113	0.0148	0.0060	0.0161	0.0313
长治	0.0135	0.0121	0.0164	0.0042	0.0912	0.0077	0.0097	0.0270	0.0096	0.0143
晋城	0.0135	0.0109	0.0098	0.0042	0.0912	0.0077	0.0183	0.0546	0.0055	0.0059
运城	0.0098	0.0078	0.0134	0.0126	0.0177	0.0108	0.0274	0.0186	0.0153	0.0241
蚌埠	0.0068	0.0083	0.0093	0.0126	0.0042	0.0057	0.0148	0.0177	0.0066	0.0052
淮北	0.0051	0.0060	0.0042	0.0168	0.0140	0.0031	0.0135	0.0179	0.0040	0.0000
阜阳	0.0114	0.0084	0.0152	0.0126	0.0000	0.0147	0.0478	0.0128	0.0149	0.0117
宿州	0.0071	0.0052	0.0086	0.0042	0.0000	0.0071	0.0197	0.0027	0.0113	0.0052

续表

城市	年末金融机构人民币各项存款余额	年末金融机构人民币各项贷款余额	城镇单位金融业从业人数	上市公司数	债券发行量	保费收入	保险深度	保险密度	移动电话年末用户数	互联网宽带接入用户数
亳州	0.0053	0.0046	0.0089	0.0042	0.0421	0.0068	0.0331	0.0049	0.0086	0.0000
聊城	0.0130	0.0193	0.0233	0.0210	0.0140	0.0115	0.0001	0.1110	0.0155	0.0103
菏泽	0.0124	0.0161	0.0141	0.0000	0.0238	0.0125	0.0080	0.0195	0.0264	0.0236
郑州	0.0918	0.1198	0.0449	0.1220	0.2468	0.0542	0.0202	0.0945	0.0444	0.1173
开封	0.0066	0.0069	0.0057	0.0084	0.0000	0.0069	0.0099	0.0018	0.0092	0.0111
洛阳	0.0241	0.0266	0.0211	0.0463	0.0154	0.0182	0.0074	0.0280	0.0230	0.0476
平顶山	0.0111	0.0138	0.0142	0.0126	0.0351	0.0103	0.0128	0.0149	0.0111	0.0137
安阳	0.0101	0.0093	0.0098	0.0126	0.0000	0.0108	0.0123	0.0136	0.0174	0.0221
鹤壁	0.0013	0.0029	0.0020	0.0000	0.0000	0.0015	0.0060	0.0131	0.0028	0.0000
新乡	0.0113	0.0125	0.0097	0.0126	0.0080	0.0118	0.0141	0.0152	0.0204	0.0280
焦作	0.0071	0.0090	0.0161	0.0421	0.0000	0.0106	0.0123	0.0386	0.0094	0.0169
濮阳	0.0055	0.0023	0.0048	0.0084	0.0070	0.0095	0.0310	0.0808	0.0080	0.0033
许昌	0.0087	0.0122	0.0056	0.0252	0.0000	0.0105	0.0091	0.0211	0.0106	0.0143
漯河	0.0033	0.0025	0.0045	0.0084	0.0168	0.0052	0.0155	0.0253	0.0043	0.0013
三门峡	0.0054	0.0053	0.0092	0.0042	0.0000	0.0041	0.0023	0.0239	0.0062	0.0007
南阳	0.0169	0.0170	0.0183	0.0210	0.0084	0.0199	0.0169	0.0065	0.0204	0.0228

续表

城市	年末金融机构人民币各项存款余额	年末金融机构人民币各项贷款余额	城镇单位金融业从业人数	上市公司数	债券发行量	保费收入	保险深度	保险密度	移动电话年末用户数	互联网宽带接入用户数
商丘	0.0102	0.0095	0.0098	0.0084	0.0000	0.0138	0.0241	0.0041	0.0211	0.0156
信阳	0.0100	0.0102	0.0111	0.0126	0.0000	0.0113	0.0178	0.0000	0.0154	0.0130
周口	0.0106	0.0084	0.0182	0.0084	0.0000	0.0162	0.0252	0.0011	0.0160	0.0150
驻马店	0.0108	0.0085	0.0103	0.0042	0.0365	0.0130	0.0228	0.0025	0.0128	0.0059
济源	0.0000	0.0000	0.0000	0.0126	0.0210	0.0000	0.0000	0.0297	0.0000	0.0143

附表 22　2013 年中原城市群金融系统综合评价值

城市	年末金融机构人民币各项存款余额	年末金融机构人民币各项贷款余额	城镇单位金融业从业人数	上市公司数	债券发行量	保费收入	保险深度	保险密度	移动电话年末用户数	互联网宽带接入用户数
邯郸	0.0242	0.0277	0.0299	0.0131	0.0512	0.0193	0.0084	0.0108	0.0217	0.0415
邢台	0.0163	0.0172	0.0169	0.0087	0.0210	0.0120	0.0181	0.0072	0.0138	0.0310
长治	0.0121	0.0105	0.0152	0.0044	0.0755	0.0073	0.0094	0.0218	0.0083	0.0138
晋城	0.0114	0.0096	0.0108	0.0044	0.0070	0.0072	0.0198	0.0418	0.0060	0.0055
运城	0.0095	0.0092	0.0155	0.0131	0.0000	0.0113	0.0335	0.0183	0.0124	0.0199
蚌埠	0.0076	0.0089	0.0100	0.0131	0.0172	0.0051	0.0107	0.0098	0.0061	0.0066
淮北	0.0046	0.0060	0.0048	0.0175	0.0000	0.0028	0.0104	0.0156	0.0038	0.0017

续表

城市	年末金融机构人民币各项存款余额	年末金融机构人民币各项贷款余额	城镇单位金融业从业人数	上市公司数	债券发行量	保费收入	保险深度	保险密度	移动电话年末用户数	互联网宽带接入用户数
阜阳	0.0114	0.0086	0.0080	0.0131	0.0000	0.0144	0.0522	0.0026	0.0133	0.0940
宿州	0.0069	0.0053	0.0096	0.0044	0.0144	0.0078	0.0236	0.0026	0.0101	0.0083
亳州	0.0051	0.0047	0.0107	0.0044	0.0019	0.0067	0.0308	0.0003	0.0090	0.0028
聊城	0.0128	0.0178	0.0261	0.0218	0.0102	0.0125	0.0046	0.0167	0.0129	0.0199
菏泽	0.0126	0.0149	0.0159	0.0000	0.0075	0.0135	0.0099	0.0415	0.0228	0.0238
郑州	0.0930	0.1334	0.0510	0.1267	0.2466	0.0653	0.0274	0.0890	0.0438	0.0990
开封	0.0067	0.0073	0.0039	0.0087	0.0000	0.0074	0.0093	0.0077	0.0098	0.0160
洛阳	0.0236	0.0258	0.0233	0.0481	0.0200	0.0191	0.0070	0.0252	0.0208	0.0625
平顶山	0.0108	0.0126	0.0169	0.0131	0.0466	0.0103	0.0139	0.0143	0.0112	0.0122
安阳	0.0101	0.0081	0.0143	0.0131	0.0082	0.0111	0.0131	0.0139	0.0151	0.0238
鹤壁	0.0013	0.0028	0.0017	0.0000	0.0000	0.0011	0.0020	0.0123	0.0019	0.0006
新乡	0.0112	0.0123	0.0110	0.0131	0.0098	0.0121	0.0142	0.0150	0.0186	0.0293
焦作	0.0068	0.0084	0.0172	0.0437	0.0000	0.0103	0.0102	0.0308	0.0084	0.0116
濮阳	0.0055	0.0026	0.0055	0.0087	0.0070	0.0092	0.0247	0.0239	0.0091	0.0039
许昌	0.0088	0.0117	0.0049	0.0262	0.0112	0.0105	0.0070	0.0188	0.0098	0.0127
漯河	0.0033	0.0021	0.0051	0.0087	0.0056	0.0050	0.0167	0.0226	0.0043	0.0000
三门峡	0.0052	0.0051	0.0105	0.0044	0.0121	0.0040	0.0000	0.0218	0.0053	0.0503
南阳	0.0169	0.0165	0.0226	0.0218	0.0196	0.0202	0.0183	0.0077	0.0191	0.0276

续表

城市	年末金融机构人民币各项存款余额	年末金融机构人民币各项贷款余额	城镇单位金融业从业人数	上市公司数	债券发行量	保费收入	保险深度	保险密度	移动电话年末用户数	互联网宽带接入用户数
商丘	0.0099	0.0093	0.0098	0.0087	0.0033	0.0127	0.0224	0.0039	0.0188	0.0199
信阳	0.0120	0.0104	0.0133	0.0131	0.0065	0.0103	0.0134	0.0009	0.0119	0.0100
周口	0.0107	0.0074	0.0191	0.0087	0.0023	0.0137	0.0180	0.0000	0.0166	0.0171
驻马店	0.0111	0.0082	0.0106	0.0000	0.0092	0.0114	0.0180	0.0019	0.0156	0.0116
济源	0.0000	0.0000	0.0000	0.0131	0.0023	0.0000	0.0004	0.0338	0.0000	0.0138

附表 23 2014 年中原城市群金融系统综合评价值

城市	年末金融机构人民币各项存款余额	年末金融机构人民币各项贷款余额	城镇单位金融业从业人数	上市公司数	债券发行量	保费收入	保险深度	保险密度	移动电话年末用户数	互联网宽带接入用户数
邯郸	0.0228	0.0254	0.0253	0.0122	0.0224	0.0186	0.0123	0.0076	0.0250	0.0277
邢台	0.0156	0.0157	0.0157	0.0081	0.0221	0.0116	0.0212	0.0066	0.0150	0.0220
长治	0.0108	0.0094	0.0141	0.0041	0.0234	0.0071	0.0140	0.0146	0.0071	0.0089
晋城	0.0099	0.0082	0.0105	0.0041	0.0407	0.0064	0.0215	0.0240	0.0039	0.0032
运城	0.0085	0.0079	0.0138	0.0122	0.0003	0.0108	0.0358	0.0121	0.0125	0.0149
蚌埠	0.0074	0.0052	0.0094	0.0122	0.0094	0.0055	0.0140	0.0112	0.0047	0.0039
淮北	0.0042	0.0052	0.0042	0.0163	0.0244	0.0027	0.0123	0.0107	0.0017	0.0018
阜阳	0.0115	0.0087	0.0172	0.0122	0.0107	0.0135	0.0519	0.0075	0.0114	0.0107

续表

城市	年末金融机构人民币各项存款余额	年末金融机构人民币各项贷款余额	城镇单位金融业从业人数	上市公司数	债券发行量	保费收入	保险深度	保险密度	移动电话年末用户数	互联网宽带接入用户数
宿州	0.0066	0.0055	0.0087	0.0041	0.0060	0.0076	0.0236	0.0056	0.0152	0.0234
亳州	0.0049	0.0049	0.0101	0.0041	0.0134	0.0066	0.0332	0.0053	0.0068	0.0018
聊城	0.0130	0.0172	0.0244	0.0204	0.0050	0.0123	0.0065	0.0116	0.0130	0.0117
菏泽	0.0127	0.0145	0.0149	0.0000	0.0147	0.0134	0.0138	0.0060	0.0239	0.0163
郑州	0.0906	0.1265	0.0444	0.1182	0.2661	0.0687	0.0329	0.0782	0.0505	0.0632
开封	0.0064	0.0076	0.0035	0.0081	0.0147	0.0069	0.0091	0.0057	0.0089	0.0092
洛阳	0.0228	0.0246	0.0198	0.0448	0.0174	0.0185	0.0095	0.0168	0.0220	0.0426
平顶山	0.0099	0.0121	0.0146	0.0122	0.0007	0.0094	0.0143	0.0091	0.0132	0.0092
安阳	0.0098	0.0077	0.0126	0.0122	0.0124	0.0101	0.0131	0.0089	0.0150	0.0192
鹤壁	0.0011	0.0025	0.0020	0.0000	0.0060	0.0009	0.0013	0.0080	0.0000	0.0000
新乡	0.0105	0.0113	0.0091	0.0122	0.0007	0.0106	0.0120	0.0089	0.0190	0.0224
焦作	0.0063	0.0074	0.0138	0.0407	0.0000	0.0089	0.0084	0.0175	0.0079	0.0075
濮阳	0.0049	0.0028	0.0052	0.0081	0.0000	0.0080	0.0048	0.0110	0.0080	0.0039
许昌	0.0081	0.0112	0.0044	0.0244	0.0009	0.0092	0.0153	0.0125	0.0085	0.0082
漯河	0.0029	0.0023	0.0043	0.0081	0.0000	0.0046	0.0000	0.0125	0.0024	0.0000
三门峡	0.0041	0.0043	0.0100	0.0041	0.0000	0.0034	0.0202	0.0062	0.0030	0.0313
南阳	0.0162	0.0158	0.0205	0.0285	0.0033	0.0197	0.0169	0.0021	0.0229	0.0149
商丘	0.0096	0.0093	0.0091	0.0081	0.0000	0.0106	0.0159	0.0029	0.0207	0.0146

续表

城市	年末金融机构人民币各项存款余额	年末金融机构人民币各项贷款余额	城镇单位金融业从业人数	上市公司数	债券发行量	保费收入	保险深度	保险密度	移动电话年末用户数	互联网宽带接入用户数
信阳	0.0118	0.0105	0.0114	0.0122	0.0080	0.0107	0.0127	0.0000	0.0116	0.0053
周口	0.0104	0.0070	0.0168	0.0081	0.0084	0.0114	0.0159	0.0018	0.0176	0.0114
驻马店	0.0111	0.0085	0.0089	0.0000	0.0010	0.0102	0.0019	0.0214	0.0147	0.0117
济源	0.0000	0.0000	0.0000	0.0122	0.0067	0.0000	0.0018	0.0137	0.0142	0.1049

附表 24　2015 年中原城市群金融系统综合评价值

城市	年末金融机构人民币各项存款余额	年末金融机构人民币各项贷款余额	城镇单位金融业从业人数	上市公司数	债券发行量	保费收入	保险深度	保险密度	移动电话年末用户数	互联网宽带接入用户数
邯郸	0.0199	0.0227	0.0227	0.0095	0.0159	0.0172	0.0131	0.0100	0.0195	0.0183
邢台	0.0135	0.0134	0.0136	0.0063	0.0115	0.0115	0.0208	0.0074	0.0144	0.0161
长治	0.0088	0.0078	0.0130	0.0032	0.0276	0.0062	0.0170	0.0153	0.0073	0.0068
晋城	0.0074	0.0066	0.0098	0.0032	0.0045	0.0046	0.0142	0.0215	0.0052	0.0046
运城	0.0071	0.0062	0.0122	0.0159	0.0009	0.0104	0.0354	0.0146	0.0116	0.0127
蚌埠	0.0066	0.0083	0.0098	0.0095	0.0053	0.0050	0.0104	0.0112	0.0050	0.0056
淮北	0.0035	0.0040	0.0036	0.0159	0.0083	0.0023	0.0111	0.0093	0.0030	0.0032
阜阳	0.0110	0.0083	0.0181	0.0095	0.0001	0.0118	0.0370	0.0059	0.0115	0.0093
宿州	0.0059	0.0049	0.0112	0.0032	0.0015	0.0068	0.0183	0.0037	0.0126	0.0183

续表

城市	年末金融机构人民币各项存款余额	年末金融机构人民币各项贷款余额	城镇单位金融业从业人数	上市公司数	债券发行量	保费收入	保险深度	保险密度	移动电话年末用户数	互联网宽带接入用户数
亳州	0.0047	0.0047	0.0098	0.0032	0.0039	0.0066	0.0283	0.0054	0.0071	0.0040
聊城	0.0116	0.0142	0.0248	0.0159	0.0057	0.0122	0.0121	0.0048	0.0122	0.0103
菏泽	0.0115	0.0123	0.0137	0.0000	0.0031	0.0100	0.0000	0.0625	0.0174	0.0133
郑州	0.0863	0.1108	0.0409	0.1015	0.4060	0.0602	0.0250	0.0754	0.0384	0.0435
开封	0.0057	0.0068	0.0040	0.0063	0.0027	0.0057	0.0066	0.0051	0.0098	0.0064
洛阳	0.0201	0.0212	0.0181	0.0381	0.0165	0.0145	0.0060	0.0162	0.0175	0.0270
平顶山	0.0086	0.0102	0.0120	0.0095	0.0099	0.0073	0.0098	0.0077	0.0091	0.0050
安阳	0.0086	0.0067	0.0087	0.0095	0.0017	0.0089	0.0116	0.0117	0.0132	0.0143
鹤壁	0.0008	0.0020	0.0015	0.0000	0.0000	0.0008	0.0025	0.0063	0.0025	0.0016
新乡	0.0092	0.0091	0.0075	0.0095	0.0005	0.0104	0.0140	0.0121	0.0144	0.0165
焦作	0.0056	0.0061	0.0122	0.0317	0.0020	0.0084	0.0094	0.0233	0.0089	0.0115
濮阳	0.0042	0.0025	0.0038	0.0127	0.0006	0.0076	0.0187	0.0192	0.0080	0.0093
许昌	0.0072	0.0098	0.0044	0.0190	0.0005	0.0074	0.0044	0.0122	0.0086	0.0081
漯河	0.0025	0.0022	0.0034	0.0063	0.0021	0.0045	0.0152	0.0165	0.0000	0.0000
三门峡	0.0035	0.0037	0.0085	0.0032	0.0007	0.0031	0.0031	0.0138	0.0038	0.0203
南阳	0.0143	0.0131	0.0161	0.0222	0.0006	0.0173	0.0161	0.0085	0.0184	0.0123
商丘	0.0085	0.0079	0.0071	0.0127	0.0000	0.0087	0.0123	0.0020	0.0171	0.0155
信阳	0.0106	0.0092	0.0104	0.0095	0.0000	0.0095	0.0131	0.0065	0.0114	0.0050

续表

城市	年末金融机构人民币各项存款余额	年末金融机构人民币各项贷款余额	城镇单位金融业从业人数	上市公司数	债券发行量	保费收入	保险深度	保险密度	移动电话年末用户数	互联网宽带接入用户数
周口	0.0092	0.0059	0.0122	0.0063	0.0009	0.0098	0.0108	0.0000	0.0155	0.0121
驻马店	0.0098	0.0077	0.0079	0.0000	0.0013	0.0085	0.0117	0.0026	0.0123	0.0079
济源	0.0000	0.0000	0.0000	0.0159	0.0000	0.0000	0.0033	0.0211	0.0005	0.0075

附表 25　2016 年中原城市群金融系统综合评价值

城市	年末金融机构人民币各项存款余额	年末金融机构人民币各项贷款余额	城镇单位金融业从业人数	上市公司数	债券发行量	保费收入	保险深度	保险密度	移动电话年末用户数	互联网宽带接入用户数
邯郸	0.0195	0.0219	0.0185	0.0092	0.0416	0.0198	0.0181	0.0105	0.0213	0.0182
邢台	0.0136	0.0133	0.0117	0.0061	0.0126	0.0119	0.0226	0.0060	0.0159	0.0165
长治	0.0079	0.0072	0.0124	0.0031	0.0169	0.0059	0.0176	0.0115	0.0071	0.0048
晋城	0.0071	0.0063	0.0086	0.0031	0.0145	0.0038	0.0141	0.0150	0.0048	0.0046
运城	0.0068	0.0058	0.0095	0.0153	0.0026	0.0104	0.0434	0.0114	0.0115	0.0114
蚌埠	0.0067	0.0087	0.0090	0.0092	0.0034	0.0051	0.0105	0.0098	0.0058	0.0053
淮北	0.0042	0.0041	0.0031	0.0153	0.0044	0.0021	0.0125	0.0075	0.0031	0.0029
阜阳	0.0120	0.0100	0.0171	0.0092	0.0018	0.0123	0.0432	0.0046	0.0124	0.0111
宿州	0.0062	0.0055	0.0102	0.0031	0.0033	0.0076	0.0232	0.0040	0.0103	0.0069
亳州	0.0055	0.0059	0.0079	0.0031	0.0109	0.0066	0.0311	0.0037	0.0081	0.0043
聊城	0.0121	0.0141	0.0246	0.0153	0.0060	0.0118	0.0071	0.0105	0.0118	0.0131

续表

城市	年末金融机构人民币各项存款余额	年末金融机构人民币各项贷款余额	城镇单位金融业从业人数	上市公司数	债券发行量	保费收入	保险深度	保险密度	移动电话年末用户数	互联网宽带接入用户数
菏泽	0.0121	0.0118	0.0126	0.0031	0.0054	0.0142	0.0170	0.0055	0.0167	0.0133
郑州	0.0864	0.1157	0.0604	0.1011	0.3672	0.0748	0.0372	0.0770	0.0374	0.0365
开封	0.0057	0.0071	0.0038	0.0061	0.0000	0.0056	0.0047	0.0031	0.0103	0.0043
洛阳	0.0212	0.0210	0.0169	0.0368	0.0289	0.0160	0.0065	0.0149	0.0175	0.0188
平顶山	0.0087	0.0102	0.0101	0.0092	0.0021	0.0078	0.0113	0.0072	0.0089	0.0040
安阳	0.0083	0.0069	0.0090	0.0092	0.0001	0.0099	0.0142	0.0108	0.0127	0.0120
鹤壁	0.0008	0.0021	0.0022	0.0000	0.0000	0.0005	0.0006	0.0045	0.0023	0.0022
新乡	0.0089	0.0083	0.0070	0.0092	0.0000	0.0115	0.0172	0.0115	0.0137	0.0149
焦作	0.0056	0.0063	0.0093	0.0306	0.0038	0.0086	0.0094	0.0197	0.0105	0.0165
濮阳	0.0043	0.0029	0.0030	0.0123	0.0007	0.0081	0.0225	0.0173	0.0171	0.0150
许昌	0.0074	0.0092	0.0045	0.0184	0.0009	0.0079	0.0034	0.0110	0.0085	0.0090
漯河	0.0029	0.0029	0.0026	0.0061	0.0014	0.0038	0.0131	0.0112	0.0000	0.0000
三门峡	0.0034	0.0034	0.0071	0.0031	0.0002	0.0027	0.0000	0.0101	0.0042	0.0165
南阳	0.0141	0.0124	0.0139	0.0215	0.0019	0.0184	0.0182	0.0067	0.0192	0.0150
商丘	0.0087	0.0079	0.0074	0.0123	0.0002	0.0094	0.0138	0.0020	0.0163	0.0143
信阳	0.0106	0.0090	0.0065	0.0092	0.0000	0.0098	0.0140	0.0054	0.0138	0.0160
周口	0.0092	0.0055	0.0097	0.0061	0.0009	0.0104	0.0117	0.0000	0.0146	0.0118
驻马店	0.0098	0.0074	0.0067	0.0000	0.0027	0.0086	0.0114	0.0016	0.0141	0.0105
济源	0.0000	0.0000	0.0000	0.0153	0.0034	0.0000	0.0055	0.0238	0.0005	0.0081

附表 26　2017 年中原城市群金融系统综合评价值

城市	年末金融机构人民币各项存款余额	年末金融机构人民币各项贷款余额	城镇单位金融业从业人数	上市公司数	债券发行量	保费收入	保险深度	保险密度	移动电话年末用户数	互联网宽带接入用户数
邯郸	0. 0196	0. 0202	0. 0190	0. 0078	0. 0120	0. 0164	0. 0166	0. 0078	0. 0220	0. 0220
邢台	0. 0131	0. 0127	0. 0117	0. 0052	0. 0114	0. 0095	0. 0173	0. 0035	0. 0154	0. 0181
长治	0. 0076	0. 0067	0. 0129	0. 0026	0. 0227	0. 0058	0. 0183	0. 0113	0. 0072	0. 0052
晋城	0. 0063	0. 0058	0. 0086	0. 0026	0. 0171	0. 0036	0. 0146	0. 0126	0. 0051	0. 0037
运城	0. 0061	0. 0051	0. 0073	0. 0131	0. 0020	0. 0100	0. 0492	0. 0113	0. 0126	0. 0115
蚌埠	0. 0059	0. 0080	0. 0090	0. 0078	0. 0076	0. 0042	0. 0074	0. 0063	0. 0056	0. 0055
淮北	0. 0037	0. 0037	0. 0041	0. 0131	0. 0031	0. 0020	0. 0101	0. 0059	0. 0032	0. 0031
阜阳	0. 0121	0. 0110	0. 0185	0. 0078	0. 0030	0. 0120	0. 0487	0. 0054	0. 0151	0. 0152
宿州	0. 0061	0. 0060	0. 0073	0. 0026	0. 0032	0. 0067	0. 0225	0. 0031	0. 0094	0. 0096
亳州	0. 0055	0. 0066	0. 0083	0. 0026	0. 0058	0. 0067	0. 0355	0. 0048	0. 0089	0. 0082
聊城	0. 0111	0. 0127	0. 0268	0. 0131	0. 0028	0. 0105	0. 0086	0. 0102	0. 0086	0. 0126
菏泽	0. 0120	0. 0106	0. 0144	0. 0104	0. 0008	0. 0128	0. 0183	0. 0050	0. 0171	0. 0175
郑州	0. 0797	0. 1093	0. 0537	0. 1018	0. 3778	0. 0756	0. 0461	0. 0736	0. 0395	0. 0398
开封	0. 0057	0. 0067	0. 0039	0. 0052	0. 0031	0. 0055	0. 0068	0. 0039	0. 0086	0. 0078
洛阳	0. 0194	0. 0197	0. 0104	0. 0313	0. 0080	0. 0150	0. 0074	0. 0135	0. 0178	0. 0226
平顶山	0. 0083	0. 0090	0. 0103	0. 0078	0. 0021	0. 0071	0. 0125	0. 0108	0. 0095	0. 0030
安阳	0. 0080	0. 0063	0. 0082	0. 0078	0. 0012	0. 0096	0. 0173	0. 0108	0. 0116	0. 0138
鹤壁	0. 0007	0. 0020	0. 0023	0. 0000	0. 0003	0. 0006	0. 0000	0. 0030	0. 0022	0. 0010

续表

城市	年末金融机构人民币各项存款余额	年末金融机构人民币各项贷款余额	城镇单位金融业从业人数	上市公司数	债券发行量	保费收入	保险深度	保险密度	移动电话年末用户数	互联网宽带接入用户数
新乡	0.0083	0.0076	0.0069	0.0078	0.0005	0.0118	0.0230	0.0123	0.0156	0.0176
焦作	0.0052	0.0059	0.0084	0.0261	0.0012	0.0075	0.0085	0.0154	0.0080	0.0079
濮阳	0.0042	0.0029	0.0031	0.0104	0.0019	0.0071	0.0213	0.0134	0.0071	0.0081
许昌	0.0068	0.0083	0.0045	0.0157	0.0043	0.0072	0.0037	0.0089	0.0088	0.0093
漯河	0.0025	0.0027	0.0026	0.0052	0.0006	0.0036	0.0141	0.0088	0.0000	0.0000
三门峡	0.0031	0.0031	0.0062	0.0026	0.0000	0.0025	0.0002	0.0076	0.0043	0.0038
南阳	0.0132	0.0114	0.0183	0.0235	0.0022	0.0162	0.0198	0.0060	0.0212	0.0161
商丘	0.0089	0.0071	0.0072	0.0104	0.0009	0.0081	0.0125	0.0011	0.0166	0.0155
信阳	0.0103	0.0081	0.0077	0.0078	0.0002	0.0107	0.0224	0.0077	0.0110	0.0103
周口	0.0089	0.0051	0.0092	0.0052	0.0015	0.0092	0.0118	0.0000	0.0156	0.0140
驻马店	0.0094	0.0071	0.0073	0.0000	0.0021	0.0075	0.0107	0.0029	0.0146	0.0116
济源	0.0000	0.0000	0.0000	0.0131	0.0009	0.0000	0.0010	0.0146	0.0002	0.0096

重要学术术语索引

后　记

本著作是本人主持的2017年河南省哲学社会科学规划项目（2017CJJ085）的最终成果之一，并受到了中原千人计划基础研究领军人才项目（ZYQR201810122）、华贸金融研究院课题“河南省城乡空间优化与金融响应策略研究”（HYK-2019007）、2021年度河南省高等学校哲学社会科学智库研究项目“河南省科技型企业发展中的金融对接创新路径研究”（2021-ZKYJ-13）的大力资助。研究过程中参阅了大量国内外学者的著作、论文等资料，在此不能一一列出，但表示衷心的感谢，当然文责自负。

本著作的完成离不开学校和学院领导、部分同学提供的智力支持和资金支持。衷心感谢河南财经政法大学刘荣增副校长，从大纲到成书都离不开刘校长的认真指导，也非常感谢刘校长对本著作出版给予的鼎力资助。感谢河南财经政法大学金融学院郑秀峰院长给予本书的大力支持和鼎立资助。感谢河南财经政法大学金融学院党委书记代洪甫，以及金融学院副院长赵紫剑、焦继军、张守峰对本书的出版提供协助和支持。感谢河南财经政法大学金融学院的领导和同事为项目研究和本书出版提供的大力支持。

非常感谢我的爱人王昱葳老师，他对我写作期间的生活和工作给予了大量的帮助，对本书的统稿、校对等工作也做出了很大的努力。感谢河南财经政法大学金融学院的任玥静、杨丽华、雷仕钰、杨淑颖和王高展等学生，他们对数据、资料的收集、整理与分析等工作做出了重要的贡献；也非常庆幸在研究过程中，几位学生的科研能力有了极大的提升。

特别感谢中国经济出版社的姜静同志，业务扎实、专业高效，在沟通过程中不厌其烦地解决各种大小问题，展现出了极高的专业素养。同时，感谢中国经济出版社为本书出版做出贡献的其他同仁，没有你们的辛苦付出，就没有本书的顺利出版。

谢巧燕于财大建树楼

2020 年 7 月 10 日